Start!

SW 리터러시 기초

모두의 스타트업 코딩

송용준 저

21세기사

 **추천사**

에버스핀 감사 주종익 (스타트업 멘토)

자신이 SW 개발자가 되고 싶거나, 자녀 등 주위에 SW 개발자에 관심이 있다면 꼭 먼저 보도록 추천하고 싶은 책. 살아가는데 나는 누구인지, 무엇을 원하고, 하고 싶은지 아는 것이 필요한데, 혼자만의 생각만으로는 부족하다. 바로 관심 분야에서의 문제 해결에 함께 도전하는 스타트업 활동을 통해 그것을 찾아갈 수 있는데, 이 책에서는 그 스타트업 활동에 필요한 SW 프로토타입을 만드는 방법 뿐만 아니라, 그 활동 과정과 결과를 온라인에서 정리하는 방법까지 소개하고 있다. 특히, 앞으로의 진로를 고민하고 있다면, 모두의 스타트업 코딩과 함께 스타트업 활동을 통해 찾아가기를 추천한다.

서울창조경제혁신센터 제2대 센터장 한정수

새로운 비즈니스 모델을 검증해야 하는 스타트업은 린스타트업 초기 단계에서 필수적인 MVP(최소 기능 제품) 제작 및 검증이 어려워 많은 비용을 들여 외주 맡기는 경우를 흔히 볼 수 있다. 스타트업 활동에 필요한 기초적인 코딩을 위한 이 책은 IT 비전공자들로 구성된 스타트업이라도 MVP를 직접 SW로 쉽고 빠르게 제작할 수 있고, 검증 시간도 대폭 줄이는 방법을 배울 수 있는 좋은 실용서가 될것이다

(주)크리에이터링크 김효환 대표

블록쌓기 방식으로 초보자도 쉽게 웹사이트를 제작할 수 있는 크리에이터링크를 잘 소개하고 제대로 활용한 책이다. 웹사이트를 만드는 것은 크리에이터링크와 같은 웹빌더 서비스를 이용하면 매우 간단하고 쉽지만, 어떤 콘텐츠를 담고 어떻게 활용할지는 매우 어렵고 중요한 문제인데, '모두의 스타트업 코딩'에서 그에 대한 명쾌한 활용 방안을 제시하고 있다. 이 책에서 소개하는 스타트업 코딩을 잘 익힌다면, 스타트업 창업, 취업 등에 도움이 되는 다양한 용도의 활용이 가능할 것이다. 특히, 취업 준비생이 그동안의 학습이나 활동 결과를 온라인상에 정리하는 포트폴리오 홈페이지를 제작하는 데 매우 유용할 것이다.

 **PREFACE**

인간은 사고(思考)의 동물입니다. 항상 생각하고 새로운 아이디어를 떠올리고 있습니다. 그런 아이디어들이 실제로 현실화되어 세상은 더욱 편리하게 발전하고 있는 것입니다. 누가 이런 기발한 생각을 하고 고마운 제품을 만들었는지 생각하면 대표적인 사람들을 쉽게 떠올릴 수 있을 것입니다. 전기를 만든 에디슨, 윈도우 OS를 만든 빌 게이츠, 아이폰을 만든 스티브 잡스 등등. 여러분은 이런 분들과 어떤 차이가 있다고 생각하나요? 만들어진 결과물과 그것이 세상에 기여한 가치를 놓고 생각한다면 도저히 범접하기 어려운 엄청난 차이가 있습니다. 하지만, 어떤 측면에서는 누구나 할 수 있지만 실제로는 대부분 하지 않는 차이도 있습니다. 그것은 바로 아이디어를 "실현"하는 차이입니다.

제가 대기업의 연구소에 근무할 때 동료들과 다양한 아이디어에 대해 이야기하고 정리했지만 실제로 회사에서는 여러 가지 이유로 거의 대부분은 반영되지 않았습니다. 가장 큰 이유는 투자 가치 분석의 문턱을 넘지 못했습니다. 이후 외부 멘토링 활동을 통해 아이디어를 실현하기 위해 노력하는 다양한 (예비)창업자를 만나면서 신속하게 구현하고 검증하는 스타트업 활동에서 새로운 가능성을 발견했습니다. 하지만, 거기서 가장 크게 아쉬웠던 점이 바로 아이디어를 직접 실현할 수 있는 능력의 부족이었습니다. 이와 같은 문제는 대학교에서 학생들에게 "컴퓨팅적 사고(Computational Thinking)" 교과목을 가르칠 때에도 마찬가지였습니다. 간단한 스크래치(Scratch) 코딩을 다뤘는데, 학생들은 그것을 왜 배우는지, 어떻게 활용할 수 있을지에 대해 잘 모르는 상태였습니다.

문제를 해결하는 아이디어를 구상하고, 실제 구현하여 그 효과를 검증하는, 이른바 스타트업 활동은 중고등학생부터 대학생을 포함한 일반인에 이르기까지 동아리활동, 학업이나 진로 준비 및 실생활에서 누구나 유용하게 활용될 수 있지만, 아직까지 SW를 활용한 체계적인 방법은 정리되지 않은 상황입니다. 그래서 누구나 자신의 아이디어를 직접 실현할 수 있는 간단한 방법을 고민한 끝에 체계적인 일련의 SW 활용 및 정보 관리 방법을 정리하게 되었고, 그것을 스타트업 활동을 통해 실제로 활용할 수 있다는 의미에서 "스타트업 코딩(Startup Coding)"이라고 정의한 것입니다.

다시 말해 "스타트업 코딩(Startup Coding)"은 자신의 아이디어를 직접 실현할 수 있는 간단하면서도 체계적인 SW 코딩과 그 과정에서 만들어진 정보들을 관리하는 SW 활용 방법입니다. 스타트업 코딩을 통해 청소년부터 일반인에 이르기까지 SW 비전문가에게는 SW 개발에 대한 기본 지식과 그 활용에 대한 자신감을 갖도록 하고 SW 전문가에게는 비즈니스에 적용하기 위한 방법을 이해하도록 합니다.

이와 같은 스타트업 코딩은 한양대, 건국대 등 40여 대학교가 참여하는 학점 교류 프로그램에서 2019년 2학기부터 "모두의 스타트업 코딩"이라는 정규 교과목으로 개설되어 e-러닝으로 제공 중에 있습니다. 21년도 1월 현재까지 1,000명 정도의 학생들이 수강했는데, 그동안 PPT 강의 자료를 만들고, 동영상 강의를 촬영하고, 실제 교과목을 운영한 결과를 반영하여 한권의 책으로 정리합니다. 아무래도 온라인으로 공유한 PPT 강의 자료는 자세한 설명이 부족하고, 동영상 강의는 필요한 내용만을 찾아보기가 쉽지 않을 텐데, 보다 자세한 설명을 정리한 이 책이 스타트업 코딩을 쉽게 이해하고 따라하는데 도움이 되리라 생각합니다.

아무쪼록 이 책이 청소년부터 일반인까지, 누구나 자신의 아이디어를 직접 실현하는데 유용하게 활용되면서 미래의 불확실한 시대를 살아가는데 도움이 되기를 바랍니다.

저자 송용준

모두의 스타트업 코딩 교과목 수강 학생의 한마디

"학교가는 길 버스나 길가에서 간혹 여러 불편한 문제에 대하여 생각하다가 그것을 해결할만한 작은 아이디어들을 떠올리곤 하는데 여태껏 그 아이디어를 실체화해본 적이 없었다. 가장 큰 이유는 아이디어를 실체화하려면 고급 수준의 디자인 능력이나 도면 스케치 능력이 필요하다고 생각했기 때문이다.

하지만 이 과목을 배우고 나서 아이디어를 실체화할 수 있는, 또한 쉽게 이용할 수 있는 소프트웨어를 알게 되어 내 아이디어를 실체화하는데 응용할 수 있게 되었다. 또한 어떤 아이디어든 프로토타이핑 할 수 있다는 자신감을 얻었다."

2019년 동계방학 계절학기 수강생

"부담을 가진 것과는 달리 쉽고 간편한 코딩을 배울 수 있어서 좋았다. 특히, 학교에서 필수로 배웠던 것도 이렇게 쉬웠으면 하는 생각이 들 정도로 난이도도 쉬웠고, 그로 인해 흥미도 생겼다."

2020년 하계방학 계절학기 수강생

"얻어가는 것이 많은 수업이어서 좋았다. 코딩에 대한 지식도 얻을 수 있었지만 '나'의 모습을 찾을 수 있는 시간이기도 했다."

2020년 2학기 수강생

 **책 소개**

Q 누구를 위한 책인가요?

A 먼저 대학생이 주요 독자입니다. 누구나 SW를 활용하고, 간단한 SW를 직접 제작할 수 있는 능력을 함양하는 것뿐만 아니라, 앞으로 자신의 진로에 대한 적성을 찾고 확인하는 다양한 활동이 필요한데 그와 같은 활동에 스타트업 코딩을 활용할 수 있습니다. 그 과정에서 만든 결과물과 그 검증 과정에서 얻은 정보를 온라인상의 포트폴리오로 정리하고 관리해 나갈 수 있습니다.

다음으로 중고등학생 등 청소년 또한 중요한 독자입니다. 미래 SW 중심사회에 필수적인 SW 코딩에 대한 기초적인 지식을 배우고 학교 내 문제를 해결하는데 친구들과 함께 아이디어를 내고 그것을 실현하는데 활용할 수 있습니다. 다시 말해, 학교에서의 동아리 활동에 유용하게 활용할 수 있는 것입니다.

그리고 예비창업자 및 스타트업 임직원도 독자입니다. 비즈니스 아이디어를 타겟 고객 대상으로 단계적으로 충분한 과정을 거친 후에 상용 제품을 출시하는 것이 바람직합니다. 그와 같은 검증 과정에서 직접 스타트업 코딩을 쉽게 배워서 유용하게 활용할 수 있습니다. 다시 말해, 아이디어를 구체화하고 검증하는 과정을 직접 수행할 수 있게 되는 것입니다.

한편, 이와 같은 분들에게 SW 기초 교육 및 활용 방법을 가르치는 초중고등학교 선생님, 대학교 교수님, 기업체 및 일반 학원의 강사님들도 교재로 활용하면 좋을 것입니다. 대학교의 3학점 정규 교과목으로 개설되어 16주간 강의 내용을 정리했기 때문에 학기 일정에 따라서 진행하면 쉽습니다. 또는 2일~5일 간의 집중적인 교육 등 일정에 따라서 유연하게 조절할 수도 있습니다.

Q 스타트업 코딩은 왜 필요한가요?

A 전문적인 SW 프로그래머는 오랜 시간 동안의 노력과 많은 경험이 필요합니다. 자기 적성에도 맞아야 하기 때문에 누구나 쉽게 할 수 있는 분야가 아니고 모두가 SW 프로그래머가 될 필요도 없습니다.

하지만, 불확실한 미래를 대비하기 위해서는 문제를 해결하기 위한 창의성과 그것을 실행할 수 있는 기본적인 SW 활용 능력은 누구에게나 요구됩니다. 바로 스타트업 코딩을 통해 이와 같은 역량을 키울 수 있는 것입니다.

그렇다면 이미 기본적인 프로그래밍 능력을 갖고 있는 학생이나, 전문적인 SW 프로그래밍을 배우는 컴퓨터공학과, SW학과 등의 ICT 학과 학생들에게도 스타트업 코딩이 필요할까요? 물론 필요하며, 일반 사람들보다 더 잘 활용할 수 있기 때문에 오히려 더 관심을 가져야 합니다.

2019년2학기에 "모두의 스타트업 코딩"을 수강한 일부 학생들은 숲을 보지 못하고 나무만 본 채 다음과 같은 수강 소감을 남기기도 했습니다.

"비효율적입니다. 스크래치는 초등학생들이 코딩에 입문용으로 배우는 건데 과연 대학생 이상이 스크래치를 활용할 일이 있을까 의문입니다."

"정말 실망스럽네요. OO대학교의 이름에 먹칠을 하는 과목입니다. 개선을 하려면 스크래치를 대학교에서 가르친다는 정신 나간 발상부터 개선하는게 좋을 것 같네요."

흔히 비즈니스의 성공에서 기술의 비중은 30%~40% 수준이라는 의견이 많습니다. 엔지니어나 과학자들은 자신의 기술력을 믿고, 자신이 만들고 싶은 제품/서비스를 만드는 경향이 있는데, 실제 시장의 반응은 그 기대와는 크게 다른 것이 현실입니다. 어떤 프로그래밍 언어를 사용하더라도 그것은 하나의 연장일 뿐으로 그 연장을 어떻게 제대로 이용해서 얼마나 좋은 결과를 만들 것인지가 중요할 것입니다.

IT 전공 학생의 경우에도 스타트업 코딩을 통해 시장(고객)이 원하는 제품/서비스를 신속하고 만들고 검증하는데 쉽게 활용할 수 있기 때문에 기술 중심이 아니라, 사람을 위한, 우리 사회를 위한 따뜻한 서비스를 만드는데 활용할 수 있습니다.

이와 같이 스타트업 코딩은 누구에게나 배울 필요가 있는, 모두를 위한 스타트업 코딩인 것입니다. 자, 그럼 이제 스타트업 코딩의 세계로 출발해 봅시다.

"Start! 모두의 스타트업 코딩"

이 책의 구성과 활용법

이 책은 다음과 같이 네 부분으로 구성되었습니다.

Part I. 스타트업 코딩 이해 (1장~4장)	먼저 스타트업과 컴퓨팅적 사고에 대해 기본적인 이해를 합니다. 다음으로 스타트업 코딩을 소개하고, 그것을 구성하는 Kakao 오븐 프로토타이핑 툴 SW와 MIT 스크래치 코딩 SW를 살펴보며 간단히 사용해 봅니다.
Part II. 스타트업 코딩 기초 (5장~8장)	스타트업 코딩을 활용해 내 아이디어를 표현하는 기초적인 3가지 방법을 배우게 됩니다. 먼저 나를 소중한 상대방에게 소개하는 아이디어를 프로토타이핑 후 스크래치 코딩합니다. 다음으로 소중한 상대방과의 대화하는 아이디어를 마지막으로 나의 문제를 해결한 소중한 대상을 일반인들에게 알리는 아이디어를 스타트업 코딩으로 구현합니다. 이렇게 해서 전체 학습 내용의 절반을 배우게 되는데 중간 정리할 수 있는 과제 가이드를 소개합니다.
Part III. 스타트업 코딩 심화 (9장~12장)	보다 전문적인 스타트업 코딩을 활용해 우리 아이가 재미있게 이용할 수 있는 2개의 놀이 SW 아이디어를 구상하고 구현하는 방법을 배우게 됩니다. 먼저 우리 아이의 창의력을 향상하는데 좋은 그림 놀이 SW를 구상하고 구현해 봅니다. 다음으로, 아이들이 어려워하는 산수를 쉽게 이해할 수 있는 숫자놀이 SW를 프로토타이핑하고 스크래치 코딩으로 구현해 봅니다.
Part IV. 스타트업 코딩 관리 (13장~15장)	스타트업 코딩을 완성하는 마지막 SW로 웹 사이트를 쉽게 구축할 수 있는 크리에이터링크 SW를 소개합니다. 다음으로 이제까지 구현한 아이디어들의 오픈 프로토타이핑과 스크래치 코딩 결과물들을 포트폴리오로 관리하고 자신의 프로필을 소개하는 나만의 포트폴리오 홈페이지 아이디어를 구상하고 실제 구현해 봅니다. 마지막으로 스타트업 코딩을 활용하여 시간과 정보를 관리하는 방법을 소개하고, 종합 정리 과제 가이드를 소개합니다.

Part I. 1장부터 4장까지는 스타트업 코딩을 이해하는 기초 과정입니다. 먼저 1장에서는 스타트업과 비즈니스 모델에 대한 기본 지식을 학습하고 2장에서 SW중심사회와 컴퓨팅적 사고에 대해 살펴본 다음에 제가 정의한 스타트업 코딩(Startup Coding)에 대해 소개합니다. 다음으로 3장과 4장에서는 스타트업 코딩의 첫 번째 단계인 아이디어를 형상화하는 프로토타이핑(Prototyping)에 사용되는 Kakao 오븐(Oven) SW와 스타트업 코딩의 두 번째 단계로서 프로토타이핑 결과를 작동하는 SW로 만들어 내는 MIT 스크래치(Scratch)를 차례로 소개하고, 그 활용 사례에 대해서 간단히 살펴봅니다.

Part II와 Part III의 5장부터 12장까지는 스타트업 코딩으로 아이디어를 구현하는 실습 과정으로, 우리가 실생활에서 사용하는 기본적인 3가지 활동인 '말하기', '그리기', '연산(계산)하기'를 다뤄봅니다.

먼저 Part II. 5장부터 8장까지는 가장 기본적인 스타트업 코딩 기초 과정입니다. 말하기는 5장에서의 나를 소개하는 1인칭 스토리, 6장에서의 상대방과 대화하는 2인칭 스토리, 그리고, 7장에서의 일반인들에게 소개하는 3인칭 스토리의 3가지 아이디어를 구현하는 과정으로 실습합니다. 이렇게 7장까지 배우면 다양한 상황에서의 말하기 스토리 아이디어를 구상하고, 그 아이디어에 대한 프로토타이핑 및 코딩을 직접 수행할 수 있습니다. 8장은 이제까지 학습한 내용을 중간 정리하며 잠시 쉬어가는 단계로서, 여러분이 직접 말하기 스토리 아이디어를 스타트업 코딩으로 구상하고 구현하기 위한 가이드를 안내하니 학습 과정의 중간 제출 과제로 활용할 수 있습니다.

다음으로 Part III. 9장부터 12장까지는 보다 어려운 스타트업 코딩 심화 과정입니다. 코딩에 흥미가 있거나, 실제 서비스 구현에 관심이 있는 경우라면 순서대로 살펴보는 것이 좋지만, 심화 코딩보다는 웹사이트 기반의 SW 활용에 관심이 있다면 Part III은 잠시 미루고 Part IV를 먼저 보는 것을 추천합니다. 9장에서 기본적인 그리기 과정을, 10장에서는 우리 아이가 재미있게 그림 그리기를 할 수 있는 그림놀이 아이디어를 구현하는 과정으로 실습합니다. 다음으로 11장에서 기본적인 사칙연산을 다루는 계산기를, 12장에서는 우리 아이가 재미있게 숫자를 계산할 수 있는 숫자놀이 아이디어를 구현하는 과정으로 실습합니다.

이와 같이 말하기와 그리기, 연산하기의 3종류에 대한 총 5가지의 아이디어를 구현하는 5장~12장은 다음의 4단계로 실습을 진행합니다.

- **활용 SW 기능 학습** : 각 장에서 활용할 오븐 프로토타이핑 기술와 스크래치 코딩 기술에 대해 먼저 소개합니다.
- **아이디어 구상** : 아이디어를 표현하는 다양한 방법들을 배우고 기초적인 아이디어 구상부터 시작해서 보다 고급의 아이디어 구상으로 발전시켜 봅니다.
- **오븐 프로토타이핑** : 구상한 아이디어를 오븐 프로토타이핑 툴 SW를 활용해서 웹브라우저에서 확인할 수 있는 프로토타입을 만들어 봅니다.
- **스크래치 코딩** : 완성된 프로토타입을 스크래치 SW를 활용해서 실제 웹브라우저에서 작동하는 SW로 만들어 봅니다.

Part IV. 13장부터 15장까지는 스타트업 코딩 관리 과정입니다. 13장에서는 스타트업 코딩의 마지막 단계인 웹 사이트 구축에 사용되는 크리에이터링크 SW를 소개하고, 그 활용 사례에 대해서 간단히 살펴봅니다. 14장에서는 그동안 만든 5가지 아이디어에 대한 프로토타입과 코딩 결과를 온라인 상의 포트폴리오로 관리하고 나의 프로필을 소개하는 나의 포트폴리오 웹 사이트인 My Portfolio 홈페이지를 기획하고 크리에이터링크 서비스로 만들어가는 과정을 설명합니다. 마지막으로 15장에서는 My Portfolio 홈페이지를 보다 유용하게 활용할 수 있는 정보 관리 방법과 시간 관리 방법을 소개한 다음, 그동안의 학습 결과를 여러분이 직접 정리하며 활용할 수 있도록 My Portfolio 웹 사이트를 실제로 제작하는데 참고할 수 있는 마무리 정리 과제 가이드를 소개합니다.

이와 같이 전체 내용은 총 15장으로 구성되는데, 각 장의 마지막에는 소개한 내용을 정리하는 차원에서 생각하기 중요 개념에 대한 퀴즈와 핵심 요약을 제공합니다. 여기서 우리가 학습할 스타트업 코딩은 아이디어에 대한 "프로토타이핑 – 코딩 – 웹 사이트 관리"의 체계적인 3단계 SW 활용 방법으로 간단히 정리할 수 있습니다. 이 때 중요한 점은 각 장에서 다루는 스타트업 코딩에서도 각 단계 사이에 검증 과정이 필요하다는 것인데, 이 책의 1장에서 간단히 소개하는 린스타트업 프로세스로 단계별 고객 검증 과정을 충분히 거친 후에 다음 단계로 넘어가는 것이 바람직합니다.

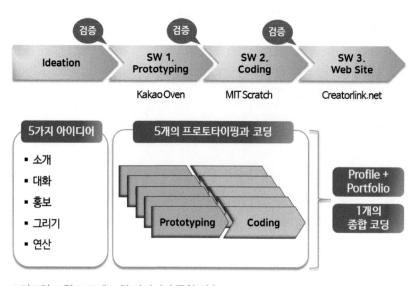

스타트업 코딩 프로세스 및 아이디어 구현 실습

예제 프로그램 내려받기 및 활용법

이 책에 나오는 모든 오븐 프로토타입은 온라인에서 확인할 수 있으며 스크래치 코드 프로젝트 또한 온라인에서 확인하거나 완성된 파일 형태로 내려 받을 수 있습니다. 또한, 기존 온오프라인 교육생들의 실습 결과물도 함께 공유하고 있습니다. 여러분은 책을 보면서 하나씩 직접 만들어 보기를 추천하지만, 필요한 경우 완성된 프로그램을 수정하면서 만들어 보세요.

① 모두의 스타트업 코딩 홈페이지(https://startupcoding.kr)를 접속합니다.

② [SHARE] → [스모스코_게시판] 에서 예제 프로그램 및 참고 자료를 공유합니다. "스모스코 도서 예제 공유 목록" 게시물을 통해 본문에 오븐 프로토타이핑 프로젝트 및 스크래치 코딩 프로젝트에 대한 링크 소개와 함께 첨부 파일도 공유하고 있으며, 추후 수정 사항 등 필요 자료들을 추가하도록 하겠습니다.

스타트업코딩 사이트 내 도서 게시판(QR코드 참고)

③ [SHARE]에는 [2019-2학기 대학e러닝] 등 이제까지의 온라인/오프라인 수강생들이 작업한 일부 포트폴리오 홈페이지를 공유하고 있습니다. 웹 사이트 방문을 통해 제작된 오븐 프로토타입과 스크래치 코딩 결과물을 확인할 수 있습니다.

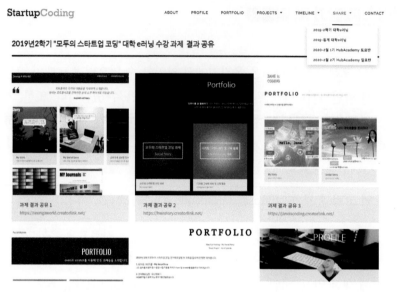

스타트업코딩 사이트 내 예제 프로그램

"Startup Coding(스타트업 코딩)은 http://startupcoding.kr 홈페이지를 운영 중 입니다"

"오븐(Oven)은 Kakao에서 제공하는 연구실 프로젝트입니다. 오븐을 업무적인 용도로 활용해도 되나요? Oven의 모든 서비스는 프로토타이핑이라는 목적에만 맞다면 용도에 관계없이 자유롭게 사용할 수 있습니다. - https://ovenapp.io/helpdesk#faq 참고"

"스크래치를 이용하면 인터렉티브한 이야기, 게임, 애니메이션을 직접 만들 수 있고, 그 작품을 온라인 커뮤니티에서 다른 사람들과 공유할 수 있습니다. 스크래치를 통해 어린이들은 창의적 사고, 체계적 추론, 협동 작업을 배우게 됩니다. 이런 능력은 21세기를 살아가는데 필수적이죠. 스크래치는 MIT 미디어랩의 Lifelong Kindergarten Group 에서 운영하는 프로젝트이며 무료입니다! - https://scratch.mit.edu/about 참고"

"블럭을 쌓아 멋진 포트폴리오 사이트를 만들어보세요! 코딩을 몰라도 누구나 쉽게 멋진 홈페이지를 만들 수 있습니다. 원하는 디자인의 블럭들을 쌓아서 나만의 반응형 홈페이지를 무료로 만들어보세요. 크리에이터링크(Creatorlink)는 https://creatorlink.net 홈페이지에서 이용할 수 있습니다."

CONTENTS

PART IV 스타트업 코딩 관리

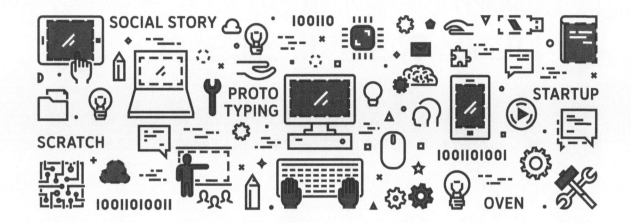

PART I

스타트업 코딩 이해

Part I. 에서는 스타트업 코딩이란 개념을 정의하게 된 배경과 기본 지식을 소개합니다. 먼저 스타트업과 컴퓨팅 적 사고에 대해 기본적인 이해를 한 다음에 스타트업 코딩을 정의합니다. 그리고, 스타트업 코딩의 첫 번째 단계인 Kakao 오븐 프로토타이핑 툴 SW와 두 번째 단계인 MIT 스크래치 코딩 SW의 전체적인 기능과 활용 사례를 살 펴봅니다.

CHAPTER 1
미래를 위한 준비, 스타트업

 스타트업(startup)이라고 하면 창업과 같다고 생각하는 분들이 많습니다. 스타트업과 창업은 엄연히 다른 것으로서 분명히 구분되어야 합니다. 지금부터 스타트업이란 무엇이고 창업과 어떻게 다른지 알아봅시다.

01_스타트업 기초 이해

한국, 미국, 그리고 중국의 대표적인 급성장 기업들

우리 대부분이 매일 사용하는 네이버, 카카오톡, 그리고, 최근 급성장한 음식 주문 및 배달 서비스인 배달의 민족, 편리한 금융 서비스인 토스에 대해 다들 알고 있을 것입니다. 세계 최대의 SNS 페이스북, 전자상거래 서비스 아마존, 아이폰과 아이패드 등 애플, 비디오 스트리밍 서비스의 네플릭스, 그리고, 검색과 유튜브의

구글 이렇게 흔히 FAANG 이라고 하는데 미국의 대표적인 급성장 기업들입니다. 세계 최대의 전자상거래 기업 알리바바, 가성비 휴대폰 및 가전제품으로 유명한 샤오미, 위챗과 게임 등의 텐센트, 검색엔진 바이두는 중국의 대표적인 급성장 기업들입니다.

다양한 분야의 서비스나 제품을 제공하는 이 기업들의 공통점은 무엇일까요? 바로 스타트업입니다. 그렇다면 스타트업이란 과연 무엇일까요?

스타트업 vs 벤처기업

1990년대 중반부터 미국 실리콘밸리에서는 인터넷 주소로 .com을 사용해서 닷컴기업이라 불리는 인터넷 기업이 생겨나기 시작했습니다. 그런 신생 기업은 고위험이지만 고수익이 가능하여 모험적인 벤처(Venture) 캐피털에서 많이 투자했는데 그런 이유로 일본에서는 그런 신생 기업을 벤처기업이라 불렀고 국내에서도 벤처기업이라 부르게 되었다고 합니다.

그런 닷컴기업들이 1990년대 하반기에서 2000년초 정점을 찍을 때까지 비정상적으로 급성장한 이후에 반대로 급락하게 되는, 이른바 닷컴버블 붕괴가 발생하게 됩니다. 이러한 닷컴버블 이후 미국 실리콘밸리에서 기존 닷컴기업의 실패와 성공을 분석하면서 닷컴기업을 새로운 이름으로 부르기 시작한 것이 바로 '스타트업'이었습니다.

위키피디아의 정의에 따르면 스타트업이란 '설립한지 얼마 되지 않은 신생 조직 또는 기업으로서 자체적인 비즈니스 모델을 가지고 있는 임시적인 작은 그룹이나 프로젝트성 회사'입니다. 다시 말해서 스타트업이란 "비즈니스 모델을 검증하기 위한 임시적인 조직"에서 시작하는 것으로서, 흔히 우리가 생각하는 고위험 고수익의 벤처자금이 투자하는 벤처기업을 스타트업으로 이해하면 됩니다.

그런데 국내법 기준에서 스타트업과 벤처기업은 엄연히 다른 의미입니다. 국내에서의 벤처기업이란 법적으로 일정 기준을 충족할 때 인증 받을 수 있는 스타트업의 성장 단계입니다. 국내법상에서 벤처기업은 벤처기업육성에 관한 특별조치법에 따라 투자유치, 연구소 설립, 기술성평가 등 일정 요건을 갖춘 중소기업이 별도로 받는 인증인데, 세부 조건은 벤처기업협회(http://venture.or.kr)에서 확인 가능합니다. 벤처기업으로 인증되면 세제, 금융, 공간 등의 지원 혜택을 받을 수 있기 때문에 스타트업은 성장 과정에서 벤처기업 인증을 받는 것이 유리합니다.

정리하면 국내에서의 벤처기업이란 벤처기업 인증을 받은 기업을 의미하는 것입니다. 벤처기업 인증을 받은 후에도 여전히 스타트업이기 때문에 벤처기업 인증을 받은 스타트업을 간단히 벤처기업이라고 부르는 것이라 할 수 있습니다.

스타트업 vs 창업

흔히 스타트업과 창업을 같은 것으로 생각하는데, 이 둘 또한 엄연히 다른 것으로 확실하게 구분해서 언급되어야 합니다. 그러면 스타트업과 창업은 과연 어떻게 다를까요?

70세가 넘는 고령임에도 스타트업 멘토로 활발히 활동하시는 전경련 경영자문위원 주종익 멘토

(https://www.facebook.com/choochongik)의 스타트업과 창업에 대한 비교를 통해 그 차이를 알아보도록 합시다.

"스타트업은 일종의 연애라고 할 수 있습니다. 연애에서는 상대방이 나와 잘 맞는지, 우리 가족들은 어떻게 받아들일지 모든 것이 미지수입니다. 사실 헤어져도 아픔은 있겠지만 법적으로 문제는 없습니다. 비슷하게 스타트업은 공식적으로 만들어진 조직도 아니고 꼭 이대로 간다고 생각할 필요도 없습니다. 상황에 따라 그냥 중간에 그만 멈춰도 크게 문제되지 않습니다. 다시 말해 결혼할 상대방을 찾을 때까지 여러 명을 만나고 헤어짐을 반복하는 연애와 같이, 스타트업은 지속적으로 사업할 수 있는 비즈니스 모델을 찾고 포기하는 과정을 반복하는 준비 과정이라 할 수 있습니다.

하지만, 창업은 마치 결혼하는 것과 같다고 생각해야 합니다. 결혼은 연애와는 엄연히 다릅니다. 만일 이혼하게 되면 개인뿐만 아니라 가족 그리고 주위에까지 그 상처와 충격이 상상을 초월합니다. 법적으로 이혼이라는 절차를 밟아야 하는데, 서로 합의를 해야 하고 재산 분할, 양육권 다툼 등 오랜 시간과 많은 노력, 비용 또한 필요합니다.

이와 같이, 일단 창업 후에는 그 이전 과정과는 매우 다릅니다. 만일 회사 문을 닫아야 하는 경우가 발생한다면 다시 말해 창업에 실패하는 경우가 발생한다면 이어지는 충격과 상처는 이혼만큼이나 클 것입니다. 따라서 결혼을 신중하게 준비하는 것처럼, 창업 또한 매우 신중하게 준비하고 실행해야 하는 것입니다."

스타트업 vs 창업 vs 벤처기업

이제까지 살펴본 스타트업과 창업, 그리고 벤처기업에 대해 구분하여 정리해 보도록 하겠습니다. 먼저 스타트업은 창업 이전의 준비 단계부터 시작합니다. 사업 아이템이 과연 창업할 정도로 사업성이 있는지 검증하는 과정으로 이 때는 누구나 부담 없이 자유롭게 스타트업 활동을 할 수 있습니다.

스타트업을 통해 지속적인 사업 가능성을 충분히 검증한 이후에 비로소 정식 사업을 시작하는 창업 단계로 넘어가는 것입니다. 창업이란 개인사업자로 등록하거나 법인을 설립하는 과정으로서 창업은 법적인 책임이 따르는 만큼 신중하게 결정해야 합니다.

창업 이후에 어느 정도 가시적인 성과를 달성하고, 법률에서 정한 기준을 충족하는 경우 벤처기업으로 인증 등을 통해 본격적인 성장 단계에 도전하게 됩니다. 이 때 스타트업의 성장 단계에서 벤처기업 인증을 받지 않을 수도 있겠지만 가능한 받는 것이 더 유리합니다.

간단히 다시 정리하면,

① 스타트업을 통한 준비 단계
② 스타트업이 창업하는 정식 사업 시작 단계
③ 스타트업이 벤처기업 인증 등 본격 성장 단계

로 단계적으로 발전하게 되는 것 입니다.

여기서 한 가지 의문이 들 수 있습니다. 우리는 창업기업이나 벤처기업 또한 스타트업이라고 부르는데 다소 헷갈릴 수 있습니다. 맞습니다. 스타트업은 준비과정부터 시작해서, 창업, 벤처기업 인증 단계를 거쳐 일정 규모 이상의 기업으로 성장할 때까지 그 기간 동안의 기업 형태를 모두 스타트업이라고 부르는 것입니다. 따라서 창업이나 벤처기업은 스타트업의 성장 과정에 있어서 중요한 이벤트로 이해하면 되겠습니다.

스타트업의 성장곡선 - J커브

스타트업의 성장 단계를 투자 관점에서 살펴보면 다음 그림과 같이 간단히 표현할 수 있습니다. 투자 유치 단계별로 창업자와 엔젤투자자가 투자하는 초기 투자인 씨드(Seed) 투자부터 본격적으로 외부 투자기관이 투자하는 시리즈-A, B, C로 투자가 이루어집니다. 그 사이에 프리 시리즈-A가 포함되기도 하며 각 단계별 투자 금액이나 투자 기준에 대한 명확한 구분은 없지만 매출 성장성이 검증되면서 점차 회사의 가치가 커지면서 투자 유치 규모도 증가됩니다. 여기서, 스타트업이 성장함에 따라 매출 곡선이 흔히 J 모양을 갖추기 때문에 스타트업의 J커브라고 합니다.

외부 투자기관은 상대적으로 소규모 투자와 육성을 함께 진행하는 엑셀러레이터와 대규모 투자와 IPO(기업공개)를 진행하는 벤처캐피털로 나눌 수 있습니다. 대부분의 스타트업은 처음에 매출이 없기 때문에 손익분기점(BEP : Break Even Point)에 도달하는 기간 동안 투자금에 의존할 수밖에 없어 생존을 다투게 되는데 그 기간 동안을 죽음의 계곡이라고 합니다.

각 단계별로 통과하는 스타트업의 비율을 흔히 10~20% 수준으로 이야기하니까 현재 단계에서 10개

중 1~2개가 다음 단계로의 성장에 성공하는 것입니다. 2단계만 거쳐도 1~4% 수준이 남게 되니까 결국 창업한 스타트업 100개 중 1~2개 정도 성공한다는, 다시 말해 99%는 실패한다는 말이 틀린 말은 아닙니다.

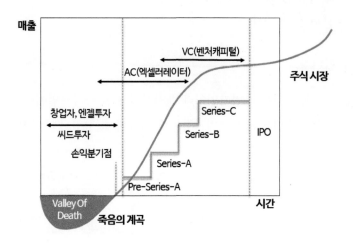

실패를 성장과 성공으로 만드는 법

그러면, 이와 같이 성공 가능성이 낮은데 과연 스타트업에 뛰어드는 것이 바람직할까요?

여기에 대해서는 세이클럽, 첫눈, 블루홀스튜디오 등을 잇달아 창업해 성공시킨 스타트업의 대표이자 본엔젤스 엑셀러레이터를 운영하는 스타트업 투자자이면서 전임 대통령직속 4차 산업혁명위원회 위원장을 역임한 장병규 의장의 메시지를 소개하고자 합니다.

먼저 스타트업에서는 같은 기간 동안 보다 집중적인 실무 수행의 결과로 자신의 전문 실력이 향상되는, 이른바 몰입을 통한 압축 성장이 가능합니다. 다음으로 스타트업은 대부분 실패하지만 그렇다고 직원들까지 실패한 것은 아닙니다. 비록 회사는 실패했지만, 직원 개개인은 그동안 실력을 쌓아 성장했을 뿐만 아니라, 실패 과정에서의 많은 고민과 경험을 통해 한단계 도약할 수도 있습니다. 마지막으로 남들과 달라도 괜찮습니다. 남들의 의견이 아니라 진짜 자기가 좋아하는 일을 찾아 도전하는 과정에서 자신만의 행복을 찾을 수 있습니다.

이와 같은 내용에 대해서 '세상을 바꾸는 시간 15분'에서의 장병규 위원장의 '배틀그라운드 : 실패를 성장과 성공으로 만드는 법' 강연을 통해 직접 들을 수 있는데 짧은 시간이지만 많은 교훈을 얻을 수 있는 좋은 영상인 만큼 꼭 시청해 보기를 적극 추천합니다.

출처: 세바시 - 장병규 의장 강연

추가적으로, 2018년 3월 건국대 특강에서 장병규 의장은 스타트업 인턴은 꼭 해 보도록 추천한 바 있습니다. 저 또한 대기업 취업이나 공무원 등 모두들 막연히 생각하는 진로가 아니라 자신의 적성에 맞는 나만의 진로를 찾고 그 진로를 찾기 위해 대학생으로서 스타트업에서의 인턴 경험이 중요하다고 생각하는데, 여기에 대해서는 조금 뒤에서 보다 자세히 소개하겠습니다.

스타트업? Why Not?

저는 창업에 대해 상담하는 일반인 예비 창업자나 대학생들에게 창업하지 말라고 적극적으로 말리고 있습니다. 저는 대학교에서 스타트업 활동을 적극 지원하고 있고 정부에서나 대학에서 적극적으로 창업을 지원하고 있는데 이게 무슨 말일까요?

제가 창업을 말리는 것은 'just do 창업', 다시 말해 '창업 한번 해봐', '바로 창업해' 이런 식의 철저한 준비 없는 창업입니다. 일반적으로 사업의 99%는 실패하는 것이 냉엄한 현실이므로 절대로 그렇게 함부로 창업하면 안 됩니다. 반면, 저는 스타트업을 적극 추천합니다. 앞에서 설명했듯이 창업을 위한 준비과정으로서 부담 없이 도전해 볼 수 있는 과정이 바로 스타트업입니다. 그래서 저는 제 수업을 듣거나 상담하는 학생 여러분에게 스타트업 활동을 적극 추천하고 있습니다.

스타트업 과정을 통해 수익을 올릴 수 있는 사업성이 검증되어 다음 창업 단계로 넘어가면 아주 좋습니다. 그만큼 준비를 했으니 성공 가능성은 보다 높을 것입니다.

창업자마다 조금씩 다르긴 하지만 스타트업을 통한 최고의 결과는 아무래도 경제적인 성공일 것입니다. 다른 기업에 기업 인수 합병인 M&A를 통해 매각하거나 주식 시장에 상장하는 IPO등을 통해 경제적인 성공을 거둔 후에 기존 경영에서 물러나는 Exit은 상상만 해도 너무 좋을 것입니다.

미션과 비전 그리고 기획

여기서 스타트업 활동뿐만 아니라 우리 삶에서도 먼저 갖춰야 할 중요한 두 가지가 있습니다.

먼저 목적입니다. 스타트업 활동의 목적은 무엇인지, 내 삶의 목적인 무엇인지, 그 존재 이유가 필요합니다. 이것을 미션(Mission)이라고 하는데 미션이 일단 결정되고 나면 일생에 걸쳐 거의 변화가 없이 굳건하게 유지되도록 설정되는 것이 바람직합니다.

다음으로 목적에 맞게 달성해야 할 목표입니다. 이와 같은 목표를 비전(Vision)이라고 하는데, 비전은 상황에 따라 변경될 수도 있지만 새로운 비전은 항상 미션에는 부합되도록 설정해야 합니다.

목표를 달성하는 방법으로는 여러 가지가 있을 수 있습니다. 그런 방법을 찾기 위해서는 먼저 달성하고자 하는 목표와 현재 상황과의 차이를 발생시키는 문제를 정의하고 그 원인을 분석해야 합니다. 다음으로 그 문제 원인들을 해결하기 위한 다양한 방법들을 고민해야 합니다. 그런 후에 그 중에 가장 효율적인 해결 방법들을 선택해야 하는데, 이를 위해서 데이터를 조사해 정보를 분석하는 과정을 거치게 되며 그렇게 결정한 최종적인 방법이 바로 목표를 달성하기 위한 전략과 실행방안으로 정리됩니다. 이렇게 하나의 목표가 달성되면 미션에 부합하는 다음 단계의 목표를 설정해서 도전하는 과정을 반복하게 됩니다.

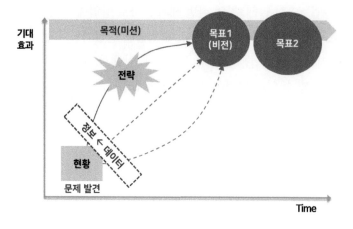

이와 같이 목표를 달성하기 위한 설계 과정을 기획이라고 하는데, 미션과 비전, 그리고 기획은 스타트업 활동뿐만 아니라 일상생활 에서도 유용하게 사용되니까, 잘 이해하고 활용하기 바랍니다.

스타트업과 기존 기업의 사업방식 비교

이제부터 스타트업에 대해서 보다 자세히 살펴볼 차례입니다. 먼저 스타트업이 기존의 전통적인 기업과 어떻게 다른 것인지 여러 가지 기준에 따라 비교해 보도록 하겠습니다.

사업 계획은 스타트업이 1페이지의 비즈니스 모델로 간단히 작성하는 반면, 기존 기업은 수십페이지의 사업계획서로 작성합니다. 그만큼 작성에 소요되는 시간도 몇 일과 몇 개월로 크게 차이가 날 수밖에 없습니다.

사업계획의 근거는 스타트업은 모든 것이 가설이며, 시장에서의 실행을 통해 검증해 나가는 반면, 기존 기업은 컨설팅 시장조사기관 등을 통해 방대한 사전 조사 데이터가 필요합니다.

사업계획에 포함될 자료로는 스타트업은 방문 고객수, 재방문율, 구매율, 구매 단가 등 핵심 지표 관리가 필요한 반면 기존 기업은 예상 데이터에 기반 하여 다년간의 소요 비용과 매출을 목표로 투자 가치 분석이 필요합니다.

사업성에 대한 확인 방법으로는 스타트업은 비즈니스 모델을 목표 고객대상으로 확인하는 반면, 기존 기업은 사업계획서를 전문 컨설팅사를 통해 검증받는 것이 일반적입니다.

실행 방법으로 스타트업은 애자일 방식으로 유연하게 사업을 진행하면서 전체 사업이 나선형으로 구체화되는 반면 기존 기업은 단계적인 폭포수 모델 방식에 따라 사업이 선형적으로 진행되는 것이 일반적입니다.

사업 결과 확인 및 결정 방법으로, 스타트업은 제품 개발 과정 중에 수시로 확인하며 중간 단계에서 다른 비즈니스 모델로 변경하는 피봇을 거치거나, 또는 중도 포기하는 것도 일반적인 반면 기존 기업은 계획한 제품을 전체 개발 후에 확인하여 최종 단계에서 성공 또는 실패가 결정되는 것이 일반적입니다.

실패 영향에 대해서는, 스타트업은 항상 실패 가능성을 인정하고 조기에 발견하기 때문에 재빨리 수습이 가능하지만, 기존 기업은 대규모 자금이 투입되기 때문에 실패는 용납될 수 없고 누군가는 실패에 대한 책임을 져야 하는 것이 일반적입니다.

사업 수행 기간으로 스타트업은 보통 몇 주에서 3개월 이내 길어야 6개월을 넘지 않는 반면 기존 기업은 최소 1년 이상, 중장기 계획까지 포함하면 보통 2년 이상의 사업 기간을 수행하는 것이 일반적입니다.

이와 같이 스타트업이 기존 기업과 사업방식이 다를 수밖에 없는 이유는 스타트업은 시간, 비용, 인력 등 보유하고 있는 자원 면에서 부족하고 모든 것이 불확실한 상황이기 때문에, 치열한 경쟁에서 살아남기 위해 한발 앞서 신속하게 움직여야 하는 것입니다.

구분	스타트업	전통적인 기업
사업 계획	비즈니스 모델 (1페이지)	사업계획서 (수십 페이지)
근거	가설 및 실행 중 검증	사전 조사 데이터
재무정보	핵심 지표 관리	투자 가치 분석
확인 대상	목표 고객	컨설팅사
실행 방법	애자일 방식	폭포수 모델
결과 확인	제품 개발 과정 중 수시 확인	제품 개발 후 확인
결과 결정	중간 단계의 피봇 또는 포기 가능	최종 단계의 성공 또는 실패
실패 영향	실패 가능성 인정	실패에 대한 책임
수행 기간	몇주~최대 6개월	최소 1년 이상

스타트업, 어떻게 진행할 것인가?

그러면, 스타트업을 어떻게 시작하면 좋을까요? 이를 위해 스타트업의 실패 이유들을 먼저 살펴보겠습니다.

2014년 10월 미국 벤처캐피털 전문 조사 기관인 CB insights는 실패한 스타트업 101개사를 대상으로 사업 실패 이유 설문조사를 실시한 바 있습니다. 여러분은 사업 실패 이유가 무엇이라고 생각하나요? 보통 인재가 없거나, 제품이나 기술이 부족해서, 홍보/마케팅이 부족해서 실패했을 것이라고 생각할 것입니다. 그런 이유도 있지만, 가장 큰 이유는 바로 시장이 원하지 않는 제품으로 무려 42%를 차지합니다. 다시 말해 고객이 필요로 하지 않는 제품을 만들었기 때문에 소비자가 없었던 것입니다. 반대로 생각하면 스타트업이 사업에서 가장 큰 실패 가능성을 줄이기 위해서는 바로 고객이 원하는 제품을 만드는 것이 필요한 것입니다.

이런 이유로 다음의 4단계로 스타트업을 진행할 것을 추천합니다.

1단계 : 고객 공감

고객과의 공감에서 출발하는 것이 바람직합니다. 여러분 주변을 관심 갖고 살펴보다 보면 평소에는 무심히 지나쳤던 주위 사람들이 불편해 하는 문제점을 발견할 수 있을 것입니다. 바로 그런 문제점을 찾는 것에서 새로운 비즈니스 기회가 생길 수 있습니다.

2단계 : 문제 정의 분석

문제 정의와 원인 분석입니다. 불편한 문제점을 정의하고 그 문제의 원인이 무엇인지 분석하는 것입니다. 왜 그럴까 항상 궁금해 하면서, 자신과 주위 사람들에게 묻고 답을 찾는 과정을 반복하다 보면 문제의 원인들을 정리할 수 있을 것입니다.

3단계 : 아이디어 발상

그 문제를 해결할 아이디어가 필요합니다. 문제의 원인을 알았으니 그것을 해결할 수 있는 아이디어를 찾아야 합니다. 여기에는 전문적인 지식과 함께 창의적인 아이디어가 함께 필요합니다.

4단계 : 제품화

문제 해결 아이디어를 어떻게 제품으로 만들 것인지 고민합니다. 그리고, 만든 제품을 애초 문제를 갖고 있는 사람들에게 어떻게 알리고 판매할 것이지 전략과 실행이 필요합니다.

그런데, 이와 같은 각 단계에서 도출된 내용은 처음에는 모두 가설입니다. 각 단계별로 시장에서 타겟 고객의 검증을 통해 확인하고 점진적으로 구체화되어야 하는 것입니다. 이와 같이 다음 단계로 넘어갈 때 검증해야 할 것에 대해 살펴보겠습니다.

스타트업, 어떻게 검증할 것인가?

스타트업을 진행할 때 다음 단계로 넘어가기 위해서는 현재 단계에서 생각한 가설에 대해 충분한 테스트 과정을 통한 검증을 거쳐야 합니다. 여기에는 다음과 같은 3가지의 검증 과정이 필요합니다.

① 고객 니즈 검증(Customer - Needs Fit)

고객 공감 단계와 문제 정의 분석 단계에 걸쳐 고객이 정말 그 문제 해결 니즈가 있는지 확인하는 가설 검증이 필요합니다.

이 검증 단계에서는 먼저 잠재 고객들을 찾아야 하는데 주위 지인이나 그 지인을 통해 소개받아 개별적으로 만날 수도 있습니다. 고객을 만나서는 설문조사가 아니라 인터뷰 방식으로 진행합니다. 자연스럽게 이야기할 수 있는 편안한 분위기를 만들어야 하는데 일상적인 이야기로 시작해서 여러분의 비즈니스 분야에 관심이 있는 고객인지 확인해야 합니다(잠재고객 확인). 다음으로 여러분의 비즈니스 분야와 관련된 상황에서 어떤 불편함이나 문제가 있는지 확인하고 여러분이 예상한 문제 해결 니즈를 갖고 있는지 확인해야 합니다(고객니즈 확인). 그런 다음에 고객은 현재 그 문제를 어떻게 해결하고 있는지, 그리고 그 과정에서 어떤 불편함이 있는지 확인합니다(경쟁자 확인). 이 때 여러분의 생각을 이야기하는 것이 아니라 고객의 숨겨진 생각을 이야기로 듣거나 표정이나 몸짓에서 읽어내는 것이 중요합니다. 마지막까지 여러분이 생각한 문제에 대해 고객이 이야기하지 않는다면 그제서야 혹시 그런 문제는 없는지 물어보세요. 다양한 타겟 고객들의 진솔한 이야기를 듣는 과정에서 미처 여러분이 생각하지 못했던 점들을 발견할 수도 있고 여러분이 해결해야할 문제를 확인할 수 있을 것입니다.

만일 고객이 별로 불편하지 않는 문제라면 해결할 가치가 별로 없는 것으로 더 이상 진행할 필요가 없을 것입니다.

② 문제 해결방안 검증(Problem - Solution Fit)

문제 정의 분석 단계와 아이디어 단계에 걸쳐, 제안한 아이디어 해결방안(솔루션)이 실제로 고객의 문제를 해결할 수 있는지 가설 검증이 필요합니다.

고객을 만나서 앞서 정의한 문제에 대한 인식을 갖고 있는지를 확인한 후, 타겟 고객인 경우에 그 문제를 어떻게 해결하고 있는지, 그리고 그 과정에서 어떤 불편함이 있는지 다시 한번 확인합니다(경쟁자 확인). 그런 다음 그 문제를 해결할 수 있는 여러분의 아이디어를 우선 설명하며 고객이 동의하는지 살펴보세요. 그런 다음에 여러분의 아이디어를 보여주는데 간단하게는 아이디어를 스케치한 종이를 보여주거나 고객 이용 시나리오를 시각화해서 보여줄 수도 있으며, 마치 작동되는 것처럼 보이는 온라인 프로토타입으로 실제 그 문제를 해결할 수 있다는 것을 보여주게 됩니다. 이 때, 고객이 얼마나 관심을 갖는지 표정이나 느낌으로 먼저 평가한 다음, 고객이 말하는 만족도를 조사하는데 그 긍정적 또는 부정적 이유에 대해 제품의 가치와 기능, 가격, 채널, 고객관계 등 다양한 영역별로 분류합니다. 만족도가 일정 기준 이상, 예를 들면 최소한 70% 이상이 될 때까지 해결방안을 개선하는 과정을 반복해 나갑니다.

만일 고객이 제안한 아이디어에 대해 별로 관심이 없다면 그 문제를 해결할 다른 아이디어가 필요할 것입니다.

③ 제품 시장 검증(Product – Market Fit)

아이디어 단계와 제품화 단계에 걸쳐서는 시장이 원하는 제품인지에 대한 가설 검증이 필요합니다. 실제 제품이 출시되어 타겟 고객 대상의 홍보/마케팅이 진행되는 과정을 소개하면, 전통적으로는 고객이 구매 행동하기까지의 소비자 구매 행동 프로세스로 주의(attention), 흥미(interest), 욕망(desire), 기억(memory), 행동(action)하는 AIDMA 모델이었습니다. 다음으로 인터넷 시대에 들어와 Attention → Interest → Search(검색) → Action → Share(추천)하는 AISAS 모델로 변화되었는데 그 효과를 측정하기 어렵다는 한계가 있습니다. 최근 스타트업에서는 그 효과를 측정 가능한 AARRR 지표를 많이 활용합니다. AARRR 지표는 Acquisition(집객, 하루 방문 고객 수) – Activation(구매, 고객 멤버 등록, 최초구매) – Retention (재방문, 재구매) – Revenue (매출, 객단가) – Referral (추천, SNS 좋아요, 공유수)로 구성됩니다. 적용 기업에서는 각 지표의 의미를 자신의 사업에 맞게 재정의 하고 그 데이터 수집 방안을 함께 고려해야 합니다. 온라인 서비스인 경우 Google Analytics 등의 분석도구를 활용하여 파악할 수 있고 오프라인 매장인 경우에는 고객 멤버십, 유동 고객 영상 분석, 스마트폰 연동 비콘 등을 활용해 파악할 수 있습니다. 다음으로 AARRR 각 지표별로 관련성을 지속 추적하면서 어떤 지표들이 중요한지 파악하고, 그 지표들을 관리하기 위해 필요한 방법을 찾아 개선해야 하는 것입니다. 이 때 가장 집중해야 할 지표를 결정하고 그 지표의 향상에 역량을 집중하는 것을 IT 기반 마케팅 기법인 그로스해킹(Growth Hacking)이라고 합니다.

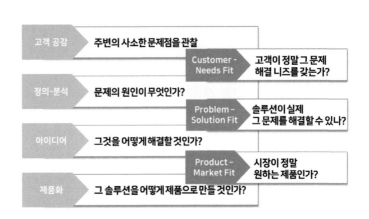

스타트업, 팀 구성이 중요

스타트업 진행 및 검증 단계에서 중요한 한가지를 추가로 소개합니다. 그것은 바로 팀 구성 입니다. 혼자 준비하고 실행하는 1인 스타트업은 여러 가지로 어려울 수밖에 없습니다. 먼저 혼자서는 아무래도 사업 역량이 부족할 수밖에 없고 시간도 부족하기 때문에 사업 진행 속도가 느리게 됩니다. 그리고, 사람이 중요한 자원인 스타트업에서 함께 할 팀원 한명도 못 구한 상태라면 대표의 인간관계를 의심할 수도 있습니다.

그렇다면, 사업 아이템과 팀 구성 중 무엇이 더 중요할까요? 결론부터 말하면 팀 구성이 더 중요하다고 말할 수 있습니다. 그 이유로는, 먼저 사업 아이템은 진행하면서 변경되는 것이 대부분이고 중단되는 경우도 흔하게 발생합니다. 다음으로 사업 아이템은 전문가들의 멘토링을 통해 함께 만들어 나갈 수도 있습니다. 이런 이유로 현재 사업 아이템은 별로 보잘 것이 없지만 우수한 역량 또는 끈끈한 관계의 팀 구성만으로도 가능성을 인정받아 투자 유치에 성공하기도 합니다.

참고로 공모전이나 지원사업 등의 심사때 팀 역량은 중요한 평가 요소로서 같은 조건이라면 혼자보다는 최소 2~3명으로 구성된 팀으로 참가하는 것이 훨씬 더 유리합니다.

그러면, 팀 빌딩을 어떻게 하는 것이 좋을까요? 아무래도 오랫동안 서로 알고 지내온 주위 친구들이나 선후배들과 함께 하는 것이 좋을 것입니다. 만일 그렇게 하기 어려운 경우라면 스타트업 네트워킹 이벤트, 창업 교육, 해커톤 등 다양한 스타트업 활동 행사 참여를 통해 관심 있는 분야에서 생각하는 목적과 목표가 비슷한 사람들과 교류하며 공동 창업팀을 찾아보는 것을 추천합니다. 스타트업 행사 정보는 중소벤처기업부의 K-Startup 창업지원포털(http://k-startup.go.kr), 이벤터스(https://event-us.kr) 등에서 찾을 수 있는데 팀 빌딩은 중요한 단계인 만큼 충분한 시간을 갖고 신중하게 준비하기 바랍니다.

캠퍼스 스타트업 활동

저는 2000년 인터넷 벤처 때 IT벤처기업에 합류했다가 잠시 개인 사업도 했었고, 2005년부터 11년간 대기업 생활과 3년 정도의 스타트업 지원 기관 근무 등 다양한 경력을 쌓은 후 2018년에 대학교로 옮겼습니다. 대학교에 와서 보니 학생들에게 스타트업에 대한 개념이 제대로 소개되지 않아서 인지, 학생들의 스타트업에 대한 관심이 부족하다는 것에 아쉬움을 느끼고 기본적인 SW 교육과 함께 캠퍼스 내 스타트업 문화 확산 교육 및 연구를 진행하고 있습니다.

여러분이 현재 대학생이라면 졸업 후 어떤 진로 계획을 가지고 있나요? 많은 학생들과 진로에 대해 상담해 보면 아직 모르겠다거나 막연히 대기업 취업이라고 하는 경우가 대부분입니다. 저는 여러분에게 가장 유망한 직업을 선택하라고 조언하고 있습니다. 그럼 가장 유망한 직업은 무엇일까요? 요즘 최고의 인기를 누리고 있는 기업에 취업하는 것일까요? 아니면 인공지능, 로봇 등 4차 산업혁명 시대를 이끌 분야의 스타트업 일까요? 여기에 정답은 없습니다. 공통적으로 가장 유망한 직업은 없지만, 여러분에게 가장 유망한 직업은 찾을 수 있습니다. 바로 여러분의 살아가는 목적과 목표에 가장 잘 맞는, 다시 말해 여러분만의 보람있는 삶의 목적으로 추구하는 가치를 세상에서 실현할 수 있는 해당 분야에서의 자신만의 역량있는 전문가가 되는 것입니다.

그런 목적과 목표를 찾고 진로를 결정하기 위해 여러분에게 다양한 경험이 필요한데, 그런 경험을 할 수 있는 것이 바로 스타트업 활동입니다. 여러분의 적성에 맞는 진로를 선택하는데 큰 도움이 되는 다양한 스타트업 활동에 적극적으로 참여할 것을 추천합니다. 그러면 여러분은 스타트업 활동에 어떻게 참여할 수 있을까요? 여기서 제가 캠퍼스 내 스타트업 문화 확산을 위해서 그동안 대학교에서 진행했던, 대학생들 모두에게 필요하고 쉽게 참여할 수 있는 3가지를 활동을 소개하니 참고하기 바랍니다.

첫째, 스타트업 클럽 활동입니다. 흔히 창업동아리로 이야기를 하는데 제가 앞에서 이야기했듯이 창업에 앞서 스타트업을 통한 준비 과정이 필요하기 때문에 대학생에게는 창업동아리란 용어 대신 스타트업 클럽이 더 좋겠습니다. 여러분들이 하고 싶은 것을 정리하고 함께 도전할 친구, 선후배를 모아 팀 프로젝트를 하는, 스타트업 클럽 활동에 적극적으로 참여하기 바랍니다.

둘째, 스타트업 인턴(현장실습)입니다. 요즘은 기업에서 실무를 배우면서 학점을 따고 장학금도 받을 수 있는 현장실습 프로그램이 대부분의 대학교에 있을 것입니다. 저는 단순히 경험을 쌓기 위한 일시적인 현장실습 보다는 여러분의 진로에 맞는 분야에서 보다 적극적으로 실무에 참여하고 장기적으로 참여기업과 함께 성장할 수 있는 기회로 현장실습을 활용해야 한다고 생각합니다. 그런 의미에서 참여 기회가 별로 없는데다 작은 업무 분야에서 일부분으로 참여할 수밖에 없는 대기업 보다는 보다 쉽게 선발될 수 있으면서도 사업 전반에 걸쳐 적극적으로 참여할 수 있는 스타트업 인턴을 적극 추천합니다.

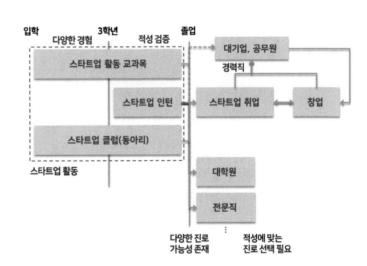

셋째, 스타트업 관련 교과목입니다. 대학교마다 창업 관련 교과목들은 점점 늘어나고 있는데 아직 스타트업 관련 교과목은 별로 없는 실정입니다. 저는 스타트업의 도움을 받거나, 스타트업의 문제를 함께 해결하는 스타트업 클럽

프로젝트, 스타트업 협력 프로젝트 과목을 개설하고 스타트업 활동에 활용할 수 있도록 "모두의 스타트업 코딩" 교과목을 개설하여 보다 많은 학생들이 스타트업에 대한 올바른 인식과 부담 없이 적극적으로 참여해 자신의 진로에 유용하게 활용할 수 있도록 안내하고 있는데 조만간 스타트업 관련 교과목들도 늘어날 것으로 기대합니다.

여러분은 스타트업 활동을 통해 자신만의 삶의 목적과 목표를 찾을 수 있는데 직장에의 취업뿐만 아니라 대학원 진학을 통해 연구를 이어나갈 수도 있고, 변리사, 회계사 등 전문 자격을 취득할 수도 있는 등 다양한 진로 선택의 기회가 있을 것입니다.

만일 여러분이 대기업에 취업을 원한다면, 먼저 해당 분야에서 경험과 실력을 쌓을 수 있는 스타트업 인턴 및 그 스타트업에서의 취업 후 3년 정도의 경험을 쌓은 다음 고민해 봐도 좋겠다는 것이 제 개인적인 생각입니다. 대기업에는 신입으로 입사하기도 힘들 뿐만 아니라, 어렵사리 입사해도 적성에 맞지 않을 수도 있고 같은 기간 동안 스타트업에서 적극적으로 실무를 수행하는 것과 비교할 때 아무래도 성장이 느릴 것이 대부분일 것입니다. 따라서, 2~3년 정도 스타트업 경력을 쌓고 나면, 자신의 실력으로 원하는 대기업에 경력 사원으로 충분히 입사할 수 있을 뿐만 아니라 기존 스타트업이 크게 성공하는 경우 그 결과를 누릴 수 있는 가능성까지 기대할 수 있습니다. 또는 자신이 몰랐던 창업에의 잠재력을 발견하고, 스타트업을 통한 창업에 도전할 수도 있을 것입니다. 이와 같이 취업 자체가 목표가 아니라 자신만의 전문가로 성장하겠다는 목표를 세우는 경우에 그 목표를 달성하는 가장 효율적인 방법으로서 취업을 수단으로 활용하고 결정하기를 추천합니다.

스타트업 정신(MindSet)

마지막으로 스타트업 활동을 위해 여러분이 갖춰야할 정신을 소개합니다. 일반적으로 기업가 정신(Entrepreneurship, 앙트러프러너십)을 말하는데, 그것은 단순히 돈을 벌기 위한 목적이 아니라, 문제 해결을 통한 사업 기회를 찾아 도전하고 새로운 일자리를 창출하며, 새로운 사업에 투자하여 사회에 환원하려는 생각과 실행이 필요합니다.

저는 이와 같은 기업가 정신이 창업자뿐만 아니라 미래를 살아갈 우리 모두가 가져야 할 정신이라 생각합니다. 그런 의미에서 저는 기업가 정신을 7C를 통한 SF(성공과 실패)로 구성된 스타트업 정신으로 정리해 일상적인 생활 속의 보다 바람직한 마음가짐으로 설명합니다.(참고로 앞의 5가지 C는 서

울창조경제혁신센터 박용호 (전)센터장께서 강조한 내용입니다.)

① Challenge(도전) : 항상 새로운 기회를 찾고 도전하는 정신과 자세가 필요합니다.

② Change(변화) : 어떤 새로운 것에 도전해야 할까요? 바로 우리 주위의 사회 문제 해결을 통해 세상을 변화시키려 노력해야 합니다.

③ Create(창의/창조) : 그러면 어떻게 해야 변화할 수 있을까요? 기존 방식과는 달라야 합니다. 이를 위해 창의적인 아이디어로 새로운 것을 만들어야 합니다.

④ Collaborate(협력) : 이런 창의적인 창조 활동은 혼자서는 힘들고 비효율적입니다. 같은 목적과 목표를 갖는 팀원들과 함께 도전하는 것과 함께 관련된 외부 사람이나 기관과도 서로 협력해야 합니다.

⑤ Considerate(배려) : 그런데, 여기서 가장 중요한 덕목이 있습니다. 바로 상대방에 대한 배려가 근간이 되어야 합니다. 상대방의 입장에서 생각하고 공감하며, 그들의 불편함을 해결하는 것이 우선되어야 합니다.

Ⓕ Fail(실패) : 한편 여러분은 이런 활동 과정에서 많은 실패를 경험하게 될 것입니다. 하지만, 실패를 두려워하거나 피할 필요는 없습니다. 실패를 통해 많은 것을 느끼고, 생각하며 경험하게 될 것입니다. 결국 여러분은 실패를 통해 더 성장하게 될 것으로 그만큼 앞으로 실패할 확률은 점점 줄어들 것입니다.

⑥ Confidence(자신감) : 이러한 5C(도전, 변화, 창의/창조, 협력, 배려) 활동 경험이 쌓일수록 여러분은 전문가로 성장하며 해당 분야에서의 자신감을 갖게 될 것입니다.

⑦ Chance(기회) : 그러다 보면 여러분은 새로운 기회를 만나게 될 것이며, 그 기회를 잡으려는 5C 활동 노력을 다시 하게 될 것입니다.

Ⓢ Success(성공) : 이런 과정을 통해 여러분의 성공 가능성은 점점 높아지게 되고, 성공 횟수도 늘어나게 될 것입니다.

이와 같은 스타트업 정신을 갖춘다면 여러분은 불확실한 미래 상황에도 적극적으로 대처하면서 주도적인 삶을 생활할 수 있을 것입니다.

02_비즈니스 모델 이해

비즈니스 모델에 대한 다양한 정의

이번에는 스타트업의 핵심으로서 일반 기업의 사업계획에 해당하는 비즈니스 모델에 대해 살펴보겠습니다. 비즈니스 모델에 대한 정의는 다양한데 먼저 위키피디아에 따르면, "사업 모형(事業模型)"이라 번역되어,

• 기업 업무 제품 및 서비스의 전달 방법, 이윤을 창출하는 방법을 나타낸 모형
• 기업이 지속적으로 이윤을 창출하기 위해 제품 및 서비스를 생산하고 관리하며 판매하는 방법
• 또한, 제품이나 서비스를 소비자에게 어떻게 제공하고 마케팅하며 돈을 벌 것인지 계획하거나 사업할 아이디어로 소개하고 있습니다.

UC 버클리의 헨리 체스브로(Henry Chesbrough) 교수는 '비즈니스 모델이란, 기술을 가치나 이익과 같은 경제적 산출물로 변환시키는 중개자의 역할을 수행하는 다시 말해 아이디어와 기술을 경제적 성과와 연결하는 프레임워크'로 정의했습니다.

다음로 알렉산더 오스터왈더(Alexander Osterwalder) 등은 비즈니스 모델을 '하나의 조직이 어떻게 가치를 포착하고 창조하고 전파하는지, 그 방법을 논리적으로 설명한 것'으로 정의합니다. 이 정의는 비즈니스 모델에 대한 가장 대표적인 책인 '비즈니스 모델의 탄생(Business Model Generation)'에서 소개한 것으로 이 책은 무려 470명의 공동 저자들이 9년간의 연구와 실제 활용 결과를 바탕으로 2011년에 출간했습니다. 처음 접한 독자는 부제 그대로 '상상과 혁신, 가능성이 폭발하는 신개념 비즈니스 발상법'을 발견할 수 있는 아주 유용한 책으로서 옆에 두고 반복해서 펼쳐보면 좋을 것으로 적극 추천합니다.

이제까지 살펴본 바와 같이 비즈니스 모델에 대해 다양한 정의가 존재하는데, 아직까지 그 개념이 명확하게 이해하기는 쉽지 않을 것입니다. 그렇다면 비즈니스 모델을 어떻게 이해하면 좋을까요? 이를 위해 비즈니스 모델의 핵심을 생각해 보도록 합시다.

비즈니스의 가장 중요한 핵심은 바로 수익성입니다. 다시 말해 사업 운영에 필요한 돈을 벌어야 하는 것입니다. 다음으로 비즈니스는 일시적인 것이 아니라 지속 가능한 것이 두번째 핵심입니다. 다시 말해 기업의 존재 가치인 미션을 지속적으로 유지해야 하는 것입니다. 이와 같이 저는 비즈니스 모델의

핵심을 수익성과 지속성이라고 보고, 비즈니스 모델을 한마디로 '지속 가능하게 돈 버는 사업 방식'으로 정의하고 있습니다.

비즈니스 모델 필요성

비즈니스 모델이 필요한 이유를 이해 관계자별로 구분해서 살펴보겠습니다.

첫째, 비즈니스 모델은 창업자인 나 자신이 사업을 구체화하고 사업에 대한 확신을 갖기 위해 필요합니다. 사업을 시작하겠다고 생각했다면 어떻게 돈을 벌 것인지 구체적으로 정리해야 하는 것은 당연할 것입니다. 단순히 막연한 아이디어로 아무 준비 없이 바로 사업을 시작했다가는 거의 대부분 망하는 것이 냉엄한 현실입니다. 아이디어 고민을 통해 비즈니스모델을 정리하는 것 자체는 간단할 수 있지만 다른 누구보다 더 많이 고민하고 비즈니스 모델을 계속 발전시켜 나가는 과정을 통해서 자기 자신으로부터 '이 사업은 반드시 성공한다'는 확실한 대답을 들어야 하는 것입니다

둘째, 비즈니스 모델은 공동 창업자 확보와 팀원 등 구성원의 동기를 유발하고 공통된 행동 이끌어 내기 위해 필요합니다. 비즈니스 모델을 생각하고 있는 예비 창업자라면 반드시 함께 사업을 시작할 공동 창업자(Co-founder)를 적어도 1명 이상은 확보해야 합니다. 최초의 공동 창업자로는 아무래도 오랫동안 알고 지낸 주위의 가까운 지인이 먼저 합류하면 좋겠고 어느 정도 사업 가능성이 보인 다음에 공동 창업자의 지인들 중에서 팀원으로 합류하는 것이 보다 믿을 수 있을 것입니다. 이와 같은 공동 창업자를 어떻게 끌어들일 수 있을까요? 그냥 말로는 부족할 테니 자기가 확신을 갖고 정리한 비즈니스 모델을 보여주고 그들 또한 이 비즈니스 모델이 성공할 수 있다는 자신감을 갖도록 충분한 설득력이 있어야 합니다. 그것이 부족하다면 함께 머리를 맞대며 다시 고민하여 비즈니스 모델을 개선시켜야 합니다. 그렇게 함께 사업하는 공동창업자를 1명이라도 구하지 못한다면 사업 추진 과정에서의 고객 또한 설득하기가 매우 어려운 것이 당연한 결과일 것입니다.

셋째, 비즈니스 모델은 다양한 고객군을 위해 필요합니다. 여기서의 고객군으로는 외부 파트너(협력사), 투자자, 그리고, 최종적으로 실제 돈을 내고 서비스/상품을 구매하는 시장 고객으로 나눌 수 있습니다. 각 고객 집단에서 관심갖는 비즈니스 모델의 정보는 조금씩 틀릴 수 있겠지만 공통적으로 비즈니스 모델에는 그 지속 가능한 수익성에 대한 실현 가능성을 설득할 수 있어야 합니다. 추가적으로 외부 파트너 대상으로는 자사와의 협업 및 파트너십에 대한 필요성을 제공해야 합니다. 투자자 대상으로는 투자 유치를 위한 매력적인 사업 가능성을 설득해야 합니다. 시장 고객 대상으로는 자사 제품의 차별성과 고객 가치 제안을 효과적으로 전달해 소비자 고객으로 전환해야 합니다.

이해 관계자		비즈니스모델의 필요성
창업자		사업 구체화와 사업에 대한 확신
조직 구성원		구성원의 동기 유발 및 행동 양식에 대한 정보를 제공
고객	외부 파트너	자사와의 협업 및 파트너십 필요성
	투자자	투자 유치를 위한 매력적인 사업 가능성
	시장 고객	자사 제품의 경쟁력 있는 고객 가치 제공을 통한 소비자 고객으로 전환

정리하면 아래 그림과 같은데, 나로부터 고객으로 갈수록 상대방을 설득하기 위해 비즈니스 모델이 점점 구체화되어야 합니다. 그런 과정에서 비즈니스 모델의 성공에 대한 자신감은 고객으로부터 나한테로 다가올수록 보다 강해져서 그만큼의 확신이 커지게 됩니다.

비즈니스 모델 캔버스(BMC) 9블럭

비즈니스 모델을 표현하는 방법인 비즈니스 모델링에 대해 오래전부터 여러 학자들에 의해 연구되어 발전해 왔는데, 이 중 가장 대표적인 비즈니스 모델링 기법이 바로 알렉산더 오스터왈더 등의 '비즈니스 모델의 탄생'에서 소개한 비즈니스 모델 캔버스(Business Model Canvas : BMC) 9블럭 입니다.

BMC 9블럭은 비즈니스 모델을 9개의 주요 요소로 구성하고 1장의 캔버스로 쉽고 간단히 표현할 수 있도록 배치합니다. BMC 발표 이후로 여러 가지 변형된 모델이 소개되기도 했지만 현재까지도 BMC 9블럭이 스타트업 대상으로 가장 널리 사용되고 있는 비즈니스 모델링 방법입니다.

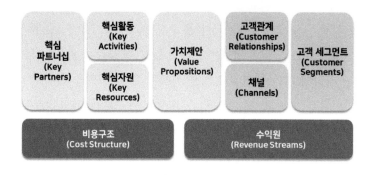

비즈니스를 한 눈에 이해하기 쉽게 표현할 수 있고 조금만 연습하면 누구나 간단히 작성할 수 있기 때문에 사실상 표준으로 이용되고 있습니다. 이와 같은 BMC 양식을 직접 그려서 이용하거나 포스트 잇으로도 간단히 표현할 수 있으며 https://www.strategyzer.com 사이트 등 인터넷상의 온라인으로도 이용할 수 있는 서비스도 찾을 수 있습니다. 이제부터 BMC 9블럭 작성 방법에 대해 자세히 살펴보도록 하겠습니다.

비즈니스 모델 캔버스(BMC) 9블럭 작성 방법

BMC 9블럭의 각 블럭에서는 앞으로 검증해야 할 가설들을 포함하는데 작성 순서에 따라 간단히 소개하면 다음과 같습니다.

① Customer Segments(CS, 고객 세그먼트)

고객의 문제점을 발견하고 하나 이상의 고객 세그먼트에게 제품이나 서비스를 제공할 수 있어야 합니다.

검증할 가설 : 우리에게 가장 중요한 고객은 누구이며 전형적인 고객은 어떤 사람인가?

② Value Propositions(VP, 가치 제안)

조직은 고객이 처한 문제를 해결해주고 욕구를 충족시키기 위해 특정한 가치를 제공해야 합니다.

검증할 가설 : 우리는 각 고객 세그먼트 별로 어떤 가치/제품/서비스를 제공하고 있는가?

③ Channels(CH, 채널/유통경로)

커뮤니케이션, 물류, 세일즈 채널 등을 통해 우리가 전달하고자 하는 가치를 고객에게 전달합니다.

검증할 가설 : 우리는 어떤 경로로 우리의 제품을 고객에게 전달하고 경쟁사는 어떻게 전달하며, 고객은 어떤 전달 방법을 원하는가?

④ Customer Relationships(CR, 고객관계)

고객 세그먼트와 시장의 수명주기별로 고객관계 전략을 마련합니다.

검증할 가설 : 고객이 우리 제품을 지속적으로 이용하는 방법은 무엇이며 경쟁사는 어떻게 고객 관계를 유지하며, 고객은 어떤 관계를 원하는가?

⑤ Revenue Streams(RS, 수익원)

전달하고자 하는 가치를 성공적으로 제공했을 때 얻는 수익을 정리합니다.

검증할 가설 : 우리 고객은 제공받는 가치에 얼마의 대가를 지불하고, 우리는 어떤 매출 모델과 가격 정책을 갖고 있는가?

⑥ Key Resources(KR, 핵심자원)

가치 제안, 고객관계, 고객 세그먼트, 채널, 수익원을 실현하기 위해 필요한 물리적, 재무적, 지적, 인적 자원을 정리합니다.

검증할 가설 : 우리의 가치 제안에는 어떤 핵심 자원이 필요하며 우리의 유통경로, 고객 관계와 수익원을 위해서 각각 어떤 자원이 필요한가?

⑦ Key Activities(KA, 핵심활동)

가치 제안, 고객관계, 고객 세그먼트, 채널, 수익원을 실현하기 위해 조직이 수행해야 하는 여러 가지 활동을 정리합니다.

검증할 가설 : 우리의 가치 제안에는 핵심 활동이 필요하고 우리의 유통경로, 고객 관계와 수익원을 위해서 각각 어떤 활동이 필요한가?

⑧ Key Partners(KP, 핵심 파트너)

내부 역량으로 해결할 수 없기 때문에 외부 파트너십을 이용해야 하는 일부 자원이나 특정 활동을 정리합니다.

검증할 가설 : 우리에게 부족한 핵심 활동과 핵심 자원을 제공할 파트너/공급자는 누구인가?

⑨ Cost Structure(CS, 비용구조)

비즈니스를 수행하기 위해서 발생할 수 밖에 없는 비용 요소들을 정리합니다.

검증할 가설 : 우리의 핵심 자원 확보와 핵심 활동 등 비즈니스 활동에 얼마의 비용이 필요한가?

각 BMC의 각 블럭 구성요소와 그 관계에 대해서 쉽게 소개한 Strategyzer사의 동영상(QR코드 참고)을 통해 참고하면 좋을 것으로 추천합니다.

비즈니스 모델 캔버스(BMC) 9블럭 작성 사례

이제 비즈니스 모델 캔버스 9블럭을 실제 작성해 보도록 하겠습니다. 먼저 가장 대표적인 스마트폰 앱인 카카오톡을 제공하는 Kakao의 비즈니스 모델에 대해서 BMC 9블럭을 간단히 작성하면 이와 같습니다.

1. 고객 세그먼트 Customer Segments(CS) 로는 카카오톡 이용자, 광고주, 게임 개발사, 입점업체등 다양한 고객이 존재합니다. 이 때, 카카오톡은 성공한 비즈니스 모델이라서 이와 같이 다양한 고객들이 존재하지만 일반적인 스타트업의 시작 단계에서는 특정 고객군을 보다 세부적으로 좁히는 것이 바람직합니다.

2. 가치 제안 Value Propositions(VP)
   타겟 고객별로 다양한 가치를 제안하는데,

   - 카카오톡 이용자들을 대상으로는 다기능 채팅, 그룹 인터페이스, 음성/영상통화
   - 광고주에게는 광고 집행
   - 게임 개발사에게는 게임 연동
   - 입점 업체들에게는 전자상거래

서비스/가치를 제공합니다.

이와 같이 타겟 고객이 여러 분류일 때에는 각 고객 군에 따라 가치 제안을 별도로 작성하면 되는데, 앞서 설명한 것과 같이 초기 스타트업 단계에서는 하나의 목표 고객군에 대한 특별한 가치에 집중하는 것이 바람직합니다. 나머지 블록들에 대해서도 비슷한 방식으로 차례로 작성하면 되는데, 다음과

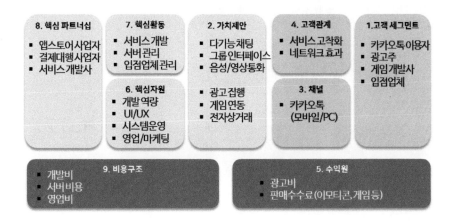

같이 정리할 수 있습니다.

다음으로 본 도서의 기반이 출발점이 된 '모두의 스타트업 코딩' 강의의 비즈니스 모델을 BMC 9블럭으로 작성해 보겠습니다. 본 강의의 1차 타겟 고객은 교과목 수강 학생입니다. 추후에는 특강을 희망하는 학원이나 학교 등 수요기관이나 개별 스타트업 임직원 대상으로도 강의도 가능하며, 혼자서 책을 보며 공부하는 일반 이용자들로 확장될 수 있습니다.

가치 제안에 해당하는 제공 상품/서비스로는

- 온라인 강의
- 오프라인 강의
- 강의 교재/도서

가 있을 수 있고, 제공 가치로는

- 스타트업 이해
- 스타트업 정신 함양
- SW 활용 역량
- Portfolio 홈페이지

로 정리해 볼 수 있습니다.

나머지 블록들에 대해서도 비슷하게 작성하면 다음과 같이 정리할 수 있습니다.

이와 같이 BMC 9블럭은 쉽고 간단하게 작성할 수 있는데 기존 기업의 비즈니스 모델을 분석하는데 사용할 수 있으며 새로운 아이디어에 대한 비즈니스 모델을 정리하는 데도 유용하게 사용할 수 있습니다. 또한, 여러분이 원하는 목표를 달성하기 위한 분석 도구로 사용하는 것도 가능할 것으로 여러분의 경쟁력 있는 프레임워크로 활용해 보기 바랍니다.

그러면, 이와 같이 아이디어를 정리한 BMC 9블럭을 실제 스타트업에서는 지속 가능한 돈버는 사업 방식으로 어떻게 발전시킬 수 있을까요? 이제부터 그 대표적인 방법인 린스타트업(Lean Startup)에 대해 간단히 소개하겠습니다.

린 스타트업(Lean Startup)의 유래

스타트업에서 아이디어를 실제 지속 가능한 돈버는 사업 방식으로 발전시키는 실행 방법으로 실리콘밸리의 창업가 에릭리스(Eric Ries)가 2011년에 발표한 '린 스타트업(Lean Startup)'이 대표적입니다. 동명의 저서에서 스타트업을 위한 린 스타트업 실행 방법론을 소개한 이래로 현재까지 큰 인기를 끌고 있는데 우선 린 스타트업의 유래에 대해 보다 자세히 알아보겠습니다.

현재 세계 최고의 자동차 회사인 도요타가 자동차 제국 미국을 물리치게 된 데에는 재고없는 생산 시스템을 뜻하는 JIT(Just In Time) 등 도요타 생산 시스템 (Toyota Production System : TPS)이 있었습니다. TPS는 인력과 설비, 재고 등 각 자원을 적정수준으로 유지하면서 생산 효율을 최대한으로 높일 수 있도록 실시간 정보를 교환하고 지속적으로 품질을 개선하는 방식으로 1960년대 초에 확립되어 도요타 자동차의 생산성을 획기적으로 향상시켰습니다. 이와 같이 도요타의 급속한 성장에 대해 MIT의 제임스 워맥(James Womack) 교수 등 여러 경영학자들은 그 비결을 연구하여 1990년에 '세상을 바꾼 방식'(The Machine that Changed the World) 저서를 발표했습니다. 그 책에서 TPS를 미국의 기업 설정에 맞게 재구성하여 제조와 서비스 등 다양한 분야의 기업들도 적용할 수 있도록 재정립하여 린 경영(Lean Management)으로 명명했습니다. 린 경영은 생산, 유통, 마케팅 등 여러 기업 활동에 불필요한 요인을 제거하고 낭비를 최소화하여 최대의 효율을 내는 경영을 말하는데 여기서 린(Lean)은 '마른', '기름기를 쫙 뺀' 의미로서 한마디로 군더더기 없는 상태를 뜻합니다.

한편, 에릭 리스는 사업에 어려움을 겪던 2004년에 스타트업 투자자 겸 교육자인 스티브 블랭크를 찾아가 도움을 요청했는데 그 때 투자를 받는 조건으로 스티브 블랭크의 '고객개발론' 강의를 직접 수강하게 되었습니다. 에릭 리스는 그 때 배운 방식을 자신의 스타트업에 적용한 결과 큰 성공을 거두게 되었고 대기업에서 린 경영이 시들해지던 2011년에 에릭 리스는 스티브 블랭크의 고객개발론과 자신의 성공 경험을 바탕으로 린 경영을 다시 재해석하여 스타트업에 적용할 수 있도록 린 스타트업이라는 스타트업 실행 방법론을 소개한 것입니다.

린 스타트업(Lean Startup) 소개

에릭 리스는 린 스타트업을 '빠른 피드백을 통한 제품 개발과 신속한 과학적 실험 같은 실천을 통해 실제 성과를 측정해 고객이 정말 무엇을 바라는지 배우는 데 집중하는 방법이며, 또한 급변하는 상황에 민첩하게 적응하고 계획을 조정하며 사업과 회사를 성장시키고 확장하는 기법'으로 소개합니다. 린 스타트업 프로세스에서는 사업 아이디어에 대한 가설인 비즈니스 모델을 기반으로 만들기(Build)-측정(Measure)-학습(Learn)의 BML 3단계 프로세스를 지속적으로 반복하면서 각 단계에서 제품(MVP), 데이터(핵심지표), 아이디어 (비즈니스 모델)을 차례로 생성합니다.

그 결과를 분석하여 비즈니스를 계속 진행할지 아니면 비즈니스 모델을 수정하는 피봇을 수행하거나 아예 중단할지 신속하게 결정하게 됩니다.

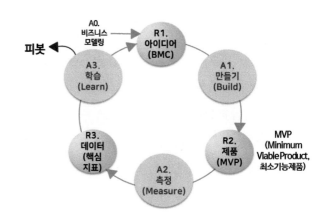

이제부터 린스타트업 BML 프로세스 각 단계별 실행 작업(A)과 그 결과물(R)에 대해서 살펴보겠습니다.

A0 비즈니스 모델링
앞에서 소개한 자사의 비즈니스 모델을 간단하게 작성하는 협의의 비즈니스 모델 디자인 활동입니다. 최초의 비즈니스 모델은 내부 회의를 통해 도출한 가설들로 구성됩니다.

R1 아이디어
비즈니스 모델링을 통해 간단하게 작성하고 신속하게 검증할 수 있도록 1페이지 양식의 비즈니스 모델이 작성되는데 비즈니스 모델 캔버스(BMC) 9블록이 대표적으로 사용됩니다.

A1 만들기
비즈니스 모델을 실제로 제품/서비스로 형상화하는 활동이다. 처음에는 종이에 개념을 그리는 것으로도 가능하고 MS PowerPoint와 같은 오피스 SW, Kakao 오븐과 같은 서비스 프로토타이핑 Tool,

Autodesk Fusion 360과 같은 3D모델링 SW, 3D프린팅, 그리고, 실제 작동하는 Creatorlink.net 등의 웹 서비스 또는 iOS/안드로이드용 App 개발 등 다양한 도구를 활용할 수 있습니다. 사업 진행 단계에 따라 간단한 수준에서 점점 복잡한 수준으로 적절한 도구를 이용해 제작하면 됩니다.

R2 제품

만들기 활동을 통해 제작된 제품 또는 서비스입니다. 여기서 주의해야 할 사항으로 처음부터 한꺼번에 모든 기능을 포함한 제품을 만드는 것이 아니라 최소한의 핵심 기능을 포함한 제품인 MVP (Minimum Viable Product)를 신속하게 만드는 것이 중요합니다. 고객 검증을 통해 대부분의 제품은 수정될 수 밖에 없기 때문에 최초 아이디어 단계의 제품에서부터 실제 고객을 만나 검증해 나가는 것이 필요합니다.

A2 측정

타겟 고객 대상으로 가설을 확인하는 활동으로서, 이를 위해 먼저 분야별로 타겟 고객을 세분화하는 것이 필요합니다. 먼저 시장 분야에서는 핵심 수익 시장인 목표 시장(SOM : Serviceable Obtainable Market), 유효 시장(SAM : Service Available Market), 전체 시장(TAM : Total Addressable Market)으로 나눌 수 있는데 사업 단계별로 맞는 각 분야별 타겟 고객을 선정해야 합니다. 또한, 유통 채널이나 핵심 파트너와 같은 다른 비즈니스 요소 별로 타겟 고객을 선정하여 가설을 확인하는 것도 필요합니다. 또한, 앞에서 소개한 것과 같이 사업 단계별로 아이디어 구상 단계의 고객 니즈 검증(Customer-Needs fit) 제품/서비스 개발 단계의 고객 문제 아이디어 검증(Problem-Solution fit) 상용화 단계의 제품 시장 검증(Product-Market fit)이 필요합니다.

R3 데이터

측정 활동을 통해 산출된 핵심 지표(KPI : Key Performance Index)에 대한 값입니다. 아이디어 구상 단계에서는 인터뷰를 통한 고객의 니즈 동의 비율이 대표적이고 제품/서비스 개발 단계에서는 제품 이용, 제품 구매 금액, 제품 추천 등에 대한 의향 비율이 해당됩니다. 상용화 단계에서는 AARRR 각 단계별로 고객 수, 고객 전환율을 기간, 지역, 연령대 등 다양한 기준에 따라 분석합니다.

A3 학습

측정된 데이터를 기반으로 제품에 대한 가설을 검증하는 활동입니다. 아이디어 구상 단계, 제품/서비스 개발 단계, 상용화 단계로 진행하면서, 현재 단계에서 이와 같은 학습 활동을 통해 현재 사업 모델을 개선하여 다시 린 스타트업 과정을 반복할 것인지, 또는 성공적으로 다음 단계로 넘어갈 것인지, 아니면 다른 비즈니스로 전환하거나 아예 포기할 것인지 다양한 선택 방안을 결정하게 됩니다.

MVP(Minimum Viable Product) 소개

스타트업은 자금, 시간, 사람 등 모든 것이 부족한 상태입니다. 이런 스타트업에서 시장이 원하는 제품을 신속하게 출시하는 방법이 핵심적인 기능을 갖춘 최소 기능 제품 또는 최소 존속 제품인 MVP(Minimum Viable Product)에 집중하는 것입니다.

대표적인 MVP 사례로 현재 우리나라의 티켓몬스터, 쿠팡이 벤치마킹한 소셜커머스의 원조인 미국의 Groupon을 들 수 있습니다. 애초 공동 구매 비즈니스 모델로 시작했다가 여의치 않자 공동으로 쿠폰을 구매해서 일정 수준 이상을 달성하면 싼 값으로 상품을 구매하는 모델로 전환했습니다. 그 때, 회사가 있던 건물 1층 식당의 피자 반값 쿠폰을 시범 판매하는 간단한 최소 기능의 웹 페이지를 하룻밤에 만들어 테스트하며 지금의 소셜커머스 비즈니스가 시작된 것입니다.

MVP 제작에 있어서 참고할 몇 가지 사항들은 다음과 같습니다.

- 최소한의 가장 중요한 핵심 기능을 먼저 구현합니다.
- 완성된 형태의 제품/서비스일 필요는 없습니다.
- 어떤 제품/서비스든 제작할 수 있습니다.
- 내부에서의 회의보다도 외부 고객으로부터 확인합니다.
- 지표 데이터로 측정할 수 있어야 합니다.

여러분 누구나 직접 MVP를 쉽게 제작해 볼 수 있습니다. 바로 여기서 소개하는 스타트업 코딩에서는 린스타트업 프로세스 중 만들기 과정에서 MVP를 단계적으로 만들 수 있는 SW를 배우고 실제 아이디어를 구현해 보는 과정을 실습하게 됩니다. 앞으로 소개할 스타트업 코딩에서는

첫째. 아이디어를 시각적으로 형상화하는 프로토타이핑 SW로서 Kakao에서 개발한 오븐(Oven)

둘째. 형상화된 프로토타입을 실제 작동하는 프로그램으로 개발하는 코딩 SW로서 MIT에서 개발한 스크래치(Scratch)

셋째. 개발된 프로그램들을 종합적으로 채널화하고 관리하기 위한 웹 사이트 구축 SW로서 크리에이터링크의 creatorlink.net

을 차례로 배우게 될 것입니다.

여러분은 이제 스타트업 코딩에 대해 조금 이해하게 되었을 것입니다. 이번 장에서는 스타트업 코딩의 첫번째 시간으로 '미래를 위한 준비, 스타트업'을 주제로 스타트업에 대한 기초를 이해하고 그 핵심인 비즈니스 모델에 대해 살펴보았습니다. 다음 장은 스타트업 코딩의 두번째 시간으로 '나의 미래 경쟁력 도구, 스타트업 코딩'을 주제로 SW중심사회와 컴퓨팅적 사고 그리고 스타트업 코딩에 대해 보다 자세히 살펴보도록 하겠습니다.

1장. 생각하기

Q 대기업 취업을 계획 중인 학생에게는 스타트업과 무슨 관계가 있을까요?

A 먼저 앞으로의 진로를 구체적으로 결정하는 것이 필요합니다. 막연하게 대기업 취업이 아니라 무슨 직무를 수행할 수 있는 어떤 대기업 내 어떤 부서에 가겠다는 구체적인 계획이 있어야 합니다.

다음으로 그 직무와 자신의 적성이 맞는지 확인하는 과정이 필요합니다. 그 과정이 바로 관련 분야에서의 스타트업 클럽(동아리), 스타트업 인턴(현장실습) 등 대학교 생활에서의 스타트업 관련 활동으로서 이를 통해 자신의 적성 적합성을 확인할 수 있습니다.

또한, 계획한 직무 수행을 위해 미리 관련 분야에서의 실무 경험도 취업 준비에 중요한데 단순한 사무실에서 경험하는 것 보다는 실제 다양한 고객들을 직접 만나고, 전체 사업 프로세스를 경험하며 직접 수행에 참여할 수 있는 직무 관련 스타트업에서의 인턴 경험이 특히 도움이 될 것입니다. 대학생으로서 이와 같은 스타트업 인턴으로 선발되기 위해서는 관련 분야의 전공지식 뿐만 아니라 스타트업 클럽 활동을 통한 사전 준비도 필요합니다.

마지막으로 스타트업 활동을 통해 향상되는 문제 해결 능력, 도전 정신 등이 향후 어떤 진로를 선택하든 본인에게 큰 도움이 될 것으로, 이와 같은 스타트업 활동은 미래 사회를 준비하는 모든 학생에게 필요합니다.

이와 같이, 스타트업 활동은 창업이나 스타트업에의 취업뿐만 아니라 대기업 취업 등 모든 진로 준비에 바람직한 활동입니다.

1장. 퀴즈

1. 다음 보기에 대해 맞으면 O, 틀리면 X를 선택하세요.

스타트업과 창업은 같은 개념이다.

1) O   2) X

정답 2) X

해설 스타트업은 사업 가능성을 확인하는 준비 과정부터 시작하는 것으로서 그 성공 가능성을 확인한 후에 사업자등록 또는 법인을 설립하는 법적인 '창업' 단계로 넘어가는 것이 바람직합니다. 따라서, 스타트업과 창업은 엄연히 다른 것입니다.

2. 지속 가능하게 돈버는 사업 방식을 무엇이라고 하는가?

> **정답** 비즈니스 모델
>
> **해설** 비즈니스 모델은 단순한 사업 방식이 아니라 수익성과 지속성을 겸비해야 합니다. 비영리 자선 단체와 같이 수익성을 고려하지 않는 경우에는 비즈니스라 부를 수 없습니다. 또한 단기적으로 수익성이 있더라도 지속적으로 조직을 운영하기 위해서는 비즈니스 모델이 지속적으로 발전하거나 추가적인 비즈니스 모델 개발이 필요합니다.

3. 일반적으로 비즈니스 모델 캔버스(BMC) 9블럭에서 어떤 요소를 가장 먼저 다루는 것이 바람직한가?

   1) 가치제안(VP)
   2) 수익원(CS)
   3) 고객 세그먼트(CS)
   4) 핵심역량(KR)

> **정답** 3)
>
> **해설** 보통 비즈니스 모델 디자인에서는 해결해야 할 문제를 갖고 있는 목표 고객에서 시작하는 것이 바람직합니다. 단, 혁신적인 기술 중심의 비즈니스 모델 디자인에서는 가치제안(VP)에서 시작하는 것이 바람직합니다.

1장. 핵심정리

1. **스타트업 기초 이해**
   - 스타트업이란 설립한지 얼마 되지 않은 신생 조직 또는 기업으로서 자체적인 비즈니스 모델을 가지고 있는 작은 그룹이나 프로젝트성 회사
   - 스타트업을 통해 사업성 확인 후 창업을 발전해 나가는 것이 바람직한 것으로 스타트업은 창업을 위한 준비 단계에서 시작함
   - 스타트업 실패의 가장 큰 원인은 시장(고객)이 원하지 않는 제품
   - 스타트업의 성공 가능성은 낮지만 개인은 그 과정에서도 성장 가능
   - 스타트업과 기존 기업의 사업 방식은 보유 자원의 차이로 다를 수 밖에 없음

2. **비즈니스 모델 이해**
   - 비즈니스 모델 정의 : 지속 가능하게 돈버는 사업 방식
   - 알렉산더 오스트왈더의 비즈니스 모델 캔버스 9블럭이 대표적인데 고객 세그먼트 – 가치 제안 순으로 작성
   - 에릭 리스의 린 스타트업 프로세스 : 만들기 – 측정 – 학습
   - MVP(Minimum Viable Product) : 최소 핵심 기능의 제품으로서 간단하고 신속한 제작 필요

CHAPTER 2
나의 미래 경쟁력 도구, 스타트업 코딩

 우리는 과거 어떤 시대를 거쳐 현재 세상을 살고 있고, 앞으로는 또 어떤 세계가 펼쳐질까요? 미래 사회에는 흔히 말하는 SW중심사회가 될 것으로, 이번 장에서는 컴퓨팅적 사고를 포함한 SW에 대해 이해하고 본 책의 주제인 스타트업 코딩에 대해 보다 자세히 살펴보겠습니다.

01_SW중심사회 트렌드 소개

인식되지 않는 기술들

여러분은 이런 모양의 다리를 본 적이 있나요? 이 다리는 현재 남부 프랑스에 있는 퐁뒤가르 다목적 아치교입니다. 로마시대에 건축된 것으로 위에는 수돗물을 공급하는 용도로 사용되어 흔히 로마 수도교라고 불리고 있습니다. 과거 2천년전 로마시대에는 이와 같은 수도교를 통해 깨끗한 물을 공급받으며 로마인들은 자신들이 발명한 수도교 기술을 매우 자랑스러워했을 것입니다.

https://ko.wikipedia.org/wiki/로마의_수도교

그런데 지금 우리는 눈에 보이지 않는 수도관에 대해 전혀 인지하지 않은채 수돗물을 편리하게 이용하고 있습니다. 이와 같이 과거의 최신 기술이 시간이 지나면서 인지하지 못한채 자연스럽게 이용하게 되는 것입니다. 예를 들어, 2000년대 말에 인터넷에 대해서도 조만간 눈에 보이지 않는 인터넷 (invisible internet)이 될 것으로 소개되었는데 당시 3G에서, LTE, 5G로 차례로 발전된 모바일 데이터 세상이 되면서 실제로 그렇게 실현되고 있습니다.

기술의 발전으로 눈에 보이지 않는 것이 아니라 아예 사라지는 것들도 많이 있습니다. 여러분은 마지막으로 언제 유선 전화기를 사용했나요? 사무실이 아닌 집에서라면 아마 한참 오래 전일 것입니다. 그러면 공중전화기는 사용해 본 적이 있나요? 예전에 핸드폰이 없을 시절에는 공중전화기 앞에 길게 늘어선 대기자들이 기다리느라 힘들었고 또 전화 통화도 마음 편하게 못했습니다. 1990년대 말부터 휴대폰이 대중화되면서 조금씩 바뀌게 되었는데, 그때에도 휴대폰 통화 요금이 비싸서 긴 통화는 유선 전화를 사용했습니다. 2009년말에 아이폰이 국내에 들어 온지 불과 10년도 되기 전에 세상이 완전히 바뀌어, 지금은 스마트폰이 없는 사람도 모바일 데이터를 사용하지 않는 사람도 거의 없는 모바일 세상이 되었습니다.

현금도 비슷한데, 제 경우 지갑에서 지폐를 꺼내는 경우가 3개월에 한번 정도입니다. 바로 신용카드 때문인데 요즘에는 스마트폰에 기존 마그네틱 신용카드를 그대로 탑재한 서비스가 보편화되어 신용카드조차도 들고 다닐 필요도 없게 되었습니다. 현금이 필요없을 뿐만 아니라 지갑조차 들고 다닐 필요가 없는 것입니다. 명함이나 신분증 때문에 지갑을 들고 다니기는 하지만 이 마저도 리멤버앱 등 전자명함 서비스 그리고 블록체인 기반의 신분 인증 등의 출현으로 조만간 온라인으로 모두 처리되는 세상이 될 것입니다.

혁신 확산 모델

여기서 우리는 기술의 발전을 어떻게 받아들여야 할지 고민할 필요가 있습니다. 미국의 사회학자 에버렛 로저스는 자신의 저서 '혁신의 확산(1962)'을 통해 기술 수용 과정을 다음과 같은 5단계로 설명했습니다.

각 단계를 기술을 받아들이는 순서대로 소개하면 먼저 2.5%의 혁신가(Innovator)로서 극소수의 혁신적인 생각과 성향을 가진 사람입니다. 다음으로 13.5%의 초기 수용자(Early adopter)인데 새로운 기술을 적극적으로 수용한다는 의미의 '얼리어답터'도 여기서 비롯되었습니

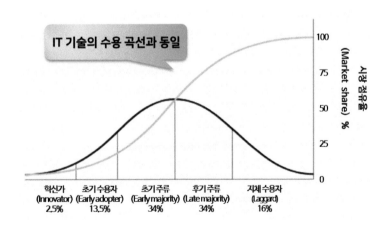

다. 다음은 34%의 초기 주류(Early majority)로서 이제 본격적으로 대중화되기 시작한 것입니다. 이어서, 34%의 후기 주류(Late majority)인데 이쯤 되면 하나의 문화로 자리 잡은 상태가 됩니다. 그리고 마지막으로 16%의 지체 수용자(Laggard)가 남는데 기술에 뒤처진 상태에서 남들이 다 하니까 마지못해 따라하게 되는 경우입니다. 여러분은 어디에 해당되나요? 보통 귀차니즘인 사람들은 후기 주류로 갈 것이고 적극적인 일부 친구들은 얼리어답터에 속하는데 현실적으로 많은 경우 경제적인 이유 등으로 인해 초기 주류에 해당될 것입니다.

이와 같은 기술의 수용 곡선 모델은 비즈니스 측면에서 아주 중요한 의미를 갖고 있습니다. 새로운 제품/서비스를 출시했을 때 보통 얼리어답터 수준까지는 어찌어찌해서 고객을 확보할 수 있지만 그 이후의 초기 주류 고객으로 넘어가기가 매우 어려운 것이 현실입니다. 다시 말해 얼리어답터와 초기 주류 사이에 간극이 존재하는데, 그것을 마케팅에서는 캐즘(chasm)이라고 합니다. 어떻게 캐즘을 극복하고 대중화 단계로 넘어갈 것인지가 대단히 어렵고도 중요한 도전 과제인 것입니다.

다시 기술 수용 과정으로 돌아가서, 수용 속도는 연령대와도 관련이 있습니다. 아무래도 나이가 들수록 새로운 것을 받아들이기가 늦어지게 되는데, 여기서 기술의 속도가 급속도로 발전하기 때문에 큰 문제가 발생합니다. 여기에 대해서는 한국정보화진흥원(NIA)에서 발표한 2018 디지털정보격차 실태조사 결과를 통해 설명하겠습니다.

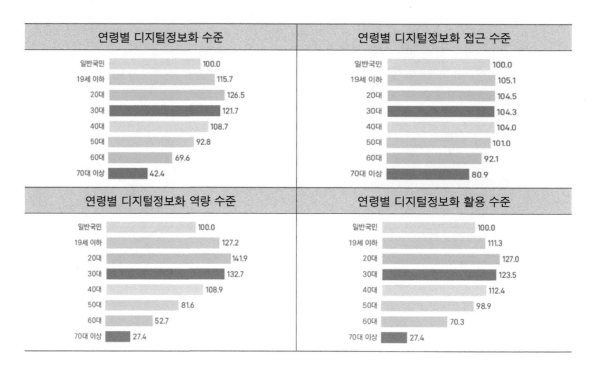

디지털정보화 수준은 나머지 3개의 수준을 종합한 것으로

디지털정보화 접근 수준은 컴퓨터·모바일스마트기기 보유, 인터넷 접근 가능 정도이고,

디지털정보화 역량 수준은 컴퓨터·모바일스마트기기·인터넷의 기본적인 이용 능력이며,

디지털정보화 활용 수준은 컴퓨터·모바일스마트기기·인터넷의 양적 질적 활용 정도를 말합니다.

여기서 60대 이상의 시니어 노년층을 살펴보면 디지털정보화 접근 수준은 85% 이상으로 거의 대부분 인터넷 접속이 가능한 PC, 스마트기기를 보유하고 있는 반면, 디지털정보화 역량 수준과 활용 수준은 50% 이하로 다른 연령층에 비해 매우 떨어지는 수준입니다. 이는 쉽게 말해서 스마트폰을 갖고 있지만 제대로 활용하지 못하는 분들이 많다는 의미입니다.

여기서 우리는 IT 기술의 급속한 발전에서 비롯되는 디지털 격차에 주목해야 합니다. 신기술을 받아들이고 적응되기도 전에 새로운 기술이 등장하고 있는데 앞으로 지체 수용자(Laggard)가 신기술에 적응하기도 전에 새로운 기술이 확산되는 속도는 점점 빨라질 것입니다. 앞으로 지체 수용자는 또 한 번 지체될 가능성이 높은데, 주로 시니어에서 지체 수용자가 많은 것입니다. 지금의 여러분이 미래의 시니어라고 생각한다면 현재 기술 트렌드에 대해서는 파악하고 활용하는데 결코 게을리 하면 안 되는 것입니다.

기술 트렌드의 중요성

그럼 이제부터 기술 트렌드의 중요성에 대해 소개하도록 하겠습니다. 먼저 기술 트렌드를 알면 세상을 바라보는 시각이 넓어지게 됩니다. 그 결과로 여러분은 여러 가지 갈림길에서 최선의 선택을 할 가능성이 높아질 것입니다. 다음으로 불확실한 미래 사회에서 부딪칠 문제들에 대한 대응 능력이 향상될 것입니다. 그것이 바로 미래 사회에서 여러분의 경쟁력이 될 것입니다. 기술이 점점 매우 고도화되고 전문화되면서 한 개인의 기술이 숙련되기가 어려울 뿐만 아니라, 기술의 급속한 발전 속도 때문에 전문성을 지속하기도 매우 어려운 것이 현실입니다. 이런 상황에서 모두가 기술 전문가가 될 수도 없고, 그렇게 모두 노력할 필요까지는 없을 것입니다. 하지만 최소한 여러분들은 기술 트렌드에 뒤떨어지지 않는 기술 수용자로서 전문가가 제공되는 기술을 편리하게 활용하는 능력을 갖추는 정도는 필요합니다. 먼저 지난 30년간 인공지능과 같은 주요 디지털 기술들이 어떻게 대중화되어 왔는지 시대별 주요 기술 트렌드에 대해 살펴보겠습니다.

디지털 혁명 대중화

저는 컴퓨터공학과 88학번인데, 제가 대학교 입학 당시에는 학과 이름이 전자계산기공학과였다가 89년에 컴퓨터공학과로 학과명이 변경되었습니다. 이와 같이 컴퓨터가 흔치않던 시기에 대학 생활을 시작해 디지털 기술의 발전을 누구보다도 가까이에서 지켜봐 왔는데 실제 제 경험을 기반으로 소개하는 것입니다.

1980년대 중반부터 IBM PC가 보급되기 시작했는데, 당시에는 인텔의 CPU 모델 번호에 따라 8088(XT), 80286(AT) 컴퓨터라고 불렀습니다. 제가 대학교에 입학한 1988년에는 주로 8088 XT PC가 사용되었는데 여름방학 때 저의 첫 컴퓨터로 286 AT를 구입했었습니다. 여름 방학 지나고 2학기에 개강하고 보니 사용하기 쉬운 한글 편집기 SW로 아래한글 베타버전을 처음 보게 되었습니다.

1992년 대학원 연구실에서 ftp, telnet, gopher 등 텍스트 기반 인터넷 서비스를 처음 만나보았고, 1994년 한국전기통신공사(현재 KT) 연구소에 입사했을 때 옆 팀에서 PC 통신인 하이텔 서비스를 개발하였고, 옆 서비스에서는 Kornet이라는 인터넷 접속 서비스를 테스트 중이었습니다. 1996년 KT에서 씨티폰과 PCS라는 개인 휴대폰 서비스를 차례로 준비하는 것을 보면서 회사를 떠나 대학교 연구실로 돌아왔습니다.

2000년 초 인터넷 벤처 붐의 최정점 때 학교에서 뛰쳐나온 이후 IT미디어 등 벤처기업들에서 경력을 쌓았습니다. 2005년에 다시 KT에 입사해 휴대인터넷(지금의 와이브로) 서비스 기획 및 제휴를 담당하며 네이버, 다음, 야후와 만나기도 했고, 2009년 KT에서 KTF와 합병하며 아이폰을 도입할 때 온라인마케팅 전략을 담당했으며 이후 기술전략을 수립하며 다양한 ICT 유망 신기술과 기업들을 발굴하기도 했습니다.

2014년부터 재능기부형 스타트업 멘토링 시작을 인연으로, 1년간의 스타트업 지원 기관 파견 근무한 다음 2016년에 KT 퇴사 후 스타트업 지원 기관인 서울창조경제혁신센터에서 스타트업 육성 업무를 담당했습니다. 2016년 3월 알파고-이세돌 바둑 시합 때에는 바로 건너편 건물에서 인공지능의 첫 대중화 순간을 함께 했습니다. 그리고, 2016년 10월에는 4차 산업혁명을 최초로 언급한 WEF(World Economic Forum)의 클라우스 슈밥(Klaus Schwab) 회장이 서울을 방문했을 때 가장 먼저 방문한 서울창조경제혁신센터에서 환영 행사 준비를 담당하기도 했었습니다. 이와 같이 지난 30여년간 주요 디지털 혁명 대중화를 직접 겪으며 지켜본 셈입니다.

PC	1980년대 후반
인터넷/웹	1990년대 중반
휴대폰	1990년대 후반
스마트폰	2000년대 후반
AI	2010년대 후반

그럼 이제부터 중요한 기술 트렌드 몇 가지를 살펴보겠습니다.

인공지능(AI)

우리에게 인공지능 기술을 널리 알려준 사건이 하나 있었죠? 바로 2016년 3월의 구글 딥마인드의 알파고와 이세돌 9단의 바둑 대결입니다. 대결 전만 하더라도 아직까지 인공지능은 바둑에서 인간의 창의성을 뛰어넘을 수 없을 것이라는 예상이 많았지만 막상 뚜껑을 열고 보니 알파고가 3번기까지 차례로 이겨 세상을 놀라게 했고, 이세돌 9단이 4번기를 이기기도 했지만 결국 4승 1패로 알파고의 승리로 끝났습니다. 그 이후 알파고는 인간 지식 없이 바둑을 마스터하는 알파고 제로까지 발전했으며 하나의 알고리즘으로 바둑, 체스 등의 보드게임에 적용되는 범용 강화학습 인공지능인 알파 제로로 확장되었습니다.

알파고가 인공지능 기술의 발전 수준을 알리고, 인공지능에 대한 대중의 관심이 크게 높아진 계기가 되면서 인공지능 기술이 생활 속으로 들어오기 시작했습니다. 이와 같은 인공지능이 의료 분야에도 적용되고 있습니다. 실제 2016년 12월 가천길병원에서는 IBM 왓슨 의료 진료를 국내 처음으로 시작한바 있으며 2017년초에 아산병원에서는 보유한 의료 빅데이터를 샘플로 공개하여, 암 영상 진단 스타트업을 발굴한 이후에 스타트업들과 공동 연구를 진행하고 있습니다. 인공지능 기술을 활용해 영상이나 음성을 분석하고 인식하거나 합성할 수 있고, 수많은 데이터에서 원하는 부분을 신속하게 찾아낼 수 있고, 상황에서 맞게 지능적으로 판단해서 적절한 대응을 하는 등 그 활용 분야는 점점 확대되고 있습니다.

인공지능과 로봇

또한 인공지능 SW 기술은 HW인 로봇 작동의 핵심 기술로 사용되고 있습니다. 소니에서 아이보라는 강아지 로봇을 1999년에 판매했는데, 당시 기술 수준으로는 음성 인식이 제대로 안되는 등 낮은 수준의 완성도 제품이었지만, 오히려 이용자들에게는 말을 듣지 않는 실제 강아지처럼 받아들여져 반려 로봇으로 인기를 끌기도 했습니다. 아이보는 2006년까지 몇 번의 발전을 거쳐 판매되다 단종되었지만 인공지능 기술의 발전으로 2018년에 완성도를 높인 새로운 제품으로 다시 판매되고 있습니다.

로봇에서 빼놓을 수 없는 것이 바로 혼다의 아시모입니다. 2000년 11월 일본 자동차 회사 혼다에서는 신형 로봇을 공개했습니다. 아시모(ASIMO)라는 이름이 붙여진 키 120㎝, 무게 52㎏의 이 로봇은 배터리팩 배낭을 등에 멘 모습으로 마치 등교하는 초등학생처럼 생겼습니다. 아시모는 사람의 형태를 갖추고 두 발로 안정적으로 걸을 수 있는 최초의 로봇으로서 당시 로봇이라면 생산 공장에서 제품을 조립하는 한팔 로봇이나 장난감 로봇만 떠올리던 사람들에게 아시모는 엄청난 충격을 안겨주었습니다.

아시모의 탄생을 지켜본 전 세계 과학자들은 사람과 똑같은 로봇을 만들 수 있다는 희망을 갖기 시작했습니다. 이후 한국과학기술원(KAIST)이 휴보(HUBO), 보스턴 다이내믹스가 아틀라스(ATLAS)를 만들었고, 도요타, 소프트뱅크 등도 인간형 로봇(휴머노이드) 개발에 뛰어들었습니다. 인간형 로봇 개발 경쟁을 이끌었던 아시모는 시장성이 없어 결국 18년만에 은퇴하게 되었지만 혼다의 신형 휴머노이드 'E2-DR'은 사다리를 오르거나 좁은 폭의 문을 통과하고 바닥의 잔해를 치우는 등 재난 현장에서 꼭 필요한 동작에 최적화되었습니다. 로봇 회사 보스턴 다이내믹스의 아틀라스도 유압 펌프로 작동하도록 해 폭발적인 힘을 낼 수 있고 사람과 비슷한 속도로 경사진 산길을 안정적으로 뛸 수도 있고 공중제비를 돌 정도로 제어 성능도 뛰어납니다.

2016년 4월 소프트뱅크가 발표한 페퍼(Pepper)는 사람의 감정을 인식한 후 행동 양식을 결정합니다. 시각, 청각, 촉각 센서를 통해 사람의 표정과 목소리 변화를 감지하여 말을 건네는 형식으로, 클라우드 기반의 학습이기 때문에 '아이보'와 '아시모' 보다는 훨씬 빠르고 정확하게 학습할 수 있습니다. 이와 같이 인공지능과 로봇이 만나 보다 인간과 비슷한 모습을 갖추면서 인간보다 힘이나 계산 능력이 뛰어난 로봇의 성능이 점점 발전하고 있습니다.

인공지능과 자율주행 자동차

구글이나 테슬라 등 스타트업에서 자율주행 자동차를 개발하고 실제 도로 주행 테스트를 하면서, 도요타나 GM, 현대자동차 등 전통적인 자동차 제조사에서도 자율주행 자동차 개발을 서두르고 있습니다.

2018년 1월 미국 GM에서는 핸들도 페달도 없는 제4세대 자율주행차 '크루즈AV'의 사진과 동영상을 공개하며 2019년 하반기에 출시 예정으로 실제 도로에서 주행할 수 있도록 미국 교통당국에 허가를 신청했습니다. 과연 19년도 말에 크루즈AV가 출시될지 기대를 했는데, 비록 2021년 초 현재까지 출시되지는 못했지만 스스로 움직이는 자율주행차는 머지않은 미래에 실생활에 사용될 것으로 예상됩니다.

도미노피자는 미국 휴스턴에서 누로(NURO)의 무인 배달 차량을 이용해 피자를 고객의 집으로 배달할 계획이라고 합니다. 일반 자동차의 절반 크기인 누로의 무인 배달 차량에는 운전석이 따로 없고 모든 공간에 피자를 실을 수 있는데, 고객이 온라인으로 피자를 주문하면 매장에서 완성된 피자가 이 무인 차량에 실려 고객의 집 앞까지 최대 시속 40㎞로 이동합니다. 고객은 문 앞에 도착한 무인 차량으로 가서 도미노피자로부터 받은 비밀번호를 입력하고 피자를 꺼내는 방식입니다. 피자를 만들면서 배달하는 것도 가능합니다. 피자헛은 도요타와 무인 배달 차량을 함께 개발하고 있는데 로봇이 배달 목적지까지 가는 길에 피자를 만드는 트럭을 함께 만들고 있다고 합니다.

O2O 서비스

온라인과 오프라인을 연결하는 서비스를 O2O(Online-to-Offline, 또는 Offline-to-Online) 서비스라 하는데 실생활과 온라인 기술을 결합한 것입니다. 예를 들어, 공유경제(shared economy) 서비스를 소개할 수 있는데 우리 생활의 전 분야에서 공유경제 서비스가 등장하고 있습니다.

- 이동수단(Mobility) 공유 : Uber(자동차), KakaoT(자전거 등), LIME(전동킥보드)
- 숙박시설 공유 : 에어비앤비(airbnb)
- 사무실 공유 : 위워크(wework), 패스트파이브, 스파크플러스
- 시간/재능 공유 : 크몽(kmong), 클래스101

특히, 시간/재능 공유 서비스를 주문형(On-Demand) 서비스라 하는데, ** 대행 서비스라는 이름으로 청소, 심부름, 배달 등 **에는 다양한 분야로 확장될 수 있습니다. 이와 같은, 공유경제 서비스는 이용 서비스 연속성 측면에서 온오프라인이 연계된 것이라 할 수 있습니다.

이에 비해 실제 이용자 경험 측면에서 온라인과 오프라인이 혼재될 수 있는데 현실 몰입도에 따라 가

상현실(VR), 증강 현실(AR), 혼합현실(MR)과 같이 구분하고 있습니다. 매트릭스, 아바타, 레디플레이어원과 같은 SF 영화 속의 가상현실이 과연 상상으로만 끝날까요? 우리는 상상력을 실제로 실현하는 놀라운 능력를 갖고 있으니 먼 미래에 현실이 될 것으로 기대해 봅니다. 실제로 VR을 통한 생생한 경험은 지금도 가능한데 페이스북에서 인수한 오큘러스(Oculus) HMD로 게임을 한번 해보면 정말 실감납니다. 여러분도 VR카페에서 VR 게임을 한번 해보면 놀라운 경험을 할 수 있을 것입니다.

4차 산업혁명과 특이점

여러분은 4차 산업혁명이란 용어를 많이 들었을 것입니다. 이 말은 2016년 1월 스위스의 다보스 포럼에서 WEF 클라우스 슈밥 회장이 처음 언급한 것으로 "지난 20세기 중반 이래 발생한 디지털 혁명인 3차 산업혁명 기반으로 현재 4차 산업혁명이 진행되고 있는데, 그것은 물리적, 디지털 및 생물학적 세상 사이의 경계를 허물고 있는 기술의 융합이 특징"이라 정의합니다.

산업혁명에 대해서 다양한 정의가 있는데 각 산업혁명 별로 다음과 같이 특징을 구분할 수있습니다.

구분	1차 산업혁명	2차 산업혁명	3차 산업혁명	4차 산업혁명
시대	18세기말	19세기말	20세기 후반	21세기 초반
에너지	석탄 연료 증기	석유 연료 전기	원자력 발전 전기	배터리, 친환경 전기
대상	기계	기계+기계 (컨베이어 벨트)	컴퓨터, 기계+컴퓨터, 컴퓨터+컴퓨터	인간+컴퓨터, 온라인+오프라인 (초연결 시대)
생산성	1인 생산성 향상	기계 대량 생산	기계 자동화	지식 대량 생산
혁명	기계화 혁명	대량 생산 혁명 (아날로그)	디지털 혁명	(미래) 퀀텀 혁명 (디지털+아날로그)

여기서 아날로그와 디지털 관점에서 볼 때 3차 산업혁명을 0과 1을 표현 가능한 비트로 구성된 디지털 혁명이라고 한다면, 4차 산업혁명은 온라인(디지털)과 오프라인(아날로그)가 결합되면서, 미래에는 디지털 또한 00, 01, 10, 11 조합의 4가지를 표현 가능한 큐비트가 대중화되는 이른바 양자(퀀텀) 혁명이 될 것으로 예상해 봅니다.

그럼, 기술이 계속 발전하는 미래는 과연 어떤 모습일까요? 우리 같은 보통 사람으로서는 도무지 상상이 안될텐데 2005년에 미래학자 레이 커즈와일(Ray Kurzweil)은 인공지능이 빠른 속도로 발전해

2029년이 되면 사람처럼 감정을 느끼고, 2045년엔 인공지능이 전체 인류 지능의 총합을 넘어서는 시점, 즉 특이점(Singularity)이 온다고 예상했습니다. 그에 따르면 특이점 이후의 인간은 인공지능과 결합해 생물학적 한계를 뛰어넘게 될 것이라고 합니다. 대략 2050년 정도면 특이점 세상이 될 것이라고 예상하고 있는데 어느 유명한 과학자는 특이점 이후의 세상은 상상이 안 되기 때문에 바로 직전인 2049년까지만 살고 싶다고도 했습니다. 아무튼 앞으로 여러분은 이런 세상을 살아가게 될 것인 만큼 불확실한 미래에 대응하는 문제 해결 능력을 갖춰야하는 것입니다.

가트너 하이프사이클(Gartner Hype Cycle)

이번에는 기술의 성숙 과정에 대해 살펴보겠습니다. 어떤 기술이라도 처음부터 확산되는 것이 아니고 또한 영원히 발전하는 것은 아닙니다. 미국의 정보 기술 연구 및 자문 회사인 가트너에서 개발한 하이프사이클(Hype Cycle)은 기술의 성숙도를 표현하기 위한 시각적 도구로서 다음과 같은 5단계로 구성됩니다.

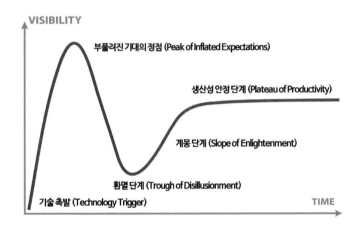

① 기술 촉발(Technology Trigger) : 잠재적 기술이 관심을 받기 시작하는 시기. 초기 단계의 개념적 모델과 미디어의 관심이 대중의 관심을 불러일으킵니다. 상용화된 제품은 없고 상업적 가치도 아직 증명되지 않은 상태입니다.

② 부풀려진 기대의 정점(Peak of Inflated Expectations) : 초기의 대중성이 일부의 성공적 사례와 다수의 실패 사례를 양산해 냅니다. 일부 기업이 실제 사업에 착수하지만, 대부분의 기업들은 관망합니다.

③ 환멸 단계(Trough of Disillusionment) : 실험 및 구현이 결과물을 내놓는데 실패함에 따라 관심이 시들해집니다. 제품화를 시도한 주체들은 많은 경우 포기하거나 실패합니다. 살아남은 일부 사업 주체들이 소비자들을 만족시킬만한 제품의 향상에 성공한 경우에만 투자가 지속됩니다.

④ 계몽 단계(Slope of Enlightenment) : 기술의 수익 모델을 보여 주는 좋은 사례들이 늘어나고 더 잘 이해되기 시작합니다. 2-3세대 제품들이 출시됩니다. 더 많은 기업들이 사업에 투자하기 시작하지만 보수적인 기업들은 여전히 유보적인 입장을 취합니다.

⑤ 생산성 안정 단계(Plateau of Productivity) : 기술이 시장의 주류로 자리 잡기 시작합니다. 사업자의 생존 가능성을 평가하기 위한 기준이 명확해지며 시장에서 성과를 거두기 시작합니다.

하이프사이클에서는 기술 초기에 너무 부풀려진 기대에 유의하고, 기술이 성숙될 때까지는 어느 정도 시간이 필요하다는 것을 시사하고 있습니다. 그리고, 앞에서 소개한 기술 수용 그래프와 함께 고려한다면 캐즘을 넘어서는 것이 계몽 단계를 넘어가는 것으로 이해할 수 있겠습니다. 예를 들어, 기대 정점을 지난 블록체인 기술을 보면 기술성숙도 과정이 얼추 비슷한 것을 알 수 있습니다. 가트너에서는 다양한 분야의 하이프사이클을 매년 발표하고 있는데, 홈페이지(https://www. gartner.com/smarterwithgartner)에서 확인할 수 있습니다.

기술 발전의 방향성

이제까지 살펴본 기술 발전의 방향성을 생활과 업무 측면에서 정리할 수 있는데,

첫째. 우리 인간의 생활을 보다 편리하게,
둘째. 사회에서의 업무를 보다 효율적으로 처리하도록 지원하는 것입니다.

먼저 인간 생활을 보다 편리하게 하는 것은 우리가 보다 자연스럽게 사용하는 방식인 것입니다. 몇 가지 예를 들어보면 다음과 같습니다.

- 통신(유선 → 무선) : 고정된 장소에서만 사용하던 유선 전화기에서 언제 어디서든 이동하며 사용할 수 있는 무선 전화기로 발전
- 컴퓨터 단말(PC → 모바일 → IoT) : 고정식의 PC 컴퓨터에서 이동하며 사용하는 스마트폰으로 발전했으며 향후에는 모든 것이 인터넷과 연결되어 사방에 있는 IoT 기기를 통해 컴퓨터를 사용

- UI/UX(장치 → 음성) : 컴퓨터 등 장치를 사용하는 방법도 기존의 키보드, 마우스에서 앞으로는 음성을 통해 자연스러운 대화 방식으로 이용
- 디스플레이(CRT → LCD → 3D → 홀로그램) : 흔히 배불뚝이 모니터라 불렀던 CRT 브라운관에서 현재의 평면 디스플레이인 LCD로 발전되었고 3D 모니터를 통해 정면에서 보다 생생한 입체감을 제공할 수 있으며 궁극적으로는 360도 입체 영상을 볼 수 있는 홀로그램으로 발전

다음으로 사회에서 인간이 수행하는 업무를 보다 효율적으로 처리하도록 한다는 것은 기술이 보다 많은 업무를 처리하여 인간의 업무를 줄이는 것으로, 결국 우리에게는 보다 많은 자유를 제공하는 방식입니다. 그 몇 가지 예를 들어보면 다음과 같습니다.

- 소유(단독 소유 → 임대 → 공유) : 사무기기, 사무실 등을 직접 소유하지 않고 임대하거나 공유함으로써 소유에 따른 관리 업무를 대폭 줄임
- 컴퓨팅(실물 → 가상 클라우드) : 컴퓨터를 실물 HW 단위로 사용하는 것이 아니라 가상의 클라우드 기반으로 사용함으로써 관리 업무뿐만 아니라 필요 사용량에 따라 적절한 용량으로 신속하게 변경 가능
- 데이터(중앙 집중 → 분산) : 데이터를 한곳에서 중앙 집중 관리 대신 여러 곳에서 서로 나누어 협력해서 관리하는 것으로서 한 곳에서의 관리 업무가 줄어들게 되고, 블록체인과 같은 혁신적인 기술을 통해 데이터의 신뢰성과 안정성을 동시에 제공할 수 있음

SW중심사회와 SW 활용법

이제까지 살펴본 디지털혁명과 4차 산업혁명의 핵심은 바로 SW입니다. SW의 역할에 대해서 일반적인 정보통신기술(ICT) 서비스를 통해 살펴보겠습니다. 일반적으로 ICT 서비스는 C(Contents)-P(Platform)-N(Network)-T(Terminal) 단계로 분류하지만, 여기서는 단말에서의 SW를 강조하는 차원에서 C-N-P-T로 분류하는데, 각 단계는 다음과 같습니다.

- Contents : Data 로서, 텍스트, 사진, 영상, 음악 등의 멀티미디어로 구성된 내용.
- Network : WiFi, LTE, 5G, 광LAN, 블루투스 등 데이터가 이동하는 채널
- Platform : 다양한 콘텐츠가 제공될 수 있는 SW 기반. 여기서는 일반 이용자가 이용하는 SW로서 OS 위의 단독 프로그램, 앱스토어 상의 앱, 웹브라우저 상의 웹 페이지의 3가지 타입으로 나눔
- Terminal : HW로서 PC, 노트북, 스마트폰, 웹캠 등 물리적인 디바이스

이와 같이 SW는 ICT 서비스에서 중추적인 역할을 담당하는 것으로, SW가 혁신과 성장 가치창출의 중심이 되고, 개인, 기업, 국가의 경쟁력을 좌우하는 사회가 바로 SW중심사회입니다. 한국과학창의재단에서 운영하는 SW중심사회 홈페이지(http://www.software.kr)에서 자세한 소개와 산업 관련 교육 등 다양한 정보를 볼 수 있습니다.

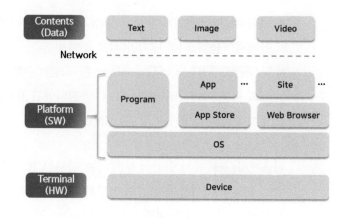

네이버의 공익 교육 사업을 위한 비영리 기관 커넥트재단(https://connect.or.kr)에서는 SW 교육 확산을 위해 SEF(SW Edu. Fest)를 매년 개최하고 있습니다. 지난 2018년의 SEF는 모두가 만드는 SW 세상이라는 주제로 진행되었는데, 당시 노경원 과기정통부 SW정책관의 강연에서 SW 교육이 왜 필요하고, 어떻게 생각해야 하는지 잘 설명하고 있습니다.(https://tv.naver.com/v/3750472 35분~42분 참고)

① 여러분에게 SW 교육은 왜 필요한가? SW는 여러분의 경쟁력을 향상시키는 무기입니다. 업무효율 향상뿐만 아니라 여러분이 생각하는 새로운 것을 만들어 낼 수 있습니다.

② 여러분이 가져야할 생각을 4CT로 정리할 수 있습니다.
- Critical Thinking : 비판적 사고로서, 왜 그런지 이유를 끊임없이 파고드는 수직적 사고방식
- Creative Thinking : 창의적 사고로서, 다양한 분야에 걸쳐 종합적으로 분석하는 수평적 사고방식.
- Computational Thinking : 컴퓨팅적 사고로서, SW의 힘을 효율적으로 활용하는 방식
- Cooperative Thinking : 협동적 사고로서, 혼자가 아닌 여럿이 함께 협력해서 시너지 효과 창출하는 방식

마지막으로 SW 활용 방법을 소개하며 정리하도록 하겠습니다. 먼저 SW를 활용하는 기초적인 방법으로 정보 검색을 들 수 있습니다. 여러분이 사용하는 스마트폰에서 앱 스토어를 활용해 필요한 앱을 설치하고 정보를 찾을 수 있고 또는 웹브라우저를 통해 구글이나 네이버 검색을 통해 관련 웹 사이트를 찾는 것입니다.

다음으로 SW를 활용하는 경쟁력 있는 방법을 다음 3가지로 정리할 수 있습니다.

- 문제 해결 방법을 체계적으로 생각하기 → 아이디어 발굴
- 아이디어를 효과적으로 표현하고 전달하기 → 정보 생성
- 나의 정보를 효율적으로 관리하기 → 정보 전문가

이와 같은 경쟁력 있는 SW 활용 방법을 여러분은 스타트업 코딩을 통해 배우게 되는 것입니다.

02_컴퓨팅적 사고 이해

체계적인 생각 정리

이제까지 SW중심사회 트렌드를 살펴보았습니다. 다음으로 여러분의 경쟁력을 높여줄 기본 개념인 컴퓨팅적 사고에 대해 이해할 차례입니다. 컴퓨팅적 사고에 대한 이해를 위해 먼저 홈스쿨대디로 유명한 Josh Darnit이 아이들의 레시피로 샌드위치를 만드는 동영상을 소개합니다.

Exact Instructions Challenge - THIS is why my kids hate me. | Josh Darnit
1,709,245 views · Jan 26, 2017

국내 지상파TV에도 소개된 바가 있는데 아이들에게 땅콩버터와 잼을 바른 샌드위치를 만드는 레시피를 글로 작성하도록 하고 작성된 레시피를 그대로 따라서 샌드위치를 만드는 과정을 보여주고 있습니다. 그 결과는 과연 어떻게 되었을까요? 처음에는 아이들이 제대로 작성할 리가 없겠죠. 그런데, 이 과정을 반복하다 보면 점점 제대로 된 레시피로 정리하는 발전 과정을 볼 수 있을 것이며 다른 행

동에서도 이와 같이 체계적으로 생각하게 될 것입니다. 바로 생활 속에서 체계적인 생각 정리 방법을 배우는 방식입니다.

이렇게 생활 속 체계적인 생각 정리가 필요한 경우는 다양합니다. 예를 들어, 라면 맛있게 끓이는 방법을 정리해 볼 수 있습니다. 라면 봉지에 적힌 레시피 그대로 해도 되지만 자신만의 노하우를 살려 자세한 레시피를 작성해 보세요. 조금 더 복잡하게는 동아리 MT 계획을 세우는 것도 생각해 볼 수 있습니다. 고려해야할 것들이 많을 텐데 예를 들면, 먼저 장소, 숙소, 교통편, 식사, 프로그램 등 준비할 사항들을 나누고 각 사항에 대한 세부 내용을 다시 나누고 어떻게 준비할지 계획을 세우게 됩니다. 각 계획에 대해서 처리 일정과 담당자를 표로 정리해서, 각 담당자별로 업무를 나눈다면 훨씬 더 효율적일 것입니다.

컴퓨팅적 사고란?

다음으로, SW를 개발하기 위한 기본 개념인 컴퓨팅적 사고(Computational Thinking)에 대해 소개하겠습니다. 컴퓨팅적 사고란 사람이나 컴퓨터(기계)가 효과적으로 수행할 수 있도록 문제를 정의하고 그에 대한 답을 기술하는 것이 포함된 사고 과정 일체입니다. 여기서 컴퓨팅적 사고가 컴퓨터처럼 생각하자는 것일까요? 물론 아닙니다. 컴퓨터가 생각하는 방식이 아니라 작동하는 방식을 배우자는 것인데, 컴퓨터는 누가 만들었나요? 바로 우리 인간이 만들었습니다. 컴퓨터는 인간을 흉내낸 인간의 발명품으로서 우리 인간이 가장 효율적으로 생각하는 방법이 컴퓨터, 그리고 SW 개발에 반영된 것입니다. 따라서, 컴퓨팅적 사고란 우리 인간이 가장 효율적인 생각하는 방법인 것입니다.

컴퓨터의 문제 해결 방식과 같이 가장 처음 문제가 발생했을 때는 문제를 파악하고 구조화한 후 그에 맞는 알고리즘을 도입해 단계별로 문제를 해결하는 방식입니다. 예를 들어, 잃어버린 자동차 열쇠를 찾는 경우에 적용해 보면,

1. 만약 열쇠가 방에 없다면, 주머니 속을 찾아본다.
2. 주머니 속에도 없다면 차 안을 찾아본다.
3. 어느 곳에서도 찾지 못했다면 열쇠를 새로 만든다.

와 같이 구조화해서 해결할 수 있을 것입니다.

컴퓨팅적 사고의 구성 요소

컴퓨팅적 사고를 구성하는 대표적인 4가지 요소들로는 분할, 패턴인식, 추상화, 알고리즘이 있는데, 그 각각에 대해 간단히 소개합니다.

① 분할(decompose) : 크고 어려운 문제를 보다 작고 쉬운 문제들로 나누는 방식입니다. 큰 문제를 놓고 볼 때 어떻게 해결해야할지 엄두가 나지 않지만 작은 문제들로 나눠서 생각해 보면 각각에 대한 해결 방법이 보이고, 각 문제들에 대한 해결 방안을 합침으로써 전체 문제도 해결할 수 있게 됩니다. 예를 들어, 곱셈을 덧셈의 연속으로 나눌 수 있는데 9x4 계산이 어려운 경우 9+9+9+9와 같이 연속된 덧셈으로 나누고 차례로 덧셈하면 쉽게 계산할 수 있습니다.

② 패턴인식(pattern recognition) : 다양한 다른 아이템들에 반복적으로 나타나는 비슷한 특성(ex. 디자인)을 파악하는 것입니다. 반복되는 패턴을 발견한다면 그 다음에 발생할 일을 알 수 있으니 관련 문제를 쉽게 풀 수 있을 뿐만 아니라 동일한 업무를 매번 처음부터 반복해서 처리할 것이 아니라 자동으로 처리할 수 있도록 구현할 수도 있습니다. 예를 들어, 1, 3, 5, 7 다음에 보여질 숫자는 홀수를 순서대로 나열한 규칙에 따라 9로 알아내는 방식입니다.

③ 추상화(abstraction) : 다양한 다른 것들에 공통의 해결방안을 적용할 수 있도록 단순화하는 방법입니다. 하늘 아래 완전히 똑같은 것은 없기 때문에 세상의 모든 것을 있는 그대로 다르게 처리하는 것은 엄청나게 비효율적일 것입니다. 따라서, 비슷한 것들을 하나의 모델로 단순화시켜 공통으로 처리하는 것이 필요합니다. 예를 들어, 세상에는 다양한 강아지 종류가 있고 같은 종류의 강아지라고 하더라도 그 각각은 서로 조금씩 다른 모습을 갖고 있습니다. 하지만, 우리는 그 모두를 강아지로 추상화시켜 부르는 것입니다. 이와 같이 전체를 공통된 모델로 추상화하면 그 각각을 보다 효율적으로 처리할 수 있습니다.

④ 알고리즘(algorithm) : 업무를 완성하기 위해 순서화된 일련의 명령들입니다. 앞에서 살펴본 샌드위치 만들기 레시피가 알고리즘의 한 예입니다. 누가 따라 하더라도 똑같은 결과를 만들어 낼 수 있는 것이 바로 알고리즘입니다. 알고리즘에는 한 가지 더 중요한 요소가 있습니다. 바로 효율성입니다. 모로 가도 서울만 가도 된다는 속담이 있지만 같은 자원으로 최고의 성능을 내는 것이 필요한 상황이라면 보다 효율적인 해결방안이 필요합니다. 구글의 검색 알고리즘이 바로 그런 예라할 수 있습니다.

게임을 통해 배우는 컴퓨팅적 사고

이와 같은 컴퓨팅적 사고 구성 요소에 대한 이해를 도와주는 웹 사이트들을 찾아볼 수 있는데, 모두의 스타트업 코딩 교과목 강의에서 소개했던 Thinking Myself 사이트(http://games.thinkingmyself.com)는 아쉽게도 중단된 상태입니다. 대신 기존 내용을 소개하는 유튜브 동영상(QR 코드 확인)으로 참고하기 바랍니다.

출처: YouTube – Keep Kids Coding – E10: Thinking Myself

다음으로 Lightbot 이라는 게임을 통해 자연스럽고 재미있게 코딩을 배울 수 있습니다. 웹 사이트 (https://lightbot.com/flash.html) 또는 'Lightbot : Code Hour'라는 스마트폰 앱을 통해 이용할 수 있습니다. Lightbot을 일련의 명령키를 이용해 한 칸씩 이동하고 방향을 회전시켜 파란색 타일에 도착 후 불을 켜는 간단하지만 재미있는 게임인데 따로 설명하지 않더라도 직접 이용해 보면 쉽게 게임을 풀어나갈 수 있을 것입니다.

출처: lightbot.com

이제 컴퓨팅적 사고에 대해 조금 이해가 되나요? 소개한 영상이나 게임을 직접 몇 번씩 반복해서 사용하다 보면 자연스럽게 그 개념에 대해 이해하고 문제 해결이 필요한 상황에서 컴퓨팅적 사고방식으로 생각하게 될 것입니다.

03_스타트업 코딩 개요

프로그래밍 vs 코딩

앞에서 SW와 컴퓨팅적 사고의 이해에 대해 살펴보았는데, 이제 이번 장의 마지막 개념이자 이 책의 전체에 걸쳐 소개할 스타트업 코딩에 대해 살펴볼 차례입니다. 스타트업 코딩을 구성하는 '스타트업'에 대해 이미 소개했으니 다음으로 '코딩'을 소개하는데, 흔히 말하는 프로그래밍과 코딩을 구분해 보도록 하겠습니다. 전문적인 SW 프로그램을 개발하는 SW 프로그래밍에는 Python, Java, C, C++, … 등 다양한 언어를 사용하는데, 복잡한 개발 과정이 요구되기 때문에 전문적인 기술이 필요합니다. 이에 비해, 여러분이 주로 보는 네이버나 유튜브 등 웹 사이트는 간단한 HTML 언어로 구성됩니다. 웹 사이트 콘텐츠를 HTML로 제작하는 과정은 상대적으로 단순하기 때문에 HTML 프로그래밍이라 부르는 대신 HTML 코딩이라고 하는데 HTML과 웹에 대해서는 13장에서 보다 자세히 소개하겠습니다.

사전적인 의미에서 코딩은 '프로그램의 코드를 작성하는 일' 또는 '작업의 흐름에 따라 프로그램 언어의 명령문을 써서 프로그램을 작성하는 일'로 정의할 수 있습니다. 프로그래밍의 의미는 기술의 발달에 따라 기본적인 작업인 코딩 뿐만 아니라 이제는 컴퓨터 프로그램을 작성하는 일로 확대되었는데, 일반적으로는 프로그램 작성 방법의 결정, 코딩(coding), 에러 수정 등의 일련의 작업을 모두 포함합니다. 이 책에서는 '코딩'이란 누구나 배울 수 있는 간단하고 작은 프로그램(SW) 개발 과정으로 정의하고, '프로그래밍'은 복잡하고 큰 프로그램 개발 과정이라고 구분합니다. 코딩은 누구나 쉽게 배울 수 있는 반면 프로그래밍은 보다 전문적인 기술이 필요한 과정이라고 이해하면 되겠습니다. 이와 같은 코딩과 프로그래밍 과정에서 활용하고 결과로 만들어지는 프로그램이 바로 SW입니다. 앞에서 소개한 것처럼 SW는 여러분의 경쟁력으로서

- 문제 해결 방법을 체계적으로 생각하기 → 아이디어 발굴
- 아이디어를 효과적으로 표현하고 전달하기 → 정보 생성

• 나의 정보를 효율적으로 관리하기 → 정보 전문가

와 같이 적재적소에 필요한 SW를 활용하면 좋습니다.

스타트업 코딩 정의

드디어 스타트업 코딩을 소개합니다. 스타트업 코딩(Startup Coding)이란 문제 해결 아이디어를 효과적으로 표현하고 관리하는 SW 활용 수준의 간단한 코딩으로서, '아이디어를 구현하고 관리하는 프로토타이핑 → 코딩 → 웹 사이트 제작/관리의 3단계 SW 활용 방법'입니다. 바로 제가 정의하고 '스타트업 활동을 위한 SW 코딩 교육 방법'이라는 제목의 논문(한국정보과학회 컴퓨팅의 실제 논문지 제26권 11호, 2020년 11월)으로도 발표한 개념입니다. 실제로 문제 해결에 도전하고 사업성을 검증하는 스타트업 활동에서 유용하게 사용할 수 있는 SW 활용 수준의 간단한 코딩이기 때문에 누구나 쉽게 사용할 수 있는 '모두의 스타트업 코딩'이라는 대학교 정규 교과목(3학점)으로 개설했습니다. 아이디어를 실현하고 관리하는 것은 스타트업 활동에서 뿐만 아니라 우리 생활에서 지속적으로 필요한 것으로서 중학생 이상의 청소년부터 일반인까지 누구나 쉽게 배워서 여러분의 현재 학업이나 향후 직장 생활, 그리고 일상생활 에서도 유용하게 사용하게 되기를 기대합니다.

스타트업 코딩 학습 과정에는 우리 일상생활에서의 흔한 행동인 말하기, 그리기, 계산하기의 3가지 아이디어 유형이 있습니다. 첫 번째로 말하기는 생각을 말로 표현하는 과정으로 주로 이야기하는 주인공과 상대방에 따라 다시 1인칭, 2인칭, 3인칭의 3가지 이야기로 나눌 수 있습니다. 두 번째로 그리기는 생각을 시각적인 이미지로 표현하는 스케치 과정이며 세 번째로 계산하기는 생각을 숫자로 표현하고 처리하는 계산 과정입니다. 이와 같은 텍스트, 이미지, 숫자를 다루는 스타트업 코딩을 배우고 나면 여러분은 생각한 아이디어를 일련의 SW를 활용해 다양한 형태로 효과적으로 표현할 수 있게 될 것입니다. 스타트업 코딩에 사용되는 SW로는

① Kakao 오븐(https://ovenapp.io) : 발굴한 아이디어에 대해 시각화하는 프로토타이핑
② MIT 스크래치(https://scratch.mit.edu) : 프로토타입을 실제 작동되도록 구현하는 코딩
③ 크리에이터링크(https://creatorlink.net) : 작업 결과 정보를 저장하고 관리하는 웹 사이트 제작

으로 구성됩니다. 각 단계별로 활용할 수 있는 다양한 SW들이 존재하지만, 이 책에서의 스타트업 코딩에서는 소개하는 SW를 활용하는 것을 추천합니다. 쉽게 배울 수 있고 별도 설치없이 웹상에서 바로 이용할 수 있으며 결과를 공유하기도 좋기 때문입니다.

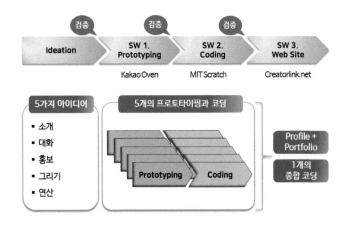

여기서 우리가 스타트업 코딩을 활용하는 스타트업 활동의 각 단계 사이에는 실제 고객이 원하는 것인지 검증하는 과정이 필요합니다. 따라서, 스타트업 코딩의 단계별 중간 결과물에 대해 타겟 고객 대상으로 검증을 진행하는 것을 추천합니다. 그 결과로 실제 고객이 일정 수준 이상으로 만족하는 경우에 다음 단계로 넘어가는 방식으로 스타트업 코딩을 린 스타트업 검증 활동에 활용하는 것이 바람직합니다.

나의 소개 아이디어 구상

스타트업 코딩을 시작하기 전에 먼저 여러분의 머릿속 아이디어를 정리하는 방법에 대해 간단히 살펴보겠습니다. 누구나 아이디어는 쉽게 떠올리지만 그것을 제대로 정리하지 못하는 것이 문제일 것입니다. 머릿속 아이디어 단어들이 뒤죽박죽 섞여있고 실타래처럼 서로 엉켜 있는 것이 일반적인데, 이런 단어들을 텍스트로 정리하는 한 가지 방법이 태그 클라우드입니다.

태그 클라우드 https://en.wikipedia.org/wiki/Tag_cloud

우리의 아이디어를 텍스트, 이미지, 애니메이션, 숫자 등을 활용해 보다 풍부하고 효율적으로 표현할 수 있는 것이 바로 스타트업 코딩입니다. 스타트업 코딩 활용 사례로 각자 나의 소개를 생각해 봅시다. 먼저 어떤 내용으로 구성할지 나누어 보면, 성장 과정, 진로 목표, 보유 역량, 활동 경험, 장단점 등이 있고, 표현 방식으로는 텍스트, 이미지, 사운드 등 데이터 형식이

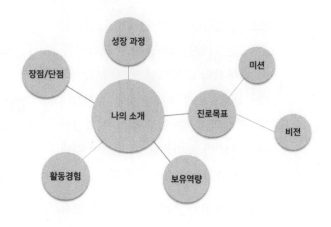

있으며, 각 구성 내용을 어떻게 연결할지 시나리오를 생각할 수 있습니다. 자신의 소개에 대해 대부분 이와 같이 자기중심으로 생각하는 것이 일반적인데 여기서 먼저 고려되어야할 사항은 바로 누구에게 소개할 것인가 입니다. 다시 말해 소개할 대상이 누구인지(타겟고객) 먼저 정하고, 그 사람이 원하는 것(고객 니즈)이 무엇인지 파악하여 그에 맞도록 나의 정보(고객 제공 가치)를 제공하도록 구성해야 하는 것이 바람직합니다. 타겟고객과 그 고객에게 제공해야 할 가치를 파악했으면 그에 맞게 아이디어를 정리하는 것이 필요한데, 분할을 통해 아이디어를 보다 쉽게 처리할 수 있는 작은 단위로 나누고, 추상화를 통해 아이디어를 단순화하면서 쉽게 이해할 수 있는 모델로 정리하는 것이 바람직합니다. 이런 아이디어 정리 과정에서는 마인드맵(mindmap)과 같은 생각정리 도구를 이용하면 편리할 것입니다.

이와 같은 마인드맵을 그대로 표현하는 프레지(Prezi)와 같은 SW도 있지만, 이 책에서는 기본적으로 웹이나 앱을 통해 보여주기 때문에 페이지 단위로 보여주는 것이 좋습니다. 먼저 아이디어의 각 요소를 페이지로 정리할 때 가장 간단하게는 각 페이지를 차례로 전환하도록 배열하는 나열식 페이지로 표현할 수 있습니다.

다른 방식으로는 메인 페이지에서 각 요소 페이지로 이동할 수 있도록 메뉴 링크를 배치하는 메뉴식 페이지로 구성하는 등 여러 방식으로 제공할 수 있을 것입니다.

그 결정 기준은 타겟고객이 관심 있는 정보를 쉽게 찾아볼 수 있도록 제공하는 것이 바람직하며 어떤 방식이 좋을 지는 여러 타겟고객 대상의 검증 과정을 통해 확인하는 것이 좋습니다. 이와 같은 페이지 배치 방식을 포스트잇으로 작성해 배치하거나 파워포인트로 표현할 수도 있는데 이와 같이 나의 소개 아이디어를 정리해서 시각화하는 것이 바로 일종의 프로토타이핑 과정입니다.

나의 소개 스타트업 코딩

스타트업 코딩의 1단계인 프로토타이핑에서는 웹브라우저에서 Kakao 오븐 서비스를 활용해 작업하는데 그 결과를 PC, 스마트폰 등 다양한 단말에서 쉽게 확인할 수 있습니다. 예를 들어, 오븐으로 간단한 나의 소개 프로토타입을 만들어 보았는데, 그 실행 화면을 스마트폰에서 QR 코드로 직접 확인해 보세요. 지금은 개념만 보여주는 것이라 제대로 구현되지 않은 상태이므로 그 내용을 떠나서 어떻게 작동되는 것인지 간단히 살펴보기 바랍니다.

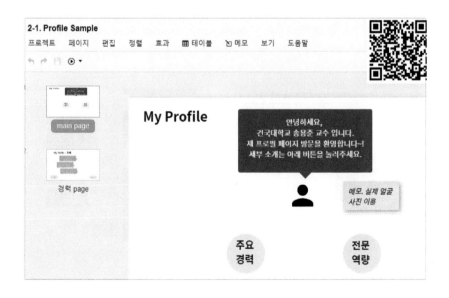

오븐으로 구현한 프로토타입에 대해 고객 검증한 이후에, 스타트업 코딩의 2단계인 스크래치 코딩에서는 결정된 프로토타입을 스크래치로 실제 작동하도록 구현하게 됩니다. MIT 스크래치로 작성한 간단한 나의 소개 코딩 예시는 다음 그림과 같은데, QR 코드를 통해 확인할 수 있습니다.

오븐 프로토타이핑과 스크래치 코딩 이후 성공적으로 고객 검증까지 완료된 경우라면 스타트업 코딩의 3단계인 웹 사이트 구축에서는 creatorlink 서비스를 이용해 여러분의 웹 사이트를 쉽게 만들고 이제까지의 프로토타입과 코딩 작업 결과를 portfolio로 관리하게 됩니다. 실제로 http://startupcoding.kr 사이트에서는 정규 교과목으로 수강한 대학생들이 작업한 포트폴리오 홈페이지들을 확인할 수 있습니다.

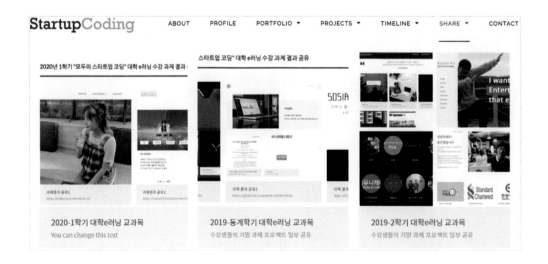

2장. 생각하기

Q 스타트업 코딩을 여러분의 진로 목표 달성에 어떻게 활용할 수 있을까요?

A 먼저 여러분의 진로 목표가 무엇인지 설정하는 것이 필요합니다. 진로 목표는 특정 회사 취업이 아니라 어떤 역량을 갖추고 어느 산업 분야에서 무슨 제품/서비스를 만들어 누구(고객)에게 어떤 가치를 제공하려는지 구체적으로 생각하고, 그 분야의 전문가가 되는 목표를 세우는 것이 바람직합니다. 이와 같은 진로 목표 설정을 스타트업 코딩을 활용해 정리하고 관리할 수 있습니다.

다음으로, 이와 같은 목표를 달성하기 위해 필요한 역량을 갖추기 위해 어떤 활동을 수행해야 하는지 계획하고, 실제로 어떻게 수행했는지 그 결과를 각각 정리하는데 활용할 수 있습니다. 여기서 활동은 학습을 통한 전문 지식 축적, 활동을 통한 관련 경험, 관련 분야 전문가와의 인적 네트워크 구축을 위한 것으로서, 스타트업 코딩을 통해 그 계획 및 결과를 시기별로 데이터로 정리할 수 있습니다. 그것이 바로 온라인으로 보여 질 수 있는 여러분의 프로필과 포트폴리오인 것입니다.

만일 특정 기업에 취업을 생각한다면, 스타트업 코딩으로 정리한 여러분 프로필과 포트폴리오로서 희망 기업의 취업 활동에 유용하게 활용할 수 있을 것입니다. 이 때, 그 기업을 여러분의 진로 목표로 삼는 대신 여러분은 전문가로 성장하는 목표를 세우고 그 목표를 달성하기 위한 방법으로 기업에의 취업을 활용하기를 추천합니다.

2장. 퀴즈

1. 기술의 급속한 발전으로, 인공지능이 전체 인류 지능의 총합을 넘어서는 시점을 무엇이라 하는가?

   정답 특이점(Singularity)

   해설 2005년에 미래학자 레이커즈 와일은 인공지능이 빠른 속도로 발전해 2029년이 되면 사람처럼 감정을 느끼고, 2045년엔 인공지능이 전체 인류 지능의 총합을 넘어서는 시점, 즉 특이점(Singularity)이 온다고 주장했습니다. 그에 따르면 인간은 이후 인공지능과 결합해 생물학적 한계를 뛰어넘게 됩니다.

2. 컴퓨팅적 사고의 구성 요소가 아닌 것은?

   1) 분할

   2) 패턴인식

   3) 아날로그화

   4) 알고리즘

   정답 3)

   해설 컴퓨팅적 사고는 분할, 패턴인식, 추상화, 알고리즘이 주요 4가지 구성요소입니다.

3. 다음 보기에 대해 맞으면 O, 틀리면 X를 선택하시오.

> 스타트업 코딩은 고도의 기술이 필요해 배우기 어려우며, 스타트업 전문가만 해당 업무에 활용할 수 있다.

1) O   2) X

정답 2) X

해설 스타트업 코딩은 누구나 쉽게 배우고 스타트업 활동뿐만 아니라 학업, 업무, 생활 등 모든 분야에서 활용 가능합니다.

2장. 핵심정리

1. **SW중심사회**
   - SW가 혁신과 성장, 가치창출의 중심이 되고, 개인, 기업, 국가의 경쟁력을 좌우하는 사회
   - 지난 20세기 중반 이래 발생한 디지털 혁명인 3차 산업혁명을 기반으로 현재는 제4차 산업혁명이 진행되고 있는데 그것은 물리적, 디지털 및 생물학적 세상 사이의 경계를 허물고 있는 기술의 융합이 특징

2. **컴퓨팅적 사고**
   - 분할 : 크고 어려운 문제를 보다 작고 쉬운 문제들로 나눔
   - 패턴 인식 : 다양한 다른 아이템들에 반복적으로 나타나는 디자인 등의 비슷한 특성 파악
   - 추상화 : 다양한 다른 것들에 공통의 해결방안이 적용되도록 문제를 단순화하는 방법
   - 알고리즘 : 업무를 완성하기 위한 일련의 명령들

3. **스타트업 코딩**
   - 문제 해결 방법을 체계적으로 생각하기 → 아이디어 발굴
   - 아이디어를 효과적으로 표현하고 전달하기 → 정보 생성
   - 나의 정보를 효율적으로 관리하기 → 정보 전문가
   - 스타트업 코딩이란 문제 해결 아이디어를 효과적으로 표현하고 관리하는 SW 활용 수준의 코딩으로, 프로토 타이핑 → 코딩 → 웹 사이트 구축/관리의 3단계로 구성

CHAPTER 3
프로토타이핑 툴 SW - Kakao 오븐(Oven)

 이번 장에서는 스타트업 코딩의 첫 번째 단계인 아이디어를 프로토타이핑하는데 필요한 기본적인 지식을 배우게 됩니다. 먼저 프로토타이핑에 대한 기본 지식을 배우고, 스타트업 코딩에서 사용하는 Kakao 오븐 프로토타이핑 툴 SW 기능들을 살펴본 다음, 그 활용 사례들을 소개합니다.

01_프로토타이핑 소개

프로토타이핑(Prototyping) 개요

먼저 프로토타이핑(Prototyping)의 정의에 대해 살펴보겠습니다. 프로토타이핑이란 원형, 견본 또는 이것을 만드는 행위로서 우리가 만들고자 하는 제품의 구체적인 형태를 디자인하는 작업입니다. 아직 구체화되지 않은 제품, 시스템, 서비스의 사용성 이슈를 검토하기 위해 활용됩니다.

다음으로, 프로토타이핑의 효과는 다음과 같습니다.

① 자신의 아이디어를 구체화할 수 있습니다.
② 팀원들 간 아이디어를 공유하고 원활한 소통을 위해 사용합니다.
③ 실제 사용자인 타겟 고객 대상으로 계획하거나 구현한 기능 및 디자인한 UI/UX 효과를 검증할 수 있습니다.
④ 고객 검증 결과를 설계에 반영해 개선함으로써 제품화에 필요한 시간, 비용 등 자원을 절감 가능합니다.
⑤ 이와 같은 과정을 통해 개발하려는 제품/서비스 목표를 명확히 할 수 있습니다.

프로토타입에서 중요한 개념으로 그 종류를 구분하는 기준인 구현 충실도(Fidelity)가 있습니다. 구현 충실도란 만들고자 하는 제품 또는 서비스를 시각적 측면과 기능적 측면에서 얼마나 효과적으로 구현하는지에 대한 판가름 척도로서, 구현 충실도가 높을수록 보다 사실적이고 낮을수록 대충 특징만 표현한 것으로 해석할 수 있습니다. 일반적으로 프로토타이핑에는 다음과 같은 원칙이 있습니다.

① 먼저 프로토타이핑은 낮은 충실도로 단순하게 시작하는 것이 좋습니다. 최종적으로 높은 구현 충실도의 프로토타입을 계획하더라도 낮은 충실도로 출발하는 것입니다.

② 다음으로 개발자/제조사 관점이 아니라 실제 제품을 사용하는 고객 관점에서 프로토타입을 제작해야 합니다.

③ 프로토타입의 활용 방법에 따라 무슨 핵심 기능들을 어떤 구현 충실도 수준으로 구현하는 것이 좋을지 선택해야 합니다. 예를 들어, 문제 해결 니즈 검증 단계와 아이디어 솔루션 검증 단계의 프로토타입은 다르게 구현될 것입니다.

④ 프로토타입을 단순히 외형만 만들어 전달하는 것 보다는 누구나 공감할 수 있는 현실적인 상황과 인상적인 스토리텔링을 함께 전달하는 것이 효과적입니다.

⑤ 프로토타이핑에는 다양한 도구들을 사용할 수 있는데, 구현 충실도에 따라 이와 같은 프로토타이핑 도구들을 효과적으로 사용하는 것이 좋습니다.

프로토타입(Prototype) 종류

프로토타입에는 다양한 종류가 있고, 하나의 프로토타이핑 도구에 대해서만 다루는 책만 해도 여러가지로 소개되고 있습니다. 프로토타입에 대한 보다 자세한 내용에 관심이 있다면 위키북스의 '이것이 UX디자인이다 : 실무 디자인 방법론으로서의 UX디자인(조성봉 저)'등과 같은 관심 프로토타이핑 분야별 전문서적을 참고하기 바라며 여기서는 간단히 소개하도록 하겠습니다. 먼저 프로토타입을 이용 도구에 따라 다음과 같이 나눌 수 있습니다.

① 스케치 프로토타입 : 종이에 사람이 직접 펜으로 그리는 방식

② 페이퍼 프로토타입 : 종이를 이용해 각 화면을 만들고 화면의 이동을 해당 종이를 통해 보여주는 방식. 간단하게는 포스트잇에 각 화면을 그려 이용할 수 있고 보다 복잡하게는 종이로 화면을 그리고 오린 다음, 그 종이들을 서로 층층히 쌓아서 화면을 구성할 수도 있음.

③ 디지털 프로토타입 : 프로토타이핑 SW를 활용해 각 화면을 그리고, 화면 요소를 눌러 반응 효과를 보이거나 화면 간 이동을 구현하는 방식. 디지털 프로토타입은 화면의 내용을 표현하는 충실도에 따라 선으로 설계된 골격을 갖는 '와이어프레임(wire-frame)', 실제 화면 디자인을 입힌 '이미지 프로토타입', 그리고, 실제 상호작용하는 효과를 추가한 '하이퍼미디어 프로토타입'으로 나눔.

④ 프로토타이핑 코딩 : 프로토타이핑 SW로 표현하기 어려운 기능이 있을 때 실제 프로그래밍 언어를 이용해 간단히 프로토타입을 제작하는 방식.

이와 같은 프로토타입 종류는 점점 구현 충실도가 높은, 다시 말해 난이도가 높은 순으로 분류되어 있는데 이제부터 각 프로토타입 종류에 대해 하나씩 간단히 소개하도록 하겠습니다.

스케치 프로토타입

먼저 스케치 프로토타입은 종이에 연필로 그리는 방식으로, 가장 간단하고 신속한 프로토타이핑 방식입니다. 컨셉/아이디어를 신속하게 표현할 수 있고 기능적인 문제점을 발견할 수 있으며, 업무 흐름에 관련된 문제점을 찾을 때 유용합니다. 스케치는 프로토타입의 품질이 낮기 때문에 UI/UX 컨셉/아이디어의 방향성을 점검하는 수준에서 활용됩니다. 다른 사람들과 신속하게 브레인스토밍하는 간단한 재료로 활용될 수 있고, 페이퍼 프로토타이핑을 위한 전단계로도 활용 가능한 방식입니다.

출처 : https://blogs.adobe.com/ creativedialogue/design-ko

페이퍼 프로토타입

다음으로 페이퍼 프로토타입입니다. 상호 작동방식과 기능 위주로 표현하고 점검하는 것이 목적입니다. 사람이 사용자와의 상호 작동방식을 시뮬레이션하는데 사람이 컴퓨터 역할을 하며, 사용자의 선택 사항에 따라 종이를 바꿔가면서 보여주는 방식입니다. 그 결과로 제품에서 요구되는 기능 수준을 판단할 수 있는데, 그에 따라 특정 기능을 단순화하거나 더욱 세부적으로 다룰 수도 있습니다. 다른 사람들과 브레인스토밍하는 재료로 활용되는데, 기능들을 구체적으로 보여주는 것보다는 기능들의 컨셉을 신속하게 보여주고 유연하게 변경하며 활용하는 목적으로 구현됩니다. 페이퍼 프로토타입 제작을 위해서는 실제 사용자와의 상호작용에 대한 많은 상상력이 필요하기 때문에 실제 발생할 수 있는 문제점들을 반영하지 못할 수도 있습니다.

출처 : https://blogs.adobe.com/creativedialogue/design-ko

페이퍼 프로토타이핑 사례로 유명한 동영상을 하나 소개합니다. 지금은 Kakao와 합병된 다음(Daum)의 PC 한메일(hanmail) 서비스를 프로토타이핑한 것인데, 실제 페이퍼 프로토타이핑의 구현 및 작동 방법에 대해 이해할 수 있는 좋은 영상으로 추천합니다. YouTube에서 'Hanmail Paper Prototype'으로 검색해 한번 살펴보기 바랍니다.

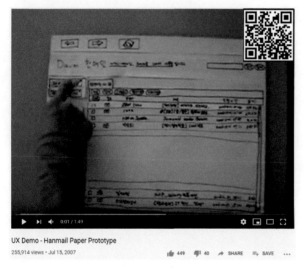

UX Demo - Hanmail Paper Prototype

255,914 views · Jul 15, 2007   👍 449 👎 40 ↪ SHARE ⬇ SAVE ···

출처 : YouTube - Hanmail Paper Prototype

디지털 프로토타입

다음으로 디지털 프로토타입은 프로토타이핑 툴 SW를 활용해 구현하는 방식입니다. 마우스 클릭, 키보드 입력 등 인터랙션에 대한 사용자 반응을 바로 확인할 수 있습니다. 스케치나 페이퍼 프로토타입에 비해 많은 시간과 노력이 필요하기 때문에 구체화 과정에서 실제와 비슷하게 보이는 프로토타입으로 확인할 필요가 있을 때 사용됩니다.

디지털 프로토타입 - 와이어프레임

와이어프레임은 이름에서 알 수 있듯이 와이어로 설계된 골격 모양으로서, 와이어프레임은 MS Powerpoint, Apple의 Keynote 같은 프레젠테이션 툴 SW를 사용하거나 포토샵, 일러스트레이터와 같은 전문 디자인 툴 등을 이용하여 선과 도형으로 표현하는 방식입니다. 페이퍼 프로토타이핑 결과를 더 높은 구현 충실도로 표현하는데 주로 UI/UX 구성, 콘텐츠 배치, 내비게이션 흐름 등 시각적인 표현에 사용됩니다. 때로는 실제 콘텐츠 형태와 기능들을 세밀하게 표현에도 사용되기도 하지만 정적인 화면으로 구성되기 때문에 실제 사용자들의 경험을 그대로 표현하기가 어렵다는 한계가 있습니다. 다음 그림은 Adobe XD SW로 제작한 와이어프레임 예를 보여줍니다.

출처 : https://blogs.adobe.com/creativedialogue/design-ko

디지털 프로토타입 - 이미지 프로토타입

이미지 프로토타입은 디자인/사용성 위주로 표현하는데 사용되며 와이어프레임에서 컬러의 비주얼 디자인까지 입힌 다음 사용성을 점검하는 목적입니다. 콘텐츠를 실제와 유사하게 반영하는 것으로서, 개별화면 단위로 만들어집니다. 사용자에게 실제 모습으로 보이기 때문에 사용자의 감성적인 만족도를 조사할 때 효과적으로 사용됩니다.

디지털 프로토타입 – 하이퍼미디어 프로토타입

하이퍼미디어 프로토타입은 화면 조작과 화면 간 이동이 가능하게 구현됩니다. Adobe XD와 같은 프로토타이핑 툴 SW을 이용하면 와이어프레임을 하이퍼미디어 프로토타입으로 쉽게 바꿀 수 있습니다. 다음은 Adobe XD로 작업한 낮은 충실도의 하이퍼미디어 프로토타이핑 예를 보여주는 화면인데 디자인 컨셉을 대략적으로 와이어프레임으로 구현한 다음에 각 화면의 구성 요소들을 눌렀을 때 보여지는 다른 화면을 연결하여 클릭 가능한 프로토타입을 구현하고 있습니다.

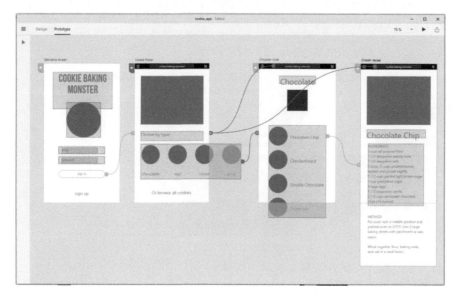

출처 : https://blogs.adobe.com/creativedialogue/design-ko

다음으로 높은 충실도의 하이퍼미디어 프로토타입을 소개합니다. 제품/서비스 개발시 실제 고객의 이용 반응을 점검하는 목적으로 사용되는 것으로, 실제 고객 대상의 제품/서비스 테스트에 사용됩니다. 이를 위해, 여러 명의 전문가들이 참여해 실제 콘텐츠로 보이도록 작업되는데 고객이 진짜로 착각할 정도로 구현하는 것입니다. 다음 사진은 Adobe XD로 작업한 높은 충실도 디지털 프로토타이핑 예를 보여주는 화면으로 실제 웹 사이트 또는 앱의 핵심적인 기능과 디자인에 대해 세부 사항을 사용자가 상호 작동할 수 있도록 구현한 것입니다.

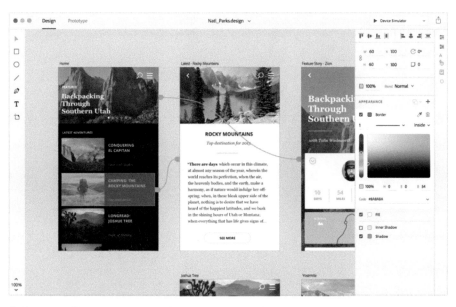

출처 : https://blogs.adobe.com/creativedialogue/design-ko

프로토타이핑 코딩

프로토타이핑 코딩은 컴퓨터 프로그래밍 코드를 작성해 프로토타입을 만드는 방식입니다. 여기에는 Java 기반의 안드로이드 앱 제작, Swift 기반의 iOS 앱 구축, 또는 웹서비스 제작을 위한 HTML/CSS/JavaScript 코딩 등이 해당됩니다. 프로토타이핑 코딩을 통한 프로토타입 제작은 최대한 실제 데이터, 디바이스, 사용자를 기반으로 수행되어야 하기 때문에 전문적인 기술력이 필요합니다. 프로토타이핑 코딩은 제품이 프로토타이핑 툴을 사용하기 어려운 기술을 탑재하고 있는 경우에 사용됩니다. 예를 들어 스마트폰의 카메라, GPS 등 HW 활용 기술이 사용될 때 활용할 수 있습니다. 그리고 전문적인 개발자가 직접 프로토타이핑 할 때 선호하는 프로토타이핑 방식이기도 합니다.

프로토타이핑 툴 SW 선택

MS Powerpoint, Apple Keynote, Adobe XD, Invision, Balsamiq 등 제각각 특징을 갖는 다양한 프로토타이핑 툴 SW들이 존재하는데 프로토타이핑을 하려 한다면 어떤 툴을 선택할 것인지 고민이 될 것입니다.

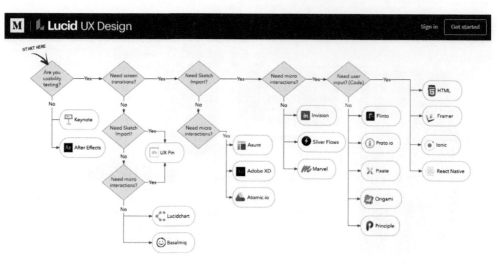

출처 : https://medium.com/lucid-software-design/traversing-the-ux-prototyping-landscape-33edc700c1bd

그 한가지 해결 방안으로 Lucid UX Design 사이트의 테일러 파머(Taylor Palmer)는 'Traversing the UX Prototyping Landscape'라는 제목의 포스팅에서 상황에 맞는 프로토타이핑 툴을 선택하는 방법을 제안하고 있습니다. 먼저 사용성 테스트가 필요 없이 단순히 모양만 보여주는 수준이라면 Keynote(또는 Powerpoint)를 사용합니다. 그렇지 않고 사용성 테스트가 필요한 경우에서 만일 화면 전환이 필요없다면 조건에 따라 Balsamiq 등을 이용하도록 결정하는 방식으로서 다양한 사용 조건에 따라 적합한 프로토타이핑 툴을 선택하는 순서도를 소개합니다.

스타트업 코딩에서의 프로토타이핑 툴 SW – Kakao 오븐

지금까지 일반적인 프로토타이핑에 대해 살펴보았는데, 이제 우리가 배울 스타트업 코딩에서 다룰 프로토타이핑 SW를 소개하겠습니다. 높은 구현 충실도의 프로토타이핑은 오랜 기간의 학습과 노력이 필요한 전문 디자이너/개발자 영역인 반면, 스타트업 코딩에서는 기본적인 하이퍼미디어 기능을 제공하면서 누구나 쉽게 배우고 활용할 수 있는 프로토타이핑이 필요합니다. 이를 위해서는 아이디어 또는 초기 서비스/제품을 소개하는 사용자 시나리오인 스토리보드로 제작하고 단순한 와이어프레임이나 이미지 콘텐츠 기반으로 간단한 인터랙션과 하이퍼미디어 작동이 가능하게 만든 낮은 구현 충실도의 하이퍼미디어 프로토타이핑 수준이면 충분합니다. 스타트업 코딩에서는 Kakao에서 무료 제공하는 하이퍼미디어 프로토타이핑 툴 SW인 오븐(Oven, https://ovenapp.io)을 활용합니다. 오븐은 필요한 기본적인 프로토타이핑 기능들을 제공하면서 웹브라우저에서 회원 가입만으로도 무료로 바로 사용할 수 있는 등 다양한 장점을 갖고 있는데, 이제부터 오븐에 대해 보다 자세히 살펴보도록 하겠습니다.

02_오븐 프로토타이핑 툴 SW 기능 살펴보기

Kakao 오븐 개요

Kakao에서 무료 웹 서비스(https://ovenapp.io)로 제공하는 프로토타이핑 툴 SW인 오븐은 마치 Powerpoint를 사용하는 것과 같은 직관적이고 사용하기 쉬운 UI/UX로 제공되기 때문에, 디자이너, 기획자, 개발자 등 누구나 자신의 아이디어를 웹에서 실행 가능한 프로토타입으로 쉽게 제작할 수 있습니다. 원래는 다음 플랫폼기술팀에서 개발하여 사내에서 운영해왔던 HTML5 기반 웹/앱 프로토타이핑 툴 프로젝트였는데 2014년 11월에 외부에도 무료로 오픈되어 누구나 사용 가능하게 되었습니다. 아쉽게도 오랫동안 업데이트 없이 그대로 운영되고 있지만, 현재 상태로도 기본적인 프로토타입 제작에 유용하게 활용할 수 있기 때문에 스타트업 코딩에서의 프로토타이핑 툴로 선택하게 되었습니다.

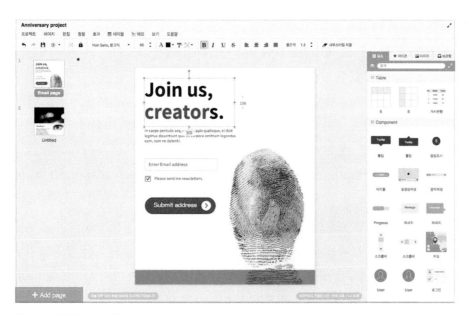

Kakao 오븐 (https://ovenapp.io)

Kakao 오븐 주요 기능

오븐은 다음과 같은 편리한 프로토타이핑 기능을 다양하게 제공하고 있습니다.

- 손쉬운 페이지 드로잉 : 여러분이 자주 사용하는 MS Powerpoint와 비슷한 방식으로 사용할 수 있는데, 생각하는 대로 혹은 보이는 대로 개체를 가져다 놓고 편집하면 됩니다. 그리고 다양한 스타일 편집 기능과 효과 적용을 통해 마치 도화지에 그림 그리듯 쉬운 방식으로 실제 웹 기반 프로토타입을 만들어 낼 수 있습니다

- 100여개의 기본 제공 컴포넌트 : 13개 카테고리에서 100여개의 멋진 UI 컴포넌트를 제공합니다. 그리고 이 컴포넌트들은 원하는 형태로 얼마든지 변형해 사용할 수 있습니다.

- 1,200여개의 방대한 벡터 아이콘 : 심플하고 명료한 오픈라이센스 아이콘팩들을 제공하는데, 모든 아이콘들은 어떠한 사이즈, 컬러로도 변경할 수 있는 벡터 타입입니다.

- PC, 휴대폰, 태블릿 등 다양하게 선택 가능한 스크린 : 모바일과 태블릿, PC 스크린까지 다양한 사이즈 선택을 지원합니다. 또한 테스트할 모바일 기기의 화면 크기가 제각각이어도 걱정할 필요 없이 오븐에서는 하나로만 작업하면 어떠한 사이즈의 단말기에서도 자동 스케일링되어 깨지지 않고 보여줍니다.

- 간단한 이미지 업로드와 편집 : 직접 만든 아이콘 이미지나 이미 작업한 시안을 활용할 수 있습니다. 프로젝트 편집 화면에 내컴퓨터의 이미지파일을 드래그&드롭(Drag&Drop) 하기만 하면 바로 유저 계정으로 업로드 됩니다. 그리고 업로드한 이미지들은 이미지 자르기 등의 편집 기능을 이용해 새로운 이미지로 재탄생시킬 수 있습니다.

- 템플릿 동기화 : 공통 오브젝트를 템플릿으로 정의하고, 클릭 한번으로 프로젝트 전체를 변경할 수 있습니다. 예를 들어, 수십 장의 페이지를 만들었는데, 상단의 공통 로고가 바뀌더라도 일일히 페이지 수정할 필요 없이 템플릿을 이용하면 한번에 수정 가능합니다.

- 손쉬운 링크 이동 설정 : 화면의 각 요소들에 대한 '링크연결 설정' 기능을 통해 외부 URL이나 프로젝트 내 페이지를 연결할 수 있습니다.

- 문장 자동생성 기능 : 대부분의 프로토타입 툴이나 오피스 프로그램들은 텍스트 상자나 위젯을 가져다 놓으면 항상 같은 초기값, 예를 들어 '텍스트'로 페이지에 삽입됩니다. 이런 경우 그럴듯한 프로토타입을 만들려면 글자 내용을 직접 타이핑해야 하는데, 오븐에서는 박스 사이즈에 따라 영문 또는 한글의 Lorem Ipsum(의미 없는 무작위 문장)을 자동으로 생성해 줍니다.

- 폰트(Font) 호환성 : 윈도우에서 작성한 문서와 맥에서 작성한 문서가 서로 달라 보이는 현상은 바로 시스템 기본 폰트가 다르기 때문입니다. 오븐은 이 문제를 해결하기 위해 오픈라이센스 폰트인 본고딕체(HanSans)를 한국어 환경에서의 기본 글꼴로 적용하였습니다.
- 작업 결과를 QR 코드 또는 URL로 바로 테스트 가능 : 작업한 포로토타이핑 결과를 QR 코드 또는 URL을 통해 PC는 물론 스마트 디바이스에서 바로 웹 테스트할 수 있습니다.
- 오브젝트 검색 : 대규모의 프로토타입에서 수백개의 아이콘과 수많은 컴포넌트들을 일일히 찾아본다는 건 매우 불편합니다. 오븐에서는 필요한 요소를 컴포넌트 검색 창에서 검색할 수 있습니다.
- 나만의 컴포넌트 : 여러분이 만든 컴포넌트가 자주 사용된다면, 다음에 다시 사용할 수 있도록 '보관함에 보내기'를 통해 저장하고 관리할 수 있습니다.
- 작업 결과를 다른 사람에게 공유 옵션 : 프로젝트별 공유 옵션 목록을 통해 유저별 읽기권한을 설정할 수 있습니다. 또는 링크를 아는 유저는 누구나 로그인 없이 접근할 수 있도록 할 수도 있습니다.
- 다른 파일로 내보내기 : '페이지 내보내기'를 통해 JPG, PNG 또는 PDF파일로 내려받을 수 있습니다. 메일이나 다른 문서에 첨부하거나 문서출력을 해야 할 경우에 유용합니다.

이제부터 오븐의 주요한 다음 기능들을 순서대로 하나씩 살펴보도록 하겠습니다.

- 회원 가입 및 계정 업그레이드 : 먼저 회원 가입 후 이메일 인증을 통한 계정 업그레이드를 진행합니다.
- 프로젝트 대쉬보드 : 로그인했을 때 작업 단위인 프로젝트를 관리하는 대쉬보드 페이지를 볼 수 있습니다.
- 새로운 프로젝트 만들기 : 포로토타이핑 작업을 위해 새로운 프로젝트 만들기를 시작하면프로젝트 편집기를 이용할 수 있습니다.
- 페이지 제작 : 각 화면에 해당하는 페이지를 제작해 봅니다.
- 템플릿 복사&붙여넣기(Copy&Paste) : 여러 페이지에 걸쳐 공동으로 사용하는 오브젝트를 템플릿으로 지정하고 사용해 봅니다.
- 페이지 링크 : 오브젝트에서 페이지 또는 외부 사이트로의 링크를 연결합니다.
- 프로젝트 실행 : 실제 단말 환경에서의 웹 테스트를 진행합니다.
- 프로젝트 공유 : 다른 계정으로 작업 결과 프로젝트를 공유하고 복사할 수 있습니다.

오븐 사이트 https://ovenapp.io 접속

웹 브라우저에서 오븐 사이트(https://ovenapp.io)에 접속해 봅니다. MS Windows에 설치되어 있는 Internet Explorer 11로 접속하니 다음과 같이 지원하지 않는다는 메시지가 보여지는군요. 오븐에서 안내하는 대로 최신 버전의 크롬, 파이어폭스, 오페라 또는 사파리 브라우저로 이용하기 바랍니다. 참고로 저는 이 책 작성에 사용한 구글의 크롬 브라우저를 추천합니다.

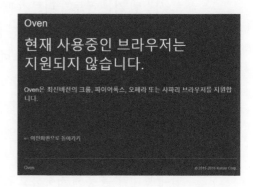

회원 가입 및 계정 업그레이드

오븐 서비스 이용을 위해서 먼저 회원으로 가입하고, 이메일 인증을 통해 무료 용량 추가 혜택이 있는 스탠다드 계정으로 업그레이드합니다.

① 회원가입 : 상단 우측 또는 하단의 초록색 버튼 클릭

② 새 계정 만들기 : 각 항목 입력 후 하단의 '새 계정 만들기' 버튼 클릭

• 이메일 주소 입력 : 계정으로 사용할 이메일 주소를 입력합니다. 무료 용량 추가 계정 업그레이드를 위한 인증 메일을 받는데 사용됩니다.
• 유저 이름 : 사용자 이름으로서 로그인 후 상단 우측에 보여 집니다. 다른 사용자 이름과의 중복은 상관없으며 나중에 변경할 수도 있습니다.

③ 회원 가입 완료 : Free 계정 생성 완료

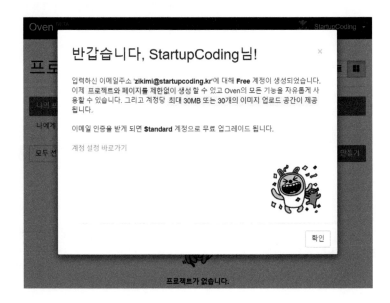

회원 가입하면 먼저 Free 계정으로 생성되는데, 이메일 인증을 거친 후에 무료로 Standard 계정으로 업그레이드 됩니다. Free 계정만으로도 생성할 수 있는 프로젝트 수와 페이지 수는 무제한이지만 Standard 계정의 경우 이미지 파일 최대 용량이 2MB(MegaByte)에서 5MB로 늘어나고 이미지 저장 공간도 30MB 또는 30개에서 500MB 또는 500개로 대폭 늘어나기 때문에 계정 업그레이드하는 것을 추천합니다.

④ 이메일 인증 : 가입한 이메일 계정에서 수신한 오븐 이메일 확인

회원 가입하면 오븐에서는 등록된 이메일 계정으로 인증 요청 메일을 바로 발송합니다.

수신한 이메일을 열고 하단의 '링크를 클릭하여 이메일 인증' 링크를 누르면 오븐 웹 사이트로 접속 되면서 이메일 주소 인증 처리됩니다.

이메일 주소가 인증되었습니다

이메일 주소 '**zikimi@startupcoding.kr**' 이 인증되었으며 Free 계정인 경우, Standard 계정으로 무료 업그레이드 됩니다.
아래의 '로그인' 버튼을 눌러서 새로운 이메일 계정으로 로그인하세요.

로그인

계정 설정하기

로그인 후 상단 우측의 유저 이름을 클릭하면 (아래로 펼쳐지는) 드롭다운 메뉴가 보여지는데, '계정 설정하기' 메뉴를 통해 계정 정보를 관리할 있습니다. 회원 가입할 때 입력한 정보가 간단한 만큼 계정 정보에서도 유저 이름과 비밀번호 변경 정도만 가능합니다.

프로젝트 대쉬보드

오븐에서는 작업 단위를 프로젝트(Project)라 부릅니다. 새로 작업하기 위해서는 '새로운 프로젝트 만들기' 버튼을 눌러 작업 단위인 프로젝트를 생성합니다. 이렇게 생성된 프로젝트들을 전체적으로 관리할 수 있는 메뉴가 프로젝트 대쉬보드 입니다. 프로젝트를 만든 사람에 따라 내가 만든 '나의 프로젝트'와 남이 만들어 '나에게 공유된 프로젝트'로 구분할 수 있습니다. 처음 계정을 만들었을 때는 당연히 프로젝트가 없지만 작업한 프로젝트 수가 늘어남에 따라 프로젝트를 쉽게 찾고 관리하는 것이 필요합니다. 오븐에서는 프로젝트를 보는 방식을 한 줄에 하나의 프로젝트를 보여주는 목록식과 한 줄에 여러개의 프로젝트를 보여주는 격자형으로 선택할 수도 있습니다. 또한, 특정 키워드를 포함한 프로젝트를 검색하거나 프로젝트 목록에서 선택된 프로젝트들을 한꺼번에 삭제할 수도 있습니다.

새로운 프로젝트 만들기

새로운 프로젝트 만들기 버튼을 클릭하면 프로젝트를 만들 수 있는 페이지가 나오는데 프로젝트 이름, 프로젝트 설명을 작성하고, 화면 크기에 맞도록 페이지 사이즈를 선택할 수 있으며 작업한 프로젝트를 다른 사람에게 공개 여부를 설정할 수 있습니다. 여기서 각 내용은 추후에 자유롭게 변경할 수도 있습니다.

프로젝트 만들기에서 'My Profile' 이름을 입력 후 제일 아래의 '새로운 프로젝트 만들기' 버튼을 누르면 대쉬보드로 이동해 생성한 프로젝트를 목록에 보여줍니다. 그 프로젝트의 우측 상단의 톱니바퀴 모양의 설정 아이콘을 누르면 이용 가능한 메뉴들이 보여 집니다.

여기서 공유 옵션은 다음과 같습니다.

- 로그인 없이 보기 허용 : 링크(프로젝트 URL 주소)를 전달받은 모든 유저가 접근할 수 있도록 설정하는 것입니다. 우측의 파란 버튼을 누르면 되는데 오븐 계정 생성이나 로그인을 하지 않아도 링크만으로 프로젝트를 웹 테스트할 수 있습니다. 자물쇠 모양 아이콘을 눌러 공유암호를 설정하면 접근시 공유암호를 입력해야만 접근할 수 있도록 보안을 강화할 수 있습니다.

- 특정 사용자에게만 허용 : 프로젝트 소유자가 '공유옵션'을 통해 허용목록에 이메일을 추가하는 것으로서 사용자가 프로젝트 페이지에 접근할 수 있을 뿐만 아니라 접근한 특정 사용자는 사본으로 저장해서 자유롭게 편집 활용할 수도 있습니다. 이와 같은 특정 사용자 접근을 위해서는 오븐 로그인이 필요하기 때문에 공유된 이메일 주소는 오븐 계정으로 등록되어 있어야 합니다. 예를 들어, 여러분이 만든 오븐 프로토타입 프로젝트를 제 계정 주소인 zikimi@startupcoding.kr 이메일로 공유하면제가 확인할 수 있게 됩니다.

프로젝트 편집

프로젝트 대쉬보드에서 프로젝트 타이틀 링크를 누르거나 편집기 실행 메뉴를 선택하면 프로젝트 편집기 화면으로 들어갑니다.

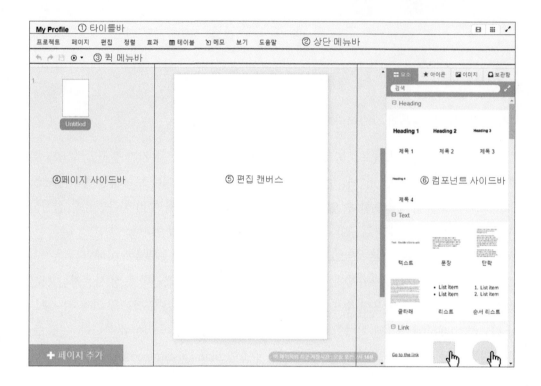

① **타이틀바** : 편집기 화면의 상단에 위치하며, 왼쪽에는 프로젝트 이름이 보여지는데 선택 후 수정도 가능합니다. 오른쪽에는 페이지 사이드바 숨기기/보이기, 컴포넌트 사이드바 숨기기/보이기, 전체 화면 확대/축소 기능의 아이콘들이 차례로 있습니다.

② **상단 메뉴바** : 오븐의 대표적인 기능들을 이용할 수 있는 메뉴들이 있습니다.
- **프로젝트** : 프로젝트 관리용 메뉴로서, 이름 바꾸기, 사본 만들기, 삭제하기, 프로젝트 정보 설정, 화면사이즈(변경), 공유 옵션, (편집기) 닫기
- **페이지** : 페이지 관리용 메뉴로서, 새 페이지 삽입, 모두 저장하기, 페이지 복제, 페이지 삭제, 페이지 이름 바꾸기, (이미지, PDF 등) 페이지 내려 받기, 전체페이지 내려 받기, 웹 테스트
- **편집** : 편집 작업에 관한 메뉴로서, 실행 취소, 다시 실행, 잘라내기, 복사, 붙여넣기, 복제하기, 전체 선택, 링크 연결하기, (보관함으로) 보내기, 템플릿 옵션

- 정렬 : 캔버스에 놓인 컴포넌트들에 대한 메뉴로서, 그룹, 그룹 해제, (앞뒤로 보이는) 순서, (화면의 가로, 세로 맞춤) 정렬, (수직, 수평으로) 배열, (편집에 대한) 잠금, 잠금 해제
- 효과 : 컴포넌트를 표현하는 효과에 대한 메뉴로서, 그림자 효과, 텍스트 그림자, 투명도, 둥근 모서리, 테두리
- 테이블 : 테이블 생성에 대한 메뉴로서, 테이블 타입(표/게시판 형 선택), 머리말(상단/왼쪽 표시 선택), 가로/세로 칸 선택
- 메모 : 메모를 쉽게 사용할 수 있는 메뉴로서, 메모 삽입, 메모 보이기(선택)
- 보기 : 편집을 쉽게 도와주는 메뉴로서, 격자무늬 보이기, 눈금자 보이기, 드래그 선택영역, 개체 이동간격, 이웃 개체에 스냅, 자동정렬 가이드, 문장생성기 언어
- 도움말 : 오류 등에 대한 문제 신고, 주요 메뉴를 바로 실행할 수 있는 키보드 단축기, (실제) 도움말, 기본적인 Oven 정보를 볼 수 있습니다.

③ 퀵 메뉴바 : 선택된 편집 오브젝트에 대해 바로 적용할 수 있는 메뉴들을 보여주는 것으로서, 실행 취소, 다시 실행, 모두 저장하기, 웹 테스트가 기본으로 보여 지며, 특정 오브젝트를 선택하면 그 오브젝트에 바로 실행할 수 있는 메뉴들이 보여 집니다.

④ 페이지 사이드바 : 화면 단위인 페이지들의 목록을 순서대로 보여줍니다. 페이지를 선택하면 편집 캔버스에 해당 페이지가 보여 집니다. 각 페이지 하단에 페이지 이름이 있는데 선택해서 수정할 수 있습니다. 마우스로 페이지를 선택해서 원하는 위치로 이동하여 페이지 순서를 변경할 수 있습니다. 맨 아래에 '+페이지 추가' 버튼을 눌러 새로운 페이지를 마지막 순서에 추가할 수 있습니다. 각 페이지에서 마우스 우클릭하면 그 페이지에 대해 적용할 수 있는 메뉴들로 새 페이지 삽입, 화면 사이즈 변경, 페이지 복제/삭제/이름 바꾸기, 페이지 내려받기, 웹 테스트 메뉴를 실행할 수 있습니다.

⑤ 편집 캔버스 : 오브젝트를 이용해 페이지 화면을 그릴 수 있는 영역입니다. 먼저 각 오브젝트를 선택하면 이동, 회전, 크기 변경 가능하며, 마우스 우클릭하면 그 오브젝트에 대해 적용할 수 있는 삭제하기, 잘라내기, 복사, 붙여넣기, 복제하기, 순서, 잠금/잠금 해제, 링크 연결하기, 보내기, 템플릿 옵션(템플릿 복사, 템플릿 동기화)이 보여집니다. 다음으로 바탕화면에서 마우스 우클릭하면 붙여넣기, 전체 선택, 템플릿 옵션, 화면 사이즈 변경, 페이지 배경색(변경), 웹 테스트를 실행할 수 있습니다.

⑥ 컴포넌트 사이드바 : 편집에 이용할 수 있는 오브젝트들을 보고 찾아서 선택할 수 있는 영역입니다. 각 오브젝트를 마우스 클릭으로 선택해서 편집 캔버스 내 원하는 지점으로 가져와 놓는 드래그&드랍(Drag&Drop) 하거나 오브젝트를 마우스 더블클릭하면 편집 캔버스에 해당 오브젝트가 보여져 편집할 수 있습니다. 컴포넌트는 요소, 아이콘, 이미지, 보관함의 4가지 카테고리가 차례로 탭으로 보여지고, 각 탭을 선택하면 해당하는 오브젝트를 쉽게 찾을 수 있는 검색창이 보여지며, 그 아래에 해당 오브젝트들의 목록이 보여 집니다. 여기서 각 탭을 마우스 드래그&드랍으로 순서를 변경할 수도 있습니다.

- 요소 탭 : 100여개의 기본 제공 오브젝트들로서, 실제 프로그래밍을 할 때 자주 사용되는 고유 속성과 그에 해당하는 기능 요소들을 제공하는 것들을 따로 묶어 카테고리로 제공한 것으로 헤딩(타이틀), 텍스트, 링크, 모양(Shape), 버튼, 페이지 이동, 폼 컨트롤, 테이블, 컴포넌트, 미디어, 스타일, 차트, 메모가 이에 해당합니다. 각 카테고리 이름을 누르면 해당하는 요소들의 목록을 펼쳐 보이거나 숨겨줍니다.
- 아이콘 탭 : 1,200여개의 방대한 벡터 아이콘들로서, 자주 사용되는 이미지들을 기본으로 만들어 제공합니다. 여기에는 Arrow(화살표), Social(SNS 관련), Stuff(물건), Lines(선으로 표시한 물건), Meteocon(날씨 관련), MaterialDesign(기타 아이콘)이 있습니다.
- 이미지 탭 : 사용자는 필요한 외부 이미지를 오븐에서 사용할 수 있는데 이를 위해서는 원하는 이미지를 오브젝트로 포함해야 합니다. 윈도우 탐색기를 이용해 원하는 이미지 파일을 찾아 마우스 드래그&드랍 방식으로 이 영역에 끌어 놓으면 됩니다. 프리 계정과 스탠다드 계정의 차이가 바로 사용할 수 있는 이미지 용량인데 하단에 현재 계정에서 사용할 수 있는 용량을 보여줍니다.
- 보관함 탭 : 자주 사용하는 오브젝트를 등록해서 바로 사용할 수 있도록 합니다. 기본 제공하는 오브젝트 뿐만 아니라 여러 오브젝트들을 결합해서 직접 만든 사용자 오브젝트도 보관해서 사용할 수 있습니다.

오븐은 MS Powerpoint와 비슷한 방식으로 구현되어 쉽게 사용할 수 있는데, 실제 프로토타이핑 과정에 대해서는 간단하게 소개합니다. 먼저 여러분은 다음 그림에서와 같이 Main Page와 Profile의 2개 페이지로 구성된 프로젝트를 직접 생성해 그려보기 바랍니다. 여기서 모든 페이지에는 첫 번째 페이지로 이동하는 홈 아이콘을 상단에 추가합니다.

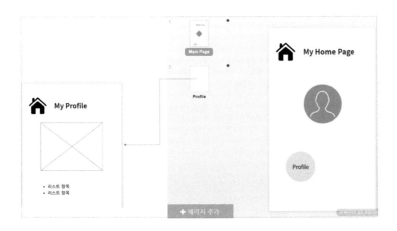

오브젝트 보관함

여러분은 두 번째 Profile 페이지에서 상단 홈 아이콘을 쉽게 추가할 수 있었나요? 만일 홈 아이콘을 찾아서 모든 페이지에 한꺼번에 추가한다면 쉬웠겠지만, 첫 번째 페이지 작업 후 한참 뒤에 두 번째 페이지 작업을 하는 경우라면 같은 홈 아이콘을 찾느라 어려웠을 것입니다. 이 때, 홈 아이콘을 쉽게 찾을 수 있게 보관해 둔다면 다음번에 쉽게 찾을 수 있을 것입니다. 이런 경우에 오브젝트 보관함을 사용하면 좋습니다.

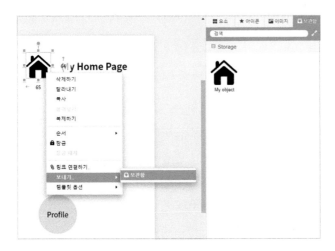

홈 아이콘을 마우스 오른쪽 클릭 후 보내기에서 보관함을 선택하면 컴포넌트 사이드바의 보관함 탭에 'My object'라는 이름의 홈 아이콘이 등록됩니다.

템플릿 복사 & 붙여넣기

그런데 같은 아이콘을 여러 페이지에 걸쳐 같은 위치에 배치하는 것도 쉽지가 않습니다. 작업 도중에 위치를 옮기거나 크기, 색상 등 다른 모양으로 변경하는 경우도 흔히 발생하는데, 이럴 때는 여러 페이지에 걸쳐 아이콘을 똑같이 수정하는 것은 더욱 어려울 것입니다. 이런 경우에 사용하는 것이 바로 템플릿 기능입니다.

특정 아이콘을 '템플릿으로 복사'하고, 다른 페이지에서 '템플릿 붙여넣기' 한 다음에 수정하는 경우 '템플릿 동기화 실행'을 통해 한꺼번에 변경할 수 있습니다. 이 때, 위치까지 각각 다르게 유지할 수 있는 옵션 메뉴 '템플릿 동기화(위치는 유지)'도 있습니다.

페이지 링크

이번에는 페이지들을 서로 링크로 연결하는 방법을 살펴보겠습니다. 링크를 연결하는 첫 번째 방법은 특정 오브젝트에 마우스 오른쪽 클릭하면 보여지는 '링크 연결하기'를 이용하면 되는데, 만든 페이지로 이동하거나, 외부 URL로 이동하도록 간단히 지정할 수 있습니다. 두 번째 방법으로는 '오브젝트 목록 – 요소 탭 – Link' 카테고리 내 오브젝트를 이용하는 것으로, '텍스트 링크', '사각 링크영역', '원 링크영역'을 선택할 수 있습니다. 기존의 '텍스트', '사각형', '원' 오브젝트에서 링크를 설정할 수도 있지만 텍스트 링크는 일반적인 링크 표시와 같이 푸른색의 밑줄 텍스트로 표시되고 링크 영역은 웹 테스트 화면에서 투명하게 보여지고 여러 오브젝트들에 걸쳐 한꺼번에 링크로 연결할 수 있다는 차이가 있습니다.

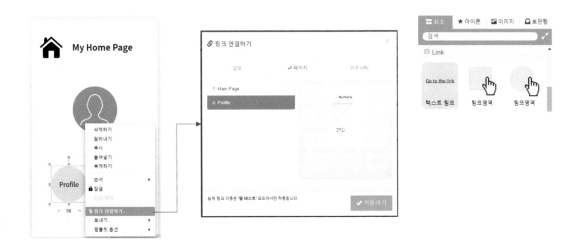

메모 삽입 및 보이기

페이지 작업 중에 추가적인 설명을 붙이거나 미처 구현하지 못한 기능에 대해서는 메모 기능을 활용할 수 있습니다. 상단 메뉴 바의 메모 삽입 메뉴를 이용하거나 '오브젝트 목록 – 요소 탭 – Memo' 카테고리에서의 메모 오브젝트를 더블클릭하면 메모를 입력할 수 있습니다. 메모는 실제 구현될 오브젝트가 아니라 추가 설명을 위해 사용되는 것으로 테스트할 때 메뉴 바의 메모 보이기 메뉴를 통해 보이거나 숨기도록 설정할 수 있습니다.

프로젝트 저장 및 실행

드디어 이제까지 작업한 프로젝트를 실제로 확인해 볼 시간입니다. 먼저 작업 결과를 상단 '퀵 메뉴 바 – 저장 아이콘' 또는 '메뉴 바 – 페이지 – 모두 저장하기'를 눌러 저장합니다. 다음으로 '퀵 메뉴 바 – 실행 아이콘' 또는 '메뉴 바 – 페이지 – 웹 테스트'에서 '새 창으로 보기'를 선택하면 지정한 화면 크기에 맞는 새로운 웹 브라우저 창이 뜨면서 웹 페이지로 테스트할 수 있습니다. 웹 테스트 화면 아래에 현재 페이지의 앞뒤로 이동할 수 있는 진행 버튼과 함께 중간에 메뉴 버튼이 있는데 이를 통해 페이지 목록 이동, 메뉴 표시 여부, 링크영역 표시 여부, QR 코드/URL 생성 기능을 사용할 수 있

습니다. QR 코드/URL 실행 결과로 접근 가능한 QR 코드와 URL이 생성되어 공유 설정한 경우에는
외부에서 이 링크를 통해 작업한 프로젝트를 실행해 볼 수 있습니다.

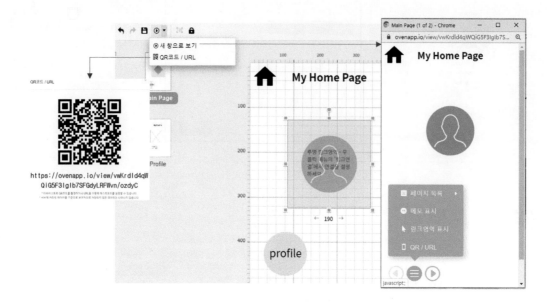

프로젝트 공유 확인 및 사본 저장

프로젝트를 이메일 주소로 공유한 경우에 해당 이메일
로 오븐에 로그인한 사용자에게는 나에게 공유된 프로
젝트에 그 프로젝트가 보여 집니다. 여기서 프로젝트 제
목을 클릭하면 웹 테스트 화면이 실행되고 아래에는 누
가 공유했는지 보여 집니다. 이 프로젝트의 상단 우측
설정 메뉴를 누르면 사본 떠오기 메뉴가 보여지는데 이
기능을 통해 공유된 프로젝트를 자신의 프로젝트로 복
사해서 편집 등 자유롭게 활용할 수 있습니다. 다른 사
람들과 함께 프로젝트를 만들고 관리하는 경우에 이와
같이 이메일 주소로 공유하면 편리하겠습니다.

프로젝트 이미지 및 PDF 파일 저장

프로젝트 내용을 공유하는 또 다른 방법으로 이미지 또는 PDF 파일로 공유할 수도 있습니다. '메뉴 바 – 페이지 – 페이지 내려 받기'를 통해 현재 페이지 화면을 이미지 또는 PDF 화일로 저장할 수 있습니다. 또한, 전체페이지 내려 받기를 통해 전체 페이지의 이미지 모음 또는 하나의 PDF 파일로 저장할 수도 있습니다. 이 기능은 현재 시점의 프로젝트의 상태를 저장할 수 있기 때문에 일정 기간 내 제출해야 하는 과제 결과물 확인에 유용하게 활용할 수 있습니다.

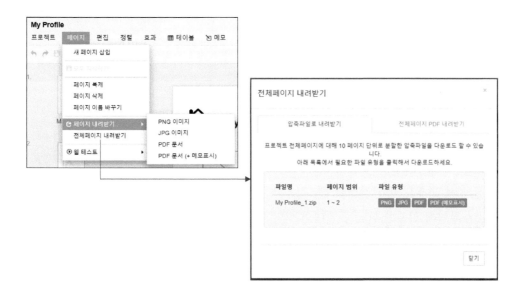

헬프데스크

오븐 사이트에서 로그인 후 상단 우측 사용자 이름의 드롭다운 메뉴에서 헬프데스크를 통해 오븐에 대한 추가적인 정보를 확인 할 수 있습니다. 자주 묻는 질문, 문의 및 의견, 공지사항과 업데이트 소식, 이용약관 및 개인 정보를 볼 수 있지만, 간단하게 사용할 수 있는 무료 서비스라 그런지 설명은 별로 없고 최근에는 업데이트도 없는 상태입니다. 하지만, 현재로도 기본적인 프로토타이핑을 쉽게 사용할 수 있습니다. 공지사항과 업데이트 소식은 페이스북 오픈 페이지 https://www.facebook.com/ovenapp 를 통해 확인할 수 있습니다.

03_오븐 프로토타이핑 툴 SW 활용 사례

Kakao 문과생 3인방의 오븐 앱개발 도전 사례

오븐은 누구나 쉽게 사용할 수 있는 프로토타이핑 툴 SW 인데, 오븐을 만든 Kakao에서 실제로 그런 사례를 보여주는 '다음카카오 문과생 3인방의 Oven으로 App 제작 도전기!'라는 글을 블로그(https://daumdam.tistory.com/310)에 소개하고 있습니다.

QR 코드로도 블로그에 접근할 수 있는데 개발을 전혀 모르는 3명의 문과생들이 한남동에 위치한 사무실 주변의 점심 식사 문제 해결에 도전한 것으로 점

다음카카오 문과생 3인방의 'Oven으로 App 제작 도전기!'

2015.

출처 : https://daumdam.tistory.com/310

심 메뉴로 사무실이 위치한 한남동 일대의 식당을 추천해주는 앱 'Mamma'를 만드는 주제였습니다. 먼저 아이디어 회의 후 스케치 프로토타이핑을 진행하고 개선한 후 오븐 프로토타이핑으로 Mamma 앱을 쉽게 만든 것입니다.

아이디어 회의

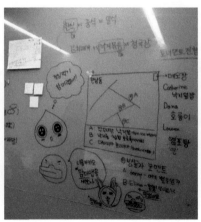

스케치 프로토타이핑

오븐 프로토타이핑

Mamma는 다음 그림과 같이 음식 메뉴를 추천하는 '아무거나', '토너먼트', '나는지금'으로 구성되어 있는데, QR 코드를 통해 만들어진 Mamma 앱 프로토타입을 웹 테스트해 볼 수 있습니다. 오븐 결과물은 실제 작동되는 앱이 아니라 테스트를 목적으로 만들어진 프로토타입이기 때문에 실제 전체 메뉴가 작동하는 것이 아니고 사용자의 입력을 처리하는 것도 아니지만 정해진 시나리오에 따라 진행하면 마치 실제 앱을 사용하는 것 같은 자연스러운 느낌을 받을 수 있을 것입니다.

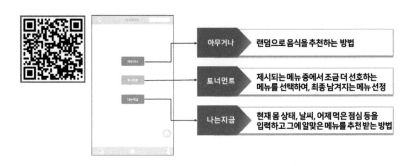

쇼핑몰 앱 프로토타이핑 사례

다음으로 오븐을 활용한 쇼핑몰 앱 프로토타이핑 사례를 소개합니다. 오븐 서비스에 대한 간단한 소개부터 시작해 쇼핑몰 앱 아이디어를 스케치 프로토타이핑 하고 오븐을 이용해 와이어프레임으로 먼저

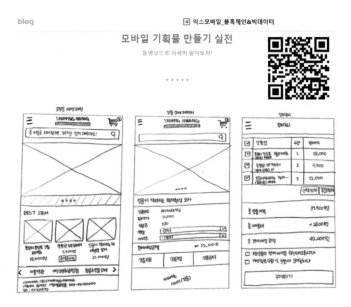

출처: 익스모바일 http://blog.naver.com/imagine0716

제작한 후 이미지 프로토타이핑, 하이퍼미디어 프로토타이핑한 과정을 차례로 이미지와 동영상으로 자세히 소개하고 있는데 다음 그림의 QR 코드를 통해 소개 웹 페이지를 방문해 살펴볼 수 있습니다.

쇼핑몰 앱에 대한 실제 오븐 프로토타이핑 결과는 다음 그림과 같은데 포함된 QR 코드를 통해서 웹 테스트해 볼 수 있습니다.

유튜브 채널 분석 웹 서비스 프로토타이핑 사례

마지막으로 오븐을 활용한 웹 프로토타이핑 사례를 소개합니다. 실제로 제가 예비 창업자에게 추천 해서 활용했던 사례로서, TubeLever라는 유튜브 채널 데이터 분석 서비스를 준비하는 예비창업자를 만나 서비스에 대한 소개를 듣던 중에 실제로 작동되는 화면을 오븐 프로토타입으로 보여주면 좋을 것으로 추천했습니다. TubeLever는 유튜브 채널 주소를 입력하면 제목과 태그 등 텍스트 키워드를 분석해 유사 키워드의 유튜브 채널과 비교 분석 등의 서비스로 개발되고 있습니다. 먼저 오븐으로 웹 서비스 화면을 프로토타이핑한 결과는 다음 그림과 같은데 QR 코드를 통해 접속해 웹 테스트해 볼 수 있습니다.

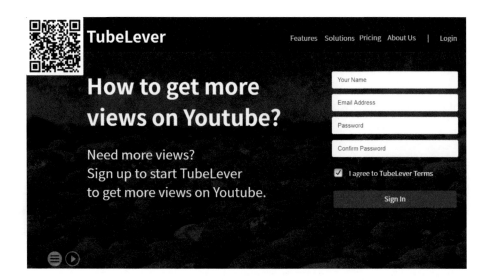

실제 개발해서 제공했던 TubeLever 웹서비스의 초기화면은 다음과 같았는데 앞으로도 지속 발전하는 서비스를 기대한 것과는 달리 아쉽게도 현재는 서비스를 중단한 상태입니다.

3장. 생각하기

Q 프로토타이핑을 실제로 해보고 싶은데 아이디어가 없어 무엇부터 시작해야 할지 모르는 경우 어떻게 할 수 있을까요?

A 프로토타이핑은 여러분의 문제를 해결하기 위한 아이디어를 시각화하고 검증해 나가는 하나의 과정으로 실제 필요할 때 활용할 수 있도록 적절한 프로토타이핑 도구 사용법을 익혀두는 것이 좋습니다.

여러분이 생각한 아이디어를 직접 프로토타이핑하는 과정을 통해 그 사용법을 익혀나가는 것이 가장 바람직하겠지만 현재 아이디어가 없는 경우라면 기존에 여러분이 자주 사용하는 서비스를 그대로 프로토타이핑해 보는 것도 좋은 방법입니다.

예를 들어, 흔히 사용하는 카카오톡을 그대로 프로토타이핑해 볼 수 있습니다. 카카오톡 시작화면 이후 친구 목록이 보이고 친구를 선택하면 친구 프로필 화면이 보인 다음, 채팅 메뉴를 눌러 대화 페이지가 보이게 되며 대화를 입력 후 채팅 창에 추가되는 일련의 과정을 각각 페이지로 그려보고 서로 연결하는 것입니다.

그 결과로 마치 실제 작동되는 것처럼 보여주는 카카오톡 프로토타입을 직접 만들게 되는데, 이를 통해 프로토타이핑 과정에 대한 이해와 함께 프로토타이핑 실력도 향상될 것입니다.

3장. 퀴즈

1. MS Powerpoint, Adobe Photoshop 등을 이용해 선과 도형으로 UI/UX 구성, 콘텐츠 배치, 내비게이션 흐름 등을 표현하는 프로토타이핑 기법을 무엇이라 하는가?

   정답 와이어프레임(Wireframe)

   해설 와이어프레임은 페이퍼 프로토타이핑 결과를 보다 더 구현 충실도가 높은 형태로 구현하는데 사용됩니다. 실제 콘텐츠 형태와 기능들을 보다 세밀하게 표현할 수 있는 반면, 정적인 화면으로 구성되어 사용자들의 경험을 그대로 표현하기는 어려운 한계가 있습니다.

2. Kakao 오븐의 제공 기능이 아닌 것은?

   1) 스마트폰 웹브라우저 상에서의 테스트   2) 사용자 입력 데이터 저장 및 그에 따른 처리

   3) 스마트폰, 테블릿, PC에 따른 기본 화면 사이즈 설정   4) 전체 페이지 PDF로 내려 받기

   정답 2)

   해설 오븐과 같은 프로토타이핑 툴에서는 사용자 입력 데이터를 실제로 처리할 수는 없습니다. 대신, 마치 사용자 데이터를 입력받고 처리하는 것처럼 보이게 하는 것입니다.

3. 다음 보기에 대해 맞으면 O, 틀리면 X를 선택하세요.

> 프로토타이핑은 전문 SW를 활용해야 하므로, 디자이너, SW개발자와 같은 전문가만 할 수 있다.

1) O   2) X

정답 2) X

해설 프로토타이핑은 구현한 충실도에 따라 연필 스케치나 종이로도 간단히 만들 수 있고, 오븐과 같은 쉬운 프로토타이핑 툴 SW도 있기 때문에 여러분 누구나 직접 프로토타입 제작이 가능합니다.

3장. 핵심정리

1. 프로토타이핑 소개
- 프로토타이핑이란 원형, 견본 또는 이것을 만드는 행위로서, 우리가 만들고자 하는 제품의 구체적인 형태를 디자인하는 작업
- 아직 구체화되지 않은 제품, 시스템, 서비스의 서용성 이슈를 검토하기 위해 활용
- 스케치, 페이퍼 프로토타이핑, 와이어프레임, 디지털 프로타이핑 등 구현 충실도(Fidelity)에 따라 다양한 종류가 있음

2. 오븐 프로토타이핑 툴 SW 기능
- MS Powerpoint와 유사한 손쉬운 페이지 드로잉
- 다양한 기본 제공 컴포넌트와 벡터 아이콘
- 다양한 크기의 스크린 선택 가능
- QR 코드 또는 URL로 바로 테스트
- 공유 옵션, 다른 파일로 내보내기 등

3. 오븐 프로토타이핑 툴 SW 활용 사례
- 문과생 3인방의 오븐 앱 개발 도전 : IT 비전공자의 생활 문제 해결 도전, 점심시간 식사 메뉴 및 식당 추천 앱
- 쇼핑몰 앱 프로토타이핑 : 보다 전문적인 사업을 위한 의류 쇼핑몰 앱 프로토타이핑
- TubeLever 웹 서비스 프로토타이핑 : 유튜브 채널 분석 웹 서비스 기획을 위한 사전 프로토타이핑 확인

CHAPTER 4
기초 코딩 SW - MIT 스크래치(Scratch)

이번 장에서는 스타트업 코딩의 두 번째 단계로서 앞에서의 프로토타이핑 결과를 실제 작동되는 SW로 구현하는 스크래치 코딩에 필요한 기본적인 지식을 배우게 됩니다. 먼저 스크래치에 대한 기본 지식을 배우고, 스타트업 코딩에서 사용하는 스크래치 SW 기능들을 살펴본 다음, 그 활용 사례들을 소개합니다.

01_ 스크래치 소개

스크래치 개요

이번 시간은 스크래치 소개로 시작하겠습니다. 2009년 9월에 세계적으로 유명한 논문지인 CACM(Nov. 2009 | vol. 52 | no. 11)에 'Scratch : Programming for All (모두를 위한 프로그래밍 스크래치)'라는 논문이 발표되었습니다. 전체 논문은 QR 코드를 통해 PDF 파일로 받아 볼 수 있는데, 디지털을 자유자재로 다루는 유창성이란 기술을 단순히 인터넷 브라우징, 채팅, 상호 대화하는 인터랙팅 뿐만 아니라 새로운 것을 디자인하고, 만들어 내며 기존 것을 혼합해 재

"Digital fluency" should mean designing, creating, and remixing, not just browsing, chatting, and interacting.

BY MITCHEL RESNICK, JOHN MALONEY, ANDRÉS MONROY-HERNÁNDEZ, NATALIE RUSK, EVELYN EASTMOND, KAREN BRENNAN, AMON MILLNER, ERIC ROSENBAUM, JAY SILVER, BRIAN SILVERMAN, AND YASMIN KAFAI

Scratch: Programming for All

창출하는 리믹싱(Remixing)을 의미해야 한다는 것으로서 바로 스크래치가 그러한 디지털 유창성을 기를 수 있다고 스크래치를 만든 MIT 미디어랩에서 소개했습니다. 10여년이 지난 지금 스크래치가 꿈꾼 세상은 어떻게 실현되고 있는지 지금부터 살펴보겠습니다.

스크래치는 MIT Media Lab, Lifelong Kindergarten Group에서 2007년에 공식 발표되었는데, 인터넷 웹 상에서 또는 PC에서 다운로드 받아 누구나 무료로 이용할 수 있습니다. 스크래치를 이용하면 사용자와 상호 작동하는 인터랙티브한 이야기, 게임, 애니메이션을 직접 만들 수 있고 그 작품을 온라인 커뮤니티에서 다른 사람들과 공유할 수 있습니다. 스크래치를 통해 어린이들은 창의적 사고, 체

계적 추론, 협동 작업을 배우게 됩니다. 이런 능력은 21세기를 살아가는데 필수적이죠. 그럼 먼저 누가 스크래치를 사용하고 있는지 알아볼까요? 여러분은 스크래치를 초등학생도 배울 수 있으니까 유치한 코딩 SW라고 생각할 수도 있는데 절대 그렇지 않습니다. 스크래치는 주로 8~16세 대상으로 만들어졌지만 전연령층에서 사용하고 있으며, 수백만 명의 사람들이 가정, 학교, 전시관, 도서관, 지역센터 등 다양한 환경에서 스크래치 프로젝트 제작하고 있습니다. 이제부터 실제로 그렇다는 것을 하나씩 살펴보도록 합시다.

스크래치 사용 통계

2021년 2월 기준 스크래치의 사용 통계를 살펴보면, 6천6백만명 이상의 사용자가 등록되어 비슷한 수의 프로젝트(작업 결과)를 생성한 다음 공유했으며 2021년 1월에만 21백만명의 순방문자가 거의 5억 페이지를 살펴보았습니다. 특히 최근의 비대면 시대에 새로운 가입자와 생성된 프로젝트, 작성된 의견 수는 폭발적으로 증가되고 있는 등 꾸준히 활발하게 운영되고 있습니다. 최신 스크래치 이용 통계는 https://scratch.mit.edu/statistics 또는 QR 코드를 통해 접속해서 확인할 수 있습니다.

출처: 스크래치 이용 통계 https://scratch.mit.edu/statistics

한국의 스크래치 관심도

다음으로 2021년 2월 중순 기준 전세계 주요 국가별 스크래처(Scratcher)의 분포도입니다. 스크래처란 스크래치 계정을 갖는 이용자를 부르는 용어로 사용되기도 하지만, 공식적으로는 내 정보 설정에서 간단한 이메일 동의 과정을 거쳐서 공식적인 스크래처로 등록하고 있습니다. 전세계에 6천6백만명 이상의 스크래처가 등록되어 있는데, 스크래치를 출시한 나라인 미국이 2천4백만명(39.39%)으로 가장 많고, 그 외에도 영국, 중국, 폴란드, 호주, 캐나다, 스페인, 프랑스, 터키, 브라질 등 전 세계에 걸쳐 다양한 국가에서 널리 사용되고 있습니다.

출처: 스크래치 이용 통계 https://scratch.mit.edu/statistics

한국은 4.1만명(0.07%) 수준에 불과한데 실제 한국에서의 스크래치에 대한 관심도를 살펴보도록 하겠습니다. 구글에서의 검색 추이를 통해 관심도를 유추할 수 있는 구글 트렌드(Google Trends)를 활용하는데 최근 가장 많은 관심을 받고 사용되는 프로그래밍 언어인 파이썬(Python)과의 최근 5년간의 트렌드 비교를 통해 스크래치에 대한 관심도를 확인할 수 있습니다.

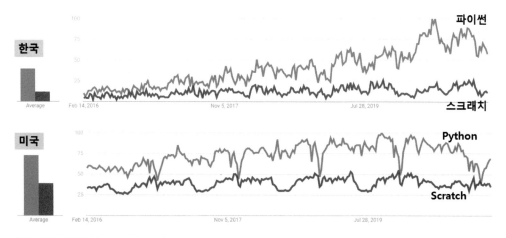

출처: 구글 트렌드 https://trends.google.com

국내에서 파이썬에 대한 관심도는 크게 증가하는 반면 스크래치에 대한 관심도는 미약한 수준으로 일정하게 유지됨을 알 수 있는데 영어 단어 트렌드 결과까지 포함하면 그 차이는 더욱 커지게 됩니다. 국내의 경우 Python과 Scratch로도 검색할 수도 있는데, 실제 파이썬+Python과 스크래치+Scratch에 대한 구글 트렌드를 통한 관심도 비교 차이는 더 크게 조사됩니다. 반면, 미국의 경우 Python의 관심도가 조금씩 높아지는 것과 같이 Scratch에 대한 관심도도 비슷한 수준으로 높아지는 것을 볼 수 있습니다. 이와 같은 결과는 사실 국내에서 이른바 한국형 스크래치라고 불리는 엔트리(Entry) SW가 있기 때문이라고 볼 수도 있습니다. 참고로 엔트리의 개발사인 엔트리교육연구소는 2014년 10월 네이버에 인수되었고 이 후 비영리로 사업 목적을 전환하여 운영하고 있으며 네이버의 '소프트웨어야 놀자', 한국과학창의재단 'SW 방과 후 학교' 등에서 사용되고 있습니다. 하지만, 스크래치에 대한 관심도가 크게 떨어지는 것은 우리들의 남을 의식하고 보여 주기식의 문화와도 관련이 있다고 개인적으로 생각합니다. '모두의 스타트업 코딩' 온라인 강의를 수강한 대학생들 대상으로 만족도 조사했을 때 실제로 "스크래치는 초등학생이 배우는 유치한 언어인데, 이런 스크래치를 대학생에게 가르친다는 것은 정신 나간 발상이고 학교 명성에 먹칠을 하는 것이다"와 같은 의견도 있었습니다. 소프트웨어야 놀자 사이트(https://www.playsw.or.kr)에서 SW 교육에 대해 잘 설명하고 있는데 개발자를 기르는 교육이 아니라 컴퓨팅적 사고력을 기르기 위한 교육인 것입니다. 바로 열린 생각과 논리적인 문제해결 능력을 키우고 아이들을 더 크게 성장하도록 돕는 것입니다. 스크래치나 엔트리 모두 훌륭한 초보자용 SW 교육 언어로서 글로벌 시대에 맞게 국내에서도 엔트리 뿐만 아니라 스크래치에 대한 관심도가 보다 높아지면 좋겠습니다.

스크래치 이용자 그룹별 소개와 아이디어 메뉴

스크래치 사이트에서는 집이나 학교에서 스크래치를 가르치거나 스스로 혼자 배울 수 있는 다양한 자료를 제공합니다. 먼저 소개 메뉴에서는 스크래치 이용자 그룹별로 정보를 제공합니다.

- 부모 https://scratch.mit.edu/parents : 작동방식, **FAQ**, 커뮤니티 안내
- 학교 https://scratch.mit.edu/educators : 교사용 자료와 학생용 자료 등 유용한 자료들, 커뮤니티, 새소식, 교사용 계정 안내
- 연구 https://scratch.mit.edu/research : 연구보고서, 발표 자료, 연구 지원 기관 안내

다음으로 아이디어 메뉴에서 혼자 배울 수 있는 단계별 자료를 제공합니다.

- 시작하기 : 스크래치가 처음인 경우, 가장 간단한 시작 튜토리얼을 살펴보세요.
- 활동 안내서 : 스크래치로 무엇을 만들고 싶나요? 다양한 분야에 대해 활동 안내서를 제공하는데 각 활동마다 튜토리얼을 시도하거나 코딩 카드의 모음을 다운로드 받거나 교육 지도서를 볼 수 있습니다.
- 초보자용 프로젝트 : 초보자용 프로젝트를 활용하고 리믹스하여 자신만의 작품을 만들 수 있습니다.

시작하기와 활동안내서에서 튜토리얼을 실행하면 스크래치에서 코드를 작성할 수 있는 스크립트 화면에서 단계별로 따라할 수 있는 안내서가 함께 보여지기 때문에 혼자서도 쉽게 스크래치의 해당 기

능을 배울 수 있습니다. 또한, PDF 파일로 내려 받을 수 있는 코딩 카드에서 보다 자세한 단계별 설명을 추가로 제공합니다.

그런데, 스크래치를 사용하기 위해서 인터넷에 연결되어 있어야 할까요? 아닙니다. 스크래치 앱을 이용하면 인터넷 연결 없이도 스크래치 소스 파일을 실행할 수 있습니다. 아이디어 메뉴 하단에 'Scratch App Download(스크래치 앱을 다운로드)' 링크를 통해 스크래치를 실행할 수 있는 앱을 사용하는 단말의 운영체제(OS) Windows, macOS, ChromeOS, Android 별로 내려 받아 설치할 수 있습니다.

02_ 스크래치 기능 살펴보기

스크래치 회원 가입

사실 스크래치는 로그인 하지 않고도 공유된 프로젝트를 볼 수 있고 심지어 나만의 프로젝트를 만들어 저장할 수 있습니다. 하지만 작업 결과를 온라인에서 관리하고 스크래치 안내 및 활동 소식 알림을 받는 등 제대로 활용하기 위해서 먼저 회원 가입이 필요합니다. 사이트 https://scratch.mit.edu 접속 후 우측 상단의 '스크래치 가입' 메뉴를 눌러 각 페이지를 차례대로 채우고 하단의 '다음' 링크를 누른 다음 마지막에 '계정 만들기' 링크를 누르면 됩니다.

- 스크래치 가입 : 로그인에 사용되는 '사용자 이름' 아이디(ID)를 정하고, 비밀번호 입력 및 확인합니다.
- 국가 선택 : 선택한 국가에 해당하는 언어로 사이트 내용이 보여 집니다. 한글로 보이는 우리나라의 경우 'Korea, Republic of'를 선택합니다.
- 생년월 선택 : 사용자의 연령대 참고에 사용되는 태어난 월과 년도를 선택합니다.
- 성별 선택 : 사용자의 성별 참고에 사용되는 성별을 선택합니다.
- 이메일 입력 : 계정 인증, 비밀번호 확인 용도로 사용되기 때문에 정확한 이메일 주소를 입력하고 기억해야 합니다. 스크래치 행사 등 안내 이메일 수신 여부를 선택할 수 있습니다.

회원 가입 완료 및 이메일 인증

계정만들기를 실행하면 입력한 사용자 이름의 계정이 만들어지고, 스크래치에서 계정 인증 안내 이메일을 발송합니다. 여러분이 입력한 이메일 계정에서 스크래치 이메일 인증 안내 메일을 확인하고 '이메일 주소 확인하기' 버튼 또는 그 아래의 링크를 누르면 이메일 계정 인증이 완료됩니다. 이와 같이 이메일 인증을 완료해야 여러분이 작업한 프로젝트를 공유하는 등 스크래처로서 활동할 수 있기 때문에 반드시 이메일 인증할 것을 추천합니다.

로그인 및 내 정보 관리

이제 스크래치 기능을 살펴볼 차례입니다. 먼저 가입한 사용자 이름과 비밀번호를 입력하고 로그인 버튼을 눌러 로그인 합니다.

정상 로그인된 경우에 상단 우측에 사용자 이름이 보여집니다. 그 왼쪽의 폴더 아이콘을 누르면 스크래치 작업 결과인 프로젝트들을 보여주는 작업실이 보여집니다. 만일 아직 이메일 인증을 하지 않은 경우라면 작업실 상단에 노란색의 이메일 인증 안내바가 보여지고, 공유 프로젝트들을 관리할 수 있는 '새 스튜디오' 버튼을 눌렀을 때 이메일 인증 안내창이 보여집니다. 스크래치를 제대로 사용하고 다른 사용자와 협력하는데 공유하기는 필요하니까 이메일 인증을 추천합니다. 새로 계정을 생성한 경우에 아직 작업한 프로젝트가 없으니 작업실은 비어 있는데 작업한 결과 프로젝트를 만들어 나가면서 다음과 같은 폴더로 관리할 수 있습니다.

- **공유되지 않은 프로젝트** : 프로젝트를 만들면 기본적으로 공유되지 않은 상태기 때문에 이 폴더에 포함됩니다.
- **공유된 프로젝트** : 프로젝트를 공유 설정하면 이 폴더로 이동됩니다.
- **내 스튜디오** : 공유된 프로젝트들을 별도의 스튜디오로 만들어 관리하는 일종의 보관함 모음입니다. 목적에 맞도록 여러개의 스튜디오를 만들 수 있고 각 스튜디오는 공유된 프로젝트들 중에서 필요한 것들을 담아서 관리할 수 있습니다. 스튜디오는 프로젝트 보관함 개념이기 때문에 스튜디오에 프로젝트를 포함하더라도 공유된 프로젝트 폴더에는 모든 공유 프로젝트들이 그대로 유지됩니다.
- **휴지통** : 삭제한 프로젝트들의 목록을 보여주고 삭제 실행 취소하거나 영구적으로 삭제할 수 있습니다.

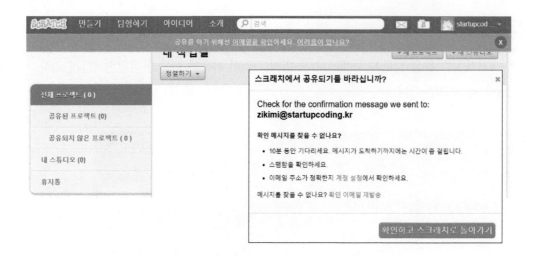

프로젝트 생성 및 편집기 살펴보기

상단의 '만들기' 메뉴를 선택하거나 작업실 상단 우측의 '새 프로젝트' 버튼을 누르면 새로운 프로젝트를 만들 수 있는 편집기가 실행됩니다. 편집기 화면의 각 영역에 대해 여기서는 간단히 소개하고 추후 실제 프로젝트를 만드는 과정에서 필요한 부분에 대해 자세히 소개하겠습니다.

① 메뉴바 : 주요 기능들을 사용할 수 있는 메뉴들로 구성됩니다.

- Scratch 로고 : 스크래치 웹 페이지 초기화면으로 이동
- 지구 아이콘 : 언어를 변경할 수 있습니다.
- 파일 : 프로젝트에 대한 메뉴로서 새로 만들기, 저장하기, 복사본 저장하기, Load from you Computer(프로젝트 .sb3 화일 불러오기), 컴퓨터에 저장하기(.sb3 소스화일 추출)
- 튜토리얼 : 예제 프로젝트 살펴보기
- 프로젝트 이름 편집창 : 'Untitled'로 기본 설정된 프로젝트의 이름을 편집 가능합니다.
- 공유 : 클릭해서 프로젝트를 공유할 수 있습니다. 공유된 경우 '공유됨'으로 표시
- 프로젝트 페이지 보기 : 프로젝트 실행 화면과 관련 정보 설정이 가능한 프로젝트 페이지로 이동
- 폴더 아이콘 : 작업실로 이동 합니다.
- 사용자 이름 : 사용자 계정을 관리하는 내 정보, 내 작업실, 계정설정, 로그아웃 메뉴

② 블록모음

- 코드 탭 : 선택된 스프라이트 또는 무대 배경에 적용할 수 있는 코드 모음
- 모양 탭 : 선택된 스프라이트 또는 무대 배경 모양을 추가하고, 내용을 수정할 수 있는 편집기
- 소리 탭 : 소리를 추가하고 다양한 효과 적용 및 수정할 수 있는 편집기

③ 스크립트 영역 : 여러분의 코딩 작업 공간으로서 선택한 스프라이트 또는 무대 배경에 적용되는 코드 블록 모음을 작성합니다.

④ 실행화면 : 코딩한 스크립트의 실행 결과가 보여지는 가로 480, 세로 360 픽셀 크기의 화면입니다. 각 픽셀은 (x, y) 좌표로 표현되는데, x좌표는 왼쪽 끝 −240에서 오른쪽 끝 +240까지, y좌표는 맨 위 +180에서 맨 아래 −180의 값을 갖게 됩니다. 정 중앙은 (0, 0) 좌표를 갖게 되며 마우스로 스프라이트를 클릭해서 이동(드래그)하면 현재 위치한 좌표값을 확인할 수있습니다.

⑤ 배경 목록 : 무대로 사용될 배경들의 목록을 보여줍니다. 아래 아이콘에 마우스를 위치시키면 (사용자 이미지를) 배경 업로드하기, (스크래치의 배경 추천) 서프라이즈, (직접) 그리기, (기본 제공되는) 배경 고르기를 선택할 수 있습니다. 작업할 배경을 마우스로 선택하면 블록모음에서는 그 배경에 적용 가능한 코드와 배경 편집으로 변경됩니다.

⑥ 스프라이트 목록 : 등장인물로 사용되는 스프라이트 목록을 보여줍니다. 아래 아이콘에 마우스를 위치시키면 (사용자 이미지를) 스프라이트 업로드하기, (스크래치의 스프라이트 추천) 서프라이즈, (직접) 그리기, (기본 제공되는) 스프라이트 고르기를 선택할 수 있습니다. 작업할 스프라이트

를 마우스로 선택하면, 이름과 (x, y) 좌표, 크기, 방향, 보이기/숨기기를 선택할 수 있으며 블록모음에서는 그 스프라이트에 적용 가능한 코드와 배경 편집으로 변경됩니다.

⑦ 개인 저장소 : 자주 사용하는 일련의 코드 블록 스프라이트를 저장하고 다른 스프라이트/배경 또는 다른 프로젝트에서 사용할 수 있습니다.

코드 작성하고 실행하기

스크래치 프로젝트는 실행화면 위의 초록색 깃발을 눌러 실행하고, 붉은색 원을 누르면 멈추게 됩니다. 스크래치에서 스크립트를 실행하는 시작점은 이벤트를 발생하는 것인데 스크래치 프로젝트를 실행하면 자동으로 처리되는 첫 번째 이벤트가 바로 '초록색 깃발을 클릭했을 때' 블록으로서 그 아래에 실행할 코드를 붙여나가면 됩니다. 코드를 붙이는 방법은 블록모음에서

필요한 블록을 찾아 마우스로 스크립트 영역까지 드래그로 끌어와 현재 블록 아래에 위치시키면 자석처럼 블록들이 서로 붙게 됩니다. 가장 간단한 스크래치 코딩 예를 소개합니다. 초록색 깃발을 클릭해 프로젝트를 시작하면 기본 고양이 스프라이트가 '안녕!'을 말하도록 작성하면 다음과 같습니다.

작업실과 프로젝트 페이지 살펴보기

작업한 프로젝트를 저장한 다음 내 작업실로 이동하면 방금 저장한 프로젝트가 보일 것입니다. 프로젝트에서 스크립트 보기를 누르면 스크립트 편집기 화면으로 들어가고 프로젝트 제목을 누르면 '프로젝트 페이지' 화면으로 이동합니다. 프로젝트 페이지에서는 현재 미공유 상태인 경우 상단에 공유 안내가 나오는데 공유 버튼을 누르면 그 프로젝트는 작업실에서 공유된 프로젝트로 이동됩니다. 프로젝트 페이지 상단에 보여지는 프로젝트 이름은 편집가능하며 그 아래 좌측에 스크립트 실행 화면이 크게 보여집니다. 우측에 사람들에게 사용 방법에 대한 안내를 추가할 수 있고 그 아래에 프로젝트를 어떻게 만들고 누구를 참조했는지 등 참고사항 및 참여자를 표시할 수 있습니다.

이와 같은 스크래치에서의 작업 관리 방법을 정리하면, 먼저 작업 단계별로 '내 작업실 – 프로젝트 페이지 – 스크립트 페이지'로 정리할 수 있습니다. 프로젝트는 공유 여부에 따라 구분될 수 있는데 공유된 프로젝트들은 스튜디오라는 보관함 단위에 포함되어 공유될 수 있습니다.

여기서 잠깐!

스크래치를 프로젝트 페이지와 편집기 페이지에서 실행하는 것은 어떤 차이가 있을까요? 단순히 실행 화면의 차이 뿐만 아니라, 프로젝트 페이지에서는 오로지 실행만 처리하면 되는 반면, 편집기 페이지에서는 현재 실행되는 코드와 동기화해서 함께 보여주는 등 추가적인 처리 작업들도 있기 때문에 처리 속도가 조금 느리게 됩니다. 따라서 구현한 프로젝트가 제대로 실행되는지 확인할 때는 프로젝트 페이지에서 보는 것이 좋습니다. 또한, 브라우저의 버전에 따라 프로젝트 실행 과정에 문제가 발생할 수 있을 수도 있기 때문에 최신의 브라우저로 업데이트하는 것을 추천합니다.

컴퓨터에 저장하기와 불러오기

스크래치의 프로젝트는 온라인상에서 저장 관리되지만 필요에 따라 컴퓨터의 파일로 저장하고, 불러 사용할 수 있습니다. 프로젝트 편집기에서 '파일 – 컴퓨터에 저장하기' 메뉴를 누르면 '프로젝트제목.sb3' 이름의 파일로 기본 디렉토리(ex. 다운로드)에 저장됩니다. 저장된 프로젝트 파일을 불러오는 방법은 '파일 – Load from your computer' 메뉴를 이용해 원하는 .sb3 파일을 선택하면 됩니다. 이와 같은 프로젝트 파일은 교육 과정에서 여러분이 직접 작업한 과제 결과물을 파일로 제출할 때 활용될 수 있습니다.

03_스크래치 활용 사례

초보자용 프로젝트

여러분은 스크래치 팀에서 만든 초보자용 프로젝트를 이용할 수도 있습니다. '스크래치 사이트 – 아이디어 메뉴' 페이지에서 하단의 초보자용 프로젝트 탐험하기 버튼을 눌러 https://scratch.mit.edu/starter-projects에 접속하면 애니메이션, 게임, 인터랙티브 아트, 음악과 춤, 이야기, 비디오 감지 카테고리별로 각각 4개의 프로젝트들을 볼 수 있습니다. 스타트업 코딩에서 기본적으로 사용하는 이야기 카테고리를 먼저 살펴보면 도움이 될 것으로 추천합니다.

탐험하기

'스크래치 사이트 – 탐험하기 메뉴'를 누르면 스크래치에서 주제별 카테고리 별로 공유된 프로젝트와 스튜디오를 추천해서 보여줍니다. 정렬 기준은 유행, 인기, 최근의 3가지 기준으로 제공됩니다.

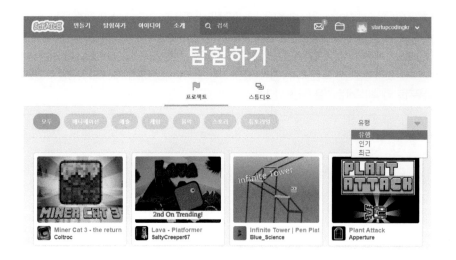

검색하기

상단 메뉴바의 검색창을 통해서 원하는 공유 프로젝트 및 스튜디오를 찾아볼 수도 있습니다. 입력한 키워드가 제목이나 사용자 이름에 포함된 공유 프로젝트와 스튜디오를 검색 결과로 보여줍니다. 다시 말해, 검색 결과에는 공유 설정한 프로젝트와 스튜디오가 보여지는 것입니다. 예를 들어, 'startupcoding4all' 키워드로 검색하면 이 책에서 소개하는 '모두의 스타트업 코딩' 교육 과정에서 사용한 프로젝트들을 모두 볼 수 있습니다.

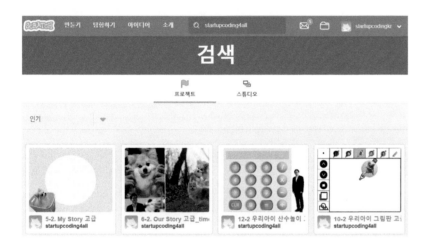

이 때, 같은 검색어를 포함하는 일부 다른 사용자의 프로젝트도 함께 나타나기 때문에 검색 결과 중 'Startup Coding for All'이라는 제목의 스튜디오를 통해서 보면 되는데 공식적인 공유 스튜디오는 https://scratch.mit.edu/studios/21007137 에서 확인 가능합니다.

공유 프로젝트 리믹스(Remix)

검색 결과로 보여지는 프로젝트를 선택하면 스크래처가 공유한 프로젝트 페이지가 보여지는데 그 프로젝트 페이지에서는 마치 여러분이 만든 프로젝트 페이지처럼 깃발을 눌러 실행하기, 스크립트 보기, 심지어 sb3 파일로 컴퓨터에 저장하는 것까지도 가능합니다. 하지만, 바람직한 공유 문화를 위해서는 초록색의 'Remix' 버튼을 눌러 원작자에게 활용 사실을 알리고 사용하는 것이 바람직하므로 Remix 과정을 통해 다른 스크래처의 프로젝트를 활용하기 바랍니다. Remix한 경우에는 '원래의 프로젝트 이름 remix' 이름의 프로젝트로 저장되며 프로젝트 페이지 우측 상단에 원본 프로젝트 원작자에 대한 감사 메시지가 표시됩니다.

모두의 스타트업 코딩에서 다루는 My Story, Our Story, Social Story 등의 아이디어 제목으로 검색하면 기존 수강생들이 작업한 다양한 프로젝트들을 찾아 볼 수도 있으니 참고하고 소스 코드를 활용하는 경우 반드시 Remix 하기 바랍니다.

4장. 생각하기

Q 초등학생도 배우는 스크래치가 대학생이나 직장인에게 어떻게 도움이 될 수 있을까요?

A 스크래치가 주로 8~16세 대상으로 만들어졌지만, 실제로는 전연령층에서 사용하고 있으며 수백만의 사람들이 가정, 학교에서의 교육뿐만 아니라 전시관, 도서관, 지역 센터 등 다양한 환경에서 사용되고 있습니다.

스크래치는 초등학생도 사용할 수 있을 정도로 쉽지만 여러분의 아이디어를 학습이나 업무 과정에 효율적으로 표현하고 실제 작동하도록 표현하는데 유용하게 활용할 수 있습니다. 이와 같은 스크래치 코딩 과정을 통해 여러분은 컴퓨팅적 사고에 익숙해지고 SW 활용 능력을 향상시킬 수 있습니다.

특히, 스타트업 코딩에서의 스크래치 활용을 통해 문제 해결 아이디어에 대한 프로토타입을 신속하고 간단하게 구현하여 실제 고객 대상의 솔루션 검증 과정에 활용할 수 있습니다. 이와 같이 스크래치는 문제 해결 방법을 향상시킬 수 있는 유용한 업무 도구로도 활용할 수 있습니다.

4장. 퀴즈

1. 스크래치에서 대부분의 코딩이 작성되고, 실행되어 움직이는 등장인물, 물건 등의 객체를 무엇이라고 부르는가?

   정답 스프라이트(Sprite)

   해설 스크래치는 작동하는 객체인 스프라이트와 배경인 무대에 연결된 코드로 작동되는데, 대부분의 경우 스프라이트를 중심으로 코드가 작성됩니다.

2. 스크래치로 개발하는 주요 분야가 아닌 것은?

   1) 이야기   2) 전자상거래
   3) 게임   4) 애니메이션

   정답 2)

   해설 스크래치는 주로 이야기, 게임, 애니메이션 등에 사용되고, 전자상거래와 같이 실시간으로 데이터를 다루는 신뢰성 있는 서비스에는 적합하지 않습니다.

3. 다음 보기에 대해 맞으면 O, 틀리면 X를 선택하세요.

> 2021년 현재 한국에서는 스크래치에 비해 파이썬의 인기가 지속적으로 높아진 반면, 미국에서는 파이썬이 스크래치보다 인기가 많기는 하지만 그 차이는 거의 비슷하게 유지되고 있다.

1) O   2) X

정답 1) O

해설 구글 트렌드 분석 결과 실제로 한국에서는 파이썬이 스크래치에 비해 관심이 지속적으로 높아지고 있지만, 미국에서는 파이썬이 스크래치 보다 인기가 많기는 하지만 그 차이는 거의 비슷하게 유지되고 있는 것을 알 수 있습니다. (2021년 2월 기준)

4장. 핵심정리

1. 스크래치 소개
   - MIT Media Lab의 Lifelong Kindergarten Group에서 2007년에 일반 공개
   - 인터랙티브한 이야기, 게임, 애니메이션을 직접 만들 수 있고 그 작품을 온라인 커뮤니티에서 다른 사람들과 공유 가능
   - 스크래치를 통해 창의적 사고, 체계적 추론, 협동 작업 학습 가능

2. 스크래치 기능
   - 새로운 프로젝트를 생성하고, 스튜디오에서 공유 프로젝트들을 그룹 관리
   - 움직이는 객체인 스프라이트, 배경인 무대를 대상으로 블록 쌓기 방식으로 코드 작성
   - 동작, 형태, 소리, 이벤트, 제어, 감지, 연산 등 다양한 카테고리의 코드 블록을 제공
   - 이용자 맞춤형 스프라이트와 무대 생성 가능
   - 작성한 프로젝트를 공유할 수 있고 반대로 다른 이용자가 공유한 프로젝트를 가져와 활용하는 Remix도 가능

3. 스크래치 SW 활용 사례

- 스크래치가 제공하는 이야기, 애니메이션, 게임, 음악 등 카테고리의 초보자용 프로젝트를 확인하고 Remix 가능
- 탐험하기 메뉴 페이지에서 이용자들이 공유한 프로젝트와 스튜디오를 확인하고 원하는 프로젝트를 선택해 자신의 프로젝트로 Remix 가능
- 검색하기를 통해 입력한 검색어를 포함하는 프로젝트와 스튜디오를 찾아 확인하고 Remix 가능. 이 책에서 소개하는 모두의 스타트업 코딩의 공식 스크래치 프로젝트와 스튜디오는 startupcoding4all 검색을 통해 확인 가능

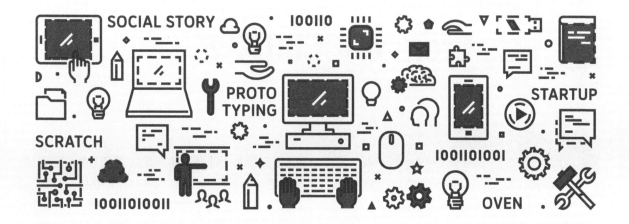

PART II
스타트업 코딩 기초

Part II 에서는 기본적인 스타트업 코딩을 활용해 내 아이디어를 스토리로 표현하는 3가지의 말하기 방법을 배우게 됩니다. 먼저 5장에서는 나를 소중한 상대방에게 소개하는 1인칭 스토리 아이디어를 생각해보고 프로토타이핑 후 스크래치 코딩하게 됩니다. 다음으로 6장에서는 소중한 상대방과 내가 서로 대화하는 2인칭 스토리 아이디어를 생각해보고 프로토타이핑 후 스크래치 코딩하게 됩니다. 마지막으로 7장에서는 나의 문제를 해결한 소중한 대상을 타겟 고객에게 알리는 3인칭 스토리 아이디어를 생각해보고 프로토타이핑 후 스크래치 코딩으로 구현해봅니다. 추가로 8장에서는 그동안 학습한 내용을 정리할 수 있는 중간 과제 가이드를 소개합니다.

CHAPTER 5
My Story 아이디어 구현

 이번 장에서는 우리가 실생활에서 가장 많이 사용하는 활동인 '말하기' 중에서도 기본적인 나를 소개하는 1인칭 My Story에 대한 스타트업 코딩 실습을 진행합니다. 이를 위해, 먼저 1인칭 소개 방법에 대한 아이디어를 구상하고 정리하는 방법을 소개합니다. 다음으로 구상한 기초적인 아이디어에 대해 오픈 프로토타이핑 후 스크래치 코딩하게 됩니다. 마지막으로 나의 소개 아이디어를 개선하고, 그것을 프로토타이핑 후 코딩하는 고급 과정을 배우게 됩니다.

01_My Story 아이디어 구상

객관적인 나와 주관적인 나

이제까지 겪었던 나를 소개해야 했던 순간의 기억을 떠올려 봅시다. 1분 동안 나를 소개하라고 하는데 무슨 말을 어떻게 해야 할지 머릿속이 갑자기 하얗게 바뀌면서 아무 생각도 나지 않던 경험이 있지는 않나요? 그것은 그동안 그런 상황에 대한 준비가 없었기 때문입니다. 바꿔서 말하면, 미리 그런 상황을 상상해서 미리 준비하고 여러번 반복한다면 언제 그랬냐는 듯이 누구나 유창하게 자기를 소개할 수 있을 것입니다.

나에 대해 생각해보면 객관적인 사실과 주관적인 내용으로 나눌 수 있습니다. 먼저 객관적인 나는 이름, 나이, 전화번호, 이메일, 주소 등의 인적사항, 출신 고등학교, 대학교 및 학과 등의 학력정보, 회사원인 경우 직장 경력, 학생인 경우 동호회 활동 경력, 그리고, 어학성적, 자격증 등 공인 정보 등으로 표현 가능합니다. 바로 이력서에 포함되는 내용인 것으로 사실 그대로 작성되어야 합니다.

다음으로 주관적인 나는 다양한 내용으로 표현될 수 있는데 흔히 대학교 진학이나 회사의 지원에 포함되는 자기 소개서가 대표적인 사례입니다. 간단하게는 성장 과정, 성격의 장단점, 생활신조, 특기사항, 지원동기, 입사 후 포부 등 내용으로 구성될 수 있고 보다 복잡하게는 블라인드 채용에 활용되는 NCS 자기소개의 경우 의사소통능력, 수리능력, 문제해결능력, 자기개발능력, 자원관리능력, 대인 관계능력, 정보능력, 기술능력, 조직이해능력, 직업윤리의 직업기초능력 영역을 기반으로 내용이 구성됩니다. 이와 같이 나를 소개하는 내용들은 다양한데 한 가지 내용 조합을 선택해서 따라하면 보다쉬울 것입니다. 그러면 과연 어떤 조합으로 나를 소개하는 것이 좋을까요? 그것은 바로 내가 원하는내용들을 선택하는 것보다는 나의 소개를 들려줄 상대방이 원하는 내용들을 선택하는 것이 바람직합니다. 다시 말해, 나를 소개할 상황에서 상대방이 듣기 원하는 내용들을 파악하여 그 내용들을 논리정연하게 정리해 말하는 것이 좋습니다.

설득력있는 스토리 구성

여기서 여러분에게 설득력 있는 스토리 구성 방법으로 유명한 TED 강연을 하나 추천합니다. 사이먼시넥(Simon Sinek)의 "위대한 리더들이 행동을 이끌어 내는 법(How great leaders inspire action)"인데, 바로 Why로 시작하는 골든서클 방법입니다.

출처. https://www.ted.com/talks/simon_sinek_how_great_leaders_inspire_action

사이먼 시넥은 이해하기 쉽고 모두가 잘 알고 있는 Apple 사례를 듭니다. 먼저 대부분의 마케팅, 영업에서는 이렇게 이야기합니다. "우리는 훌륭한 컴퓨터를 만듭니다. 그것들은 매우 아름다운 디자인에, 쉽게 이용할 수 있고 편리합니다. 구입하고 싶나요?" 상대방의 반응은 별로 없을 것입니다. 그런데, Apple이 이야기하는 방식은 전혀 다릅니다. "우리가 하는 모든 것들, 우리는 기존의 현상에 도전하고, 다르게 생각한다는 것을 믿습니다. 기존의 현상에 도전하는 우리의 방식은 제품을 아름답게 디자인하며 간단히 사용할 수 있고 편리하게 만드는 것입니다. 우리는 방금 훌륭한 컴퓨터를 만들게 되었습니다. 구입하고 싶은가요?" 이런 방식으로 상대방의 관심을 불러일으키는 것입니다.

사람들은 "당신이 무엇을 하느냐"하는 것 때문에 구매하지는 않는다는 것입니다. 사람들은 당신이 그 일을 왜 하느냐, 바로 신념에 따라 구매합니다. 다시 말해서 사람들은 당신이 하는 업무를 구입하는 것이 아니라 당신이 하는 이유를 구입하는 것입니다. 이것을 골든 서클(golden circle)이라고 합니다. 대부분의 사람들은 문제의 접근을 what-how-why 순으로 접근하는데 세상을 바꾸는 사람들과 회사들은 why-how-what으로 접근합니다. why는 목적이고, how는 과정, what은 그 결과입니다.

My Story 아이디어 구상 및 구성

나를 소개하는 내용에서 가장 먼저 고려해야할 사항은 바로 누구에게 소개할 것인가 입니다. 여기서는 나한테 가장 소중한 사람에게 나를 소개하는 것을 가정해 보겠습니다. 그 내용으로 먼저 상대방에게 나의 객관적인 정보를 소개하는 기본적인 프로필로 관심을 끄는 것으로 시작해서 가장 소중한 상대방에 대한 why-how-what의 4단계 구성으로 나를 소개한다면 그 상대방에게 나의 감정이 보다 감동적으로 전달될 것입니다.

구성 단계	내용
기본 프로필	관심 끌 수 있는 기본 소개
Why	나에게 당신이 가장 소중한 이유
how	소중한 당신에게 내가 생각하고 행동하는 방식
what	나에게 당신이란

여러분에게 가장 소중한 상대방이 떠오르나요? 그럼 그 상대방에게 소개할 내용 바로 콘텐츠를 준비해야할 차례입니다. 이 장에서는 '포포'라는 이름의 강아지를 '나'로 해서 가장 소중하게 느끼는 함께 사는 가족에게 자신을 소개하는 스토리를 구성해 보았습니다. 이야기의 주인공인 '포포'가 배경 사진과 함께 이야기하는 방식으로 각 구성 단계마다 4개씩의 배경사진과 이야기를 포함하도록 정리합니다. 처음부터 완전하게 구성할 필요도 없고 그럴 수도 없기 때문에 일단 간단하게 사진 자료를 모아서 분류하고 관련 문구를 작성하는 것으로 시작해 봅니다.

■ 기본 프로필 단계 구성 : 대표 프로필 사진

(봄)

(여름)

(가을)

(겨울)

이름 : 포포, 생년 : 2012년   성별 : 여아, 품종 : 포메라니안   고향 : 부여, 성격 : 새침, 소심   취미 : 야외 활동

■ Why 단계 구성 : 나와 함께 생활

생후 3개월 입양

같이 놀아 줌

요거트, 간식 나눔

베게 나눔

■ How 단계 구성 : 항상 생각하고 기다림

현관에서 기다림

거실에서도 기다림

문앞에서도 기다림

산책가서도 바라봄

■ What 단계 구성 : 소중한 사람

항상 바라보고

귀를 기울여주며

함께 놀아주는

영원히 함께

이런 식으로 배경으로 사용할 사진 콘텐츠를 정하고, 나열하면서 거기에 어울리는 문구도 구성하는 과정을 계속하다 보면 소중한 상대방에 대한 나만의 소개 스토리가 어느 정도 정리될 것입니다.

여기서 이와 같은 내용을 순서대로 이야기하는 방식 외에도 어떤 경우에는 상대방이 원하는 내용을 선택해서 듣도록 하는 것도 가능합니다. 예를 들어, "내가 이야기하려고 하는 것은 4가지가 있어. 나에 대한 간단한 소개, 나한테 네가 가장 소중한 이유, 내가 생각하고 행동하는 방식, 나에게 너는 이렇게 4가지 중에 듣고 싶은 것을 선택해. 그러면, 그 내용을 알려줄게" 이런 방식으로도 이야기할 수 있을 것입니다. 전자를 나열식(선형식) 구성, 후자를 포털식(메뉴식) 구성이라고 부르기로 하고 스타트업 코딩을 활용해 그 각각을 구현하는 것을 차례로 살펴보겠습니다.

02_My Story 프로토타이핑 및 코딩 기초

My Story 아이디어 구체화

앞에서 여러분에게 소중한 상대방을 생각하고 그 상대방에게 자기를 소개하는 내용을 구상해 보았습니다. 간단히 종이에 그려보거나 파워포인트나 한글 같은 문서편집기를 사용해도 괜찮습니다. 스토리를 정리하는 과정을 시작한 것이 중요하니까요. 일단 시작하고 나니까 여러 가지 아이디어가 꼬리에 꼬리를 물고 생겨나지 않나요? 이제 그런 아이디어를 다듬어보도록 하세요. 여러분이 앞에서 정리한 각각의 사진을 하나의 화면에 넣고 그 화면에 어떤 문구를 추가할지 구체적으로 작성해보세요. 새로운 사진을 추가하거나 기존 사진을 삭제할 수 있고, 사진들의 순서를 바꿀 수도 있습니다.

이제 강아지 포포의 My Story를 개선하고 구체화한 예를 보겠습니다. 기존 사진 배치에서 첫 번째에 대표 프로필 사진을 하나 추가할 예정이고 각 사진에서 함께 보여줄 소개 문구를 구체적으로 작성해 보았습니다. 각 구성 단계의 주제어를 정해서 제목으로 표시하면 좋겠네요. 이런 과정으로 스타트업 코딩에서 실제 구현할 스토리보드가 점점 만들어지고 있는 것입니다.

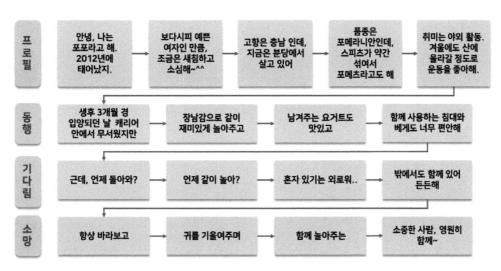

My Story 스토리보드

여기서 화면에 내가 직접 나와서 스토리를 들려주도록 주인공을 추가하는 것은 어떨까요? 계속해서 새로운 아이디어가 떠오르는데 이와 같은 아이디어를 쉽고 빠르게 반영하고 그 결과를 확인한 후에, 다시 수정하는 과정의 반복을 통해 My Story의 완성도는 점점 올라갈 것입니다. 이 과정에서 소중한 상대방에게 보여주고 그 의견을 반영해 개선해 나간다면 상대방도 만족할 결과물을 만들 수 있습니다. 이와 같은 과정이 일종의 스타트업 활동인데 그 활동을 쉽게 수행할 수 있도록 도와주는 것이 바로 스타트업 코딩의 첫 번째 SW로서 아이디어를 프로토타입으로 형상화하는 Kakao 오븐입니다.

My Story 오븐 프로젝트 시작

이제까지 정리한 My Story 스토리보드를 Kakao 오븐을 활용해서 구현해 보도록 하겠습니다.

오븐 사이트(https://ovenapp.io)에서 로그인 - 새로운 프로젝트 만들기 - 화면사이즈 600px Tablet 선택해서 새로운 프로젝트를 만들어 편집 화면에 들어가 보겠습니다.

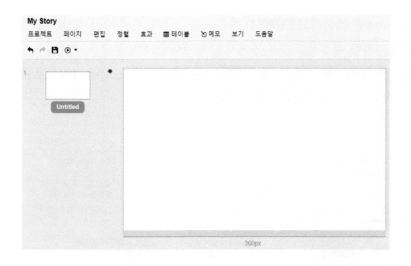

세로 사이즈가 600px인 빈 화면이 보이는데, 다음 단계로 구현할 스크래치의 기본 화면 사이즈인 (가로x세로)480x360와 비슷하게 보이도록 화면 하단 파란색 부분에 마우스를 위치해 세로 길이 조절 커서가 보이면 마우스 좌측 클릭 후 길이를 360으로 조절합니다. 그리고, 사용될 사진 이미지 파일들도 모두 스크래치 화면 사이즈에 맞도록 480x360 크기로 만들어 사용하면 추후 스크래치 결과물에서도 보다 깨끗한 배경 화면으로 보여 집니다. 앞으로 필요한 사진 파일을 컴퓨터 화면에서 캡쳐해서 사용하는 경우도 많

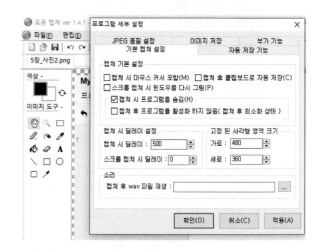

오픈캡쳐 고정 사각형 영역 설정

을 텐데 이러한 작업들을 쉽게 할 수 있는 이미지 캡쳐 프로그램을 활용하면 좋습니다.

주로 사용하는 프로그램으로 과거에 누구나 무료로 사용 가능한 프리웨어(Freeware)였다가 현재는 일정 조건 내에서 무료로 사용할 수 있는 쉐어웨어(Shareware)인 오픈캡쳐 (OpenCapture)가 있는데 프리웨어 버전인 오픈캡쳐 1.4.1을 예를 들어 설명하겠습니다. '프로그램 설정-기본 캡쳐 설정-고정된 사각형 영역 크기'에서 가로 480, 세로 360으로 저장한 후에 화면에 사진 파일을 띄운 후에 고정된 영역 캡쳐(단축키 Ctrl+Shift+F)를 실행하면 됩니다.

무대1-1.jpg 파일 이미지를 보여준 다음에 오픈캡쳐로 고정된 영역 캡쳐를 실행하면 지정된 크기만큼의 격자가 보이는데 마우스로 원하는 영역으로 이동한 다음 마우스 왼쪽 버튼 클릭으로 해당 격자 화면이 캡쳐됩니다. 이렇게 캡쳐된 화면을 원하는 디렉토리에 파일로 저장해 둡니다.

오픈캡쳐 고정 영역 캡쳐 실행 장면

오픈캡쳐의 고정 영역 캡쳐 실행 결과

이제 오븐 프로젝트에 배경 이미지를 불러올 차례입니다. 오븐 프로젝트에 이미지를 넣기 위해서는 먼저 우측 컴포넌트 사이드바 내 이미지탭에 해당 이미지를 업로드 시켜야 하는데 윈도우 탐색기에서 해당 이미지를 마우스로 선택 후 오븐 이미지탭에 Drag&Drop 하면 됩니다.

마지막으로 이미지탭의 사진을 프로젝트 페이지에 넣는 방법입니다. 해당 이미지를 마우스로 더블 클릭하거나 Drag&Drop으로 페이지로 옮기면 됩니다.

오븐 이미지탭에 사진 업로드

오븐 페이지에 이미지탭의 이미지 넣기

오븐 페이지에 배경 이미지를 올렸으니 이제는 관련된 문구를 입력해 보겠습니다. 우측 컴포넌트 사이드바의 요소탭에서 적당한 요소를 사용하면 되는데 말하는 효과를 주기 위해서 메세시 요소를 사용하면 좋겠네요. 이미지 넣기와 마찬가지로 마우스 더블클릭 또는 Drag&Drop으로 메시지 요소를 페이지에 넣은 다음 마우스로 적당한 위치와 크기로 조절합니다. 그 다음에 앞의 아이디어 구상에서 미리 준비한 문구 '안녕, 나는 포포라고 해. 2012년에 태어났지'를 Copy&Paste로 넣어줍니다. 메시지 요소를 선택하면 상단 메뉴바에 적용 가능한 메뉴들이 나타나서 메시지 배경색, 폰트 스타일, 폰트 색상 등 다양한 속성을 지정할 수 있습니다. 또한, 기존 입력한 텍스트 문구를 마우스로 선택하면 속성을 바꿀 수 있는 메뉴바가 바로 위에 보여져 텍스트에 대한 일부 속성들을 적용할 수 있습니다.

오픈 페이지에 메시지 요소, 레이블 요소 추가

다음으로, 페이지의 제목 "프로필"을 입력해 보겠습니다. 요소탭에서 텍스트, 버튼, 레이블 등 여러 가지 요소를 활용할 수 있는데, 여기서는 레이블을 이용합니다. 레이블 요소를 마우스 더블클릭으로 페이지에 넣은 다음, "프로필" 텍스트를 입력하고, 배경색과 폰트 크기를 적절하게 변경합니다. 여기서 텍스트 세로 가운데 정렬은 메뉴바 맨우측의 줄간격을 통해 조절할 수 있습니다.

이제 두 번째 페이지를 만들어 보겠습니다. 좌측 하단의 "+페이지추가" 버튼을 누른 다음, 같은 방식으로 사진 이미지와 텍스트 문구 "보다시피 예쁜 여자인 만큼, 조금은 새침하고 소심해~^^"를 추가해 줍니다. 다음으로 첫 번째 페이지에서와 동일한 "프로필" 레이블을 추가해야 하는데 이럴 때 템플릿 기능을 사용하면 추후 한꺼번에 위치나 속성을 변경할 수 있어 편리합니다. 원본 "프로필" 레이블 요소를 마우스 선택 후 우클릭 속성에서 '템플릿 옵션-템플릿으로 복사'를 실행합니다. 다음으로 두 번째 페이지 내 빈공간에서 마우스 우클릭 후 '템플릿 옵션-템플릿 붙여넣기'를 실행하면 동일한 위치에 "프로필" 레이블 요소가 추가됩니다. 이와 같은 동일한 템플릿 요소들에 대해서는 마우스 우클릭 후 '템플릿 옵션-연결된 템플릿 동기화'를 통해 동일한 속성을 한번에 지정할 수 있습니다.

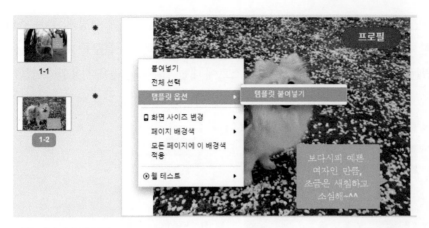

다른 페이지에 템플릿으로 요소 추가

이제 웹 페이지에서 가장 중요한 기능인 페이지간 이동을 구현하는 하이퍼미디어 링크를 추가할 차례입니다. 첫 번째 페이지를 '1-1', 두 번째 페이지를 '1-2'라고 이름 붙였을 때, 1-1 페이지에서 1-2 페이지로 어떻게 이동시킬 수 있을까요? 기본적으로는 1-1 페이지 내의 특정 요소를 눌러서 1-2 페이지로 이동할 수 있고 또는 링크영역 요소를 이용해서 특정 영역에 링크를 지정할 수도 있는데 여러분이 편한 방법으로 결정하면 됩니다. 예를 들어, 1-1 페이지의 배경 이미지를 눌러 1-2 페이지로 이동하기를 원하는 경우에는 해당 배경 이미지 마우스 우클릭으로 링크 연결하기를 선택 후 페이지 탭에서 1-2 페이지를 선택 후 하단의 적용하기 버튼을 누르면 됩니다.

페이지 링크 연결하기

그럼, 같은 주제 페이지들에서 해당 주제의 첫 번째 페이지로 이동하는 기능을 어떻게 추가하면 좋을까요? 그 주제를 나타내는 레이블에 첫 번째 페이지로의 링크를 추가하면 됩니다. 여기서 만일 같은 주제의 페이지가 4개가 있다면 각각의 레이블에 해당 링크를 일일이 적용하는 것은 귀찮을 것입니다. 이럴 때 하나의 레이블에 링크를 먼저 적용한 다음, 연결된 템플릿 동기화를 활용하면 편리한 것입니다.

My Story 오븐 프로젝트 확인

이렇게 해서 가장 기본적인 My Story 페이지 구성을 만들어 보았습니다. 다른 페이지들도 같은 방식으로 하나씩 만들어 전체 My Story 를 완성할 수 있을 것입니다. 이렇게 만들어진 페이지들을 PC 또는 스마트폰 웹브라우저에서 2가지 방법으로 확인할 수 있습니다. 메뉴바의 재생 버튼을 누르면 '새 창으로

프로토타입 결과를 직접 확인하기

보기'와 'QR 코드/URL'의 2가지 중에서 선택할 수 있습니다. 먼저 '새 창으로 보기'를 누르면 새로운 웹브라우저 창이 열리면서 작업 결과를 확인할 수 있는데 작업자 본인이 작업 중간에 편하게 사용할 수 있는 방법입니다. 실행 화면에서는 하단 좌측에 페이지 이동과 페이지 번호로 이동할 수 있는 페이지 목록, 메모 표시 등 이용 가능한 메뉴를 선택할 수 있는 버튼을 보여줍니다.

다음으로 'QR 코드/URL'을 누르면 웹브라우저에서 프로토타입 결과물 페이지를 접속할 수 있는 주소 URL과 QR 코드를 보여줍니다. 이 방식은 다른 사람들에게 주소를 공유해서 결과물을 확인하고 의견을 조사해 반영하는데 유용하게 활용할 수 있습니다. 이 때, 중요한 점으로 작업한 프로젝트가 공개되도록 설정되어 있어야 합니다. 공유옵션에서 "링크를 전달받은 모두 유저"에 대한 보기로 설정되어 있거나 공유

프로토타입 결과 QR 코드/URL 공유로 확인하기

할 사람의 이메일을 등록하는 것이 필요합니다.

이제까지 작업한 My Story 프로토타입은 간단히 2페이지로 구성되어 아직은 많이 부족하지만 필수적인 기능을 포함하고 있는 상태입니다. 여러분도 직접 따라해 보고 QR 코드를 통해 프로젝트 페이지를 방문해 살펴보기 바랍니다. 어떻게 개선하면 좋을지 새로운 아이디어가 떠오르지 않나요? 혼자만의 생각이 아니라 다른 사람들의 생각을 모으면 더 좋은 아이디어로 발전되거나 미처 몰랐던 새로운 아이디어가 생길 수도 있습니다. 이제까지 작성한 프로토타입에서 가장 아쉬운 것이 무엇으로 확인되었나요? 그것을 해결할 아이디어를 고민해 여러분의 프로젝트에 직접 반영해 보기 바랍니다.

마지막으로 개선 아이디어 하나를 소개합니다. 현재의 작업 프로젝트에서는 배경 사진 위에 말하는 메시지가 보여지는데 그 말을 누가하는 것인지 연결되지 않는다는 아쉬움이 있습니다. 이를 해결하는 방법으로 자신의 생각을 이야기하는 주인공을 배경 위에 등장시키는 것입니다. 주인공 모습을 보여주는 이미지를 각 페이지에 추가하고 그 이미지가 스토리를 이야기하는 방식으로 구성하는 것입니다. 이 때, 페이지 내 동일한 위치와 크기로 보여지는 경우라면 주제 레이블 요소와 마찬가지로 템플릿을 활용하면 유용합니다. 이와 같이 지속적으로 My Story 프로토타입을 개선할 수 있습니다. 스타트업 코딩의 첫 번째 아이디어인 My Story에 대해 완성된 오븐 프로토타입 결과물을 QR 코드 또는 URL(https://bit.ly/38faF49)에서 확인할 수 있습니다.

My Story 오븐 프로토타이핑 기초 결과

My Story 등장인물 이미지 제작

My Story 오븐 프로토타이핑 과정을 통해 소중한 사람에 대해 나를 소개하는 스토리를 구체화했고, 다른 사람들에게 작업 결과를 공유해서 그들의 의견을 듣고 다시 My Story를 개선하는 과정을 반복할 수 있었습니다. 그 결과로 어느 정도 My Story 아이디어가 완성되었다고 판단되면 그 다음으로 스크래치를 이용한 실제 코딩 단계로 넘어갈 수 있습니다. Kakao 오븐을 통해서는 마치 작동되는 것처럼 보여지는 정적인 콘텐츠라는 제약점이 있다면 MIT 스크래치를 활용한다면 보다 사실적인 동적인 콘텐츠를 만들어낼 수 있다는 차이점이 있습니다.

My Story 스크래치 코딩에서는 기존의 검증된 오븐 프로토타이핑의 결과물을 최대한 그대로 구현합니다. 스크래치에서는 스프라이트(sprite)라고 불리는 등장인물의 역할과 활동이 매우 중요합니다. My Story에서 각 장면 페이지마다 이야기하는 등장인물이 스프라이트가 될텐데, 배경 이미지와 구분되고, 등장인물을 부각시킬 수 있도록 등장인물이 포함된 사진에서 등장인물 외의 배경 이미지를 제거하는 작업이 필요합니다. 과거에는 스크래치에서 배경 제거 기능을 제공하기도 했지만 현재는 제공하지 않으며, 대신 외부의 배경 제거 서비스 등을 이용해서 그 작업을 쉽게 수행할 수 있습니다. 여기서는 이미지에서 배경을 쉽게 제거하는 removebg 서비스(https://remove.bg)를 소개합니다.

이미지 배경 제거 서비스 remove.bg

removebg 서비스에 이미지 파일을 업로드하면 자동으로 배경 제거 작업을 쉽고 빠르게 수행할 수 있습니다. 그 결과 파일을 다운로드받아 사용할 수 있는데 sp1.png 라는 이름으로 저장해 두세요.

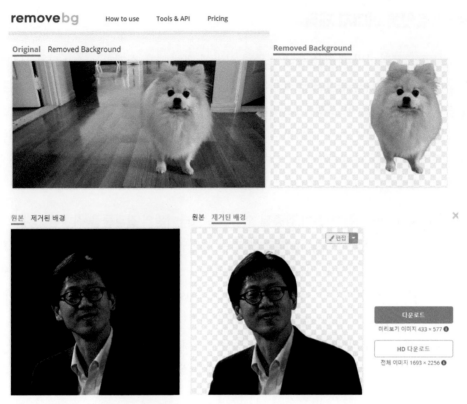

remove.bg 서비스를 이용한 배경 제거

My Story 스크래치 프로젝트 시작

이와 같은 작업을 통해 주인공인 스프라이트용 이미지까지 준비되었다면 이제 본격적으로 스크래치 코딩을 시작해 보도록 하겠습니다. 먼저 스크래치 사이트(https://scratch.mit.edu/) 로그인 후 상단 메뉴의 '만들기'를 눌러 새로운 프로젝트를 생성합니다. 그 결과로 '스프라이트 1'이라는 이름의 고양이를 포함한 시작 화면이 보여지는데 여기서 하단 우측의 스프라이트 목록 영역에서 스프라이트 업로드를 통해 sp1.png 파일을 불러옵니다. 기존의 '스프라이트 1'은 사용하지 않을 테니까 선택해서 상단 우측 모서리의 휴지통 아이콘을 눌러 삭제하거나 보이기의 우측 탭을 눌러 안보이도록 합니다.

스크래치에서는 스프라이트 중심으로 작업이 수행되는데 스프라이트가 선택된 상태에서 왼쪽의 블록모음 영역에는 그 스프라이트와 연결된 코드, 모양, 소리가 보여 집니다. 스프라이트의 위치와 크기를 편리하게 조절하기 위해서 그 속성을 변경하는 것이 필요한데 블록모음 상단의 모양 탭을 눌러 봅니다. 현재 스프라이트 sp1은 popo1이라는 이름의 모양을 갖고 있는 상태이며 popo1 모양은 픽셀 단위로 보여지는 비트맵 모드인데 이것을 하단의 '벡터로 바꾸기' 버튼을 눌러 크기 변화에도 이미지 품질이 그대로 유지되는 벡터 모드로 변경해 줍니다. 그런 다음에는 popo1 모양의 기준 크기를 자유롭게 변경할 수 있습니다. 그리고, 모양의 위치 기준점(둥근원 내부 +) 표시와 스프라이트 모양 중심을 맞추는 것이 좋은데 여기서는 popo1의 왼쪽 가운데에서 popo1의 정가운데로 맞췄습니다. 예를 들어, popo1을 화면의 정가운데인 (0,0)으로 이동시켰을 때, popo1의 어느 부분을 (0,0)에 맞출지 정한 것으로서 기존에는 popo1의 왼쪽 중앙을 맞추던 것을 정가운데로 맞추도록 변경한 것입니다. 그리고, 그림에서 볼 수 있듯이 스프라이트 모양을 편집할 수 있는 기능도 제공합니다. 불러온 사진을 원하는 모양

스프라이트 추가

으로 편집 가능하며 아예 처음부터 새로운 스프라이트 모양을 그리는 것 또한 가능합니다.

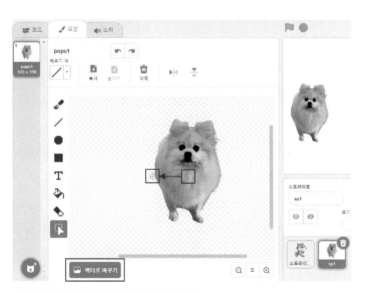

스프라이트 벡터 모드 변경 및 기준점 이동

이제까지 새로운 스프라이트를 추가하고, 그 모양 속성을 변경하는 것을 살펴보았습니다. 그런데, 여러 개의 모습을 갖는 스프라이트를 보여주려면 어떻게 해야 할까요? 새로운 스프라이트로 추가한다면 작동하는 코드도 매번 똑같이 작성해야 하니까 바람직하지 않습니다. 이런 경우를 위해 스크래치

에서는 하나의 스프라이트가 여러 개의 다양한 모양을 갖는 기능을 제공합니다. 예를 들어, 스크래치에서 기본으로 제공하는 '스프라이트 1'을 선택해 모양을 살펴봅시다. 현재 모양1, 모양2의 2개의 모양으로 구성되어 있는데 하단의 모양 업로드하기를 통해 새로운 모양 이미지 화일을 추가하거나 직접 그려 넣을 수도 있습니다. 여기서 마우스로 모양1, 모양2를 연속으로 번갈아 선택해 보세요. 이와 같은 방식의 코딩을 통해 걸어가는 고양이 효과를 낼 수도 있고 배경 화면에 맞는 모습의 스프라이트를 보여줄 수도 있습니다. 마찬가지로, 여러분이 만든 스프라이트에도 popo1, popo2 등과 같은 식으로 여러 모양들을 추가할 수 있습니다.

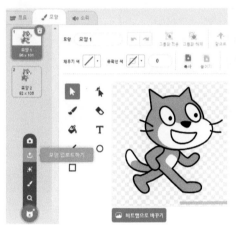
스프라이트에 새로운 모양 추가

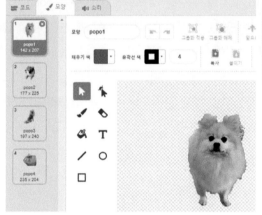
sp1 스프라이트에 모양 추가하기

다음으로 스크래치에 무대 배경으로 사용할 이미지들을 불러올 차례입니다. 앞에서 설명한 것과 같이 스크래치 화면 크기인 480x360 사이즈로 딱 맞춰서 불러오는 것이 좋지만 여의치 않은 경우에는 기존 사이즈 그대로 불러온 다음에 적절한 크기로 수정할 수도 있습니다. 이를 위해서는, 우측의 배경 목록 메뉴에서 "배경 업로드하기"를 통해 무대로 사용할 배경 이미지 파일들을 불러 옵니다. 그렇게 불러온 배경 목록에서 특정 배경을 선택하면 좌측의 블록모음 상단에 배경탭이 보여 지는데 배경 편집기 하단에서 벡터모드로 바꾼 다음 마우스로 적절한 크기와 위치로 조정할 수 있습니다. 배경 목록의 첫 번째에는 스크래치에서 기본 제공되는 '배경 1'이 있는데 사용하지 않는 경우 삭제하면 되며 배경 목록에서 마우스 Drag&Drop으로 배경의 순서를 변경할 수도 있습니다.

배경 이미지 추가

이와 같은 방식으로 여러분이 준비한 등장인물 이미지와 배경 이미지를 스크래치 작업 프로젝트에 저장해 두었습니다. 이제부터 스크래치 코딩을 본격적으로 시작할 차례입니다.

My Story 스크래치 코딩 시작

모든 코딩의 기본은 "하나의 결과를 구현하는 방법은 다양하다"와 "여러분이 지정한 순서대로 코드가 진행된다"는 특성에 대한 이해로 시작됩니다. 첫 번째 특성은 동일한 결과를 내는 다양한 알고리즘으로 표현되는데 보다 효율적인 순서로 작동하도록 알고리즘을 설계하고 개선하는 과정이 중요합니다. 두 번째 특성을 절차적이라고 하는데 스크래치 프로젝트에서는 우측 실행화면 상단의 초록색 깃발을 누름으로써 작성된 코드가 실행되는 절차가 시작됩니다. 여기서 여러분이 초록색 깃발을 눌렀을 때 과연 스크래치에서는 무슨 일이 발생할까요?

아직까지 코드를 작성하지 않았으니 초록색 깃발로 프로젝트를 실행해도 아무 일도 생기지 않습니다. 여러분은 각각의 스프라이트와 배경에 코드를 지정할 수 있는데 특정 스프라이트 또는 배경을 선택 후 좌측 블록모음의 코드탭을 눌러 코드를 입력할 수 있습니다. 처음 스프라이트와 배경을 불러온 다음에는 당연히 코드탭에 아무런 코드가 없습니다. 그렇다면 이제 여러분은 먼저 해야 할 것은 초록색 깃발로 실행하기를 눌렀을 때 처리하도록 알려주는 코드를 작성하는 것입니다.

스크래치에서는 실행하기를 눌렀을 때 각 스프라이트와 배경의 코드에서 '(초록)깃발 클릭했을 때' 이벤트 블록을 찾는 것으로 시작합니다. 여기서 여러분은 '깃발 클릭했을 때' 이벤트 블록을 어떤 스프라이트와 어떤 배경에 위치시킬 것인지 결정해야 하는데 한번에 둘 이상의 스프라이트와 배경에 '깃발 클릭했을 때' 이벤트 블록을 등록할 수도 있습니다. 하지만, 이와 같이 시작 코드를 나눠서 작성하는 경우 한번에 확인하기 불편하고 어떤 부분이 먼저 실행될지 순서를 지정하기 어렵기 때문에, '깃발 클릭했을 때' 이벤트 블록은 한군데에서 작성하는 것이 바람직하며 일반적으로 가장 중요한 스프라이트에 지정하는 것을 추천합니다. 여기서는 스프라이트 sp1에 깃발 클릭했을 때 이벤트를 추가합니다.

우리는 이미 My Story 오븐 프로젝트에 차례대로 사진과 이야기를 작성한 프로토타입을 만들어 두었습니다. 스크래치에서는 초록색 깃발을 클릭한 다음에 오븐으로 제작한 프로토타입 순서대로 코드를 추가하면 됩니다. 프로토타입의 첫 번째 주인공을 등장시켜 첫 번째 사진을 배경으로 이야기하는 것을 코드로 지정하는 것입니다.

코드를 지정하는 방법은 좌측의 블록모음에서 해당 코드 블록을 찾아서 마우스 클릭 후 스크립트 영역으로 가져와서 기존 코드 블록들 아래에 다음 실행 코드로 붙여주면 됩니다. 먼저 스프라이트 sp1

첫 번째 사진 배경 소개하기

을 선택 후 최초 블록인 '깃발 클릭했을 때'를 이벤트 블록에서 찾아서 스크립트 영역으로 이동시킵니다. 다음으로 '모양을 ... (으)로 바꾸기' 블록을 가져와 '깃발 클릭했을 때' 블록 다음에 붙여줍니다. 이 때, 모양은 첫 번째 모양인 popo1로 지정해 둡니다. 이런 식으로 모두 블록을 쌓은 다음에 초록 깃발을 눌러 코드를 실행해 보세요. 실행화면에 결과가 제대로 보여 지나요? 축하합니다. 이제 여러분은 스크래치 코딩 첫걸음에 성공했습니다.

여기서 스프라이트의 말풍선이 사진을 가려서 위치를 변경하려고 한다면 실행화면에서 스프라이트를 적당한 위치로 변경한 다음 스프라이트 목록에 보이는 (x, y) 좌표로 스프라이트를 이동시키는 블록을 동작 코드에서 찾아서 말하기 블록 앞부분에 추가하면 됩니다. 두 번째 배경에 대해서도 마찬가지로 코드 블록을 찾아서 붙인 다음 다시 깃발을 눌러 실행해 보세요.

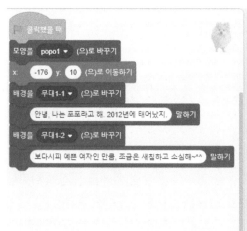

두 번째 사진 배경 설명하기

그 결과는 어떤가요? 몇가지 수정해야할 것들이 보이는군요. 먼저 이번에도 말풍선이 사진을 조금 가리는 군요. 앞에서와 같은 방식으로 스프라이트를 적절한 위치로 이동하는 블록을 통해 해결할 수 있습니다. 그런데, 첫 번째 배경은 보이지 않고 두 번째 배경이 바로 보였습니다. 왜 그럴까요? 코드는 순서대로 실행된다고 했는데 사실은 순식간에 모든 코드를 순서대로 실행해서 제일 마지막 결과만 남아 있기 때문입니다. 예를 들어, 1초에 하나의 블록을 처리하는 컴퓨터로 실행한다면 첫 번째 배경 처리 이후 두 번째 배경을 처리하는 과정을 모두 볼 수 있을 것입니다. 이 문제를 해결하는 방법은 여러 가지가 있는데 첫 번째로 "... ( )초 동안 말하기" 블록을 사용하면 됩니다. 두 번째로는 다음 블록을 처리하기 전에 지정한 시간을 기다리는 제어 블록의 "( )초 기다리기" 블록을 사용하는 것입니다.

다른 방법으로는 이벤트 블럭을 사용해도 되는데 이벤트 블럭은 다음번에 소개하도록 하겠습니다.

세 번째 사진 배경 설명하기

배경을 바꾸는 코드에는 이제까지 살펴본 특정 이름을 지정하는 방법 외에도 배경에 나타난 순서대로 "다음 배경", "이전 배경" 또는 "무작위 배경"으로 바꾸는 방법도 가능한데 특히 다음 배경의 경우 "다음 배경으로 바꾸기" 블록으로도 제공합니다. 비슷하게 스프라이트에서도 모양에 나타난 순서대로 "다음 모양으로 바꾸기" 블록을 제공합니다. 이와 같은 방법으로 끝까지 배경사진과 소개 말하기를 계속 추가하면 하나의 My Story 스크래치 코드가 완성됩니다. 이렇게 완성된 My Story 전체 블록을 실행하면 각 블록 당 2초 동안 보여주는 것으로 지정했으니, 마지막 13번째 배경 사진이 보여 질때까지 최소 24초의 시간이 걸리게 됩니다. 여기서 만일 스토리 순서를 바꾸거나 중간에 새로운 사진과 소개 문구를 추가하는 경우 그 부분을 확인할 때까지 계속 기다려야 합니다. 만일 13번째 배경 사진 내용을 확인하려면 24초를 기다려야 하는데 어떻게 개선할 수 있을까요?

그 첫 번째 방법으로 스크래치 코드를 부분적으로 테스트하고 수정하는 방법에 대해 소개하겠습니다. 스크래치에서는 연결되어 있는 블록 단위로 테스트가 가능합니다. 따라서, 연결된 블록들이 많은 경우에는 블록들을 분리시켜서 특정 블록들만 따로 테스트하는 것도 가능합니다. 단순히 그 블록을 마우스로 선택하는 것만으로 해당 블록이 실행되기 때문에 쉽게 그 결과를 확인할 수 있습니다. 특정 블록을 삭제할 수도 있는데, 마우스 오른쪽 버튼 클릭 후 '블록 삭제하기'를 선택하거나, Delete 키를 누르면 선택된 블록이 삭제됩니다.

다음으로, 말하거나 기다리는 시간을 적절하게 변경하는 방법을 사용할 수 있습니다. 현재 코드에서는 2초로 고정되어 있는데, "변수" 블록을 사용하면 테스트할 때에는 짧게 지정했다가 실제 사용할 때는 원래의 시간으로 지정하는 방법을 사용할 수 있습니다. 먼저 "변수 만들기" 블록을 통해 예를 들어 "timer"라는 새로운 이름의 변수를 만드는데 우선은 기본인 모든 스프라이트에서 사용하는 것으로 지정해서 확인 버튼을 누르면 됩니다. 전체를 테스트할 때는 신속하게 진행되도록 0.5초를 기다리도록 하기 위해서는 처음 시작할 때 "0.5" 값을 정하고, 코드 블록 내 2초 대신 "timer" 변수 블록을 넣어주는 것입니다. 변수 블록을 넣는 방법은 마우스로 "timer" 변수를 누른 상태에서 2초로 지정된 타원 영역으로 이동시켜 크기를 맞춰 변경하면 됩니다. 최종적으로 프로젝트를 완성했을 때에는 적절한 시간 예를 들어 2초로 timer 값을 변경하면 여유 있게 결과를 감상할 수 있습니다.

변수 "timer"를 이용한 대기 시간 설정하기

여기서 변수 이름은 여러분이 구분하기 쉽도록 지정하면 되며, "timer" 변수 왼쪽의 체크박스를 통해 실행화면 좌측 상단에서 timer 변수와 그 값을 볼 수도 있습니다. 그리고, 변수 이름을 자유롭게 변경하는 것도 가능합니다. 예를 들어, 앞에서 만든 "timer" 변수 블록에서 마우스 우측 버튼 클릭하면 "변수 이름 바꾸기"를 통해 "대기시간" 변수로 바꿀 수 있는데 이 때 작성된 코드 블록에서도 "timer" 변수 대신 "대기시간" 변수로 자동으로 변경되어 편리합니다.

이와 같은 변수 값 보여주기 기능을 활용하면 사진들의 주제어 제목을 쉽게 보여줄 수 있습니다. 첫 번째 주제어는 "프로필"로 정했었는데, "title"이란 이름의 변수를 만들고 그 첫 번째 값으로 "프로필"을 지정해 보여주면 됩니다. 배경 사진과 스토리 소개가 진행되면서 다음 주제로 들어갈 때 "title" 변수 값을 그 주제로 바꿔 보여주는 방식으로 배경에 따른 주제 타이틀을 간단히 구현할 수 있습니다.

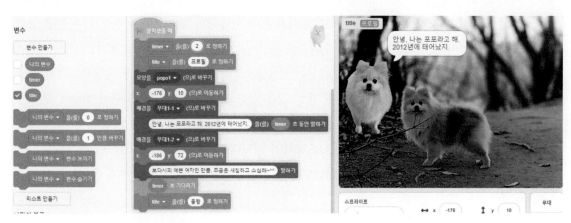

변수 "title"을 이용해 주제 레이블 추가

이제까지 깃발 클릭 이벤트에 전체 코드 블록들이 연결된 가장 기본적인 형태의 My Story 스크래치 코드를 살펴보았습니다. 여러분이 앞에서 Kakao 오븐 프로토타입을 잘 정리되어 있다면 이와 같은 스크래치 코드도 그만큼 쉽게 작성할 수 있을 것입니다. 이제까지 소개한 스크래치 코드는 "5-0. My Story 시작" 프로젝트에서 확인할 수 있습니다.

2개 이상의 이벤트 블록으로 구성된 My Story 스크래치 코딩 기초

앞에서 살펴본 것과 같이 깃발 클릭 이벤트에 모든 코드 블록들이 연결된 경우에는 블록들이 많아지게 되면 전체적으로 이해하기 어렵고 한번에 테스트하기도 오랜 시간이 걸리게 됩니다. 따라서, 코드 블록들을 따로 분리해서 작성하고 테스트하는 방법이 필요한데 이를 위해 이벤트 블록을 활용할 수 있습니다. 이벤트 블록은 무대 배경 변경과 같은 콘텐츠의 상태 변경이나 스프라이트를 마우스로 클릭했을 때 등 이용자의 조작 조건에 따라 수행할 수 있는 코드들을 하나로 묶은 것입니다.

배경 이벤트 블록으로 구분하기

우리는 My Story를 주제별로 4~5개의 배경 사진들이 포함된 총 4개의 주제로 구성했는데 스크래치 코드도 각 주제별로 블록들을 나눠서 구성한다면 관리하기 편리할 것입니다. 이를 위해, 깃발 클릭 이벤트에서는 첫 번째 "프로필" 주제의 첫 번째 사진을 보여주도록 하고 나머지 주제의 첫 번째 배경 사진이 보여질때 "배경이 ...(으)로 바뀌었을 때" 이벤트 블록으로 시작하는 블록들을 따로 구성하는 방법을 사용하면 됩니다.

모든 코딩의 기본은 여러분이 지정한 순서대로 코드가 진행되는 것이라는 것을 생각하면 진행 과정을 쉽게 이해할 수 있을 것입니다. 여러분이 시작하기 깃발을 클릭하면 스크래치는 "깃발 클릭했을 때" 이벤트 블록을 찾아서 실행하는데, "배경을 무대 2-1로 바꾸기" 블록에서 끝납니다. 이 때, "배경이 무대 2-1로 바뀌었을 때" 이벤트 블록이 없다면 더 이상 실행할 것이 없으니 그대로 멈춰 있을 것이고 미리 해당 블록을 만들어 둔 경우라면 그 블록을 실행하게 될 것입니다. 정확하게 설명하면 각 블록 실행 (또는 이용자의 조작) 결과로 특정 상황(이벤트)이 발생했을 때 해당 이벤트를 처리하는 코드 블록을 준비한 경우에는 그 블록 실행이 시작되는 것입니다. 이와 같은 이벤트는 코드 중간에 발생하도록 지정할 수도 있는데 이런 경우 코드 실행 순서가 뒤섞이지 않도록 세심하게 설정해야 합니다.

그렇다면 My Story에서 마지막 배경 소개 설명까지 끝까지 진행하고 나면 어떻게 될까요? 당연히 더 이상 진행할 코드가 없기 때문에 마지막 배경 사진에서 멈춰있게 됩니다. 그렇다면 마지막을 어떻게 표현하면 좋을까요? 보통 영화에서처럼 엔딩 장면이 음악과 함께 나온다면 보다 감동적일 것입니다.

먼저 스크래치에서는 기본적인 배경 이미지들을 제공하고 있는데 엔딩 장면에 어울리는 적당한 기본 배경 이미지를 선택할 수 있습니다. 예를 들어, 기본으로 제공되는 Party 배경을 선택하고, 스프라이트 대표 모양을 적절한 위치에 보여줄 수 있습니다.

기본 배경 고르기

다음으로 스크래치에서는 "소리" 블록 코드를 통해 음향 효과나 음악을 들려줄 수 있습니다. 스프라이트를 선택한 상태에서 블록모음 상단의 소리탭을 누른 다음, 하단 좌측의 소리 아이콘 버튼을 누르면 소리 (화일) 업로드하기, (알아서 추천하는) 서프라이즈, (직접) 녹음하기, 소리 고르기를 선택할

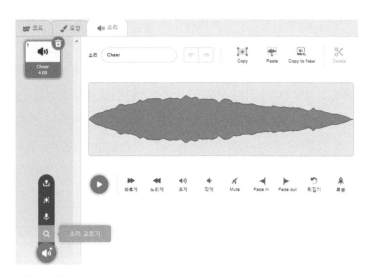

음향 효과를 위한 소리 고르기

수 있습니다. 배경 고르기와 마찬가지로 소리 고르기를 통해 스크래치가 기본으로 제공하는 소리 파일을 선택할 수 있는데 예를 들어 Cheer를 선택합니다. 선택된 소리 파일에 대해서는 재생 속도나 음량 조절 등 다양한 효과를 지정할 수 있으며 Copy, Delete 등을 통해 소리 파일을 편집할 수도 있습니다.

엔딩장면으로 "Party" 배경을 보여주면서 선택한 "Cheer" 파일을 "... 끝까지 재생하기" 소리 블록을 이용해 재생할 수 있습니다. 이 때, 주제 제목을 보이는데 사용했던 변수를 "변수 숨기기" 블록으로 안보이도록 지정합니다. 이렇게 마지막 엔딩 장면까지 모두 보여준 후에 다시 처음부터 재생하려면 배경을 첫 번째 주제의 첫 무대로 바꾸면 됩니다.

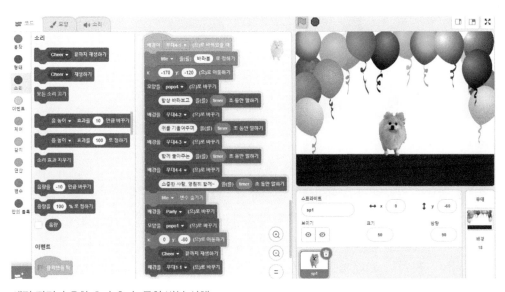

엔딩 장면과 음향 효과 추가, 무한 반복 실행

이제까지 5개의 이벤트 블록들로 구성된 My Story 스크래치 코드 기초를 살펴보았는데, 이 프로젝트의 전체 코드는 "5-1. My Story 기초"에서 살펴볼 수 있으며 여러분은 리믹스(Remix) 과정을 통해 자유롭게 활용할 수도 있습니다. 같은 방식으로 여러분이 작성한 스크래치 프로젝트가 다른 사람들에게 도움을 줄 수 있도록 공유하는 방법에 대해 알아봅시다.

스크래치 프로젝트 공유하기를 위해서는 먼저 이메일 인증을 받아야 하고 생성한 프로젝트를 공유 설정해야 합니다. 먼저 이메일 인증은 회원 가입시 사용한 이메일에 대해 스크래치에서는 정확한 이메일인지 확인하기 위해 인증 이메일을 발송합니다. 회원 가입용 이메일 계정에서 스크래치에서 보낸 이메일을 확인하고 이메일 인증 링크를 누르면 간단히 인증이 완료됩니다. 그 다음에 여러분의 작업 프로젝트에 대해 공유 가능한데 프로젝트 페이지 상단의 공유 버튼을 누르면 됩니다.

프로젝트 공유하기

공유된 프로젝트는 일종의 공유 디렉토리인 스튜디오를 만들어 공유하면 편리합니다. 예를 들어, 여기서 설명하는 공유 프로젝트들을 모두 하나의 스튜디오에 담아서 공유하는 방식입니다. 이와 같이 공유된 프로젝트는 스크래치 검색 결과에 포함되고, 다른 사람들이 유용하게 활용할 수 있습니다. 만일 다른 사람이 공유한 스크래치 프로젝트를 기반으로 작업을 한다면 공유 저작물 사용 예의를 따르고, 오픈 소스 활동에 참여하도록 프로젝트 상단 우측의 "리믹스" 버튼을 눌러 공식적인 Remix 과정을 통해 프로젝트를 생성하는 것이 바람직합니다.

다른 사람의 공유 프로젝트 Remix 하기

스크래치 사이트 상단 우측의 전체 폴더 아이콘을 누르면 프로젝트들을 관리하는 보관함을 볼 수 있습니다. 여기서는 공유된 프로젝트와 공유되지 않은 프로젝트를 따로 확인할 수 있으며 공유된 프로젝트에서는 우측 하단의 "공유하지 않기" 링크를 눌러 공유 상태를 취소할 수도 있습니다.

프로젝트 관리하기

03 _My Story 프로토타이핑 및 코딩 고급

My Story 아이디어 개선

이제까지 나열식(선형식)으로 구성된 My Story를 살펴보았는데, 이것은 마치 비디오 스트리밍처럼 이용자는 가만히 지켜보는 방식입니다. 온라인 환경을 보다 제대로 이용하기 위해 사용자의 작동에 따라 이야기를 전개하는 포털식(메뉴식)으로 My Story를 구성할 수 있습니다. 그리고, 스토리를 시

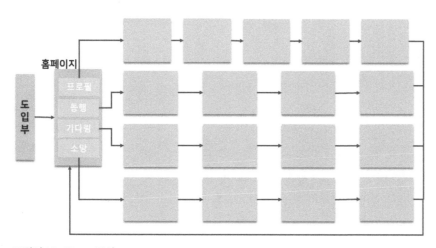

포털식 My Story 구성

작할 때 이용자의 관심을 끌 수 있는 도입부를 보여준다면 보다 효과적일 것입니다. 이와 같은 포털식 My Story에 대한 아이디어 구성을 다음 그림과 같이 간단히 정리할 수 있습니다.

도입부에는 간단하게 빈 화면에서 타이틀 문장을 조금씩 커지면서 보여주면 좋겠습니다. 그런 다음에 홈페이지 초기화면이 나타나면서 주인공 사진과 함께 각 주제별로 메뉴를 보여주고 각 메뉴를 눌렀을 때 해당하는 배경화면과 소개 문구를 끝까지 보여준 다음 홈페이지로 돌아오는 방식입니다. 이정도면 어떻게 화면을 구성할지 정리가 되었나요? 아직까지는 머리 속에 그림이 그려지지 않을 것입니다. 이럴 때 Kakao 오븐을 이용해 프로토타입을 만들면 쉽고 빠르게 아이디어를 정리하고 개선할수 있습니다.

My Story 오븐 프로젝트 개선

먼저 앞에서 작업한 My Story 오븐 프로젝트에 접속한 다음에 '프로젝트–사본 만들기' 메뉴를 통해기존 프로젝트의 복사본을 만들어 작업하도록 합니다.

오븐 프로젝트 사본 만들기

만들어진 결과는 "Copy of (원본 프로젝트명)"의 이름으로 저장되며 기본적으로 비공개 상태로 설정됩니다. 프로젝트을 오픈한 다음 상단에서 적절한 이름으로 수정하고 도입부 구상을 위해 맨 앞에 새로운 페이지를 추가합니다. 화면의 가운데에 "Heading 4" 요소를 추가하고 "POPO"라는 제목을 입력합니다. 그리고, 화면을 아무 위치나 누르더라도 다음 페이지로 이동할 수 있도록 사각형의 "링크영역" 요소를 추가하고 화면 가득히 확대해 둡니다. 여기서 아무래도 오븐이 표현할 수 있는 기능에제한이 있기 때문에 적절한 설명을 추가해 두는 것이 유용한데 이런 용도로 요소탭의 제일 아래에 있는 "Memo" 요소를 활용합니다. Memo 요소에 필요한 메모를 남겨둘 수 있는데 쉽게 붙이고 땔 수 있는 포스트잇처럼 실행할 때 보이거나 숨기기를 간단히 지정할 수 있습니다.

도입부 1페이지 화면 구성

첫 번째 페이지를 복제해 두 번째 페이지를 만든 다음에 타이틀 문구 폰트 크기를 확장하고 첫 번째 페이지의 링크영역 링크를 두 번째 페이지로 연결해서 도입부에서 타이틀 문구가 커지는 효과를 표현합니다.

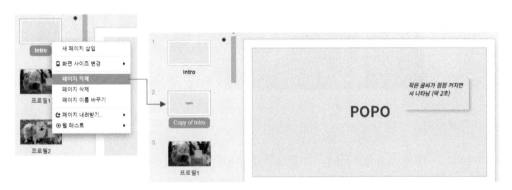

도입부 2페이지 화면 구성

다음으로 홈페이지 초기화면을 만들어 봅니다. 새로운 페이지를 3페이지에 추가하고 이렇게 제작된 홈페이지 초기화면을 두 번째 도입부 페이지(Intro2)의 링크영역에 링크로 연결합니다.

홈페이지 초기화면 구성

홈페이지의 중앙에는 "POPO" 제목과 주인공 사진을 세로로 배치하면서 관련 효과 내용을 메모 문구로 작성합니다. 각 모서리에는 4개의 주제 스토리로 이동할 수 있도록 4개의 메뉴를 추가합니다. 각 메뉴에는 해당 주제 스토리의 첫 번째 사진 화면으로 이동하도록 링크를 연결합니다.

홈페이지 링크 추가

각 페이지에서는 홈페이지로 이동할 수 있도록 홈 아이콘을 추가하고 마우스 클릭했을 때 홈페이지로 이동할 수 있는 링크를 연결합니다. 이와 같이 오븐으로 제작된 My Story 고급 프로토타입 결과물은 QR 코드를 통해서 확인할 수 있습니다.

My Story 스크래치 프로젝트 복사

앞에서 작성한 스크래치 프로젝트를 개선하기 위해 먼저 기존 프로젝트를 새로운 프로젝트로 복사해 보겠습니다. 예를 들어 작업했던 프로젝트 "5-1. My Story 기초"의 스크립트 보기로 들어간 다음 '파일-복사본 저장하기'를 선택하면 똑같은 블록 코드들로 구성된 복사본이 "5-1. My Story 기초 copy" 라는 이름으로 만들어 집니다. 적절한 프로젝트 이름으로 변경하는데 여기서는 "5-2. My Story 고급" 으로 변경해서 작업했으며 기본적으로 복사본 프로젝트는 공유되지 않은 상태이므로 공유를 원하는 경우 "공유" 버튼을 누르면 됩니다.

스크래치 프로젝트 복사본 저장

타이틀 스프라이트 만들기

우선 "POPO"라는 타이틀 스프라이트를 만들기 위해서 문자 스프라이트를 선택하는 것으로 시작합니다. 우측 하단의 스프라이트 목록에서 스프라이트 고르기를 통해 "Glow-P"를 불러옵니다.

타이틀용 스프라이트 문자 고르기

그 결과로 스프라이트 목록에 "Glow-P"가 추가되는데 마우스로 선택 이후 좌측의 모양탭을 눌러서 하단의 모양 고르기를 통해 "Glow-O"를 선택해 불러옵니다. 현재는 P, O가 각기 다른 모양으로 존재하는데, 우리는 하나의 모양으로 "PO"를 만들어야 합니다. 현재 문자 스프라이트는 2개의 도형으로 구성되어 있는데 하나의 그룹으로 만들어야 작업하기 편리하기 때문입니다. 이를 위해 "Glow-O" 모양을 선택한 다음, 마우스로 스프라이트 전체 영역을 선택한 다음 상단의 "그룹화 적용"을 실행합니다. 이때 전체를 마우스로 선택할 때 굳이 전체를 포함하도록 영역을 그리지 않고 일부라도 만나게 영역을 그리면 그룹으로 선택 가능합니다. 그 이후에 "O" 스프라이트를 선택하고 상단의 "복사"를 누른 다음에, "Glow-P" 모양으로 가서 상단의 "붙이기"를 눌러주면 "PO"가 하나의 모양으로 함께 보이게 됩니다. 여기서 "P"도 전체를 마우스로 선택 후 상단의 "그룹화 적용"을 눌러 한번에 작업할 수 있도록 만들어주고, 크기 변경이나 회전 등의 여러 가지 효과를 적용해 봅니다. 여기서는 "P"를 반시계방향으로 약간 기울이고, "O" 위치는 조금 아래로 이동시켜 보았습니다. 이렇게 "PO" 모양을 하나로 만들었으니, 더 이상 필요없는 아래의 "O" 모양은 삭제하면 됩니다.

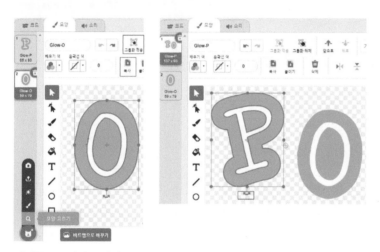

타이틀 스프라이트 편집

다음으로 "POPO" 모양도 쉽게 만들 수 있겠죠? 마찬가지로 "PO"를 선택해 "복사" 후 "붙이기" 적용을 통해 "POPO"를 만든 다음에, 적절하게 위치, 크기, 기울기 등 효과를 적용하면 됩니다. 만일 문자가 커서 한눈에 작업하기 어렵다면 마우스 선택한 모서리의 점을 눌러 문자 크기를 줄이거나 편집기 하단 우측의 축소 확대 아이콘을 눌러 적절한 크기로 편집 화면 자체를 조절할 수도 있습니다. 이와 같이 타이틀 스프라이트를 완성했습니다.

타이틀 스프라이트 완성

타이틀 스프라이트 도입부 코딩

먼저 깃발 실행하기를 눌렀을 때 타이틀 스프라이트만 보이도록 하는 것이 필요합니다. 이를 위해 타이틀 스프라이트에 깃발 클릭 이벤트에 대해 "보이기" 블록을 붙여주면 되고 반면 다른 스프라이트는 깃발 클릭 이벤트에 대해 "숨기기" 블록을 붙여줍니다. 여기서는 예로 드는 강아지 스프라이트에 대해 "포포"라는 이름을 타이틀 스프라이트에 대해 "타이틀"이라는 이름을 붙여서 설명하겠습니다.

도입부에서 타이틀 스프라이트가 점점 크게 나타는 효과를 주려고 하는데 이를 위해 타이틀 스프라이트의 위치를 정중앙인 (0,0)으로 위치시키고 처음에는 크기를 아주 작게 보여준 다음에 일정 시간, 예를 들어 0.1초를 기다린 후에 크기를 10%씩 키우는 과정을 반복하면 됩니다. 이와 같이 잠시 기다리고 크기를 키우는 똑같은 과정을 여러번 반복할 때 매번 같은 코드를 붙여주는 것은 번거로운 작업입니다. 예를 들어, 3번 반복이 아니라, 10번 반복해야 한다고 생각해 보세요. 이럴 때 유용하게 사용할 수 있는 것이 제어 코드의 "반복하기" 블록인데 지정된 조건을 만족하는 경우 그 안에 있는 코드 블록들을 반복하게 됩니다. 즉, "n번 반복하기" 블록의 경우 내부의 블록들을 n번 반복 실행합니다.

코드 중복	반복 제어	최종 코드

도입부 만들기

크기를 지정하는 코드에는 "크기를 ...만큼 바꾸기"와 "크기를 ...%로 정하기"가 있습니다. 바꾸기는 더하기 개념으로 기존 크기에서 지정된 숫자만큼 % 배율을 확대하는 것인데 만일 음수 값을 넣으면 작아지게 됩니다. 크기를 %로 정하기는 말 그대로 지정된 %만큼 크기를 변경하는 것인데 여기서 주의할 것으로 그림에서와 같이 0%로 지정하더라도 내부적으로는 지정 가능한 최소 크기인 5%로 지정됩니다.

이제 도입부에 적절한 배경을 지정해 보도록 합시다. 스크래치에서 제공하는 무대 배경 고르기에서 중앙에서 커지는 효과를 강조할 수 있는 "Lays" 배경을 선택한 다음 도입부 시작에 "배경을 Lays로 바꾸기" 블록을 추가합니다. 그리고, 다음에 만들 홈페이지 초기화면 배경으로 중앙에 위치한 스프라이트를 부각시킬 수 있는 "Light"배경을 선택하고 도입부 마지막에 "배경을 Light로 바꾸기" 블록을 추가합니다. 이렇게 해서 도입부 코드는 완성되었고 이제부터 홈페이지 초기화면을 만드는 과정을 살펴보겠습니다.

메뉴 버튼 스프라이트 만들기

먼저 홈페이지에 표시할 메뉴 버튼을 만들어 보겠습니다. 이를 위해 스프라이트 고르기에서 버튼으로 사용하기에 적합한 스프라이트를 선택하는데 여기서는 "Button2"로 결정했습니다.

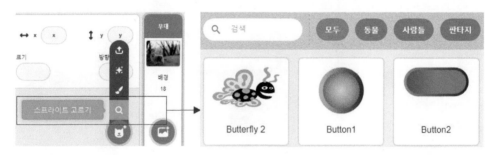

메뉴 버튼용 스프라이트 고르기

새로 추가한 "Button2" 스프라이트를 선택 후 좌측 코드 블록의 모양 탭으로 이동 후 메뉴 버튼 모양으로 수정합니다. 기본적으로 2개의 모양들이 있는데 아래의 주황색 버튼을 사용하기로 하고 위에 있는 버튼은 삭제해 줍니다. 그리고, 세로로 펼쳐진 편집도구에서 문자열을 입력할 수 있는 "T"를 선택하고 글자 색상은 상단의 "채우기 색"에서 적절하게 지정한 다음 버튼 내에 위치를 정해 메뉴명을 입력합니다. 글자 크기는 입력한 문자열을 마우스로 선택하면 나타나는 사각 테두리 모서리 크기 변화를 통해 조절할 수 있습니다.

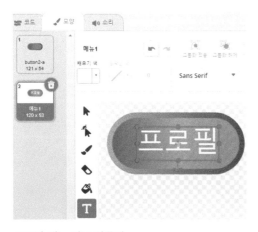

프로필 메뉴 버튼 만들기

같은 방법으로 "동행", "기다림", "소망" 메뉴 버튼을 위한 스프라이트를 만들면 됩니다. 이 때 스프라이트 고르기를 사용하는 대신 기존 제작한 스프라이트를 복사하는 것이 더 간편합니다. 처음 만든 프로필 메뉴 스프라이트에 마우스 오른쪽 버튼 클릭 후에 "복사"를 통해 3개의 메뉴 스프라이트를 만들고 각 스프라이트에 대한 모양 편집을 통해 해당 메뉴명을 입력하면 됩니다. 이와 같은 과정으로 메뉴 버튼 스프라이트 4개를 완성합니다.

홈페이지 초기화면 만들기

이렇게 해서 홈페이지 초기화면을 위한 필요한 스프라이트들과 배경은 모두 준비되었습니다. 이제 초기화면을 적절하게 배치해 보겠습니다. 배경 탭에서 "Light"를 선택하고, "포포" 스프라이트에 대해서는 모양 탭에서 첫 번째 "popo1"을 선택해 실행 화면에 나타나게 합니다. 그런 다음 전체 스프라이트들을 마우스로 눌러 적절한 위치로 배치하고 각 스프라이트마다 (x,y) 좌표값을 확인해서 코드에서 위치를 지정하면 됩니다.

메뉴 스프라이트 복사 및 화면 배치

시작 깃발을 눌렀을 때 도입부 효과를 보여주기 위해 "포포"와 "메뉴버튼" 스프라이트는 모두 숨기고, Light 배경으로 바뀌었을 때 적절한 효과와 함께 설정한 위치로 보여주게 됩니다. 이 때, 메뉴버튼의 경우 항상 위치가 고정되기 때문에 실행 깃발을 눌렀을 때 한번만 위치를 지정하는 것이 효율적입니다. 타이틀 스프라이트의 경우 크기를 50%로 줄여서 나타나게 하고 중앙 상단 상단으로 이동하는 효과를 추가합니다. 포포 스프라이트는 첫 번째 모양을 70% 크기로 보여주고 메뉴를 누르도록 "메뉴를 눌러봐" 말합니다. 각 메뉴 스프라이트는 설정한 위치에서 보이도록 합니다.

이벤트	타이틀	포포	프로필버튼
시작 깃발 클릭	(앞에서 확인)	클릭했을 때 숨기기 timer ▼ 을(를) 2 로 정하기	클릭했을 때 x: -174 y: 111 (으)로 이동하기 숨기기
Light 배경 변경	배경이 Light ▼ (으)로 바뀌었을 때 크기를 50 %로 정하기 보이기 0.5 초 동안 x: 0 y: 85 (으)로 이동하기	배경이 Light ▼ (으)로 바뀌었을 때 title ▼ 변수 숨기기 모양을 popo1 ▼ (으)로 바꾸기 보이기 x: 15 y: -20 (으)로 이동하기 크기를 70 %로 정하기 메뉴를 눌러봐 을(를) 2 초 동안 말하기	배경이 Light ▼ (으)로 바뀌었을 때 보이기

이제 메뉴 버튼을 눌렀을 때 해당 배경 무대와 소개 문구를 보여주는 코드를 살펴보겠습니다. 각 메뉴버튼을 눌렀을 때 자신에 대해서는 "이 스프라이트를 클릭했을 때" 이벤트를 통해 알 수 있기 때문에 자기 자신의 버튼을 숨기고 해당 배경으로 바꾸는 처리를 하면 됩니다. 이 때, 나머지 3개의 메뉴 버튼들을 보이지 않도록 숨겨야 하는데 다른 메뉴를 누른 결과로 배경이 바뀌었을 때 이벤트에서 자기 자신의 버튼을 숨기는 처리를 하면 됩니다. 예를 들어, 프로필 메뉴버튼을 눌렀을 때 나머지 3개의 메뉴 버튼들에서는 "배경이 무대1-1 로 바뀌었을 때" 이벤트에 대해 자신을 숨기는 코드 블록을 추가하면 됩니다.

포포 스프라이트에는 각 주제별로 시작 배경이 바뀌었을 때 처리하는 블록을 만들어 두었습니다. 기존 나열식 구성에서는 해당 주제에 대한 배경과 스토리를 모두 소개한 경우, 다음 주제의 이미지로 배경을 바꿨는데 메뉴식 구성에서는 하나의 주제 소개를 끝난 다음에는 홈페이지 초기화면으로 돌아와야 합니다. 이것은 메뉴 처리의 마지막 코드로 "배경을 Light로 바꾸기" 코드를 통해 가능합니다.

이와 같이 작성해 완성된 코드가 "5-2. My Story 고급_기본" 프로젝트로 공유되어 있으니 참고하기 바랍니다.

선택메뉴	프로필버튼	동행버튼	기다림버튼	소망버튼
프로필	이 스프라이트를 클릭했을 때 / 숨기기 / 배경을 무대1-1 ▼ (으)로 바꾸기	배경이 무대1-1 ▼ (으)로 바뀌었을 때 / 숨기기		
동행	숨기기	이 스프라이트를 클릭했을 때 / 숨기기 / 배경을 무대2-1 ▼ (으)로 바꾸기	숨기기	숨기기
기다림	숨기기	숨기기	이 스프라이트를 클릭했을 때 / 숨기기 / 배경을 무대3-1 ▼ (으)로 바꾸기	숨기기
소망	숨기기	숨기기	숨기기	이 스프라이트를 클릭했을 때 / 숨기기 / 배경을 무대4-1 ▼ (으)로 바꾸기

여기서 잠깐!

만일 메뉴가 많은 경우라면 어떻게 될까요? 지금처럼 메뉴 버튼이 4개인 경우라면 각 배경 변경 이벤트 경우마다 동일한 코드를 작성하는 정도는 간단히 작성할 수 있겠지만 예를 들어, 메뉴가 10개를 넘어서 많은 경우의 수가 발생한다면 각 경우에 따라 동일한 코드를 일일이 작성하는 것은 매우 불편한 작업일 것입니다. 만일 중간에 시작 배경이 하나라도 변경되는 경우를 상상하면 끔찍합니다. 이런 경우 효율적으로 처리하는 것이 사용자 정의 이벤트인 "메시지" 블록과 스프라이트 "복제하기"입니다. 이 개념들은 다소 복잡하기 때문에 "메시지"는 6장에서, "복제하기"는 7장에서 자세히 다루기로 하고 우선 이번 장에서는 "메시지"를 활용한 "5-2. My Story 고급_메시지" 프로젝트도 함께 공유하니 궁금한 분은 미리 살펴보기 바랍니다.

💡 5장. 생각하기

Q 여러분이 향후 원하는 기업에 취업을 준비하고 있을 때 이번 장에서 학습한 자기 소개 방법과 과제 결과물들을 어떻게 활용할 수 있을까요?

A 이번 장에서 배웠던 것을 활용해 우선 가장 소중한 사람에게 여러분을 소개하는 프로토타입과 스크래치 코딩 작업을 직접 완성해 보세요. 이를 위해서는, 먼저 아이디어 고민과 사진 등 자료 수집에 많은 시간이 필요할 수도 있고 처음이라 어려울 수도 있겠지만 조금만 지나면 쉽게 작업할 수 있을 것입니다.

그런 다음, 과제 결과를 실제 여러분에게 가장 소중한 사람에게 보여주고 의견을 들어 개선하는 과정을 진행해 보기 바랍니다. 이 과정에서 이용자(타겟 고객)의 중요성을 알게 될 것이며 최종 완성된 결과를 여러분의 포트폴리오로 관리하기 바랍니다.

그리고, 오늘 배운 자기 소개 방법을 활용하면, 원하는 기업의 인사 담당자 대상으로 여러분만의 차별화된 이력서와 자기소개서를 작성할 수 있을 것입니다. 예를 들어, 회사가 원하는 여러분의 이야기를 남들과 다른 나만의 방식으로 소개하는 것입니다. 또한, 여러분의 작업 결과를 포함해 그동안 관리해온 포트폴리오 또한 원하는 기업의 취업에 여러분의 경쟁력을 높여줄 것입니다.

🧩 5장. 퀴즈

1. 다음 보기에 대해 맞으면 O, 틀리면 X를 선택하세요.

> 스프라이트를 비트맵 모드로 제작하면 크기를 아무리 변경해도 해상도 품질 차이가 없다.

1) O   2) X

정답 2) X

해설 비트맵 모드는 픽셀 단위로 저장하기 때문에 크기를 키우면 선이 거칠어지는 반면 벡터 모드로 저장하면 크기에 관계없이 해상도는 일정하게 유지됩니다.

2. 사이먼 시넥의 골든서클에서 강조하는 2W+1H의 순서는 무엇인가요?

① Why – What – How   ② What – How – Why

③ What – Why – How   ④ Why – How – What

④

해설 Why로 시작하고, How, What 순서로 이야기 합니다.

3. 스크래치 코드 중에서 원하는 이름을 지정하고 특정 스프라이트만 사용하거나 전체 스프라이트에서 사용할 수 있는 속성을 갖도록 만들 수 있는 것으로서 가변적인 값을 가질 수 있는 것을 무엇이라고 하나요?

정답 변수

해설 스크래치 코드 중에서 원하는 이름을 지정하고, 특정 스프라이트만 사용하거나 전체 스프라이트에서 사용할 수 있는 속성을 갖도록 만들 수 있는 것을 변수라고 합니다.

5장. 핵심정리

1. My Story 아이디어 구상

- 소개는 개인이나 회사 모두에 기본적으로 필요
- 회사 취업에 자기소개는 필수적으로 포함되기 때문에 차별화된 경험과 소개가 필요
- 사이먼 시넥의 골든 서클에서 주장한 Why – How – What 방식의 이야기 흐름은 자기소개에도 유효함
- 가장 소중한 사람을 대상으로 나를 소개하는 오븐 프로토타이핑과 스크래치 코딩을 통해 실제 스타트업 코딩 실습을 시작
- 이 과정에서 이용자(타겟 고객)의 중요성을 이해

2. My Story 프로토타이핑 및 코딩 기초

- 프로필 – Why – How – What 을 순차적으로 구현
- 오븐을 이용해 기본적인 프로토타입을 제작
- 스크래치를 이용해 프로토타입을 실제 작동 코드로 실현

3. My Story 프로토타이핑 및 코딩 고급

- 도입 페이지와 함께 프로필 – Why – How – What 을 바로 접근할 수 있도록 메뉴로 구현
- 오븐을 이용해 개선된 프로토타입을 제작
- 스크래치에서 메뉴 스프라이트 등을 활용해 개선된 프로토타입을 실제 작동 코드로 실현
- 코드 공유를 통해 사용자 정의 이벤트인 메시지 사전 안내

CHAPTER 6
Our Story 아이디어 구현

 이번 장에서는 우리가 실생활에서 가장 많이 사용하는 활동인 '말하기'의 두 번째로서 사회생활 기본 방식인 상대방과 대화하는 2인칭 Our Story에 대한 스타트업 코딩 실습을 진행합니다. 이를 위해 먼저 2인칭 대화 방법에 대한 아이디어를 구상한 다음, 그 아이디어를 Kakao 오븐으로 프로토타이핑해 보며 그 결과를 실제 작동되는 SW로 구현하는 스크래치 코딩 방법을 학습한 다음 직접 코딩 실습하게 됩니다.

01 _Our Story 아이디어 구상

대화 주제 고민하기

우리는 일상생활에서나 업무에서나 매일 누군가와 대화를 합니다. 앞에서 살펴본 1인칭 자기 소개인 My Story에서와 마찬가지로 2인칭 Our Story에서도 상대방의 입장을 먼저 고려하는 것을 강조합니다. 여러분과 대화하는 상대방이 자기 생각만 하면서 나에 대한 배려가 없거나 자기 말만 하면서 내 말을 들으려 하지 않는다면 어떤 기분이 들까요? 만약 여러분이 그렇게 생각하고 행동한다면 대화하는 상대방도 마찬가지로 그런 기분이 들 것입니다. 대화에서는 상대방의 이야기를 먼저 듣고 그 말을 수용하면서 진심으로 공감하는 것이 바람직합니다. 그렇게 하기가 쉽지 않을 수도 있겠지만 이번 장에서는 그렇게 생각하려고 노력하면서 따라오기 바랍니다.

먼저 누구와 대화할 것인가를 결정해야 겠죠. 앞에서 여러분의 이야기를 들려줬던 여러분에게 가장 소중한 사람과의 대화를 생각해 보세요. 다음으로 어떤 주제로 대화하면 좋을까요? 편하게 그 때 그 때 떠오르는 생각이나 뉴스 등을 주제로 이야기해도 되겠지만 우리는 대화 주제에 대해 보다 분석적으로 접근해 보겠습니다. 아마 여러분은 매슬로의 욕구(Maslow's Hierarchy of Needs) 5단계에 대해 들어봤을 것으로 생각됩니

매슬로 욕구 5단계

다. 우리 인간이 갖고 있는 가장 기본적인 욕구에서부터 고차원적인 욕구까지 5단계로 분류한 것인데 대화 주제에 대한 분류로 활용해도 좋을 것으로 다시 한번 생각해 봅시다.

여러분은 지금 멋진 요트를 타고 태평양 횡단 여행하고 있다고 상상해 보세요. 그런데 갑자기 예기치 못한 엄청난 폭풍우를 만나 결국 요트는 난파당하고 정신을 차려보니 어느 무인도에 혼자 남아있는 자신을 발견했습니다. 이 순간 여러분에게 가장 필요한 것은 무엇일까요? 바로 물과 음식, 추위를 견디기 위한 옷과 같이 당장 살기위해 필요한 것들입니다. 이와 같이 생존과 직결된 의식주에 해당하는 것이 인간의 가장 기본적인 "1단계. 생리적 욕구"입니다.

정신을 차리고 주위를 둘러보니 다행히도 따뜻한 날씨에 바나나와 같은 음식도 쉽게 구할 수 있고, 몸을 숨길 수 있는 동굴도 마침 발견해서 당장 생존에는 문제가 없을 것 같았습니다. 그런데 밤이 되면서 낯선 동물들의 울음소리가 들리면서 불안과 공포가 밀려오기 시작했습니다. 거의 뜬 눈으로 밤을 지샌 다음 날이 밝자 주위를 천천히 살펴보는데 다행히도 맹수의 흔적은 없고 작은 동물과 새들이 평화롭게 지내는 작은 무인도라는 것을 확인했습니다. 이처럼 먹고 사는 걱정 다음에는 보다 안전하고 편안하게 살고 싶은 "2단계. 안전의 욕구"가 생기게 됩니다.

이렇게 안전한 섬에서 수영하고 낚시하며 평화롭게 생활하다 보니 슬슬 따분하고 심심해 집니다. 그러고 보니 한동안 대화를 못한 것을 떠올리며 함께 생활하던 사람들이 그리워지게 되는 것인데 이와 같이 안전의 욕구가 충족되고 나면 다른 사람들과 함께 생활하고 싶은 "3단계. 사회적 욕구"가 생기는 것입니다.

외로운 생활을 하던 중, 엄청난 폭풍우가 한바탕 지나고 난 다음날 한무리의 사람들이 섬에 떠내려온 것을 발견했습니다. 비록 똑같이 구조를 기다리는 불쌍한 입장이지만 그래도 혼자가 아니라 같이 지낼 수 있다는 것만으로 한결 기분이 좋아졌습니다. 그렇게 여러 명이 서로 어울려 생활하다 보니 가끔씩 다른 의견들이 충돌하는 경우가 발생하면서 갈등이 생기기 시작했습니다. 작은 사회지만 이런 상황이 잦아지자 한명을 리더로 선발해서 무리를 이끌도록 하는 것이 필요하다는 공감대가 생겼습니다. 투표 결과 아무래도 무인도에서 가장 오래 지낸 자신이 적임자라는 선택이 많아서 그 무리를 이끌게 되었는데 자신도 보람있는 리더의 역할에 만족했습니다. 이와 같이 사회에서 타의 모범이 되고 리더 역할로도 발전될 수 있는 것이 "4단계. 존경의 욕구"입니다.

비록 작은 무인도지만 한 사회를 이끄는 리더로서 역할을 훌륭하게 수행해 왔는데 영원히 계속할 수는 없을 것입니다. 어느날 갑자기 구조될 수도 있겠지만 반대로 언제까지 계속 무인도에서 생활해야 할 수도 있기 때문에 평소 생각해왔던 평화롭게 사회 생활할 수 있도록 지속가능한 문화를 만들어야

겠다는 생각이 들었습니다. 이를 통해 누가 리더를 맡더라도 평화로운 사회가 언제까지나 유지되는 그런 세상을 만들겠다는 꿈을 실현해 보겠다는 욕구가 생기는 것입니다. 이것이 바로 자신의 인생 가치를 실현해 오랫동안 이름을 남길 수 있는 것으로 "5단계. 자아실현의 욕구"입니다.

여러분은 이와 같은 매슬로 5단계 욕구 중 어떤 수준의 욕구를 가지고 있나요? 이런 고민을 하면서, 상대방이 갖고 있는 욕구 수준에 맞춰 대화를 진행한다면 상대방과의 공통 관심사로 신나게 이야기할 수 있을 것이라 생각됩니다. 이 책에서는 반려견 '포포'를 주인공으로 소개하고 있는데 소중한 상대방으로는 견주를 등장시켜 공통 관심사에 대해 이야기해 보도록 하겠습니다. 가장 간단한 대화 소재로는 삶의 기본 3요소인 의식주와 함께 활동/운동을 들 수 있는데 그 중에서 상대방인 견주가 좋아하는 음식과 활동에 관한 소중한 추억을 이야기하는 것으로 Our Story를 구성해 보겠습니다.

필요한 사진 이미지를 찾기

Our Story 구성은 함께 한 추억의 사진을 배경으로 대화를 나누는 방식입니다. 이를 위해 필요한 사진을 찾고 정리하는 것이 필요한데 먼저 외부에서 사용할 수 있는 이미지들을 찾아서 사용할 수 있습니다. 가장 기본적인 방법은 구글 이미지 검색에서 CCL(Creative Commons License) 조건으로 자유롭게 사용할 수 있는 이미지를 찾는 것입니다. CCL이란 자신의 창작물에 대하여 일정한 조건 하에 다른 사람의 자유

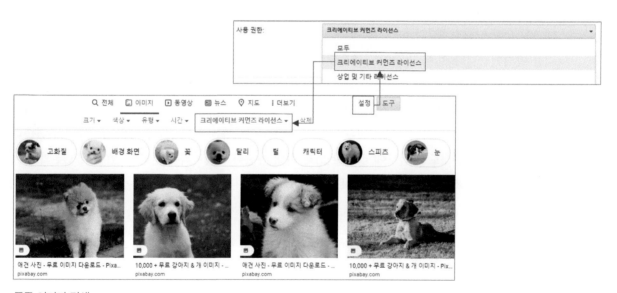

구글 이미지 검색

로운 이용을 허락하는 자유이용 라이선스입니다. 구글 이미지 검색에서 '설정-사용 권한'에 들어가 크리에이티브 커먼스 라이선스를 선택하면 CCL 조건의 이미지를 검색해서 활용할 수 있습니다.

구글의 CCL 이미지 검색 결과에 pixabay.com 출처의 이미지들이 상위에 노출되는데 실제로 구글에서 "무료사진"이라는 단어로 검색하면 pixabay가 가장 먼저 검색되고 있습니다. 이와 같은 구글 CCL 검색이나 pixabay 등 무료 이미지 사이트를 통해 다양한 사진들을 찾아서 활용하면 스토리의 내용을 보다 풍성하게 구성할 수 있습니다.

여러분의 스마트폰에 있는 수많은 사진들을 어떻게 관리하고 있나요? 스마트폰으로 관리한다면 대용량의 저장 공간이 필요할 뿐만 아니라 그동안 찍은 사진들에서 원하는 정보의 사진을 찾는 것도 상당히 어려울 것입니다. 이럴 때 클라우드 기반의 사진 파일 관리 서비스를 활용하면 유용합니다.

Google 포토

내 소중한 순간들을 위한 무료 저장용량과 자동 정리 기능

사진에서 인물, 사물, 장소 검색하기

사진에서 원하는 항목을 검색하세요. 예를 들어 다음과 같은 항목을 검색할 수 있습니다.

- 지난 여름에 다녀온 결혼식
- 가장 친한 친구
- 반려동물
- 가장 좋아하는 도시

중요: 일부 기능은 일부 국가, 도메인 또는 계정 유형에서는 지원되지 않습니다.

구글 포토를 활용한 사진 카테고리 자동 분류 및 검색

예를 들어, 구글 포토 서비스에서는 특정 인물 반려동물 등을 자동으로 분류해 보여주기 때문에 편리합니다. 구글 포토에서 "강아지"로 검색하면 강아지 사진뿐만 아니라 강아지와 함께 나와 있는 인물 사진까지도 찾아서 보여주기 때문에 편리합니다.

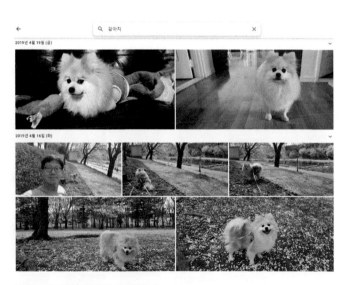

구글 포토에서의 강아지 검색 예

Our Story 사진 선별 및 스토리보드 구상

우리는 Our Story에서 반려견과 견주 사이의 음식과 활동에 관한 사진과 이야기를 다루기로 했습니다. 이를 위해 먼저 등장인물 사진들 중에서 음식과 활동 관련 대화에 사용될 수 있는 사진들을 골라냅니다. 아직은 어떤 이야기를 할지 결정되지 않은 상태로 다양한 사진들을 놓고 아이디어를 구상해야 하기 때문에 가능한 많은 사진들을 모아두는 것이 좋겠습니다.

이렇게 모아둔 사진들을 중에서 추억이 담긴 대표적인 사진들을 골라내고 그 사진들의 주제어를 뽑아서 순서를 바꿔보면서 전체적인 스토리를 구상해 봅니다. 예를 들어, 10개의 사진을 순서대로 배치

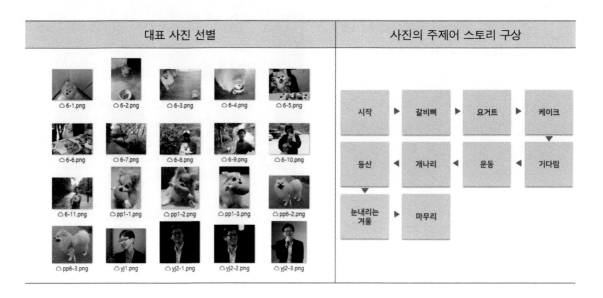

해 두고 각 사진의 주제어 스토리를 구상하는 방식입니다. 그리고, 등장인물로 사용될 사진들도 정리해 둡니다.

사진 및 주제어 배열로 전체 스토리가 구상되면, 각 주제어별로 실제 사진에 들어갈 대화 문구를 작성하고 다듬어 봅니다. 이 때 사진과 주제어 순서가 바뀔 수 있고 삭제되거나 새로 추가될 수도 있는데 이런 과정을 통해 Our Story 아이디어가 점점 구체화 됩니다.

Our Story 스토리보드 구상

02_Our Story 프로토타이핑 및 코딩 기초

간단한 오븐 프로토타이핑 작업하기

앞에서 구상한 Our Story 아이디어에 대한 오븐 프로타티이핑 방법을 살펴보겠습니다. 먼저 가장 간단하게 장면만 배치한 프로토타입을 오븐으로 만들어볼 수 있습니다. 페이지 하나에 배경 사진 하나씩을 추가한 것으로 웹브라우저에서 하단 좌측의 앞뒤 버튼을 이용해 장면 배치를 확인할 수 있습니다. 이와 같은 장면 배치에서 기존 사진 크기를 그대로 사용할 수도 있지만 이런 경우 오븐 시스템에 업로드할 때 파일 용량 초과로 올라가지 않을 수 있고, 올라가더라도 편집 화면에서 사진 크기가 너무 커서 일일이 편집하기 귀찮을 수 있습니다. 이런 이유로 오븐 프로토타이핑 과정부터 480x360 크기로 사진을 만들어 사용하면 좋습니다.

Our Story 장면 배치 프로토타입

아이디어 구상 과정을 통해 Our Story에 사용할 장면 사진 배치 및 대화 문구가 확정되었으니 그 구상한 내용 그대로 오븐 프로토타입으로 제작해 확인해 보겠습니다. Our Story에서도 타이틀을 추가하는 것이 좋을 것으로 첫화면에 "PaPa & PoPo's Food & Play Story"라는 타이틀로 시작하는데 완성된 프로토타입 전체 결과물은 QR 코드로 확인 가능합니다.

Our Story 프로토타입 기초

여기서는 간단하게 각 배경 사진 좌우에 등장인물을 배치하고 서로 한번씩만 대화하는데 대화 순서를 표현하기 위해 한 페이지에 한명만 말하도록 보여줍니다. 이 방법으로 대화를 표현하기 위해 각 사진 배경마다 2페이지로 구성되는데 첫 번째 페이지 작업 후에 "페이지 복제"를 통해 같은 사진 배경의 페이지를 만들어 작업하면 편리합니다.

오븐 프로토타입 실행 화면에서의 메모 표시

오븐 프로토타이핑 과정에서 효과 등을 설명할 때 메모 기능을 활용할 수 있습니다. 실제 스크래치 구현에서는 강아지가 움직이는 효과를 보여주려고 하는데 오븐에서 구현하기가 여의치 않기 때문에 메모 기능을 이용해서 설명으로 적어둡니다. 이와 같은 메모는 오븐 프로젝트 실행에서 기본적으로 숨겨져 있는데 메모 표시 옵션을 통해 작성된 메모를 볼 수도 있습니다. 공개된 Our Story 오븐 프로토타입을 보면 쉽게 이해할 수 있기 때문에 이 정도로 마무리하고 스크래치 코딩 과정으로 넘어가도록 하겠습니다.

스크래치 스프라이트 공유

Our Story에서는 견주 "PaPa"와 반려견 "PoPo"의 스프라이트가 필요합니다. "PaPa" 스프라이트는 remove.bg 사이트 등을 이용해서 배경을 제거한 인물 사진을 뽑아서 사용하면 됩니다. "PoPo" 스프라이트도 마찬가지로 새로 만들 수 있지만 앞서 제작한 My Story에서의 스프라이트를 이용하는 것 또한 가능합니다.

기존 스프라이트를 사용하는 첫 번째 방법은 스프라이트 목록에서 원하는 스프라이트를 선택 후 "마우스 오른쪽 버튼 클릭-내보내기"를 실행하면 됩니다. 그 결과로 (스프라이트이름).sprite3 이라는 이름의 스크래치 스프라이트 코드가 파일로 저장됩니다. 그런 다음 스프라이트를 사용할 스크래치 프로젝트의 스프라이트 목록에서 "스프라이트 업로드하기"를 통해 저장한 스프라이트 코드 파일을 불러오면 됩니다. 이 때, 스프라이트 코드에는 기존에 작성된 모든 코드들이 포함되어 있기 때문에 새로운 프로젝트에 사용할 때 혼동이 없도록 불러온 스프라이트의 코드들을 모두 지우고 사용하는 것이 좋습니다. 이런 번거로운 수고를 덜기 위해서는 자주 사용할 스프라이트의 경우 코드를 작성하기 전의 깨끗한 상태의 스프라이트를 미리 저장해 두고 필요할 때 그 스프라이트를 불러와 사용할 수도 있습니다.

스크래치 프로젝트1　　　　　**스크래치 프로젝트2**

스프라이트 내보내기와 업로드하기를 통한 공유

다음으로 스크래치 편집기의 개인저장소를 활용하는 방법이 있습니다. 공유하려는 스프라이트를 개인 저장소에 마우스 Drag&Drop 방식으로 저장한 다음, 다른 스크래치 프로젝트에서는 개인 저장소에서 필요한 스프라이트를 Drag&Drop 방식으로 꺼내 사용하는 방법입니다. 이와 같은 개인 저장소는 일종의 클라우드 저장 공간으로서 스프라이트 뿐만 아니라 코드 블록도 저장하는 등 편리하게 활용할 수 있습니다. 이와 같은 개인 저장소는 이름 그대로 자기 자신만 개인적으로 사용하는 것이기 때문에 다른 사람에게 스프라이트 공유가 필요한 경우에는 파일로 저장해서 전달하는 방법을 사용해야 합니다.

개인 저장소를 통한 스프라이트 공유

타이틀 페이지 만들기

앞에서 Our Story는 "PaPa & PoPo's Food & Play Story"라는 타이틀 페이지로 시작하는 것으로 구상했습니다. 이와 같은 타이틀 페이지를 다양한 효과를 주는 경우에는 문자 스프라이트를 이용해서 구현할 수도 있지만 단순하게 보여지는 것이라면 배경 이미지를 활용하는 것이 훨씬 간단합니다. 타이틀 이미지를 파워포인트나 그림판 등을 외부 프로그램을 활용해서 제작 후 배경 업로드 할 수도 있지만 여기서는 스크래치에서 직접 배경 편집기를 활용해 타이틀 배경을 만들어 보도록 하겠습니다.

먼저 배경탭 하단에서 "배경 그리기"를 선택합니다. 그 결과로 아무것도 없는 빈 화면이 나오는데 여기에 배경색을 입히기 위해서는 배경 크기만큼의 사각형을 그려 넣습니다. 다음으로 편집기 좌측 메뉴에서 텍스트를 입력할 수 있는 도구 "T"를 선택한 후 적절한 위치에 제목을 입력합니다. 좌측 메뉴의 첫 번째 화살표 도구를 선택해 입력한 텍스트를 선택해서 위치를 이동하고 선택된 텍스트 테두리의 모서리를 이동시켜 텍스트의 폰트 크기도 조절할 수 있습니다. 배경 색상과 텍스트 색상은 상단의 "채우기 색"으로 변경할 수 있는데 색상, 채도, 명도 슬라이드바를 이동해 원하는 색상을 만들 수 있습니다. 특히, 슬라이드 아래 우측의 스포이드를 선택해서 편집기 내의 다른 색상을 선택해 지정할 수도 있는데 스포이드는 유용하게 활용되므로 그 사용방법을 익혀두기 바랍니다.

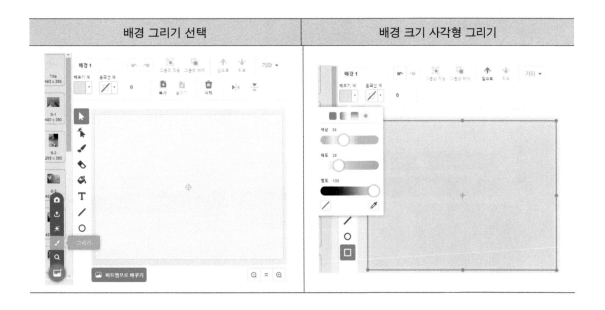

배경 그리기 선택	배경 크기 사각형 그리기

배경 그리기 선택	배경 크기 사각형 그리기
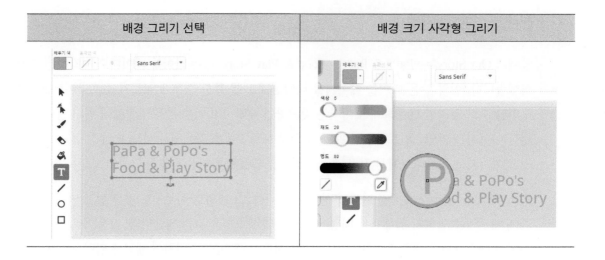	

타이틀 등장 효과 만들기

시작하기 깃발을 눌렀을 때 앞에서 만든 타이틀 배경에 효과를 추가해 보겠습니다. 처음에 투명한 상태에서 점점 또렷하게 보이는 것을 제공한다면 보다 멋있을 것입니다. 배경에 효과를 주기 위해서는 배경에 코드를 지정해야 합니다. 이를 위해, 이번에는 깃발 클릭했을 때 배경에 이벤트 코드를 작성하도록 하겠습니다. 앞에서 제작한 배경 이미지를 "Title"이라는 이름을 갖도록 지정했을 때, 깃발 클릭 이벤트에서는 먼저 전체 "timer" 변수를 만들고, 말할 때 사용될 대기시간(초)를 지정합니다. 여기서 "timer" 변수는 PoPo와 PaPa 스프라이트에서도 사용할 수 있는 전역변수로 생성해야 하는데 배경

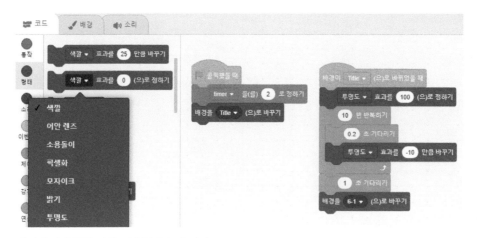

배경에 깃발 클릭 이벤트 및 등장 효과 지정

에서 만드는 변수는 다른 스프라이트에서 사용할 수 있도록 모두 전역 변수로 지정됩니다. 그런 다음에 배경을 제작해 둔 "Title"로 바꾸어 줍니다.

다음으로 배경에 등장 효과를 지정하는데, 이것을 배경으로 바꾸기 코드 바로 아래에 붙여도 정상적으로 작동하지만 여기서는 배경 변경 이벤트로 따로 작성했습니다. 그 이유는 전체 프로젝트 실행이 끝난 이후에 다시 처음으로 돌아와 반복하도록 지정하는 경우 실행 중에 깃발 클릭 이벤트를 반복할 수 없기 때문으로 반복 실행을 위해서 배경 변경 이벤트로 분리한 것입니다. 효과 지정은 배경과 스프라이트에 모두 지정 가능한데, 색깔, 어안렌즈, 소용돌이, 픽셀화, 모자이크, 밝기, 투명도가 지정한 값에 따라 효과로 보여 집니다. 그 각각에 대해서는 직접 코드에서 변경하면서 확인해 보기 바라며 여기서는 투명도 효과를 사용해 보겠습니다.

처음에 투명도 효과를 100으로 정하는 것은 100% 투명한 상태이며, 반대로 0% 투명한 상태는 100% 원래대로 보이게 됩니다. 투명도 효과를 활용해서 조금씩 선명하게 보이는 효과를 줄 수 있는데 처음에 투명도 100에서 시작해서 점점 효과를 줄이면 됩니다. 0.2초마다 효과를 −10만큼 바꾸는 것으로 지정했는데 10번을 반복하면 2초에 걸쳐서 완전한 배경이 보이게 되는 것입니다. 이런 반복되는 코드를 효율적으로 작성하는 것이 제어문으로 여기서는 "10번 반복하기" 블록을 통해 그 안의 코드들을 반복했습니다. 타이틀 배경이 완전하게 나타난 다음에 잠시 기다렸다가 첫 번째 배경으로 바꾸는 것으로 배경에서의 코드는 완료됩니다. 다음으로 지정한 첫 번째 배경으로 바뀌었을 때의 이벤트가 실행되는데, 그 코드들은 첫 번째로 등장하는 스프라이트에 작성됩니다.

스프라이트 등장과 대화 효과

타이틀 배경이 나타날 때, PaPa, PoPo 스프라이트는 숨겨진 상태에 있다가 첫 번째 스토리 배경이 보여질 때 보이도록 해야 합니다. 그런 다음에 지정되 순서에 따라 각 스프라이트가 한번씩 말하게 되는데 이와 같은 스프라이트 사이의 대화는 어떻게 구현할 수 있을까요? 사실 스프라이트는 여러분이 지정한 방식대로 작동되기 때문에 다른 스프라이트의 존재를 전혀 모르는 상태입니다. 이런 상황에서 어떻게 스프라이트들 사이의 대화가 가능한 것일까요? 대화의 기본은 각 스프라이트는 자기 차례에 말하고 상대방의 차례에서는 기다리는 것인데 가장 간단한 대화 구현 방식은 지정된 시간동안 말하고 기다리는 것으로 각 스프라이트는 자신이 말할 시간과 기다릴 시간을 계산해 처리하는 방식입니다.

이벤트		PaPa 스프라이트	PoPo 스프라이트
배경이 Title로 바뀌었을 때			
배경이 6-1로 바뀌었을 때	코드		
	t1	말하기	기다리기
	t2	(다음 배경 변경 기다리기)	말하기 → 배경 변경
배경이 6-2로 바뀌었을 때	코드		
	t3	말하기	기다리기
	t4	(다음 배경 변경 기다리기)	말하기 → 배경 변경

실제 구현된 방식을 보면, 배경이 6-1로 바뀌었을 때 PaPa가 먼저 timer 시간(t1) 동안 말하고 난 다음에 다음 배경(6-2)으로 변경될 때까지 기다립니다. 상대방인 PoPo는 그 t1 동안 기다렸다가 다음 timer 시간(t2) 동안 말한 후에 다음 배경(6-2)으로 변경시켜 줍니다. 그러면, 다시 PaPa는 6-2로 배경이 변경된 이벤트에서 다음 말을 시작하는 방식입니다. 이 방식은 사실 스프라이트들 사이의 실제 대화가 아니라 마치 대화하는 것처럼 보이는 효과를 주는 것입니다. 조만간 소개할 "메시지"를 이용하면 실제 대화 방식으로 구현이 가능한데 이번 장의 고급 편에서 소개하도록 하겠습니다.

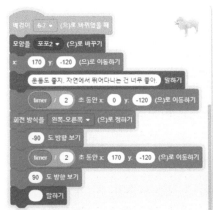

스프라이트 이동 효과 구현

다음으로 스프라이트가 움직이는 효과를 구현하는 방법을 소개합니다. 동작 코드에서 "(x, y)로 이동하기"는 지정된 좌표로 스프라이트를 바로 이동시키는데 비해서, "...초 동안 (x,y)로 이동하기"는 입력된 시간동안 지정된 좌표 위치로 스프라이트가 이동하는 움직임을 볼 수 있습니다. 예를 들어, 말하는 시간(timer)의 절반동안 화면의 x축 중간으로 이동했다가 나머지 절반동안 다시 원위치로 돌아오는 것을 구현해 보았습니다. 여기서 스프라이트의 모습 그대로 이동한다면 앞으로 갔다가 되돌아올 때는 뒷걸음질 치는 것으로 보이게 됩니다. 이것을 해결할 수 있는 것이 스프라이트의 회전을 이용하면 되는데 "회전 방식을 왼쪽-오른쪽으로 정하기" 다음에 되돌아올 때 스프라이트가 반대 방향을 볼 수 있도록 180보다 큰 각도값(181~365, 또는 -1 ~ -179)을 지정하고, 도착한 다음에는 180 이하의 각도 값을 지정해서 원래 방향을 보도록 지정하면 됩니다. 이 때 "... 초동안 말하기"를 사용한다면 그 시간동안 말을 모두 끝낸 후에 그 다음의 코드를 실행하기 때문에 생각한대로 말하면서 움직이지는 않습니다. 그것을 해결하기 위해 "말하기"를 사용해서 바로 다음 블록이 실행되도록 하고 말하기를 끝내기 위해서 아무 말도 없는 "(공백)말하기"를 통해 말풍선을 사라지게 합니다.

이와 같이 완성된 스크래치 프로젝트는 "6-1 Our Story 기초_popo1"를 통해 공유되어 있으니 살펴보기 바랍니다. 참고로 처음에 제작한 "6-1 Our Story 기초"라는 이름의 공유 프로젝트도 있습니다. 이것은 음식 주제와 운동 주제별로 강아지 스프라이트를 따로 제작해 구현한 것으로서 하나의 강아지만 보이는 것 보다는 다소 복잡하기 때문에 보다 간단하게 개선해서 공유했습니다.

03_Our Story 프로토타이핑 및 코딩 고급

Our Story 오븐 프로토타이핑 고급 작업하기

앞에서 구현한 간단한 Our Story 오븐 프로토타입을 개선하는 아이디어들을 추가해 오븐 프로토타이핑 하겠습니다. 먼저 타이틀 소개 페이지 이후에 홈페이지 초기화면을 추가하고 그 초기화면에서 음식에 관한 추억을 이야기하는 Food Story, 운동과 야외활동에 관한 추억을 이야기하는 Play Story를 PaPa 스프라이트와 PoPo 스프라이트 선택을 통해 시작할 수 있는 일종의 메뉴를 추가합니다. 그리고 각 스토리 페이지별로 스토리 제목과 홈페이지로 이동할 수 있는 링크를 추가해 보겠습니다.

앞에서 만든 Our Story 오븐 프로젝트에 대한 사본을 만든 다음, 타이틀 페이지 다음에 새로운 페이지를 추가합니다. 페이지의 순서는 마우스로 자유롭게 이동할 수 있습니다. 이 페이지에 음식 사진을 왼쪽 절반에 두고 오른쪽 절반에 활동사진을 둘 것입니다. 대표적인 음식 배경 사진을 선택해 복사(Ctrl-C) 후 홈페이지에 붙여 넣고(Ctrl-V) 왼쪽 절반에 맞춰서 사진 위치와 크기를 적절하게 조절합니다. 마찬가지로 대표적인 활동 배경 사진을 선택해 복사(Ctrl-C) 후 홈페이지에 붙여 넣고(Ctrl-V), 오른쪽 절반에 맞춰서 사진 위치와 크기를 적절하게 조절합니다. 이 때, 가운데에 하얀색 선으로 구분하면 좋은데 그것은 오른쪽 사진을 선택 후 상단 효과 메뉴의 테두리를 선택해 하얀색의 굵은 선으로 지정하면 됩니다. PaPa와 PoPo 등장인물 사진들도 마찬가지로 배치하고 원하는 스토리를 선택할 수 있도록 안내문을 메시지 요소로 추가합니다. 다음으로 등장인물을 선택했을 때 해당 스토리 페이지로 이동하도록 "링크 연결하기"를 지정하면 됩니다.

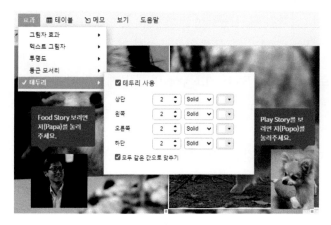

오븐으로 홈페이지 만들기

다음으로 각 스토리 페이지의 상단에 새로 추가한 홈페이지로 이동할 수 있는 홈 아이콘과 현재 스토리 주제를 소개하는 주제 타이틀을 추가합니다. 홈 아이콘은 아이콘 요소에서 home을 검색하면 쉽게 찾을 수 있는데 적절한 위치에 배치한 후 상단의 채우기 도구를 통해 색상을 변경할 수 있습니다. 주제 타이틀 또한 "Our Food Story"로 Heading 요소를 이용해 입력 후 상단의 도구를 이용해 글자색, 배경색 등을 수정할 수 있습니다. 이와 같이 만든 스토리 제목과 홈페이지는 페이지에 공통으로 사용되므로 템플릿 기능을 활용하면 공통 속성으로 동기화하여 편리하게 관리할 수 있습니다.

홈 아이콘과 주제 타이틀 추가 (프로젝트 QR 코드 공유)

이와 같이 구현한 Our Story 오븐 프로토타입 고급 결과는 QR 코드로 접속해 확인할 수 있습니다.

Our Story 스크래치 배경화면 만들기

이제 Our Story 오븐 프로토타이핑 고급 결과를 스크래치로 구현할 차례입니다. 앞에서 구현한 Our Story 스크래치 프로젝트에서 "메뉴-복사본 저장하기"를 통해 추가 작업을 위한 프로젝트를 만들어 보세요. 배경탭 하단에서 "배경 그리기"로 새로운 배경을 추가하고 마우스로 클릭 후 두 번째 배경 순서에 맞도록 Title 배경 다음에 위치시킵니다. 홈페이지 배경은 왼쪽 사진 중앙 분리선, 오른쪽 사진의 3개로 구성되는데, 그 각각은 크기 및 위치를 자유롭게 변경할 수 있는 벡터로 지정하는 것이 좋습니다. 기존에 저장되어 있는 배경을 사용하는 경우 해당 배경을 이동해서 하단의 "벡터로 바꾸기"를 눌러 벡터 모드로 변경한 다음 Copy&Paste로 홈페이지에 붙여 넣습니다. 만일 새로운 사진을 활용하는 경우라면 "배경고르기-배경 업로드하기"를 통해 새로운 배경 이미지를 불러온 다음 같은 방식으로 벡터 모드에서 Copy&Paste로 홈페이지에 붙여 넣고 새로 만든 배경은 삭제하면 됩니다. 그렇게 홈페이지 배경에 불러온 대표적인 음식 관련 사진과 활동 관련 사진을 적절한 좌우 위치로 배치합니다. 이 때, 사진들이 겹치는 경우 어떤 사진을 위에서 보여줄지 선택해야 하는데 상단 도구의 "기타-맨 앞으로(또는 맨 뒤로)"를 사용하면 됩니다. 가운데 분리선은 왼쪽에서 선 도구를 선택해서 세로선을 그려주면 되는데 윤곽선 색을 쉽게 구분할 수 있는 색(ex.흰색)으로 지정할 수 있습니다.

이와 같이 스크래치에서 직접 배경을 편집할 수 있는데 여러분에게 다소 불편할 수도 있습니다. 그런 경우 기존 PowerPoint 등의 편집기를 이용해 만든 다음 이미지로 저장하고 그 이미지를 스크래치 배경으로 불러올 수도 있습니다. 하지만 만일 배경 이미지 구성을 변경하는 등 수정이 필요한 경우를 생각한다면 스크래치에서 직접 배경을 만드는 것이 더 좋을 것으로 스크래치에서의 편집기 기능을 몇 번 사용하다 보면 쉽게 이용할 수 있습니다.

홈페이지 배경 만들기

그리고, 앞에서 소개한 것과 같이 스크래치 편집기를 이용하면 주제 타이틀 텍스트도 쉽게 추가할 수 있습니다. 주제 타이틀을 텍스트로만 보여줄 수도 있겠지만 사각형 배경 안에 주제 타이틀을 추가하는 방법을 먼저 보겠습니다. 먼저 주제 타이틀을 추가하려는 배경을 선택 후 벡터 모드로 변경합니다. 편집기의 우측 도구 메뉴에서 사각형을 선택해 그리는데 채우기 색은 흰색, 윤곽선 색은 색상 스포이드를 이용해 강아지 색으로 선택해 봅니다. 다음으로 텍스트 도구를 선택해 "Our Food Story"를 입력한 후 흰색 사각형 안에 위치시키고 크기를 적절하게 조절합니다. 이렇게 만들어진 사각형 바탕의 주제 타이틀을 다른 배경에도 사용하기 위해서는 "Shift+마우스 왼쪽 클릭"한 상태에서 "(화살표)선택" 도구를 이용해 바탕 사각형과 주제 타이틀을 각각 선택 후 상단에서 "그룹화 적용"하는 것이 좋습니다. 그렇게 그룹화된 주제 타이틀을 선택해 Copy&Paste를 통해 다른 배경 모양에도 추가하면 됩니다.

주제 타이틀 그룹 만들기

Our Story 스크래치 홈페이지 작동하기

배경이 홈페이지로 변경되었을 때, PaPa와 PoPo의 각 스프라이트는 특정 위치로 이동하고, "...Story를 보려면 저를 눌러주세요"와 같이 원하는 주제의 스토리를 보려면 자신을 누르라는 안내 문구를 보여줍니다. 이용자가 각 스프라이트를 눌렀을 때는 해당하는 주제를 소개하는 첫 번째 이미지로 배경을 변경하고 그 이후에 앞에서 소개한 바와 같이 각 스프라이트가 지정된 시간동안 말하고 기다리는 방식으로 서로 지그재그 진행을 통해 스프라이트들 간의 대화 효과를 보여줍니다.

이벤트		PaPa 스프라이트	PoPo 스프라이트
배경이 홈페이지로 바뀌었을 때		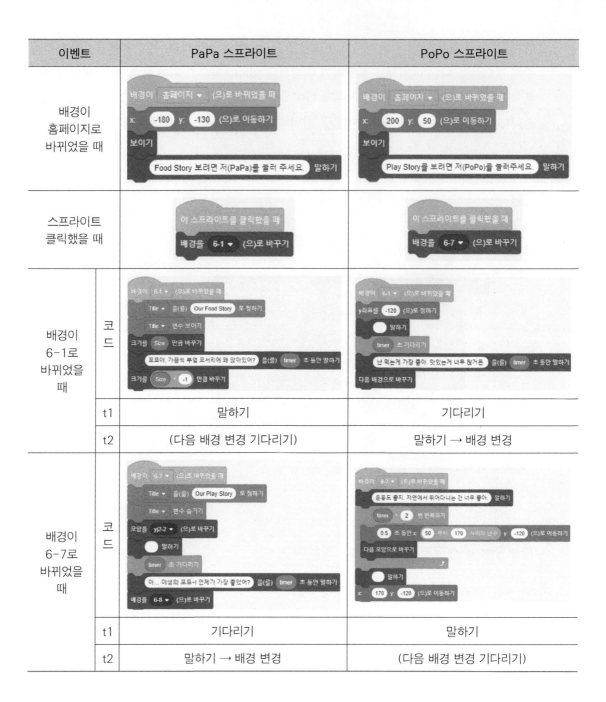	
스프라이트 클릭했을 때			
배경이 6-1로 바뀌었을 때	코드		
	t1	말하기	기다리기
	t2	(다음 배경 변경 기다리기)	말하기 → 배경 변경
배경이 6-7로 바뀌었을 때	코드		
	t1	기다리기	말하기
	t2	말하기 → 배경 변경	(다음 배경 변경 기다리기)

여기서 말하는 동안 스프라이트의 크기를 크게 보여주는 스피커 강조 효과를 줄 수 있습니다. 말하는 스프라이트에 대해 "크기를 …만큼 바꾸기"로 조금 크게 바꾼 다음에 말하기를 진행하고 말을 끝낸 이후에 다시 원래대로 크기를 바꾸는 방식으로 구현할 수 있습니다. 스프라이트를 가로로 이동하는

효과에서 특정 위치 값을 지정하는 대신 "...부터 ... 사이의 난수" 블록을 이용해 임의의 위치 값을 지정할 수도 있습니다.

이와 같이 홈페이지 배경 및 스프라이트 메뉴를 추가한 스크래치 코드는 "6-2 Our Story 고급 _timer_popo1" 프로젝트를 통해 공유되어 여러분이 직접 확인하고 활용할 수 있습니다.

사용자 맞춤형 이벤트를 위한 메시지 블록 소개

스크래치에서는 앞에서 살펴본 바와 같이 이벤트 블록을 활용해 무대 배경 변경과 같은 콘텐츠의 상태 변경이나 스프라이트를 마우스로 클릭했을 때 등 이용자의 조작 조건에 따라 수행할 수 있는 코드들을 하나로 묶어 처리할 수 있습니다. "(초록 실행) 깃발을 클릭했을 때", "배경이 ...(으)로 바뀌었을 때", "이 스프라이트를 클릭했을 때", "스페이스 키를 눌렀을 때" 등 기본적으로 다양한 이벤트 블록들을 제공하여 그 조건이 발생했을 때 작동하는 코드 블록들을 작성할 수 있습니다. 그 외에도 다양한 경우의 이벤트가 발생할 수 있는데 스크래치에서는 임의의 이벤트를 처리할 수 있는 사용자가 직접 이벤트를 정의할 수 있는 "메시지" 블록을 제공합니다.

앞 장에서의 예를 들면, 초기화면 홈페이지에서 선택할 수 있는 메뉴들이 4개에서 6개, 10개, 20개, 이렇게 계속 늘어나는 경우를 생각해 봅시다. 홈페이지 초기화면에서는 모든 메뉴 버튼들을 보여주어야 하고, 특정 메뉴를 눌렀을 때에는 해당 처리 페이지로 이동하면서 모든 메뉴 버튼들을 숨겨야 합니다. 이런 작업들을 각각의 메뉴를 눌렀을 경우에 대해 일일이 처리하는 것은 매우 귀찮은 작업입니다. 그 대신에 "홈페이지 이탈"과 같이 사용자가 정의한 하나의 공통된 메시지 이벤트를 통해 메뉴 버튼을 숨기는 공통 작업을 효율적으로 처리할 수 있습니다. 같은 방식으로 각 메뉴 스프라이트에서 모든 처리 과정을 끝낸 이후에 홈페이지 초기화면으로 돌아갈 때 "홈페이지 진입"과 같이 사용자가 정의한 하나의 공통된 메시지 이벤트를 통해 메뉴 버튼을 보이는 공통 작업을 효율적으로 처리할 수 있습니다.

이번 장에서의 스프라이트들 간의 대화에서도 메시지는 효율적으로 사용될 수 있습니다. 현재와 같이 대기시간을 스프라이트에서 독립적으로 계산하는 경우 기존 대화가 삭제되거나, 새로운 대화가 추가되어야 한다면 그에 따라 대기시간도 함께 맞춰줘야 하는데 그런 경우가 빈번하고 전체 대화가 많다면 그렇게 간단한 작업이 아닙니다. 또한 대화 참가자들이 3명 이상으로 많아진다면 대기시간을 계산하는 것이 어려워지고 추후 대화 과정이 변경된다면 대화 효과를 유지하기란 매우 어려운 작업이 될 것입니다. 각 스프라이트의 대기시간 계산이 잘못되는 경우에 여러 스프라이트들이 동시에 이야기를 하거나 서로 대화 내용이 맞지 않는 실행 결과가 발생하게 되는 것입니다.

이런 스프라이트들 간의 대화 동기화 문제를 메시지를 통해서 쉽게 해결할 수 있습니다. 각 스프라이트는 앞에서와 같이 대기시간을 계산해서 기다렸다가 말하는 것이 아니라 자신이 말할 차례를 알리는 메시지를 기다렸다가 그 메시지를 받고 나면 자신의 상황에 맞는 이야기를 진행하면 됩니다. 이것은 마치 무전기에서 대화를 끝낼 때 "오버"라는 말을 통해 상대방이 말하는 순서라는 것을 알리는 것과 비슷한 방식입니다. 스크래치에서는 이와 같은 메시지 관련 기능으로 다음과 같은 4가지를 제공합니다.

메시지 관련 기능	기능 소개
형태 / 새로운 메시지 / ✓ 메시지1 / 메시지1 ▼ 신호를 받았을 때	• 새로운 메시지를 생성 기능 • 사용자는 임의로 메시지 이름을 정의 가능
메시지1 ▼ 신호를 받았을 때	• 특정 이름의 메시지(ex. 메시지1) 이벤트 처리 블록 • 메시지를 받았을 때 처리할 블록들을 작성
메시지1 ▼ 신호 보내기	• 특정 이름의 메시지(ex. 메시지1) 이벤트 신호를 생성하고 그 다음 블록 처리로 바로 진행함 • 메시지 이벤트는 방송형(broadcast) 방식으로 모든 스프라이트와 배경에서 수신해서 처리 가능
메시지1 ▼ 신호 보내고 기다리기	• 특정 이름의 메시지(ex. 메시지1) 이벤트 신호를 생성한 다음에 메시지 이벤트가 처리될 때까지 기다림. • 해당 메시지 이벤트 처리 블록이 모두 실행되고 난 다음에야 다음 블록 처리가 시작됨.

메시지 블록을 활용한 스프라이트 대화 동기화

사용자 정의형 이벤트인 메시지 블록을 활용하면 스프라이트 간의 대화 동기화를 쉽게 처리할 수 있습니다. 예를 들어, 앞에서 살펴본 Our Story의 "Our Play Story" 대화를 메시지 블록으로 처리하는 프로세스 일부분을 정리하면 다음 표와 같습니다. 단, 표에서는 앞에서와 같이 PaPa 스프라이트를 먼저 보여주지만 PoPo 스프라이트부터 말하기 시작합니다.

배경 변경	PaPa 스프라이트	PoPo 스프라이트
배경이 6-7로 바뀌었을 때	PaPa 말하기 메시지 대기 ex. sync_msg_papa 신호를 받았을 때	말하기
		PaPa 말하기 메시지 발송 ex. sync_msg_papa 신호 보내기
	말하기 → 배경 6-8 변경	PoPo 말하기 메시지 대기 ex. sync_msg_popo 신호를 받았을 때
	PoPo 말하기 메시지 발송 ex. sync_msg_popo 신호 보내기	
배경이 6-8인 경우	PaPa 말하기 메시지 대기 ex. sync_msg_papa 신호를 받았을 때	말하기
		PaPa 말하기 메시지 발송 ex. sync_msg_papa 신호 보내기
	말하기 → 배경 6-9 변경	PoPo 말하기 메시지 대기 ex. sync_msg_popo 신호를 받았을 때
	PoPo 말하기 메시지 발송 ex. sync_msg_popo 신호 보내기	

여기서 실제 스프라이트의 메시지 작동 코드를 살펴보면 다음과 같습니다. PoPo 스프라이트는 배경이 6-7로 바뀌었을 때 이벤트 블록에서 말하기를 시작하는데 마지막에 PaPa 스프라이트에게 대화 동

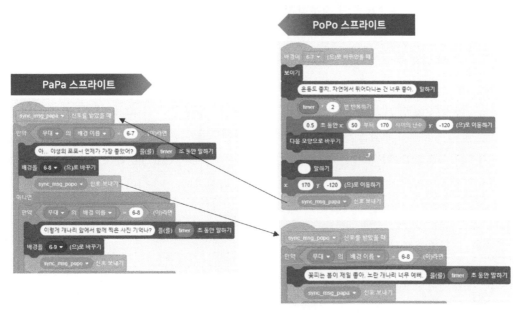

메시지를 이용한 스프라이트 대화 동기화

기화 메시지라는 의미로 직접 정의한 "sync_msg_papa" 이벤트 신호를 보냅니다. PaPa 스프라이트에서는 "sync_msg_papa" 신호를 받았을 때 현재 무대 배경에 따라 처리하는 이벤트 블록을 미리 준비하고 있다가 그 신호를 받았을 때 현재 무대 배경에 따라 적절한 코드 블록들을 찾아서 처리하게 됩니다.

여기서 프로그래밍 언어에서 매우 중요한 조건문을 처음으로 소개하겠습니다. 앞의 표에서 PoPo 스프라이트는 배경이 6-7로 바뀌거나 6-8로 바뀔 때 똑같이 sync_msg_papa 신호를 보냈습니다. 바뀐 배경 이미지는 다르지만 배경이 바뀌었다는 사실은 동일하기 때문에 같은 메시지로 보내고 처리하는 것이 효율적이기 때문입니다. 이것을 처리하기 위해서 메시지를 받는 쪽에서는 어떤 배경인 상태에서 보낸 메시지인지 확인해서 그 경우에 맞도록 처리하는 것이 필요한 것입니다. 이와 같은 경우에 사용할 수 있는 것이 조건문 블록인데 스크래치에서는 "만약 ... (이)라면 (A)"과 "만약 ... (이)라면 (A) 아니면 (B)"이라는 조건문 블록을 제공합니다. "만약 ... (이)라면 (A)" 블록은 ...이 참(True)인 경우에만 (A) 블록(들)을 처리합니다. "만약 ... (이)라면 (A) 아니면 (B)" 블록은 ...이 참인 경우에는 (A) 블록(들)을 처리하고 그렇지 않은 거짓(False)인 경우에는 (B)블록(들)을 처리합니다. 여기서 ...에는 반드시 참과 거짓을 판단할 수 있는 조건문이 포함되어야 합니다. 그리고, (A), (B) 블록에는 다양한 블록들이 포함될 수 있는데 여기에 다시 조건문이 포함될 수도 있습니다.

다시 PaPa 스프라이트에서 "sync_msg_papa" 신호를 받았을 때 이벤트 처리 블록을 살펴보겠습니다. 먼저 "무대의 배경이름 = 6-7"인 경우라면 현재 무대인 6-7 이름의 배경에 관한 이야기를 한 다음에 다음 배경으로 바꾸고 "sync_msg_popo" 메시지를 보내도록 하고 있으며 그렇지 않은 경우 또다른 조건문을 통해 현재 무대의 배경을 찾는 과정을 진행하게 되는 것입니다. 마찬가지로 PoPo 스프라이트에서 "sync_msg_popo" 신호를 받았을 때의 이벤트 처리 블록에서도 같은 방식으로 조건문을 통해 현재 무대 배경이름에 맞도록 대화를 처리하게 됩니다. 이와 같이 각 스프라이트는 자신의 이야기가 끝났을 때 상대방에게 대화를 시작하도록 메시지 이벤트로 알려서 대화가 중복되지 않고 자연스럽게 이어지도록 구현할 수 있습니다. 메시지 기반의 대화를 구현한 Our Story 스크래치 최종 결과물은 공유된 "6-2 Our Story 고급_메시지" 프로젝트를 통해 확인할 수 있습니다.

6장. 생각하기

Q 여러분의 가장 소중한 사람과의 추억 이야기를 SW로 남기는데 이번 장에서 학습한 대화 만들기 방법을 어떻게 활용할 수 있을까요?

A 먼저 가장 소중한 사람과 여러분이 함께 했던 여러 가지 추억을 떠올릴 수 있는 이야기 소재를 찾아보세요. 사진이나 글, 선물, 방문했던 장소 등 다양한 자료를 모을 수 있을 것입니다. 그 중에서 주요 장면들을 떠올리며 관련 있는 것들을 함께 모은 다음, 각 그룹별로 주제를 정해 보세요.

전체 이야기 흐름을 생각하며 주제들의 순서를 정하고 다시 각 주제별로 이야기 흐름을 생각하며 추억의 소재를 나열한 다음, 대화를 채워나가면 여러분 하나의 스토리라인을 만든 것입니다.

이제부터 고객 검증이 필요한데, 스토리라인에 함께 등장하는 소중한 사람, 바로 고객에게 함께 했던 추억에 대해 자연스럽게 대화하며 고객이 생각하는 소중한 추억이 무엇인지, 어떤 내용을 남기고 싶은지 등 고객의 생각을 파악하여 스토리라인을 다듬는 과정을 진행합니다.

보완된 스토리라인을 소중한 사람에게 보여주면서 함께 스토리라인을 수정하고 오븐으로 프로토타입을 만든 다음 다시 고객 검증을 통해 개선하는 과정을 거친 후에 스크래치로 실제 구현하고 개선하는 과정을 진행하면, 여러분만의 소중한 추억 이야기를 멋진 SW 작품으로 남길 수 있을 것입니다.

6장. 퀴즈

1. 다음 보기에 대해 맞으면 O, 틀리면 X를 선택하세요.

> 스크래치의 스프라이트로 인물을 사용하기 위해 사진 파일에서 배경을 지우고 인물만 오려내야 하는데 그것은 전문가만 할 수 있는 아주 어려운 작업입니다.

1) O   2) X

정답 2) X

해설 removebg 등 서비스 또는 스마트폰 카메라 앱을 사용하면 쉽게 작업할 수 있습니다.

2. 스크래치의 실행 화면 크기는 가로x세로 얼마인가요?

1) 480x480　　　　　　　　　　　　　　2) 480x360

3) 720x480　　　　　　　　　　　　　　4) 1024x768

정답 2)

해설 화면 크기는 480x360으로서, 점의 좌표로 가로(x)는 −240~+240, 세로(y)는 −180~+180 범위 값을 갖습니다.

3. 스크립트 코드 중에서 사용자 정의 이벤트에 해당되는 것으로서 사용자가 특정 이벤트를 만들고 처리할 수 있는 방법은 무엇인가요?

정답 메시지

해설 사용자는 메시지를 통해 특정 이벤트를 처리하는 코드를 작성해 두고, 그 메시지 신호를 보내서 그 이벤트를 처리하도록 할 수 있습니다.

6장. 핵심정리

1. **Our Story 아이디어 구상**
   - 대화는 가장 기본적인 사회생활 방식으로, 대화의 내용과 표현 방법은 중요
   - 매슬로가 주장한 '생리적 욕구 – 안전의 욕구 – 사회적 욕구 – 존경의 욕구 – 자아실현의 욕구'의 욕구 5단계를 고객 니즈 기반의 대화에 활용할 수 있음
   - 스타트업 코딩 2번째 아이디어로서 소중한 사람과의 추억을 서로 이야기하는 과정을 실습 진행
   - 좋아하는 주제에 대해 필요한 사진 자료를 준비하고 장면으로 배치한 다음, 대화를 표현하는 스토리 보드를 작성

2. **Our Story 프로토타이핑 및 코딩 기초**
   - 선택한 주제에 대한 대화를 순차적으로 진행. 이 때, 대화는 각 스프라이트가 일정 시간동안 서로 번갈아 대기하는 방식으로 동기화
   - 오븐을 이용해 기본적인 프로토타입을 제작
   - 스크래치를 이용해 프로토타입을 실제 작동 코드로 실현

3. Our Story 프로토타이핑 및 코딩 고급

- 주제를 선택할 수 있는 홈페이지 초기화면을 추가
- 오븐을 이용해 홈페이지 초기화면 추가 등 개선된 프로토타입을 제작
- 스크래치에서 초기화면을 추가하고, 사용자 정의형 이벤트인 메시지 등 고급 기능을 활용해 개선된 코드로 구현

CHAPTER 7
Social Story 아이디어 구현

 이번 장에서는 우리가 실생활에서 가장 많이 사용하는 활동인 '말하기'의 마지막 세번째로서 기본적인 스타트업 활동 방식인 일반 대중들 대상으로 홍보/안내하는 3인칭 Social Story에 대한 스타트업 코딩 실습을 진행합니다. 이를 위해 먼저 3인칭 홍보 스토리에 대한 아이디어를 구상한 다음, 그 아이디어를 Kakao 오븐으로 프로토타이핑해 보며 그 결과를 실제 작동되는 SW로 구현하는 스크래치 코딩에 필요한 지식을 배우고 직접 코딩 실습하게 됩니다.

01 _Social Story 아이디어 구상

Social Story 소개

사람은 누구나 영원히 간직하고 싶은 소중한 것이 있을 것입니다. 그것이 사람이나 사물, 반려동물일 수 있고 물질적인 것이 아니라 정신적인 것일 수도 있습니다. 여러분은 가장 소중한 대상을 어떻게 간직하고 있나요? 사람이나 반려동물과 같이 시간이 지남에 따라 모습이나 관계 상태가 변할 수 있고 당시의 감정이 변하거나 소중했던 순간에 대한 기억이 흐려질 수도 있습니다. 이와 같은 아쉬움을 해결하는 방법으로 나에게 가장 소중한 것을 디지털 세상에서 변함없는 상태로 영원히 남기고 세상의 많은 사람들에게 자랑한다면 그 소중함을 오랫동안 간직할 수 있을 것입니다. 이번 장에서는 여러분에게 가장 소중한 대상을 세상 사람들에게 소개하는 Social Story를 스타트업 코딩으로 구현해 보도록 하겠습니다.

상대방에 따른 이야기 분류

앞에서 살펴본 1인칭 자기소개인 My Story, 2인칭 대화인 Our Story와 마찬가지로 3인칭 홍보인 Social Story에서도 누가 이야기를 들을 것인지 생각하는 것이 중요합니다. 아무리 여러분에게 소중하다고 하더라도 이야기를 듣는 상대방이 관심 없다면 공허한 메아리로 남아 그 의미가 퇴색될 것입니다. 혼자서만 간직하는 것도 좋지만 소중한 것을 함께 나눔으로서 그 소중함은 배가 될 것이니까요. 그런 의미에서 Social Story의 상대방(타겟 고객)은 소중한 대상에 관심 있는 사람들로 정하는 것이 좋습니다.

그러면 어떤 방식으로 소중한 대상을 사람들에게 소개하면 좋을까요? 앞에서 사이먼 시넥의 골든 서클에서 'why-how-what' 순서의 이야기 방법을 배웠습니다. 이 장에서는 골든 서클 이야기 방법을 활용해 나의 소중한 대상을 관심 사람들 대상으로 소개하도록 하겠습니다.

Social Story Why-How-What 아이디어 구상

먼저 왜 시작하게 되었는지 Why 부분에 대한 아이디어를 정리하기 위해 다음과 같은 질문들에 대한 답변을 생각하는 것으로 시작하는 것이 좋습니다.

- 당시 갖고 있던 나의 문제는 무엇인가?
- 기존에는 어떤 식으로 해결했는가?
- 기존 해결 방식에서 아쉬운 점은 무엇이었는가?

이 장에서는 예를 드는 소중한 대상을 반려견으로 결정하고 이 질문들에 대한 답변을 정리해 보았습니다. 먼저 가족이 갖고 있는 흔한 문제로 부모와 자녀의 공통 관심사 부족을 들 수 있습니다. 그 문제를 해결하기 위한 다양한 방법들을 시도해 보지만, 만족스러운 결과를 지속하기는 쉽지 않을 것입니다.

문제	기존 해결 방안	아쉬운 점
가족 간의 대화 부족	캠핑	많은 시간과 비용, 노력으로 실행 어려움
	햄스터	왕성한 번식력, 냄새, 잔인한 습성
	소라게	가격, 생활력 부족
	수족관 물고기	구피 물고기의 짧은 수명

다음으로 어떻게 해결할 것인지 How 부분에 대한 아이디어는 다음과 같은 질문들에 대한 답변을 생각하는 것으로 정리할 수 있습니다.

- 내 문제의 근본적인 원인은 무엇인가?
- 그 원인을 해결하는 새로운 방안은 무엇인가?
- 그 해결 방안은 문제 원인을 어떻게 해결하는가?

예를 든 가족의 공통 관심사를 갖기 위한 해결 방안으로 반려견 입양을 정리해 보았습니다.

문제 원인	새로운 해결 방안	문제 해결 방법
가족 구성원의 관심 사항이 서로 다름	반려견 입양	가족 구성원 모두의 관심사로 찬성
		반려견 동반 산책을 통한 가족 운동 시간 확보
		배변 처리는 첫째가 분담하기로 약속

마지막으로 실제 문제 해결 방안의 결과인 What 부분에 대한 아이디어도 다음과 같은 질문들에 대한 답변을 생각하는 것으로 정리할 수 있습니다.

- 해결 방법의 결과는 무슨 제품/사람인가? (가치)
- 그 방법을 얻는데 얼마나 노력/비용이 필요한가? (소요 비용)
- 문제 해결 효과
    - 그 원인을 어느 정도 해결했는가? (과거)
    - 현재 어떻게 작동하고 있는가? (현재)
    - 앞으로 어떤 효과를 제공할 것으로 기대하는가? (미래)
- 현재 아쉬운 점과 앞으로의 개선 방향은 무엇인가? (고려사항)

해결 결과	소요 비용	문제 해결 효과		고려 사항
반려견 입양	상당한 지출, 7시간의 운전	과거	가족 간 공통 관심사	짧은 생명, 매일 운동, 여행 제약
		현재	또 한명의 가족으로 양육	
		미래	자녀 성장 이후에도 계속 반려 동물	

마지막으로 이야기의 대상인 일반 타겟 고객에게 어떤 메시지를 전달할 것인지 추가하는 것이 좋습니다. 여기서는 Share 주제로 반려견 문화 공유 가치를 제공합니다. 이렇게 체계적으로 정리하는 과정에서 다양한 아이디어가 생겨날 텐데 여기서는 Social Story 아이디어를 다음과 같이 구성하는 것으로 정리했습니다.

제목	스토리 구성		기대 효과
또 한명의 가족, PoPo를 소개합니다.	Why	가족 간 공통 관심사	포포 추억 남기기 반려견 문화 확산 반려견 입양에 있어서의 책임감
	How	반려견 입양	
	What	포포	
	Share	반려견 문화 공유	

여러분도 여기서 살펴본 표들에 여러분의 고민과 해결 아이디어를 생각하고 정리하는 과정에서 이야기 줄거리가 떠오를 것입니다. 여러분만의 Social Story 구성을 만들어 들려주기를 기대합니다.

Social Story 사진 선별 및 스토리보드 구상

Social Story를 만들기 위해서 먼저 관련 사진들을 구글 포토, 구글 CCL 검색, Pixabay.com 등을 통해 찾아봅니다. 주요 사진들을 선별해서 보는 과정에서 당시 추억이 떠오르면서 이야기 조각들이 생겨날

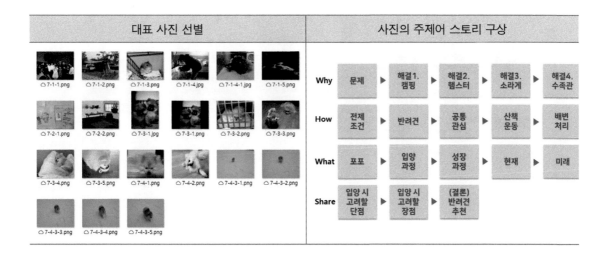

것입니다. 이렇게 모아둔 사진들을 중에서 Why, How, What, Share 카테고리 별로 추억이 담긴 대표적인 사진들을 골라내고 그 사진의 주제어들을 뽑아서 순서를 바꿔보면서 전체적인 스토리를 구상해 봅니다. 여기서 한 개의 사진에 주제어를 둘 이상 선택해서 같은 사진을 보면서 다양하게 이야기하는 것도 가능합니다.

이렇게 주제어 배열을 통해 전체적인 스토리 주제 배열이 구상되면 실제 사진에 각 주제어별로 들어갈 텍스트 문구를 작성하고 다듬어 봅니다. Our Story에서 진행한 것과 같이 이 과정에서 사진과 주제어 순서 변경, 삭제, 추가 등의 수정될 수도 있는데 이를 통해서 Social Story 아이디어가 점점 구체화 됩니다.

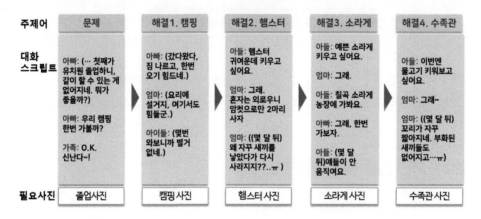

Social Story Why 부분 스토리보드 구상

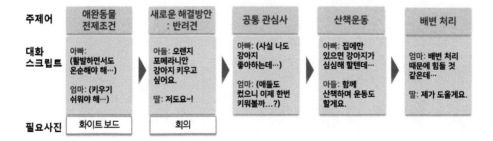

Social Story How 부분 스토리보드 구상

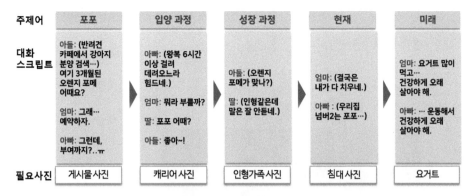

주제어	포포	입양 과정	성장 과정	현재	미래
대화 스크립트	아들: (반려견 카페에서 강아지 분양 검색…) 여기 3개월된 오렌지 포메 어때요?	아빠: (왕복 6시간 이상 걸려 데려오느라 힘드네.)	아들: (오렌지 포메가 맞나?)	엄마: (결국은 내가 다 치우네.)	엄마: 요거트 많이 먹고… 건강하게 오래 살아야 해.
	엄마: 그래… 예약하자.	엄마: 뭐라 부를까?	딸: (인형같은데 말은 잘 안듣네.)	아빠: (우리집 넘버2는 포포…)	아빠: … 운동해서 건강하게 오래 살아야 해.
	아빠: 그런데, 부여까지?..ㅠ	딸: 포포 어때?			
		아들: 좋아~!			
필요사진	게시물사진	캐리어사진	인형가족사진	침대사진	요거트

Social Story What 부분 스토리보드 구상

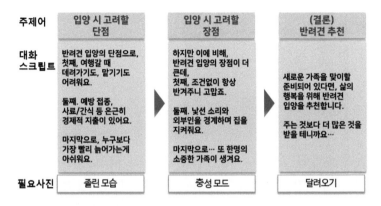

주제어	입양 시 고려할 단점	입양 시 고려할 장점	(결론) 반려견 추천
대화 스크립트	반려견 입양의 단점으로, 첫째, 여행갈 때 데려가기도, 맡기기도 어려워요.	하지만 이에 비해, 반려견 입양의 장점이 더 큰데, 첫째, 조건없이 항상 반겨주니 고맙죠.	새로운 가족을 맞이할 준비되어 있다면, 삶의 행복을 위해 반려견 입양을 추천합니다.
	둘째. 예방 접종, 사료/간식 등 은근히 경제적 지출이 있어요.	둘째. 낯선 소리와 외부인을 경계하며 집을 지켜줘요.	주는 것보다 더 많은 것을 받을 테니까요…
	마지막으로, 누구보다 가장 빨리 늙어가는게 아쉬워요.	마지막으로… 또 한명의 소중한 가족이 생겨요.	
필요사진	졸린 모습	충성 모드	달려오기

Social Story Share 부분 스토리보드 구상

이와 같이 각 사진별로 누가 어떤 말을 할지 텍스트 문구(스크립트)까지 미리 준비해 두면 앞으로의 작업이 보다 수월해 질 것입니다.

02_ Social Story 프로토타이핑 및 코딩 기초

간단한 오븐 프로토타이핑 작업하기

앞에서 구상한 Social Story 아이디어에 대한 오븐 프로토타이핑 방법을 살펴보겠습니다. 먼저 가장 간단하게 장면만 배치한 프로토타입을 오븐으로 만들어 장면 순서를 쉽게 바꾸면서 볼 수 있습니다. 페이지 하나에 배경 사진 하나씩을 추가한 것으로 웹브라우저에서 하단 좌측의 앞뒤 버튼을 이용해

장면 배치를 확인할 수 있습니다. 사진을 사용할 것으로 결정한 경우라면 그 크기를 미리 480x360 사이즈로 잘라서 사용하면 좋습니다.

Social Story 장면 배치 프로토타입

아이디어 구상 과정을 통해 Social Story에 사용할 장면 사진 배치 및 대화 문구가 확정되었다면 그 구상한 내용 그대로 오븐 프로토타입으로 제작해 확인해 보겠습니다. Social Story에서도 타이틀을 추가하는 것이 좋을 것으로 첫화면에 "또 한명의 가족, PoPo를 소개합니다."라는 타이틀로 시작합니다. 여기서 아빠를 사회자로 등장시켜 전체 스토리를 진행하도록 하는데 타이틀 페이지에서는 박수 치는 효과를 보여주면 좋겠습니다. 이와 같이 완성된 프로토타입 전체 결과물은 QR 코드를 통해 확인 가능합니다.

Social Story 오븐 프로토타입 기초

이 장에서 소개하는 Social Story에서는 아빠와 함께 엄마, 아들, 딸이 함께 등장합니다. 여기서는 예를 들기 위해 간단하게 인물 아이콘을 활용해 표시했지만 여러분은 보다 사실적인 내용을 전달 수 있도록 실제 사진을 사용하면 좋을 것입니다. 그리고, 아빠의 생각을 툴팁 요소로 표현해 말하기와 구분했으며 생각과 말하기의 순서를 한 페이지에서 표현하기 위해 글머리에 일련번호를 붙여 구분했습니다.

생각 표현과 말하기 순서 구분 표현

앞에서의 QR 코드를 통해 공개된 Social Story 오븐 프로토타입 기초를 보면 전체 내용을 쉽게 이해할 수 있고, 여러분이 직접 작성해보는 것도 어렵지 않을 것이기 때문에 이 정도로 마무리하고, 이제부터 스크래치 코딩 과정을 진행하도록 하겠습니다.

스크래치 스프라이트 만들기

이 장에서 예를 드는 Social Story에서는 아빠, 엄마, 아들, 딸 이렇게 4명이 등장합니다. 먼저 아빠 스프라이트는 사회자로서 박수 치는 효과를 주기 위해서 차렷 자세와 박수 자세의 2개의 모습으로 구성되는데 remove.bg 서비스를 이용해 배경을 제거한 다음, 스크래치에서 그 사진들을 모양으로 갖는 아빠 스프라이트를 만들면 됩니다.

아빠 모습1 (차렷 자세)		아빠 모습2 (박수 자세)	
원본 사진	배경 제거 사진	원본 사진	배경 제거 사진

다음으로 엄마, 아들, 딸을 위한 스프라이트의 경우, 예를 들어 가상의 인물을 표현하기 위해 스크래치가 제공하는 스프라이트 고르기에서 적절한 인물을 선택할 수 있습니다. 스크래치에서는 많은 수의 스프라이트를 제공하기 때문에 상단의 버튼을 눌러 그 카테고리에 해당하는 스프라이트들만 볼 수도 있습니다. 여러분의 Social Story에서는 보다 사실적인 스토리를 전달하기 위해 실제 인물들의 전신사진을 사용하기를 추천하는데 remove.bg 서비스로 간단히 배경을 제거하여 각각의 스프라이트를 쉽게 만들 수 있을 것입니다.

가상의 가족 스프라이트 고르기

타이틀 페이지 만들기

이 장에서의 Social Story는 "또 한명의 가족, PoPo를 소개합니다"라는 타이틀 페이지로 시작하는 것으로 구상했습니다. 스크래치의 배경 그리기에서 편집기를 이용해 이와 같은 타이틀 페이지를 쉽게 그릴 수 있을 것입니다.

Title 배경 페이지	Title 배경 코드	아빠 스프라이트 코드

Social Story에서도 깃발 클릭했을 때 말하기 시간을 timer라는 변수에 지정하지만 배경 화면 변경은 대화가 끝났을 때 자동으로 처리하는 대신 사용자가 배경을 마우스 클릭했을 때 변경하도록 구현해 보았습니다. 이것은 "무대를 클릭했을 때" 이벤트가 발행했을 때 "다음 배경으로 바꾸기" 코드를 붙이면 됩니다. 스크래치에 등록한 배경들은 1번부터 차례대로 순서가 있는데, "다음 배경으로 바꾸기"는 현재 배경의 다음 순서 배경을 보여줍니다. 만일 현재 배경이 가장 마지막 순서의 배경인 경우에는 첫 번째 배경이 다음 배경이 됩니다.

사회자인 아빠 스프라이트가 박수치는 효과는 모양으로 등록한 차렷 자세와 박수 자세 모양을 일정 시간을 두고 반복해서 보여주면 되는데 여기서는 0.5초를 기다렸다가 "다음 모양으로 바꾸기"를 7번 반복하는 것으로 구현했습니다. 스프라이트의 모양들도 1번부터 순서를 갖는데 "다음 모양으로 바꾸기"는 "다음 배경으로 바꾸기"와 같은 방식으로 작동합니다.

이 때, 아빠 스프라이트가 한창 박수를 치고 있는 도중에 무대 배경을 다음 순서 배경으로 바꾸기 위해 마우스로 클릭하면 어떻게 될까요? 스크래치는 지정한 코드 블록들을 순서대로 모두 처리합니다. 따라서, 배경은 바뀌면서도 아빠 스프라이트는 박수를 끝까지 치게 됩니다. 다시 말해서 타이틀 배경에서의 작동과 다음 배경에서의 작동이 겹쳐서 나오게 되는데 이런 문제가 발생하지 않도록 하나의 배경에서 모든 작동이 끝난 다음에 무대를 클릭하도록 하는 안내 문구 등의 안전장치가 추가하는 것이 한가지 해결 방법입니다.

4명 가족의 대화 페이지 만들기

엄마, 아들, 딸 스프라이트는 "배경이 Title로 바뀌었을 때" 이벤트에서 "숨기기"로 타이틀 배경에서 안보이도록 하고 그 다음 사진으로 배경이 바뀌었을 때 이벤트에서는 "보이기" 블록으로 배경에서 4명의 가족이 모두 보이도록 합니다. 먼저 아빠 스프라이트는 "...를 (timer)초동안 생각하기"를 통해 timer초 동안 생각 풍선으로 보여준 다음에 "... 말하기"를 보여준 상태로 계속 유지됩니다. 진행 시간이 없는 "... 생각하기", "... 말하기"는 다음 코드 블록이 있을 때까지 생각이나 말을 보여주는데 만일 진행 시간 없는 생각이나 말이 연속해서 나타난다면 첫 번째는 순식간에 처리되어 마지막만 보이게 됩니다.

아빠 (스프라이트) 실행 코드	0초 상황	timer초 상황
	(생각) 첫째가 유치원 졸업하니, 같이 할 수 있는 게 없어지네. 뭐가 좋을까?	(말하기) 우리 캠핑 한 번 가볼까?

아빠의 말을 들은 다음에 다른 가족들이 차례로 이야기하는 효과는 어떻게 구현할 수 있을까요? 앞에서 우리는 사용자 정의 이벤트인 메시지를 통해 대화 동기화하는 방법을 배웠는데 일단 여기서는 timer 대기시간을 이용해서 대화를 동기화해 보도록 하겠습니다. 여기서는 아빠의 말에 이어서 다음에 timer초 간격으로 엄마가 "O", 딸이 "K", 아들은 "신난다~!"라는 말하도록 구현해 보겠습니다. 아빠가 timer초 대기 후 말했으니 엄마는 timer*2초, 딸은 timer*3초, 아들은 timer*4초를 기다렸다가 말하면 됩니다. 모두 다 말하기 이후에 아무런 코드 블록이 없기 때문에 말풍선이 나타난 상태로 그대로 유지됩니다.

가족 대화 장면 1	엄마 실행 코드	딸 실행 코드	아들 실행 코드

다음 사진 장면으로 이동하려면 마우스로 배경을 클릭하면 됩니다. 여기서는 아빠, 엄마, 아들, 딸 순서로 timer초 간격으로 말하는 효과를 보여주겠습니다. 먼저 아빠 스프라이트에서는 다음 사진인 "7-1-2" 이름의 배경으로 바뀌었을 때 이 사진에 맞는 생각하기를 시작합니다. 다음으로 엄마 스프라이트에서는 "7-1-2" 이름의 배경으로 바뀌었을 때, 제일 먼저 "(공백) 말하기"(또는 "(공백) 생각하기")를 통해 기존 말풍선을 사라지게 하는 것이 필요합니다. 그런 다음 엄마는 timer초 대기 후 작성된 내용의 생각하기를 보여주면 됩니다. 아들과 딸의 경우도 마찬가지로 먼저 "(공백) 말하기"를 실행한 후 각각 timer*2초, timer*3초 대기 후 생각을 보여주면 됩니다. 아무래도 등장하는 스프라이트가 추가되고 말이나 생각이 많아지면 대기시간으로 대화를 동기화하는 것은 불편하다는 것을 알 수 있는데 다음의 고급 과정에서 메시지를 활용한 대화 동기화 방법을 소개하겠습니다.

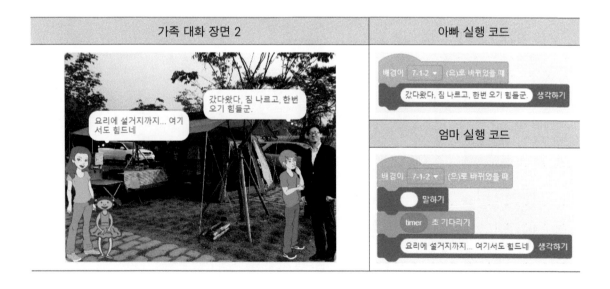

가족 대화 장면 2	아빠 실행 코드
	엄마 실행 코드

나머지 장면에 대한 내용들도 그렇게 어렵지 않게 같은 방식으로 구현하면 되는데 이와 같이 완성된 스크래치 프로젝트는 "7-1 Social Story 기초"를 통해 공유되어 있으니 살펴보기 바랍니다(URL : https://scratch.mit.edu/projects/320954973).

여기서 잠깐!

스크래치는 스마트폰에서도 접속할 수 있는데, 마우스로 배경 사진을 클릭해 다음 배경으로 이동하는 것은 어떻게 될까요? 화면 터치가 마우스 클릭과 같이 작동됩니다.

03_Social Story 프로토타이핑 및 코딩 고급

Social Story 오븐 프로토타이핑 고급 작업하기

앞에서 살펴본 Social Story는 스토리가 일렬로 나열된 선형식으로 구성되어 있습니다. 이것을 Why, How, What, Share의 각 스토리 주제별로 바로 시작할 수 있도록 타이틀 페이지에 메뉴를 추가하면 편리할 것입니다. 그리고, 이와 같은 타이틀 페이지가 홈페이지 시작화면 역할을 수행하는데 각 배경 사진 페이지에서 홈페이지로 이동할 수 있는 홈 아이콘을 추가하면 스토리 확인 중간에 바로 시작화면

Social Story 프로토타입 고급. 홈페이지 메뉴 버튼과 홈아이콘 만들기 (QR 코드)

으로 돌아올 수 있어 편리할 것입니다.

메뉴 버튼을 오븐에서 기본으로 제공하는 원, 사각형 등의 Shape 요소로 만들 수도 있는데 원형 메뉴를 만들어 보겠습니다. 먼저 원 요소를 더블클릭 후 캔버스에 이동시킨 후 적절한 크기로 조절합니다. 이 때, Shift키를 누른 상태에서 크기를 조절하면 좌우 비율이 일정한 원 모습 그대로 유지됩니다. 다음으로 원 요소를 마우스 더블 클릭하면 텍스트 입력 모드가 되는데 기본적으로 좌측 상단에서부터 입력이 시작됩니다. 첫 번째 메뉴인 "Why" 텍스트를 입력후 도형의 정중앙에 위치시키기 위해서는 원을 마우스로 선택해 두고, 상단의 가로 가운데 정렬을 적용하고, 그 우측의 세로 줄간격을 적절하게 조절하면 됩니다. 이렇게 만들어진 Why 원메뉴를 Copy&Paste 방식으로 복사 후 해당 텍스트로 수정한 다음 적절한 위치로 정렬합니다. 각 메뉴에 대해 "링크 연결하기"를 통해 해당 페이지로 이동하도록 처리합니다.

홈페이지 링크를 위한 홈 아이콘은 우측 아이콘 탭에서 "Home"을 검색해 쉽게 찾을 수 있습니다. 홈 아이콘을 선택 후 적절한 크기와 위치, 그리고, 채우기 색을 적용한 다음 "링크 연결하기"로 초기화면인 현재의 Title 페이지로 이동하도록 연결합니다. 사실 홈페이지에 홈아이콘은 필요는 없지만 전체 페이지에 홈아이콘이 포함되는 일관성을 제공하기 위해 추가했습니다. "템플릿 옵션-템플릿으로 복사"이후 나머지 모든 페이지들에 "템플릿 옵션-템플릿 붙여넣기"로 추가합니다. 이 때, 템플릿 옵션은 캔버스 내 비어있는 영역에 마우스 오른쪽 클릭을 해야 보이게 됩니다. 특정 요소에 대해 마우스 오른쪽 클릭을 하면 그 요소에 대해 적용할 수 있는 옵션들이 보인다는 사실을 생각하면 그 이유가 이해될 것입니다.

홈아이콘과 전후 장면 전환 버튼 만들기

홈페이지 이외의 다른 페이지에서는 홈아이콘과 함께 전후 장면으로 이동할 수 있는 버튼을 함께 추가하면 좋을 것입니다. 이전 장면 또는 다음 장면 이동 버튼을 누르면 현재 진행 중인 말하기 등의 활동을 멈추고 지정된 장면으로 신속하게 이동한다면 보다 편리하게 내용을 확인할 수 있을 것입니다. 여기서 각 장면 페이지마다 이전 장면과 다음 장면이 모두 다르기 때문에 템플릿 기능을 활용할 수는 없으며 각 페이지별로 이전 장면 버튼과 다음 장면 버튼에 일일이 맞는 페이지 링크를 연결해야 합니다. 여기서는 일부만 구현하고 메모 요소로 간단히 설명을 추가했지만 프로토타입으로 테스트하기 위해서는 전체 메뉴를 구현하는 것을 바람직합니다.

앞에서의 QR 코드를 통해 공개된 Social Story 오븐 프로토타입 고급을 보면 추가 내용을 확인할 수 있는데 이제부터 실제 그것을 구현한 스크래치 코딩 고급 과정을 살펴보도록 하겠습니다.

다양한 메뉴 버튼 만들기

먼저 홈메뉴 버튼을 위한 홈아이콘은 스프라이트 고르기에서 "Home"으로 검색하면 기본으로 제공하는 "Home Button"을 선택해 이용하면 됩니다. 기본 사이즈 조절을 경우에는 편집기에서 그룹화 적용 후 모서리를 선택해 조절하거나 스프라이트 목록에서 "크기" 값을 조정하면 됩니다.

다음으로 전후 장면 전환 버튼 또한 스프라이트 고르기에서 적당한 버튼을 선택하면 되는데 여기서는 "Button3" 스프라이트를 선택합니다. 모양 탭에서 기본으로 2개의 모양을 볼 수 있는데 첫 번째 모양을 사용하기로 하고 두 번째 모양은 삭제합니다. 화살표는 흰색 윤곽선 생삭으로 수평선을 그리고 윗 사선을 그려줍니다. 아래 사선은 윗 사선을 복사 후 180도 회전하면 같은 크기로 만들 수 있습니다. 이렇게 준비한 3개의 선을 합쳐서 화살표로 만들고 Shift 클릭 상태에서 모두 선택 후 상단의 "그룹화 적용"으로 묶어주면 완성됩니다.

Button3 스프라이트 선택	수평 선 그리기	윗 사선 그리기	아래 사선 복사	화살표 그룹화

연결선을 쉽게 그리는 다른 방법을 소개합니다. 이제까지는 화살표를 그리는 방법과 같이 각각의 선을 그리고, 적절한 위치로 이동한 다음 그룹화 하는 방법으로 연결선을 그려보았습니다. 보다 효율적인 연결선 그리는 방법으로 두 개의 선이 만나도록 선을 그어주면 만나는 지점에 작은 원이 생기는데 그 상태가 연결선으로 만들어진 상태입니다. 또 다른 방법으로 선의 양 부분에 마우스 커서를 올리면 그 지점에 작은 원이 생기는데 거기서부터 마우스 클릭으로 선을 그리면 연결선이 만들어 집니다. 이와 같이 만들어진 연결선은 여러 선을 그룹화로 붙인 것이 아니라 처음부터 하나의 연결선으로 처리됩니다. 이와 같은 연결선은 따로 분리할 수 없으며 수정은 "점편집" 도구로 이용해 각 점을 이동시켜 모양을 변경할 수 있습니다.

선그리기로 연결하기	연결선 가능한 끝 점 표시	점 편집 도구 이용

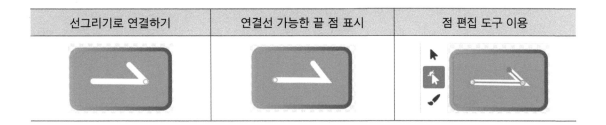

이와 같이 만든 "다음 장면 전환 메뉴" 버튼을 이용하면 "이전 장면 전환 메뉴" 버튼을 쉽게 만들 수 있습니다. 먼저 만든 모양에서 마우스 오른쪽 버튼 클릭을 선택한 후 "복사"를 선택하면 똑같은 모양의 버튼이 만들어 집니다. 새로 만들어진 모양 버튼에서 내부 선을 마우스 클릭하면 그룹화 되어 있기 때문에 우측 화살표 전체가 선택됩니다. 그 아래의 회전 선을 마우스로 선택해 180도 회전시켜 좌측 화살표로 만들면 "이전 장면 전환 메뉴 버튼"이 완성됩니다.

스프라이트 모양 복사	화살표 그룹화	화살표 180도 회전

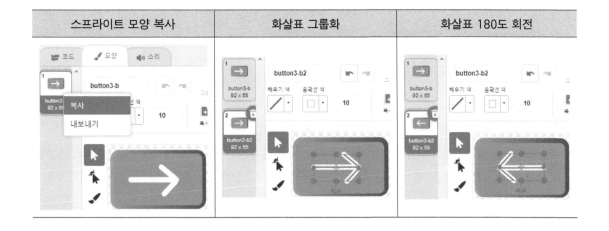

마지막으로 메뉴 버튼 스프라이트를 만들어 보겠습니다. 스프라이트 고르기에서 메뉴로 사용할 적당한 스프라이트를 선택하는데, 여기서는 "Ball" 스프라이트를 선택합니다. "Ball" 스프라이트는 기본으로 서로 다른 5개 색상의 원 모양을 포함하고 있는데 4개의 메뉴가 필요하기 때문에 마지막 모양을 우측 상단의 휴지통 아이콘을 눌러 삭제합니다. 그 다음에 첫 번째 모양부터 차례대로 원 중앙에 "Why", "How", "What", "Share" 텍스트를 "T" 도구를 이용해 입력하면 됩니다. 여기서 모든 버튼의 텍스트 크기를 동일하게 유지하기 위해서 먼저 하나의 텍스트, 예를 들어 "Why" 텍스트를 입력한 다음 "화살표" 도구로 텍스트를 선택 후 적절한 크기로 저정한 다음, Copy&Paste로 다른 버튼에 복사하고 해당 메뉴 텍스트로 수정하면 편리합니다.

Ball 스프라이트 선택	메뉴 텍스트 입력
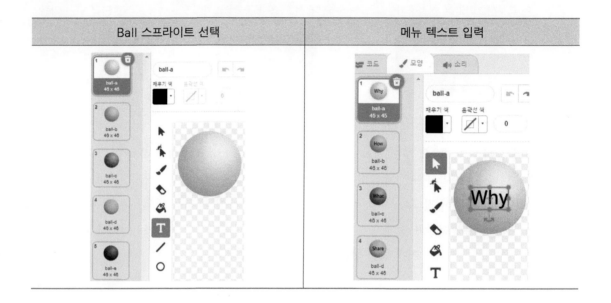	

Social Story 스크래치 홈 버튼 작동하기

이제부터 Social Story에 대한 스크래치 코딩을 시작하겠습니다. 먼저 홈 버튼을 만드는데 기본적으로 필요한 작업은 홈아이콘의 크기와 위치를 지정하고 보이도록 하는 것입니다. 이와 같은 작업을 실행 깃발 클릭했을 때 이벤트 또는 배경이 홈페이지인 "Title"로 바뀌었을 때 이벤트에서 수행할 수 있는데, 이 방법들은 어떤 차이가 있을까요? "깃발 클릭했을 때" 이벤트는 최초 1회만 실행되고, "배경이 Title로 바뀌었을 때"는 홈아이콘을 눌렀을 때마다 실행됩니다. 따라서, 고정적으로 1회만 실행하면 되는 것을 실행 깃발 이벤트에 두고 변화가 발생하는 부분인 경우라면 배경이 바뀌었을 때 이벤트에 두면 됩니다. 여기서 1회만 실행하면 되는 고정적인 블록을 배경이 바뀌었을 때 이벤트에 둘 수도 있는데 여러번 실행해도 똑같이 보이기 때문에 결과 측면에서는 문제가 없지만 불필요하게 반복해서 수행하기 때문에 비효율적이라는 문제는 있습니다.

홈 버튼 스프라이트			다른 스프라이트
최초 1회 실행	홈페이지 실행	홈 버튼 클릭	기존 작업 중단

홈 버튼을 누르면 "이 스프라이트를 클릭했을 때" 이벤트가 발생하는데 "배경을 Title로 바꾸기" 블록을 실행해 배경 사진을 홈페이지 초기화면으로 바꾸면 됩니다. 이 때, 전체 스프라이트들에게 이제 홈페이지로 이동하니까 현재 수행하는 작업들을 멈추도록 알리는 의미로 "stop_msg"라는 새로운 사용자 정의 이벤트를 만들어 신호를 보내고 다른 스프라이트들이 "stop_msg"를 받았을 때 처리하는 작업이 모두 끝날 때까지 기다린 다음에 초기화면으로 이동합니다. 예를 들어, 현재 배경 장면에서 다른 스프라이트들이 차례로 말하고, 움직이는 과정을 진행하는 중간에 바로 홈페이지 배경을 바꾸면 바뀐 홈페이지 배경에서도 기존 수행 과정이 끝까지 진행되기 때문에 사전에 멈추는 것이 필요합니다. 이를 위해 각 스프라이트에서는 "stop_msg" 신호를 받았을 때 말풍선이나 생각풍선을 사라지게 하는 "(공백) 말하기"를 실행하고, 제어 코드 중에서 "멈추기-이 스프라이트에 있는 다른 스크립트"를 실행하면 됩니다.

Social Story 스크래치 전후 장면 전환 버튼 작동하기

5장에서 살펴본 My Story 고급 편에서는 홈페이지 초기화면에 4개의 메뉴를 만들 때 첫 번째 메뉴 버튼 스프라이트를 먼저 만들고 나머지는 스프라이트 복사하기를 통해 총 4개의 메뉴 스프라이트를 만들었습니다. 그런데, 이 장에서 전후 장면 전환 버튼에서는 각 버튼별로 스프라이트를 만드는 것이 아니라 하나의 스프라이트 안에 2개의 모양을 포함하도록 만들었습니다. 이제까지는 스프라이트를 보이거나 숨기고 모양 바꾸기 등을 통해 한번에 하나의 스프라이트 모양만을 보여줬는데 같은 스프라이트에서 다른 모양들을 동시에 어떻게 보여주고 작동하도록 할 수 있을까요? 그 해결 방법이 바로 특별한 제어 코드인 "복제하기"를 이용하는 것입니다.

스프라이트 복사하기는 동일한 내용이지만 새로운 물리적 스프라이트로 만드는 과정으로 마치 일란성 쌍둥이와 같이 처음에는 똑같은 특성으로 갖지만 각각 물리적으로 독립적인 개체로서 서로 다른 성격을 갖도록 발전할 수도 있습니다. 반면 스프라이트 복제하기는 하나의 스프라이트를 논리적으로 새로운 가상의 스프라이트로 만드는 과정으로 마치 분신술과 같이 동일한 특성을 갖지만 독립적으로 작동하는 가상의 스프라이트를 만드는 것으로 이해할 수 있습니다. 복제하기를 통해 만들어진 스프라이트 개체는 동일한 코드를 공유하지만 스프라이트 내의 모양으로 구분해서 서로 다르게 작동하도록 구현할 수 있습니다.

구분	스프라이트 복사하기	스프라이트 복제하기
개념	쌍둥이	분신술
물리존재	서로 다른 스프라이트	하나의 스프라이트
코드	스프라이트별 다른 코드 작성 가능	하나의 코드
만들기	스프라이트 목록에서 복사하기	제어 코드 내 "복제하기" 블록
구분	개별 스프라이트	스프라이트 내 개별 모양

이제 복제하기 코드를 살펴보겠습니다. 전후 이동이라는 의미에서 스프라이트 이름을 "FBButton"로 정했으며 다음 배경으로 이동하는 첫 번째 "fwd" 모양을 지정하여 작동하도록 처리하고, 복제를 통해 만들어지는 새로운 스프라이트에 이전 배경으로 돌아가는 두 번째 "bwd" 모양으로 작동되도록 구현하겠습니다. 처음 실행 깃발 이벤트에서는 기본 스프라이인 "fwd" 버튼 위치를 지정하고 "나 자신 복제하기"를 통해 새로운 가상의 스프라이트를 복제한 다음 "bwd" 모양 및 버튼 위치를 지정합니다. 배경이 홈페이지 초기화면으로 바뀌면 버튼을 숨기고 다른 메뉴를 통한 배경으로 바뀌었을 때에

초기(fwd 버튼 설정) 나자신 복제(bwd 버튼)	복제되었을 때 (bwd 버튼 설정)	홈페이지 배경(공통)	다른 메뉴 배경(공통)

는 버튼을 보이는 것은 공통으로 작동합니다.

이 버튼을 눌렀을 때 홈 버튼과 마찬가지로 먼저 모든 스프라이트들의 작동을 멈추는 "stop_msg"를 보내고 기다립니다. 다음으로 각 모양에 따라 서로 다른 기능으로 구현되어야 하는데 이것은 자신의 모양 번호에 따라 구현할 수 있습니다.

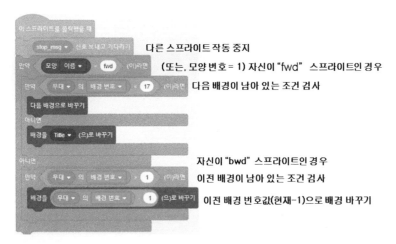

장면 전환 버튼 클릭 이벤트 처리

Social Story 스크래치 메뉴 버튼 작동하기

이번에는 하나의 메뉴 버튼 스프라이트로 4개의 메뉴 버튼 효과를 만드는 방법을 살펴보겠습니다. "menu"라는 이름의 스프라이트에서 모양 순서대로 "why메뉴", "how메뉴", "what메뉴", "share메뉴" 이름을 붙여줍니다. 깃발 실행 이벤트에서 첫 번째인 "why메뉴"를 기본 모양으로 정하고 위치를 지정한 다음에 두 번째 메뉴인 "how메뉴"를 만들기 위해 "나 자신 복제하기"를 실행합니다. 이 때, 우리는 2번째에서 4번째 모양까지의 메뉴 버튼이 필요하기 때문에 3번의 복제하기를 실행해야 하는데 복제하기를 통해 만들어지는 메뉴 스프라이트가 몇 번째 역할을 수행할 것인지 지정하기 위해 "메뉴번호"라는 변수를 생성하고 "2" 번째 모양이라는 값을 지정합니다.

"menu" 스프라이트에서는 (나 자신이)"복제되었을 때" 이벤트를 받았을 때 현재 메뉴번호에 따라 적합한 모양과 위치를 지정하고 다음에 복제해야할 메뉴가 남아 있는 경우 메뉴번호를 다음 순서 번호로 정한(또는 1만큼 바꾸어 증가시킨) 다음 "나 자신 복제하기"를 실행합니다. 이와 같이 복제되었을 때 이벤트 블록 내에서 복제하기를 실행하기 때문에 다시 복제되었을 때 이벤트 블록으로 진행되는 과정이 반복되는데 이런 경우에 무한 반복이 일어나지 않도록 어느 순간 복제하기가 더 이상 일어나지 않도록 하는 것이 중요합니다. 여기서는 "메뉴번호=4"인 경우가 더 이상 복제하기가 실행되지 않는 마지막 조건이 됩니다.

깃발 이벤트 처리	복제되었을 때 이벤트 처리		
why메뉴 지정	how메뉴 지정	what메뉴 지정	share메뉴 지정

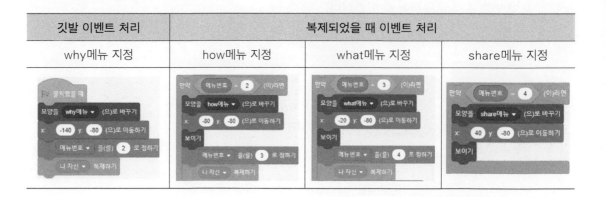

이와 같은 menu 버튼은 초기화면에서만 보이기 때문에, 이 버튼을 클릭했을 때 다른 스프라이트들의 작동을 멈추는 "stop_msg"를 보낼 필요는 없으며 클릭한 버튼의 모양에 해당하는 시작 배경으로 바꾸는 작업만 수행하면 됩니다.

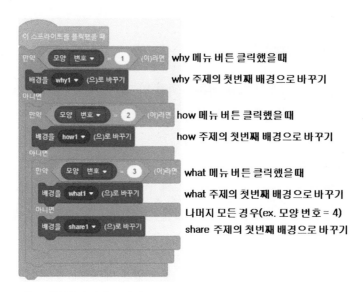

메뉴 버튼 클릭 이벤트 처리

메뉴 버튼 클릭 이벤트 처리 블록은 "만약 이라면 (A) 아니면 (B)" 블록 안의 (B)에 다시 "만약 이라면 (C) 아니면 (D)" 블록이 포함되는 이른바 중첩된 조건문 블록으로 구현되어 이해하기 조금 복잡할 수 있습니다. 이와 같은 조건문 블록들이 "만약 이라면 (A) 아니면 (B)", "만약 이라면 (C) 아니면 (D)"와 같이 연속해서 나올 수도 있는데 어떤 차이가 있는지 살펴보도록 하겠습니다. 먼저 여기서 소개한 중첩된 조건문에서는 외부 조건문을 만족하지 않는 경우에만 내부 조건문 검사가 진행됩니다. 반대로 외부 조건문이 만족하는 경우라면 내부 조건문은 실행되지 않습니다. 이에 비해 연속된 조건문의 경우에는 앞에서의 조건문 결과와 관계없이 그 다음 조건문을 검사해서 만족하는 경우 내부 블록을 처리하게 됩니다. 이 때, 각 조건문 형태를 바꿔서 사용하면 어떤 결과가 발생할까요? 중첩된 조건문을 사용해야 하는 상황에 연속된 조건문을 사용한다면 불필요한 조건문 검사가 많이 발생하게 되어 비효율적입니다. 예를 들어, 조건1을 만족하는 상황이라면 조건2, 조건3 검사를 할 필요가 없게 되는데 연속된 조건문을 사용한다면 조건1을 만족하더라도, 조건2, 조건3 만족여부를 모두 검사하게 됩니다. 반대로 연속된 조건문을 사용해야 하는 상황이라면 각 조건의 만족 여부가 다른 조건들의 만족 여부와 아무 관계가 없는 상황인데 이런 경우에 중첩된 조건문을 사용한다면 필요한 조건문 검사 및 처리를 못하는 처리 오류가 발생합니다. 예를 들어, 조건1과 조건2를 모두 만족하는 경우가 있는데 이를 중첩된 조건문으로 처리한다면 내부 블록에 포함되어 있는 조건2 처리 블록이 처리되지 않을 것으로 오류가 발생할 것입니다. 조금 더 소개하면 조건문에서 (A and B), (A or B) 등과 같은 논리연산을 포함할 수도 있기 때문에 다양한 조건을 제약없이 검사할 수 있습니다.

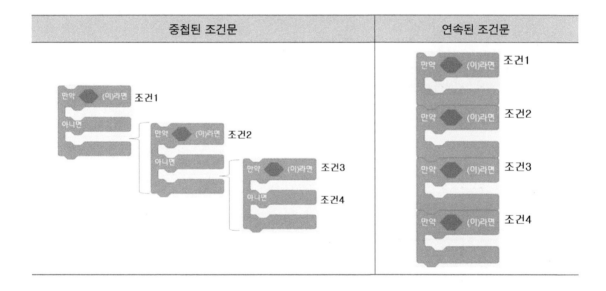

중첩된 조건문	연속된 조건문

3개 이상의 스프라이트 대화 동기화 만들기

Social Story에서는 4명의 가족이 서로 대화하는 장면을 구현해야 하는데 각 스프라이트별로 대기시간을 일일이 계산해서 기다렸다가 말하는 방식은 비효율적입니다. 우리는 Our Story 고급편에서 메시지를 이용해서 2명의 대화를 동기화하는 것을 살펴보았는데 여기서와 같이 4명의 대화는 어떻게 구현하면 좋을까요? 현실에서의 효율적인 대화 방법인 토론을 생각해보죠. 토론에서는 진행자가 있어서 누가 어떤 순서로 얼마동안 이야기할지 정하고 그 기준에 따라 발언권을 가진 사람에게 마이크를 넘기면서 이야기하도록 안내합니다. 발언권을 얻은 사람은 할당받은 시간동안 자신의 이야기를 한 다음에 진행자에게 마이크를 넘기게 됩니다. 이와 같은 방식으로 진행자 스프라이트가 메시지 보내기를 통해 다른 스프라이트에게 발언권을 주는 다자간 대화 동기화에 대해 살펴보겠습니다.

먼저 아빠 스프라이트를 진행자로 하고, 진행자가 나머지 스프라이트들과 각각의 메시지를 통해 대화를 주고받는 방식은 다음과 같습니다. 아빠 스프라이트가 발언권을 넘길 순서가 된 엄마, 아들, 딸에게 각각 "syn_msg_mom", "syn_msg_son", "syn_msg_daughter" 메시지를 보냅니다. 엄마, 아들, 딸 스프라이트에서는 자신의 발언권에 해당하는 메시지 수신 이벤트를 만들어, 메시지를 받았을 때 대화를 진행하게 됩니다.

(아빠) 메시지 발신 코드	메시지 수신 이벤트	수신인
sync_msg_mom ▼ 신호 보내고 기다리기	sync_msg_mom ▼ 신호를 받았을 때	엄마
sync_msg_son ▼ 신호 보내고 기다리기	sync_msg_son ▼ 신호를 받았을 때	아들
sync_msg_daughter ▼ 신호 보내기	sync_msg_daughter ▼ 신호를 받았을 때	딸

이 때, 진행자는 대화 규칙을 정할 수 있는데 발언권 외에도 어떤 것들을 지정할 수 있을까요? 예를 들어, 이야기할 시간, 말 또는 생각으로 구분되는 표현 방식도 함께 지정할 수 있습니다. 심지어 어떤 말을 할지 알려주는 것도 가능합니다. 이와 같이, 발언권 메시지를 보낼 때 다른 정보들도 함께 보낼 수 있는데 스크래치에서는 메시지 발신 스프라이트에서 각각의 정보들에 대한 전역 변수를 정의하고, 각 변수에 적절한 정보값을 미리 저장해 둡니다. 메시지를 수신하는 스프라이트에서는 이벤트를 처리할 때 해당 전역 변수의 값을 읽어서 그에 따라 처리하면 됩니다.

메시지 정보 변수	설명	정보 내용
생각여부	생각 또는 말 표현	0 : 말하기
		1 : 생각하기
인터벌	대기시간 지정	N : timer*N초 동안 말하기(또는 생각하기)
		0 : (지정시간 없이) 말하기(또는 생각하기)
대화문구	말(또는 생각) 문구	말하기(또는 생각하기)에서 보여줄 내용

why메뉴를 눌러 보이는 첫 번째 배경인 "why1"으로 변경되었을 때 진행자인 아빠 스프라이트는 자신의 생각과 말을 한 다음에 생각여부와 인터벌 값을 모두 0으로 지정(생각하기)한 다음에 엄마한테 발언권을 전달하고 엄마의 발언이 끝날 때까지 기다립니다("… 신호 보내고 기다리기" 블록 활용). 여기

아빠의 대화 진행자 수행 및 발언권 송신 처리	엄마의 발언권 수신 처리

서 엄마에게는 별도의 대화 문구를 지정하지 않고 엄마가 직접 말하도록 구현했습니다. 엄마의 발언이 끝난 다음에 딸에게 "K"를 말하도록 지정했으며 딸의 발언이 끝난 다음에는 아들에게는 "신난다~"를 말하도록 지정했습니다. 이 때, 인터벌 시간이 0인 경우에는 기본적으로 timer초 동안 기다리는 시간으로 처리됩니다.

아빠가 보낸 발언권 메시지를 수신한 다른 가족의 이벤트 처리 구문을 살펴보겠습니다. 엄마 스프라이트의 예를 보면, "syn_msg_mom" 신호를 받았을 때, 먼저 배경 무대가 "why1" 또는 "why2"인 경우 적절한 대화 문구를 선택하고 그 외의 배경 무대인 경우에는 아빠가 제공하는 대화 문구를 표현하는 방식으로 구현되었습니다. 예를 들어, 무대가 "why1"인 경우에 "O"를 말하도록 대화 문구를 지정한 다음에 생각여부와 인터벌 조건 값에 따라 적절하게 대화를 진행하는 것입니다. 생각여부가 0인 경우에는 말하기를 처리하는데, 인터벌이 0이라면 "(대화문구) 말하기" 코드와 기본 대기시간인 "(timer)초 기다리기"를 차례로 실행하고, 인터벌이 0이 아닌 경우에는 "(대화문구)를 (timer)초*(인터벌) 동안 말하기"를 실행합니다. 만일 생각여부가 1인 경우에는 이와 비슷한 방식으로 말하기 대신 생각하기 코드를 실행하게 됩니다. 아들과 딸 스프라이트의 경우에는 대화 문구를 아빠가 전달한 것을 그대로 사용하는 것으로 하고 엄마와 같은 방식으로 자신의 발언권 메시지를 처리합니다.

스프라이트 애니메이션 메시지 만들기

스프라이트의 모양을 차례로 바꾸는 방식으로 스프라이트의 애니메이션 효과를 줄 수 있는데 여기서는 대화의 진행자인 아빠가 반복횟수와 대기시간을 메시지로 보내 다른 가족의 애니메이션을 지정하는 방법을 살펴보겠습니다. 스프라이트의 애니메이션을 지정하는 "msg_action"이라는 메시지를 정의하고 스프라이트의 모양을 몇 번 바꿀지 정의하는 "repeat" 전역 변수와 모양을 바꾸는 과정에서의 대기시간을 정의하는 "repeat_wait" 전역변수를 정의합니다. 그런 다음 애니메이션을 지정하는 스프

메시지 발신 코드	메시지 수신 이벤트 코드
repeat ▼ 을(를) 8 로 정하기 repeat_wait ▼ 을(를) 0.3 로 정하기 msg_action ▼ 신호 보내기	msg_action ▼ 신호를 받았을 때 repeat 번 반복하기 다음 모양으로 바꾸기 repeat_wait 초 기다리기

라이트에서 "repeat", "repeat_wait" 변수에 적절한 값을 지정한 다음에 "msg_action 신호 보내기"를 수행합니다. 이와 같은 "msg_action 신호를 받았을 때" 이벤트에서는 내부에 포함하는 블록을 N번 반복하는 "(N)번 반복하기" 블록으로 "다음 모양으로 바꾸기", "(repeat_wait)초 기다리기"를 차례로 repeat번 반복함으로써 애니메이션 효과를 구현할 수 있습니다.

배경 스탑모션 애니메이션 만들기

스프라이트의 모양을 차례로 바꾸는 방식으로 스프라이트의 애니메이션 효과를 줄 수 있는 것처럼 무대 배경을 차례로 바꾸는 방식으로 배경을 활용한 스탑모션 애니메이션을 만들 수 있습니다. 용량이 커서 무거운 비디오 파일 대신에 간단한 사진 몇장으로 애니메이션을 만들 수 있는 것입니다. 예를 들어, 비디오 동영상 파일에서 연속된 장면의 사진 5장을 선택한 다음, 첫 번째 사진은 배경 사진으로 활용하고 나머지 4개의 사진들을 반복 재생하는 방식으로 스탑모션 애니메이션 효과를 얻을 수 있을 것입니다.

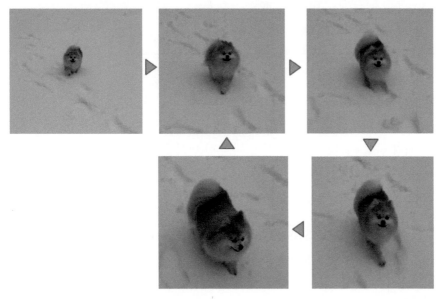

배경 스탑모션 애니메이션 구성

현재 Social Story 고급 편에서는 배경 모양 순서 17번까지 배경으로 사용하고 18번부터 21번까지의 4장의 배경은 애니메이션 용도로만 사용됩니다. 17번째 순서의 배경이 시작될 때 "popo_run"이라는 메시지를 통해 애니메이션을 시작하도록 신호를 보내는데 아빠 스프라이트에서 "popo_run 신호를 받았을 때" 이벤트를 처리합니다. 0.3초를 기다린 후 다음 번호의 배경으로 변경하는 과정을 무한 반복하는데 마지막 21번 배경에서는 다음 배경을 18번 순서인 "share3-2"로 바꾸는 방식으로 4장의 배경 사진이 반복 보여 집니다.

애니메이션용 배경 모양 등록	배경 애니메이션 신호 처리

이와 같은 무한 반복하기 코드에서는 반드시 무한 반복을 빠져나가는 방법을 제공해야만 합니다. 그렇지 않은 경우, 컴퓨터에 과부하가 생겨 멈추거나 다른 작업을 수행하지 못하는 등의 문제가 발생합니다. 여기에서는 배경 번호 순서가 17번 미만일 때 무한 반복을 멈추는 "멈추기 이 스크립트" 코드를 수행하는데 배경 번호 순서가 17번 미만으로 갈 수 있는 방법은 홈페이지로 이동하는 홈아이콘 또는 배경을 누르거나 다음 배경 장면 전환 화살표 버튼을 누르면 됩니다.

메시지 기반의 다자간 대화를 구현한 Social Story 스크래치 최종 결과물은 공유된 "7-2 Social Story 고급_메시지_new" 프로젝트를 통해 확인할 수 있습니다.

7장. 생각하기

Q 이번 장에서 학습한 Social Story 제작 스타트업 코딩 방법을 활용하여 어떻게 스타트업 활동을 시작할 수 있을까요?

A 여러분이 갖고 있었던 문제를 해결한 경험이나 현재 갖고 있는 문제를 해결하기 위한 방안을 공개하는 방식으로 스타트업 활동을 시작할 수 있습니다.

예를 들어, 외로움, 괴로움, 불안감, 따분함, 비효율성 등 여러분이 갖고 있었던 문제점을 친구, 부모님, 선생님 등 다른 소중한 사람의 도움을 통해서나, 대학교/학과, 책, 스마트폰, 노트북 등 소중한 사물/제품을 통해서 해결한 경험이 있다면 어떤 도움을 받았는지 정리하고 그 사람/제품을 소개하고, 다른 사람들에게 추천하는 방식입니다.

같은 방식으로, 현재 갖고 있는 문제들을 해결하기 위한 방식으로 정리하고 실제로 그 문제를 생각한 아이디어의 사람/제품이 해결할 수 있는지 검증해 나가기 위한 아이디어 정리 도구로서 스타트업 코딩을 유용하게 활용할 수 있습니다.

여러분의 다양한 아이디어가 정리되는 스타트업 코딩 방법과 함께 스타트업 활동 시작을 기대합니다.

7장. 퀴즈

1. 다음 보기에 대해 맞으면 O, 틀리면 X를 선택하세요.

   > 스크래치에서 배경 모양 제목을 변경하면 기존 작성된 스크래치 코드에서도 사용된 해당 배경의 모든 제목들이 자동으로 변경된다.

   1) O   2) X

   정답 1) O

   해설 배경 모양 제목을 추후 변경하더라도 스크래치는 작성된 코드에서 사용된 배경 모양 제목을 모두 찾아 자동으로 수정해 줍니다.

2. 오른쪽과 같은 스프라이트 대화 코드에서 Timer 변수
   에 저장된 값이 3이라고 할 때 Why4 배경으로 바뀐 이
   후부터 전체 실행이 종료될 때 까지 몇 초가 걸리나요?

   정답 12초

   해설 timer*3에서 3*3=9초 기다린 후 3초동안 말하기 실행되
   므로, 총 12초가 걸리게 됩니다.

3. 스크래치 코드 중에서 동일한 기능을 수행하는 여러 개의 임시 스프라이트를 만들 때 사용하는 것으로서
   기능 수정이 필요할 때 원본 스프라이트에서만 수정하면 되기 때문에 편리한 코드 블록은 무엇인가요?

   정답 복제하기

   해설 복제하기 코드를 통해 중에서 동일한 기능을 수행하는 여러 개의 임시 스프라이트를 만들어 실행할 수 있습니다.
   본문에서 살펴본 메뉴 버튼과 같이 유사한 기능을 수행하는 경우에 유용하게 활용할 수 있습니다.

7장. 핵심정리

1. Social Story 아이디어 구상
   - 홍보/안내는 스타트업 활동의 기본 업무로서, 그 내용과 표현 방법은 중요
   - 스타트업 코딩 3번째 아이디어로서 자신의 문제를 해결한 방법이나 그것을 도와준 사람 등 대상을 외부에 소
     개하고, 추천하는 과정에 대해 실습 진행
   - 문제 및 해결 방법을 소개하는데 필요한 사진 자료를 준비하고 장면으로 배치한 다음, 대화를 표현하는 스토
     리보드를 작성

2. Social Story 프로토타이핑 및 코딩 기초
   - 선택한 문제 주제에 대한 Why – How – What – Share 내용을 순차적으로 정리.
   - 이 때, 스프라이트들 사이의 대화는 일정 시간동안 대기하는 기본 방식으로 동기화
   - 오븐을 이용해 기본적인 프로토타입을 제작
   - 스크래치를 이용해 프로토타입을 실제 작동 코드로 실현

3. Social Story 프로토타이핑 및 코딩 고급

- 타이틀 홈페이지에 단계를 선택할 수 있는 메뉴 추가
- 다자간 스프라이트 대화 동기화는 진행자 스프라이트를 통한 개별 스프라이트 대상 발언권 메시지로 구현 가능
- 오븐을 이용해 개선된 프로토타입을 제작
- 스크래치에서 메시지 메뉴 스프라이트 등을 활용해 개선된 프로토타입을 실제 작동 코드로 실현

CHAPTER 8
중간 정리 과제 소개

 이제 여러분은 다양한 스토리의 아이디어를 구상하고, 그 아이디어에 대한 프로토타이핑 및 코딩을 직접 수행할 수 있습니다. 이번 장에서는 이제까지 학습한 내용을 중간 정리할 수 있도록 스타트업 코딩 방식으로 직접 구현할 수 있는 간단한 스토리 과제를 제시합니다. 이제까지의 학습 결과를 정리하는 차원에서 직접 과제를 수행해 보기를 추천합니다.

01_My Story 제작 가이드

5장에서 소개한 My Story를 여러분이 직접 만들어 볼 수 있는 가이드 예를 다음과 같이 간단히 소개합니다.

■ 제목 : My Story for OOO

• 타겟 고객 : 가장 소중한 상대방 OOO을 생각해 보세요. 만일 현재 그런 상대방이 없다면 미래에 만나게 될 상대방을 떠올려 보세요.
• 목적 : 나의 성장 스토리를 상대방과 공감하고 앞으로 같은 방향으로 함께 나아감
• 내용 : 나의 과거와 현재의 성장 스토리 그리고 앞으로의 미래 성장 계획를 Why-How-What의 Golden Circle을 고려해 구상합니다.

■ 과제 결과물

• My Story 오븐 프로젝트 공유 URL : 먼저 My Story 아이디어에 대해 사용할 사진들을 선별하고 나열하면서 텍스트 문구를 정리하는 아이디어 구상 작업을 1차로 마무리합니다. 다음으로 Kakao 오븐으로 My Story 프로토타입을 만들어 전체적으로 살펴보고 다른 사람들과 공유 후 의견을 수렴해 프로토타입을 개선하는 과정을 반복합니다. 이렇게 완성된 오븐 프로토타입 결과를 웹 브라우

저에서 확인할 수 있는 URL을 만들어 공유합니다. 이 때, 공유 URL은 기본적으로 현재 보여지는 페이지로 접속되기 때문에 시작 페이지(1페이지)로 이동 후 만들면 좋습니다.

- My Story 오븐 프로젝트 PDF 파일 : 오븐 프로젝트 결과물을 파일로 저장할 수도 있습니다. 오븐 프로젝트 메뉴에서 "페이지-전체 페이지 내려 받기"를 통해 전체 페이지를 PDF로 다운로드 받을 수 있습니다. 참고로 각 페이지 단위로는 "페이지 내려 받기" 메뉴를 통해 이미지 또는 PDF로 다운로드 받을 수 있습니다. 만일 여러분이 과제 결과물로 제출해야 한다면 외부 공유 처리된 프로젝트 URL과 결과물 파일을 함께 제출하는 것이 좋습니다. 그 이유로는 첫째, 과제 결과물을 전체적으로 한눈에 파악할 수 있습니다. URL을 통해 온라인에서 확인하는 것이 간편하고 자연스럽긴 하지만 아무래도 모든 내용을 파악하기 어려울 수도 있기 때문입니다. 둘째. 프로젝트 URL이 권한 미설정 등의 이유로 확인할 수 없을 수 있는데 이럴 때는 함께 첨부한 결과 파일을 통해 과제 수행 여부를 확인할 수 있습니다. 셋째. URL을 제출하는 경우 최종 내용을 확인할 때까지 시간 간격이 있기 때문에 제출 이후에 결과물이 수정될 수도 있다는 문제가 있습니다. 만일 최종 수정 시각이 표시되는 경우, 과제 제출 마감 이후 수정 시각이 남아 있다면 감점 부여하는 방법도 함께 사용할 수 있겠습니다.

오븐 결과 페이지 저장

- My Story 스크래치 프로젝트 공유 URL : 스크래치 작업 결과를 다른 사람에게 URL로 전달하기 위해서는 해당 프로젝트를 공유해야 합니다. 단, 이렇게 프로젝트 공유를 위해서는 회원 정보의 이메일을 통해 인증을 먼저 받아야 합니다. 만일 공유 처리되지

공유 처리되지 않은 스크래치 프로젝트 접속 화면

않은 스크래치 프로젝트를 접속하는 경우 오류 메시지가 보여 집니다. 따라서, 여러분이 만든 오븐 프로젝트와 스크래치 프로젝트가 공유처리 되었는지 확인하기 위해서는 해당 URL들을 오븐과 스크래치 계정이 로그아웃 된 다른 컴퓨터에서 직접 접속해 보는 것이 좋습니다.

- My Story 스크래치 프로젝트 sb3 파일 : 스크래치 프로젝트 결과물을 "파일-컴퓨터에 저장하기" 메뉴를 통해 파일로 저장할 수 있습니다. 저장된 파일은 "*.sb3" 확장자를 갖는데 "파일-Load from your computer" 메뉴를 통해 스크래치 서비스에 불러들여 확인할 수 있습니다. 스크래치 과제 결과물을 제출할 때에는 오븐 프로젝트 결과 파일 제출과 같은 이유로 공유된 프로젝트 URL과 함께 프로젝트 sb3 파일까지 제출하는 것이 필요합니다. 이 때, 이와 같은 프로젝트 파일

스크래치 프로젝트 저장

저장하기는 여러분의 프로젝트 뿐만 아니라 다른 사람들이 공유한 프로젝트까지도 파일로 저장할 수 있습니다. 하지만, 이와 같은 방식으로 프로젝트를 저장하는 것은 기존에 프로젝트를 힘들게 만들어 공유한 사람의 노력을 헛되게 하는 것이므로 반드시 "remix" 버튼을 눌러 공식적으로 공유 사실을 알리고 사용하기 바랍니다.

- My Story 제작 과정 및 내용 소개 동영상 YouTube URL : 프로젝트 결과물을 소개하는 동영상을 만들어 YouTube에 업로드한 다음 해당 동영상에 대한 공유 URL도 함께 첨부하는 것이 좋습니다. 이와 같은 동영상은 스마트폰을 활용해 쉽게 촬영할 수도 있지만 컴퓨터 화면을 동영상으로 캡처하는 프로그램을 사용하면 깨끗한 영상을 얻을 수 있습니다. 화면 동영상 캡처는 간단하게는 파워포인트 최신 버전의 녹화 기능을 사용하거나 반디캠 등의 프로그램을 사용할 수 있습니다.

■ 필수 포함 항목

- 분량 : 무대 배경(장면 전환) 4개 이상, 각 배경마다 자신의 말하기 4회 이상 포함해서 총 16개 이상의 말하기가 포함됩니다. 하지만, 이 정도는 기본이며 보다 다양한 콘텐츠와 내용을 포함하면 좋을 것입니다. 또한 어떤 내용으로 어떻게 구성되는지도 중요한 정성적 평가 요소가 됩니다.
- 자신의 얼굴이 포함된 전신사진을 이용하는데 서로 다른 모습으로 최소 2장 이상의 사진을 사용합니다. 따라서, 스크래치에서 본인의 스프라이트에서는 2개 이상의 모양을 갖게 됩니다.
- 전신 사진은 여러분의 자연스러운 전체 모습이 나오는 것이 좋습니다. 합성 사진은 부자연스러워 스토리에 몰입할 수 없기 때문에 감점 요소가 됩니다. 스프라이트 제작을 위한 사진 이미지 내 배경

제거는 http://remove.bg 사이트 등을 이용해 간단히 처리할 수 있습니다.

- 마찬가지로 배경 사진 또한 그래픽이나 비현실적인 사진보다는 여러분이 직접 촬영했거나 일반적인 실제 사진을 사용하기 바랍니다.

- 소개 동영상은 오븐과 스크래치 계정이 로그아웃 된 컴퓨터에서 여러분이 직접 작업 결과물을 작동시키면서 자신의 목소리로 또렷하게 녹음합니다. 이와 같은 방식으로 공유된 결과물이 다른 사람에게도 제대로 작동되는지 확인하는 의미도 있으며 직접 설명하는 과정에서 한번 더 생각하고 개선시킬 가능성도 있을 것 입니다.

📑 여기서 잠깐!

이와 같은 자신의 목소리와 자신의 얼굴이 포함된 전신사진을 공유하는 것에 대해 불편해 하거나 어렵게 생각하는 경우가 있는데 전혀 그럴 필요가 없습니다. 앞으로 여러분은 당연히 사회생활을 하게 될 것이고 오히려 보다 적극적으로 활동해야 할 것입니다. 미래 사회를 살아가는데 필요적인 창의적인 문제 해결 과정인 스타트업 활동은 여러분을 적극적으로 알리고, 외부와 활발하게 소통하는 것이 중요합니다. 스타트업 코딩은 이를 위한 유용한 활용 도구로서 여러분 자신을 보여주고 소개하는 것은 바로 그 스타트업 활동의 출발입니다.

02_Our Story 제작 가이드

6장에서 소개한 Our Story를 여러분과 소중한 상대방이 함께 직접 만들어 볼 수 있는 가이드 예를 다음과 같이 간단히 소개합니다. 전체적으로 My Story와 비슷하므로 세부 설명은 생략합니다.

■ 제목 : Our Story with OOO

- 타겟 고객 : 가장 소중한 상대방 OOO을 생각해 보세요. 만일 현재 그런 상대방이 없다면 미래에 만나게 될 상대방을 떠올려 보세요.
- 목적 : 나의 소중한 추억을 함께 한 고마운 상대방과 추억 스토리를 공동으로 만들어 남기고 앞으로 함께 만들어 갈 것을 다짐해 봅니다.
- 내용 : 나와 소중한 상대방의 과거와 현재의 추억 스토리, 그리고 앞으로 함께 만들어갈 미래 계획를 Why-How-What의 Golden Circle을 고려해 구상합니다.

■ 과제 결과물

- Our Story 오븐 프로젝트 공유 URL
- Our Story 오븐 프로젝트 PDF 파일
- Our Story 스크래치 프로젝트 공유 URL
- Our Story 스크래치 프로젝트 sb3 파일
- Our Story 제작 과정 및 내용 소개 동영상 YouTube URL

■ 필수 포함 항목

- 분량 : 무대 배경(장면 전환) 6개 이상, 각 배경마다 자신과 상대방 간의 2회 이상의 동기화된 대화 (즉, 말하기 4회 이상) 포함해서 총 24회 이상의 말하기가 포함됩니다.
- 자신의 얼굴이 포함된 자연스러운 전신사진을 최소 2장 이상 모습으로 사용합니다.
- 상대방의 얼굴이 포함된 자연스러운 전신사진을 최소 2장 이상 모습으로 사용합니다.
- 배경 사진 또한 그래픽이나 비현실적인 사진보다는 여러분이 직접 촬영했거나 일반적인 실제 사진을 사용하기 바랍니다.
- 소개 동영상은 오븐과 스크래치 계정이 로그아웃 된 컴퓨터에서 여러분이 직접 작업 결과물을 작동시키면서 자신의 목소리로 또렷하게 녹음합니다.

03 _Social Story 제작 가이드

7장에서 소개한 Social Story를 여러분이 직접 만들어 볼 수 있는 가이드 예를 다음과 같이 간단히 소개합니다. 전체적으로 My Story와 비슷하므로 세부 설명은 생략합니다.

■ 제목 : Social Story for 예비대학생

- 타겟 고객 : 만일 여러분이 대학생이라면 예비 대학생들이 타겟 고객인데 졸업한 고등학교의 후배 학생들을 떠올려 보세요. 회사원이나 고등학생 등 다른 경우라도 현재 소속 기관에 관심 있는 사람들이 Social Story의 대상이 됩니다.
- 목적 : 예비 대학생을 여러분의 대학교와 학과(또는 회사 등)에 지원하고 싶도록 만들어 보세요.

- 내용 : 여러분의 학교/학과의 과거와 현재의 성장 스토리, 그리고 앞으로 발전 전망 등을 대학교/학과의 대표 사람/사물과 함께 대화형으로 소개하는 내용으로 Why-How-What의 Golden Circle을 고려해 구상합니다.

■ 과제 결과물

- Social Story 오븐 프로젝트 공유 URL
- Social Story 오븐 프로젝트 PDF 파일
- Social Story 스크래치 프로젝트 공유 URL
- Social Story 스크래치 프로젝트 sb3 파일
- Social Story 제작 과정 및 내용 소개 동영상 YouTube URL

■ 필수 포함 항목

- 분량 : 학교(또는 학과, 회사 등) 관련 무대 배경(장면 전환) 6개 이상, 각 배경마다 자신과 상대방 간의 2회 이상의 동기화된 대화(즉, 말하기 4회 이상) 포함해서 총 24회 이상의 말하기가 포함됩니다.
- 자신의 얼굴이 포함된 자연스러운 전신사진을 최소 2장 이상 모습으로 사용합니다.
- 상대방의 얼굴이 포함된 자연스러운 전신(사물인 경우, 전체 모습) 사진을 최소 2장 이상 모습으로 사용합니다.
- 배경 사진 또한 그래픽이나 비현실적인 사진보다는 여러분이 직접 촬영했거나 일반적인 실제 사진을 사용하기 바랍니다.
- 소개 동영상은 오븐과 스크래치 계정이 로그아웃 된 컴퓨터에서 여러분이 직접 작업 결과물을 작동시키면서 자신의 목소리로 또렷하게 녹음합니다.

PART III
스타트업 코딩 심화

Part II 의 말하기에 대한 스타트업 코딩에 이어서 Part III 에서는 심화 스타트업 코딩으로서 아이들이 재미있게 사용할 수 있는 그림놀이와 숫자놀이에 대한 아이디어를 SW로 구현하는 방법을 배우게 됩니다. 그림놀이에 대한 스타트업 코딩을 위해 먼저 9장에서는 기본적인 스크래치 그리기 기능을 활용해 아이들을 위한 간단한 그림판 SW 아이디어를 생각해보고 프로토타이핑 후 스크래치 코딩하게 됩니다. 다음으로 10장에서는 아이들이 재미있게 사용할 수 있는 우리 아이 맞춤형 그림놀이 SW 아이디어를 생각해보고 프로토타이핑 후 스크래치 코딩하게 됩니다. 숫자놀이에 대한 스타트업 코딩을 위해 먼저 11장에서는 기본적인 스크래치 연산 기능을 활용해 아이들을 위한 간단한 계산기 SW 아이디어를 생각해보고 프로토타이핑 후 스크래치 코딩하게 됩니다. 다음으로 12장에서는 아이들이 재미있게 사용할 수 있는 우리 아이 맞춤형 숫자놀이 SW 아이디어를 생각해보고 프로토타이핑 후 스크래치 코딩하게 됩니다.

CHAPTER 9
우리 아이 그림놀이 SW 기초 아이디어 구현

 앞에서 우리는 실생활에서 사용하는 가장 기본적인 활동인 "말하기"와 관련하여 1인칭 소개, 2인칭 대화, 3인칭 홍보 방법에 대한 스타트업 코딩을 살펴보았습니다. 이제 손을 활용한 자유로운 표현 방법인 그리기 활동을 다루는데 이번 장에서는 그림놀이에 대한 아이디어와 스크래치의 기본적인 그리기 기능을 살펴본 다음에, 아이를 위한 그림 놀이 SW에 대한 아이디어를 구상하여 Kakao 오븐으로 프로토타이핑해 보며 그 결과를 실제 작동되는 SW로 구현하는 스크래치 코딩을 직접 실습하게 됩니다.

01 _그림놀이 아이디어 구상

아이를 위한 그림놀이 아이디어

어린 아이의 성장 과정을 생각해 보면 글이나 숫자를 깨우치기 훨씬 전에 그리기를 시작합니다. 아이에게 그리기란 정식으로 배울 필요도 없는 자연스러운 것으로 언제나 재미있는 놀이인 것입니다. 이런 그리기는 아이의 상상력과 표현력을 향상시키는 등 아이의 성장에 큰 도움이 되기 때문에 부모는 아이와 함께 그림 그리기 놀이를 자주 하게 됩니다. 그런데, 이런 그림 놀이에서 몇가지 문제가 발생하기도 합니다. 아이에게 방바닥이나 벽은 훌

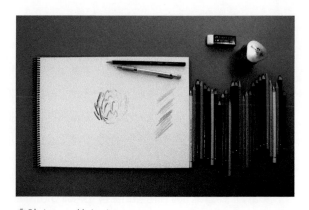

출처. https://pixabay.com

륭한 도화지이므로 그림을 그리기 십상이고 크레파스나 색연필을 먹는다거나 몸에 찌르는 위험이 발생할 수도 있습니다. 아이에게 그림 놀이는 재미있지만 부모에게는 그림 놀이 이후 어지럽혀진 스케치북, 색연필 등을 정리해야 하는 불편함 뿐만 아니라 그 도구들을 주기적으로 구입해야 하는 경제적

인 문제도 무시할 수 없습니다. 이런 여러 가지 문제점들을 해결하면서도 아이에게 재미있는 그림 놀이를 제공하는 해결 방법을 바로 SW에서 찾을 수 있습니다.

기존에 어린 아이를 위한 다양한 SW들이 소개되어 있지만 여러분이 직접 만드는 그림놀이 SW는 우리 아이에게 훨씬 더 큰 감동과 재미를 줄 수 있습니다. 여러분 주위의 어린 아이들을 생각해 보세요. 여러분이 대학생이라면 조카가 될 수 있고 미래의 자녀를 미리 생각할 수도 있습니다. 사랑스러운 여러분의 아이를 위해 하나밖에 없는 맞춤형 그림놀이 SW를 여러분이 직접 만들어 함께 사용하는 모습을 생각하면 흥분되지 않나요? 이제부터 우리 아이를 위한 맞춤형 그림놀이 SW를 스타트업 코딩을 통해 만들어 볼 것입니다. 그 출발점으로 스크래치의 기본적인 그리기 기능을 살펴보는 것으로 시작합니다.

스크래치 색연필 스프라이트 만들기

우리가 만들 그림 놀이 SW에서는 그림 도구로 색연필을 사용하는데 먼저 노란색 색연필 스프라이트를 만들어 보겠습니다. 스프라이트 목록의 스프라이트 고르기에서 "pencil"을 선택한 다음 모양탭을 눌러 편집 화면으로 이동합니다. 현재 몸통이 노란색인 연필 모양인데 노란색 색연필로 만들기 위해 사각형의 펜촉을 만들어 몸체와 맞도록 회전해 붙이고 펜촉의 색상과 뒷부분 지우개의 색상을 색 스포이드를 이용해 노란색으로 변경후 색채우기로 변경하면 됩니다.

penceil 스프라이트 고르기	노란색 펜촉 만들어 붙이기	지우개 노란색 바꾸기

스크래치 색연필로 임의 그리기

스크래치에서 그리기를 이용하기 위해서는 좌측의 블록 코드 하단의 "확장 기능 추가하기"를 눌러 "펜" 확장 기능을 먼저 선택해야 합니다.

스크래치의 펜 그리기의 원리는 "펜 내리기" 블록 작동 이후에 스프라이트를 움직이면 지정된 색의 선이 그려지게 되고, "펜 올리기" 블록을 작동하면 그리기가 멈추게 됩니다. 이 때, "모두 지우기"를 통해 펜으로 그린 모든 그림들을 삭제할 수 있는데 깃발 클릭을 통한 처음 실행할 때 "모두 지우기" 실행으로 깨끗한 상태에서 그릴 수 있습니다. 그리고, "펜 색깔을 ...로 정하기"로 원하는 색깔의 펜을 지정할 수 있는데 일단 붉은색으로 지정해 보았습니다. 펜 그리기 실행 과정을 보기 위해서 색연필 스프라이트를 화면 중앙 (0,0) 위치로 이동 후 "펜 내리기" 다음에 "0.5초 동안 랜덤 위치로 이동하기"를 "10번 반복하기" 실행해 보았습니다. 이 때 "0.5초 동안" 없이 임의의 "랜덤 위치로 이동하기"로 작동할 수 있지만 그런 경우에는 순식간에 그리는 과정이 끝나기 때문에 그리는 과정을 볼 수 있도록 이동 시간을 지정한 것입니다. 이와 같은 실행 화면을 개선해야 할 점들이 있는데 여러분은 그 문제점들을 발견했나요?

색연필로 임의 그리기	실행 화면
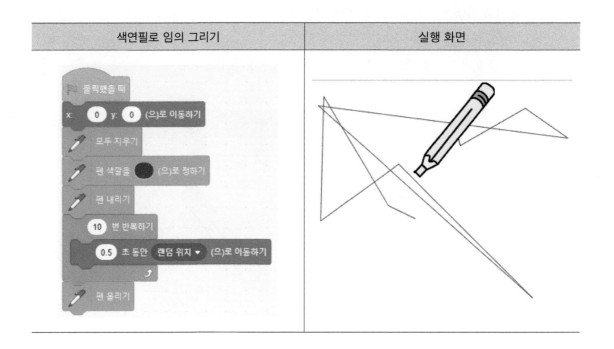	

대표적인 문제점들은 바로 노란색 색연필인데 빨간색 선을 그리는 것과 색연필 촉이 아니라 몸통 중간 부분에서 선이 그려진다는 것입니다. 첫 번째 문제는 "펜 색깔을 ...로 정하기"에서 색상을 눌러 나타나는 색선택 스포이드로 색연필의 펜촉의 색상과 동일한 색깔로 지정하는 것으로 해결되고 두 번째 문제는 색연필 스프라이트의 모양 편집 화면에서 기준 위치(내부에 +표시가 있는 원)로 펜촉 위치를 이동하면 됩니다. 이 때, 색연필 스프라이트는 여러 도형들로 구성되어 있으므로 전체를 선택 후 그룹화 하는 것이 편리합니다.

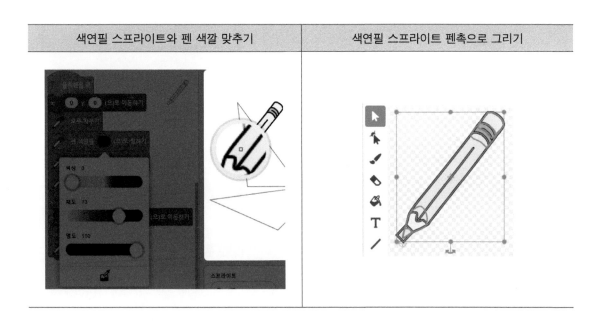

색연필 스프라이트와 펜 색깔 맞추기	색연필 스프라이트 펜촉으로 그리기

이제까지 기본적인 색연필 스프라이트를 보여주는 간단한 스크래치 프로젝트를 살펴보았는데 공유된 "9-0-1 색연필 임의그리기" 프로젝트에서 코드를 확인할 수 있습니다.

스크래치 색연필로 직접 그리기

이제 여러분이 원하는 대로 마우스로 움직이면서 색연필 그리기 하는 방법을 살펴보겠습니다. 선을 그리는 효과를 보여주는 방법은 여러 가지가 있는데 일단 여기서는 마우스 커서를 기준으로 처리하는 간단한 방법을 사용합니다. 선을 그리는 방법으로 원하는 시작 위치로 마우스 커서를 이동 후 마우스 왼쪽 버튼 클릭하면 그리기 시작해서 마우스 이동하는 대로 선이 그려지며 다시 한번 마우스 왼쪽 버튼을 클릭했을 때 그리기를 종료하는 방식으로 구현합니다. 이를 위해서, 배경에 "(마우스로)무대를 클릭했을 때" 이벤트를 감지해서 색연필 스프라이트에게 선을 그리도록 사용자가 정의한 "색연필그리기" 메시지 신호를 보내줍니다. 색연필 스프라이트에서는 그 "색연필그리기" 신호를 받았을 때 이벤트에서 "마우스 포인터로 이동하기"로 마우스가 움직이는 위치까지 선을 그리는 과정을 마우스를 다시 클릭할 때까지 반복하면 됩니다.

무대 배경의 그리기 신호 보내기	색연필 스프라이트의 그리기 신호 처리 코드
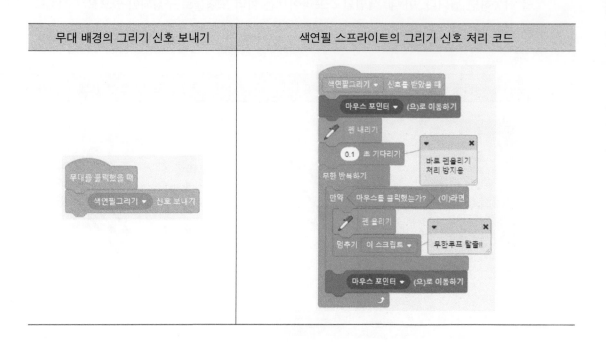	

마우스를 이동하는 대로 그리는 기본 코드는 "펜 내리기 – 마우스 이동 무한 반복 – 펜 올리기"입니다. 여기서 그리기를 종료하는 조건으로 특정 키(ex. 스페이스키)를 누르거나 실행 화면 벽에 색연필이 닿았을 때 등 스크래치에서 기본적으로 확인할 수 있는 여러 가지 방법으로 구현할 수 있는데 여기서는 마우스를 클릭했을 때로 정했습니다. 이와 같이 "무한 반복하기(무한루프)" 블록을 사용할 때에는 항상 그 무한루프를 빠져나올 수 있는 조건을 지정해야 하고 그 조건이 발생했을 때 "멈추기 ..." 블록을 실행시키면 됩니다.

여기서 또 하나의 중요한 코드가 있는데 "펜 내리기" 다음에 "...초 기다리기" 블록을 추가한 것입니다. 이와 같은 일정시간 기다리기가 필요한 이유는 무엇일까요? 이 블록이 없는 상태에서 프로젝트 페이지에서 실행시켜 보면 마우스 클릭한 위치에 점을 찍은 이후에 선그리기가 제대로 작동하지 않습니다. 그 현상을 보다 선명하게 보기 위해서 펜 색깔을 빨간색으로 하고 "펜 굵기를 10으로 정하기" 이후에 실행하면 선그리기를 위해 무대 배경 시작 위치에 마우스를 클릭할 때마다 빨간 점이 하나만 찍히는 것을 확인할 수 있습니다.

펜내리기 이후 대기시간 없는 경우	빨간색 굵은 선으로 실행 결과 확인
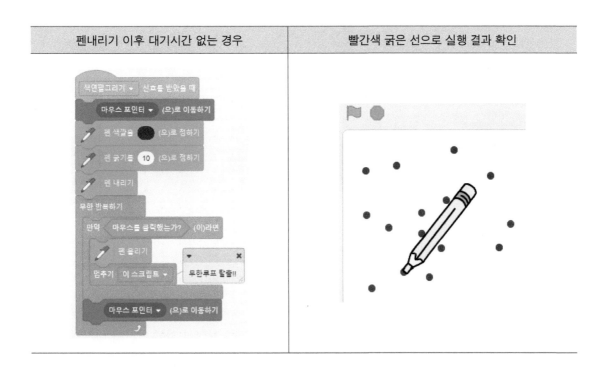	

그 이유는 바로 "무대를 클릭했을 때" 이벤트와 "마우스를 클릭했을 때" 이벤트가 함께 발생하기 때문입니다. 무대를 마우스로 클릭했을 때 무대 배경에서는 "색연필그리기 신호 보내기"를 처리하고, 색연필 스프라이트는 "색연필그리기 신호를 받았을 때"를 처리하게 되는데 무한 반복하기 블록 안에서 "마우스를 클릭했는가" 조건이 바로 만족되어 "펜올리기"가 처리되면서 선그리기를 종료하게 됩니다. 다시 설명하면, 그리기를 시작하기 위해 무대를 마우스로 클릭했는데 일련의 블록 처리 작업들이 순식간에 처리되면서 무한 반복하기 블록 안에서 "마우스를 클릭했는가" 조건을 검사하는 순간에도 마우스를 클릭한 것으로 확인되기 때문에 바로 "펜올리기"로 그리기를 종료하게 되는 것입니다. 이를 해결하는 방법은 무한 반복하기 블록 안에서 "마우스를 클릭했는가" 조건 검사 시간을 조금 늦추는 것으로서 "무한 반복하기" 앞에 약간의 대기시간(ex. 0.1초)을 지정하면 되는 것입니다.

이제 마우스 클릭을 통해 선그리기는 정상적으로 수행될 것입니다. 그런데, 마우스 클릭으로 선그리기를 종료했는데도 여전히 선그리기가 계속되는 현상이 발생될 수 있습니다. 이런 현상은 처리 속도가 보다 빠른 프로젝트 페이지에서의 실행에서 더 자주 발생하는데 이 또한 그리기 중지를 위한 "마우스를 클릭했을 때" 이벤트와 "무대를 클릭했을 때" 이벤트가 함께 발생하기 때문입니다. 이를 해결

무대 배경 틀린 처리	무대 배경 바른 처리	색연필의 그리기개선 이벤트
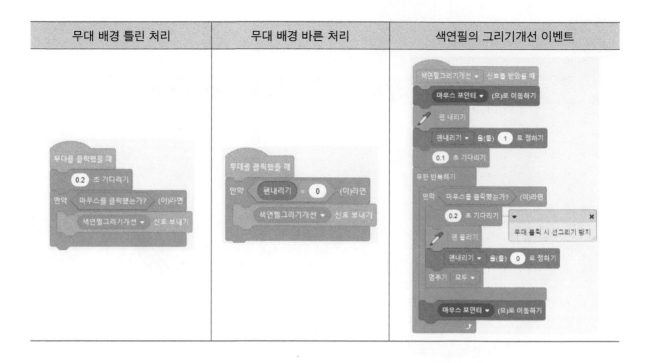		

하기 위해 앞에서와 같이 무대 배경에서 그리기 이벤트를 보내기 전에 약간의 대기시간 이후 마우스 클릭 조건을 만족하는지 검사하는 방법을 생각할 수 있는데 이 방법은 마우스 클릭을 통한 그리기 시작이 아예 안된다는 문제가 발생합니다. 이를 해결하는 다른 방법으로 "펜내리기"라는 전역 변수를 정의해서 펜내리기(그리기) 상태인 경우 "1", 펜올리기 상태인 경우 "0" 값을 지정하고, 무대 배경에서는 펜내리기 변수값이 0인, 이른바 그리기 대기 상태인 경우에 그리기 신호를 보내도록 수정합니다. 하지만 이것만으로는 제대로 작동하지 않는데 이는 색연필의 무한반복 코드 내에서 마우스 클릭한 경우 순식간에 펜내리기 변수값을 0으로 만들기 때문입니다. 따라서, 펜내리기 변수값을 0으로 만들기 전에 약간의 대기시간(ex. 0.2초)을 지정함으로써 무대 배경에서 펜내리기 변수 체크할 때에는 그 변수 값이 1을 유지하게 만들면 됩니다.

별 스프라이트 활용하기

그리는 방법을 생각할 때 직접 선으로 그릴 수도 있지만 같은 모양을 도장으로 찍는 방법도 있습니다. 스크래치에서는 스프라이트와 똑같은 그림을 이미지로 화면에 남기는 "도장찍기" 블록을 제공합니다. 그 기능을 확인하기 위해 이번에는 아이들이 좋아하는 하늘의 별을 보여주기 위해 스프라이트 목록 하단의 "스프라이트 고르기"를 통해 "star" 스프라이트를 선택해 가져옵니다. 가장 간단한 도장찍기 방법으로 마우스로 별을 클릭했을 때 도장 찍기를 실행하는 것으로, "이 스프라이트를 클릭했을 때" 이벤트 블록에서 "도장찍기" 블록을 추가하면 됩니다. 프로젝트 편집 모드에서 스프라이트를 적당한 위치로 변경한 다음 스프라이트를 마우스 클릭한 후 스프라이트를 이동시켜보면 클릭한 위치에는 스프라이트와 같은 모양의 이미지가 남아 있는 것을 확인할 수 있습니다. 하지만, 실행 모드 프로젝트 화면에서 실행할 때에는 스프라이트가 움직이지 않는다는 것을 확인할 수 있습니다. 이것은 스크래치의 실행 모드 화면에서는 기본적으로 사용자가 스프라이트를 임의로 움직일 수 없도록 고정되어 있기 때문입니다. 실행 화면에서도 사용자가 스프라이트를 움직일 수 있도록 지정하기 위해서는 감지 블록 내의 "드래그 모드를 드래그 할 수 '있는' 상태로 정하기"를 지정하면 됩니다.

스프라이트 클릭시 도장찍기	드래그 모드 상태 변경
이 스프라이트를 클릭했을 때 도장찍기	클릭했을 때 드래그 모드를 드래그 할 수 있는 ▼ 상태로 정하기

별의 특징과 스프라이트를 보이거나 숨기는 기능을 활용해 아이들이 재미있어 하는 효과를 추가해 보겠습니다. 먼저 사용자가 색연필 스프라이트를 화면에서 사라지도록 하고 싶다고 할 때 특정키를 누르는 방식으로 지정할 수도 있지만 여기서는 화면 밖으로 이동시켰을 때 사라지도록 하겠습니다. 이는 색연필 스프라이트를 클릭했을 때 "벽에 닿았는가" 조건을 만족하는 경우에 숨기기를 하면 됩니다. 여기서 '벽' 대신에 '마우스 포인터'를 사용하거나, 다른 스프라이트를 지정할 수도 있습니다. 이와 같이 색연필이 숨겨진 상태에서도 무대 클릭을 통해 그리기를 할 수 있는데 보다 세밀한 그리기를 위해 색연필이 보이지 않도록 하는데 활용할 수 있습니다. 그러면 색연필을 보이도록 할 때 어떤 경우에 처리하면 좋을까요? 밝은 별빛으로 색연필을 찾는다는 의미로 별을 마우스 클릭했을 때 색연필을 보이도록 하면 좋겠습니다. 이를 위해 별 스프라이트를 클릭했을 때 "색연필보이기"라는 메시지 신호를 보내고 색연필 스프라이트에서는 그 신호를 받았을 때 보이도록 하면 됩니다. 그런데, 앞에서와 같이 별 스프라이트를 클릭했을 때 도장 찍기를 실행했는데, 도장 찍기를 이제는 다른 방법으로 수행해야 합니다. 색연필로 별을 그린다는 의미로 색연필과 별이 겹쳐져 있는 상태에서 색연필을 클릭했을 때 별 도장 찍기를 하면 자연스러울 것입니다. 이를 위해, 색연필을 클릭했을 때 "별 스프라이트에 닿았는가?"를 검사해서, 그 조건을 만족하는 참인 경우에 "도장 찍기" 메시지 신호를 보내고 별 스프라이트에서는 "도장 찍기" 메시지를 받았을 때 "도장 찍기"를 실행하면 됩니다. 이 때 주의 사

항으로, 색연필 펜내리기(그리기) 상태인 경우 그리기를 끝내기 위해 마우스 클릭하면 색연필 스프라이트 클릭이 발생하게 되는데 이와 같은 의도하지 않은 경우에 대한 처리가 필요합니다. 이를 위해, 펜이 올려져 그리기 상태가 아닌, 다시 말해 앞에서의 "팬내리기" 변수값이 0인 상태에서 색연필 스프라이트가 클릭된 경우에만 벽에 닿았을 때 숨기거나 별과 만났을 때 별 도장을 찍는 과정을 실행하도록 처리하는 것이 필요합니다.

색연필 스프라이트 클릭으로 별도장 찍기와 숨기기	별 스프라이트	
	별 클릭으로 색연필 보이기	색연필 클릭으로 도장찍기
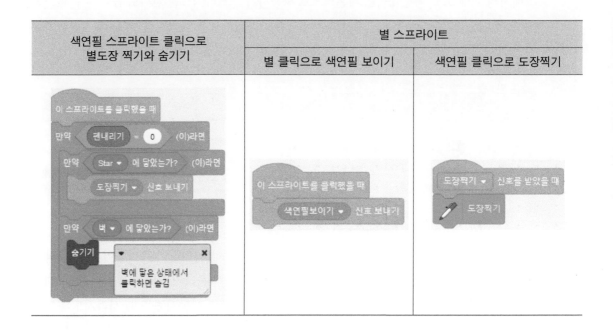		

이제까지 색연필로 보다 자연스럽게 그리고 별과 함께 재미있는 효과를 보여주는 스크래치 기능들을 살펴보았습니다. 최종 완성된 스크래치 결과물은 "9-0-2 색연필 이동하고 직접 그리기" 프로젝트를 통해 공유되어 있으니 코드를 확인하고 직접 실행해 보기 바랍니다.

02 그림놀이 프로토타이핑 및 코딩 기초

간단한 그림판 아이디어 구상 및 프로토타이핑

앞에서는 스크래치에서의 간단한 그리기 기능을 먼저 살펴보았는데 이번에는 실제 사용되는 것과 비슷한 그림놀이 SW를 만들어보도록 하겠습니다. 그림 놀이할 때 준비도구들을 생각해 제일 먼저 흰색 도화지에 다양한 색상의 색연필들이 기본적으로 필요합니다. 실제 그리기에서는 색연필을 기울이는 각도와 누르는 세기에 따라 선의 굵기가 달라질 수 있습니다. 한 장의 도화지에 그림 놀이를 완성했다면 다시 새로운 도화지에 그림 놀이를 시작하게 됩니다. 이런 점들을 고려할 때 우리가 만들 그림놀이에서는 흰색 캔버스

아이디어	제공 방법
흰색 캔버스	흰색 배경
5색 색연필	검정, 빨강, 노랑, 초록, 파랑
색연필 변경	좌우 방향키로 조절
선굵기 변경	상하 방향키로 조절
전체 지우기	숫자 '0'키로 실행

에 가장 기본적인 5가지 색상인 검정, 빨강, 노랑, 초록, 파랑 색연필들을 제공하고, 좌우 방향키를 이용한 색연필 변경, 상하 방향키를 이용한 선굵기 변경, '0' 키를 이용한 전체 지우기 기능을 사용하겠습니다.

간단한 그림판 아이디어인 만큼 어떻게 작동되는 것인지 머리속에 그려질텐데 이것을 선명하게 보여주기 위해서 Kakao 오븐으로 프로토타입을 제작해 보았습니다.

그림판 기초 프로토타이핑

작업한 오븐 프로젝트를 QR 코드를 통해 확인할 수 있는데 우측 하단의 상하좌우 화살표 버튼은 실제 화면에 나타나는 것이 아니라 키보드에서 키를 누르는 효과를 보여주는 것으로서 마우스로 상하좌우

방향키를 누르면 작동되는 것을 보여줍니다. 여기서는 좌우 방향키를 눌렀을 때 다른 색상의 색연필로 변경되는 것을 확인할 수 있습니다. 선그리기는 파란색 색연필을 누르면 파란색 선이 그어지는 것을 보여주는 것으로 구현했으며 그 상태에서 상하 방향키를 누름으로써 선굵기가 각각 굵어지거나 가늘어지는 것을 보여줍니다. 그리고, 좌측 하단의 숫자 '0' 버튼을 누르면 그렸던 선이 사라지는 전체 지우기 효과를 보여줍니다.

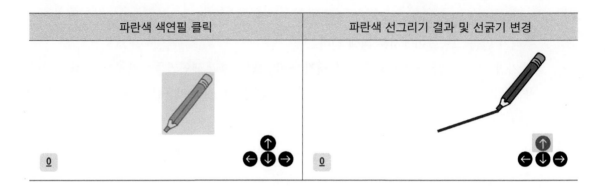

파란색 색연필 클릭	파란색 선그리기 결과 및 선굵기 변경

이와 같이 구현하려는 그림판 아이디어를 파란색 색연필을 활용해 보여주는 것으로 일부분을 구현했는데 전체 작동 방법을 이해하는 것은 어렵지 않으므로 프로토타이핑 과정은 이정도로 마무리하겠습니다.

스크래치 색연필 스프라이트 만들기

앞에서 작업한 기본적인 선그리기 프로젝트에서 "파일-복사본 저장하기"를 통해 새로운 파일로 저장한 다음 작업을 시작합니다. 기존의 노란색 색연필을 이용해서 다양한 색상의 색연필을 간단히 만들 수 있습니다. 스프라이트 모양탭에서 노란색 색연필을 마우스 오른쪽 버튼으로 클릭한 다음 "복사"를 선택하면 같은 모양이 만들어 집니다. 복사된 모양에서 색채우기를 통해 원하는 색상의 색연필을 만드는 과정을 반복해 검정, 빨강, 노랑, 초록, 파랑의 5가지 색연필 모양을 만듭니다. 여기에 우리는 지우개 역할을 하게 될 흰색 색연필을 하나 더 만들어 두겠습니다. 이 때, 각 색연필의 모양 편집 화면에서 기준 위치(내부에 +표시가 있는 원)로 펜촉 위치를 이동하는 것이 필요하다는 것을 기억해 주세요.

스프라이트 모양 복사하기	색연필 색상 채우기

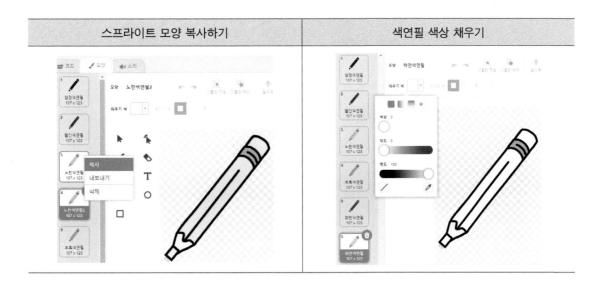

스크래치 색연필 선굵기 변경과 전체 지우기

우리는 앞에서 무대를 마우스 클릭했을 때 하나의 색연필로 선을 그리는 것을 살펴보았는데 여기서는 다양한 색연필과 색굵기 조절이 가능하므로, 깃발 클릭을 통한 실행하기에서 기본 색연필과 색굵기 지정이 필요합니다. 우리는 노란색연필을 기본으로 정하고 선굵기는 3으로 지정하겠습니다. 여기서 노란색연필을 지정한다는 것은 색연필 스프라이트의 모양을 "노란색연필"로 지정하는 것 뿐만 아니라 펜 색깔도 똑같은 "노란색"으로 선택하는 것을 함께 지정해야 합니다. 이와 같은 깃발 실행은 숫자 "0" 키를 눌렀을 때 전체 지우기를 실행하는 블록에서도 동일하게 수행되기 때문에 결국 전체 지우기가 깃발 클릭 실행한 최초 상태와 동일하게 처리합니다.

선굵기 변경에서 고려해야할 사항은 한번에 얼마만큼의 굵기 값을 변경할 것인지와 최소 굵기와 최대 굵기를 지정해야 합니다. 우리는 선굵기 변화 값을 2로 지정하고, 선굵기는 항상 0 보다 큰 정수 값(최소 값은 1)을 갖도록, 그리고 최대 값은 30 미만(최대 값은 29)이 되도록 구현했습니다. 이를 위해, 선굵기를 가늘게 하는 "아래쪽 화살표 키를 눌렀을 때" 처리 블록에서 현재 선굵기 값이 2보다 큰 경우에 −2 만큼 바꾸는 다시 말해 선굵기 값을 2 만큼 줄이게 됩니다. 비슷한 방식으로 선굵기를 굵게 하는 "윗쪽 화살표 키를 눌렀을 때" 처리 블록에서 현재 선굵기 값이 28보다 작은 경우에 2 만큼 바꾸는 다시 말해 선굵기 값을 2만큼 늘리게 됩니다. 이를 위해 현재 선굵기 값을 저장하는 "선굵기" 전역 변수를 정의해서 사용합니다.

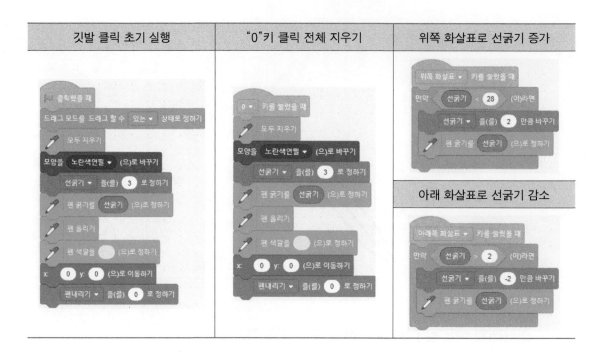

깃발 클릭 초기 실행	"0"키 클릭 전체 지우기	위쪽 화살표로 선굵기 증가
		아래 화살표로 선굵기 감소

다음으로 좌우 방향키를 이용한 색연필 색상 변경 방법을 살펴보겠습니다. 색연필 모양이 검정, 빨강, 노랑, 초록, 파랑, 흰색 순서로 변한다고 할 때 오른쪽 방향키를 눌렀을 때에는 다음 색상 색연필로 변경되고 왼쪽 방향키를 눌렀을 때에는 이전 색상 색연필로 변경되도록 합니다. 이 때, 현재 마지막 순서인 흰색 색연필인 경우 오른쪽 방향키를 눌렀을 때에는 첫 번째의 색 색연필연필로 변경되어야 하고 현재 첫 번째 순서인 검정 색연필인 경우 왼쪽 방향키를 눌렀을 때에는 마지막의 흰색 색연필로 변경되어야 합니다. 이와 같은 처리 절차를 표로 정리하면 다음과 같습니다.

현재 색연필 색상	검정	빨강	노랑	초록	파랑	흰색
오른쪽 화살표 클릭 시 변경색	빨강	노랑	초록	파랑	흰색	검정
왼쪽 화살표 클릭 시 변경색	흰색	검정	빨강	노랑	초록	파랑

이것을 코드로 구현하는 방법은 색연필 스프라이트에서 "오른쪽 화살표 키를 눌렀을 때" 이벤트처리 블록에서 "만약 모양 번호 = 1" (또는 '모양 이름 = 검정 색연필')인 경우에 "펜 색깔을 빨강으로 정하기"와 "모양을 빨간색연필로 바꾸기"를 연속으로 처리합니다. 만일 모양 번호가 "1"이 아닌 경우에는 같은 방식으로 "만약 모양 번호 = 2"인 경우에 대해 처리하는 방식으로 모든 현재 색연필 경우를

처리합니다. 다음으로 왼쪽 화살표 키를 눌렀을 때" 이벤트 처리 블록에서는 "만약 모양 번호 = 1" (또는 '모양 이름 = 검정 색연필')인 경우에 "펜 색깔을 파랑으로 정하기"와 "모양을 파란 색연필로 바꾸기"를 연속으로 처리합니다. 만일 모양 번호가 "1"이 아닌 경우에는 같은 방식으로 "만약 모양 번호 = 2"인 경우에 대해 처리하는 방식으로 모든 현재 색연필 경우를 처리합니다.

오른쪽 화살표 키를 눌렀을 때		왼쪽 화살표 키를 눌렀을 때	
모양번호 1 처리	모양번호 5, 6 처리	모양번호 1 처리	모양번호 5, 6 처리

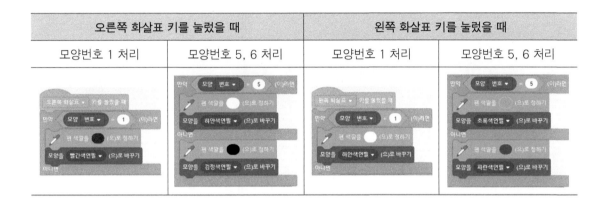

여기서 흰색 색연필이 추가되었는데 흰색 캔버스에 흰색을 그리면 어떤 효과가 발생할까요? 배경색과 같은 흰색으로 칠해주는 것이므로 앞에서 간단히 소개한 것과 같이 지우개 효과가 발생하게 됩니다. 이와 같은 지우개 효과를 줄 때 현재 선의 굵기가 얼마인지 확인하면서 크기를 조절해 사용하면 좋을 것입니다. 이를 위해, 선굵기 변수를 보이도록 체크하고 그 값을 쉽게 조정할 수 있도록 마우스 오른쪽 클릭 후 슬라이더 사용하기로 선택하는 것이 좋습니다. 이 때, 선굵기의 범위는 1에서 29의 값을 갖는데 "change slider range"를 통해 그 범위를 지정할 수 있습니다. 이와 같이 선굵기를 변경했을 때에는 "펜 굵기를 …로 정하기"를 통해 변경된 선굵기 값을 지정해야 실제 색연필 그리기에도 반영

흰색 색연필 지우개 효과	선굵기 변수 화면 보이기	선굵기 변수 슬라이더 사용

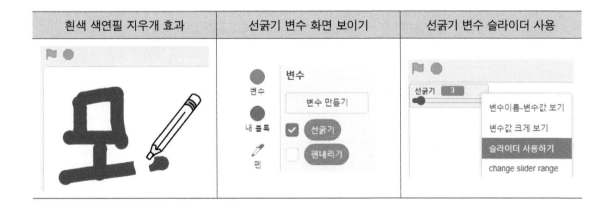

되는데, 우리는 "색연필 그리기 신호를 받았을 때" 선을 그리기 위한 "펜 내리기"에 앞서 그 작업을 수행하고 있습니다.

이렇게 해서 우리는 상하좌우키를 활용해 색연필과 선굵기를 변경하며 그리기를 할 수 있는 기초적인 그림놀이 SW을 만들어 보았습니다. 여기서 완성된 스크래치 결과물은 "9-1 그림판 기초" 프로젝트를 통해 공유되어 있으니 코드를 확인하고 직접 실행해 보기 바랍니다.

03_그림놀이 프로토타이핑 및 코딩 고급

개선된 그림판 아이디어 구상 및 프로토타이핑

앞에서는 키보드 클릭 기반의 그림놀이 SW를 구현해 보았는데 이번에는 키보드 클릭 없이 마우스 클릭만으로 사용할 수 있는 개선된 그림놀이 SW를 만들어보도록 하겠습니다. 기본 개념은 원하는 기능을 선택할 수 있는 메뉴 버튼을 제공하는 것으로서 화면의 상단에는 색연필 선택 메뉴, 화면 좌측에는 선굵기 증감 메뉴와 현재 선택된 선굵기 상태를 시각적으로 확인할 수 있도록 보여줍니다. 그리고, 전체지우기 버튼과 함께 새로운 기능으로 다양한 도화지에 그림을 그리는 효과를 내도록 캔버스 배경색을 변경하는 아이디어도 추가해 보았습니다.

아이디어	제공 방법
메뉴판 제공	화면 상단과 좌측에 메뉴 버튼 제공
색연필 선택 메뉴	상단 메뉴판에 전체 색연필 선택 메뉴
선굵기 변경 메뉴	좌측 메뉴판에 선굵기 증감 메뉴
선굵기 상태 확인	좌측 메뉴판 상단에 현재 선굵기 시각화
전체 지우기	좌측 메뉴판 초기화 메뉴
캔버스 색상 메뉴	좌측 메뉴판에 캔버스 색상 변경 메뉴

앞에서의 오븐 프로토타이핑에서는 화면에 나타나지 않는 가상의 키보드를 추가해야 했지만 이번 오븐 프로토타이핑에서는 실제 보여지는 화면 그대로 표현하면 되기 때문에 보다 사실적인 프로토타입 제작이 가능합니다.

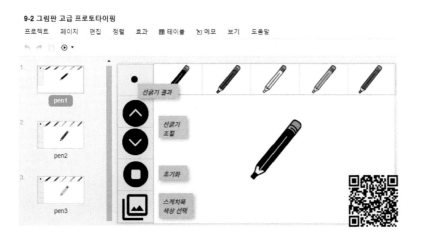

9-2 그림판 고급 프로토타이핑

그림판 고급 프로토타이핑

작업한 오븐 프로젝트를 QR 코드를 통해 확인할 수 있는데 구상한 메뉴판 아이디어를 전체 화면에 표현하고, 필요한 경우 메모 요소를 활용해 설명을 추가합니다. 이번에는 주요 장면에서 작동 가능한 부분에 마우스 커서를 추가해 다음에 이용할 것을 표시한 가이드로 제공해 보았습니다. 예를 들어, 파란 색연필에 화살표 모양의 마우스 커서를 위치시켜 눌러보도록 유도하고, 선굵기 증가 버튼이나 캔버스 화면 색상 변경 버튼을 누르도록 마우스 커서를 보여주는 방식입니다. 이와 같은 가이드를 통해 강조하려는 주요 기능들을 부각시킬 수 있으며 완전하게 구현되지 못한 프로토타입에서도 정상적으로 구현한 것들을 구분해서 보여줄 수 있겠습니다.

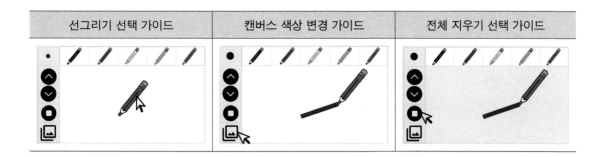

이와 같은 오븐 프로타이핑을 통해 구상한 그림판 아이디어를 시각화해서 보여주고, 실제 사용해 보는 과정에서 원하는 그림놀이 효과를 얻을 수 있을지 보다 좋은 제공 방안이나 추가 기능이 있을지 등 다양한 개선 사항들이 나타날 수 있을 것입니다. 이제 우리는 이렇게 정리된 그림놀이 오븐 프로타이핑 결과를 스크래치로 구현해 보는 과정을 살펴보겠습니다.

스크래치 메뉴판 배경 만들기

먼저 메뉴판 골격을 배경 편집기에서 만들어 보겠습니다. "배경 그리기"를 선택 후 비어 있는 배경에 "사각형"을 선택해 메뉴로 사용할 작은 사각형을 그립니다. 여기서 사각형의 채우기 색은 없음(색 선택 도구에서 하단 좌측의 대각선)을 선택합니다. 우선 상단 메뉴바에는 가로로 6개의 사각형으로 구성되는데 최초 만든 사각형을 복사해 같은 모양의 6개 사각형으로 만든 다음 가로 일렬로 정렬하고, 배경 화면 크기에 맞춰 줍니다. 이 때, 전체 그룹화해서 한번에 가로 사이즈를 변경해 동일한 크기의 사각형으로 보여주는 것이 보기 좋습니다. 상단 메뉴바 사각형 구성을 끝낸 다음, 좌측 사각형을 복사해 세로로 5개의 사각형을 만들고 마찬가지 방식으로 세로 일렬로 정렬해 배경 화면 크기에 맞춰 줍니다. 마지막으로 캔버스로 사용될 큰 사각형을 메뉴 영역 이외의 나머지 영역에 가득 차도록 배치하는 것으로 메뉴판 골격은 완성됩니다. 이와 같은 작업을 선으로만 그리거나 사각형과 선을 활용해 그릴 수도 있고 아예 외부에서 메뉴판 이미지를 만들어 배경으로 불러올 수도 있습니다. 참고로 만일 외부에서 메뉴판을 그리는 경우 전체 화면의 크기가 가로 480, 세로 360 사이즈인데, 가로 6개, 세로 5개의 사각형 메뉴로 구성되므로 메뉴 사각형의 크기는 가로 480 / 6 = 80, 세로 360 / 5 = 72 사이즈로 그리면 됩니다.

다음으로 다양한 색상의 캔버스 화면 배경 만들기를 살펴보겠습니다. 완성된 메뉴판 골격 배경을 마우스 오른쪽 버튼 클릭 후 "복사"를 선택하면 새로운 배경이 만들어 집니다. 이 배경에서 캔버스로 사

메뉴판 골격 만들기	다양한 색상의 캔버스 화면 모양 만들기

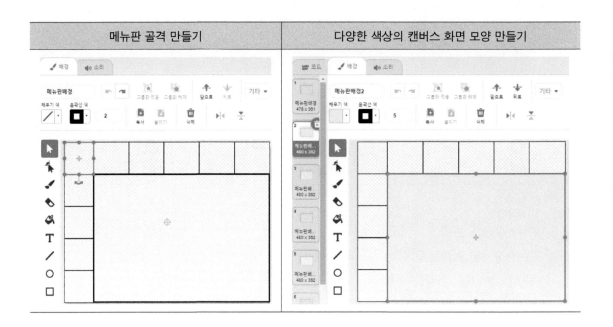

용되는 큰 사각형을 선택 후 아이들이 좋아하는 색상으로 채우면 됩니다. 예를 들어, 연한 연두색, 연한 핑크색, 연한 노란색, 연한 파란색 등과 같이 그린 그림이 부각될 수 있는 옅은 색상의 배경이 좋겠습니다. 스크래치에서는 캔버스 화면 배경색 변경 작업을 쉽게 수행할 수 있기 때문에 외부에서 배경 이미지를 가져오더라도 메뉴판 골격만 가져오고 스크래치에서 그 배경에 캔버스 화면을 추가하고 원하는 배경색을 입히는 과정으로 작업하면 편리할 것입니다. 이와 같은 방식으로 색상 배경을 간단하게 하나 만들 수 있는데, 우리는 5가지 색상의 캔버스 배경을 만들어 보았습니다.

스크래치 메뉴판 버튼 스프라이트 만들기

이번에는 메뉴 버튼으로 사용될 스프라이트를 만들어 보겠습니다. 먼저 상단에 사용될 색연필 선택 메뉴는 기존의 그리기에 사용된 색연필 스프라이트를 사용하면 되기 때문에 스프라이트 목록에서 "색연필" 스프라이트를 선택 후 "복사"하면 "색연필2"라는 스프라이트가 생성됩니다. 스프라이트 이름을 "색연필메뉴"로 변경하고, 새로운 코드 블록을 지정하기 위해 기존의 연결된 코드 블록들은 모두 삭제합니다. 그리고, 색연필 메뉴 스프라이트의 선택 영역을 넓히기 위해 메뉴판과 동일한 흰색 바탕에 윤곽선은 없는 큰 테두리의 사각형을 추가하고 색연필보다 뒤에 위치하도록 순서를 "맨 뒤로" 지정하면 됩니다. 이와 같은 작업을 통해 색연필 메뉴 스프라이트의 크기가 메뉴 사각형 크기만큼 커지게 되어 결국 색연필 선택 메뉴 버튼을 쉽게 선택할 수 있게 됩니다. 추가된 테두리 사각형을 복사해 나머지 색연필 선택 메뉴 모양에 대해서도 모두 적용하면 "색연필메뉴" 스프라이트 모양 제

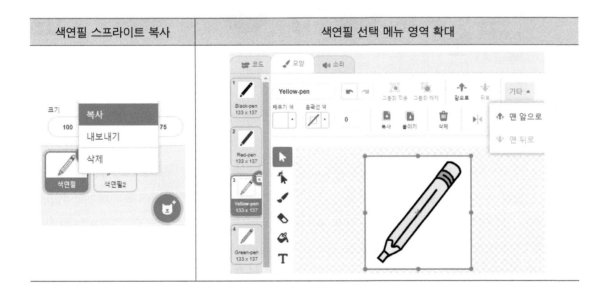

색연필 스프라이트 복사	색연필 선택 메뉴 영역 확대

작은 완성됩니다. 여기서의 모양 순서는 상단 메뉴판의 색연필 선택 메뉴 순서와 동일하게 정렬하는 것이 좋습니다.

다음으로 좌측 메뉴 버튼으로 사용될 "왼쪽메뉴" 스프라이트를 만들어 보겠습니다. 선굵기를 보여주는 시각화 도형은 검정색 원으로 간단히 만들어 줍니다. 다음으로 선굵기를 조절하는 증감 버튼을 만드는데, 먼저 감소 버튼을 검은색 원 바탕에 흰색 글자색의 "V"를 중앙에 위치시키면 됩니다. 그렇게 완성된 감소 버튼 배경을 복사 후 "V"를 180도 회전시킨 증가 버튼을 만들어 줍니다. 모두 지우기 버튼은 중지(Stop) 의미를 갖는 검정색 원 바탕에 흰색 사각형을 중앙에 위치시켜 만듭니다. 마지막으로 배경색 변경 버튼은 서로 다른 배경의 캔버스가 겹쳐진 형태의 아이콘을 직접 만들었습니다. 이때, 메뉴로 사용되는 도형의 내부를 채우기 하지 않은 상태로 두면 그 내부 영역을 마우스 클릭했을 때 메뉴가 선택되지 않기 때문에, 정상적인 메뉴 선택이 가능하도록 반드시 채우기를 해야 하는 것에 유의해야 합니다. 이와 같이 "왼쪽메뉴" 스프라이트는 5개의 모양으로 구성되는데 그 모양 순서는 생성한 차례에서 선굵기 감소와 증가를 바꾼 "선굵기 시각화, 선굵기 증가, 선굵기 감소, 전체지우기, 배경색전환"의 메뉴 순서로 배치합니다.

선굵기 시각화	선굵기 감소	선굵기 증가	전체 지우기	배경색 전환

스크래치 색연필 선택 메뉴 작동시키기

이제 필요한 스프라이트 준비가 끝났으니, 지금부터 색연필 선택 메뉴 버튼 스프라이트를 작동시켜 보도록 하겠습니다. 먼저 색연필 선택 메뉴 버튼들을 화면 상단에 보여야 하는데 "색연필메뉴" 스프라이트의 깃발 클릭 이벤트에서 상단 첫 번째 메뉴를 지정합니다. 색연필 선택 메뉴는 항상 고정된 위치에 있기 때문에 "드래그 모드를 드래그 할 수 없는 상태로 정하기"를 합니다. 그리고, 첫 번째 색연필 메뉴로 검정 색연필인 "Black-pen" 모양으로 바꾸고 상단 첫 번째 색연필 선택 메뉴판 안에 위치하도록 적절한 위치를 지정합니다. 우리는 하나의 스프라이트로 5개의 메뉴로 보여줄 것이기 때문에 앞에서 소개한 "복제하기" 4번을 실행할 텐데, 그 횟수를 체크하기 위해서 "색메뉴버튼"이라는 변수를 정의하고 다음에 복제할 메뉴의 순서인 "2"를 지정한 다음 "나 자신 복제하기"를 실행합니다.

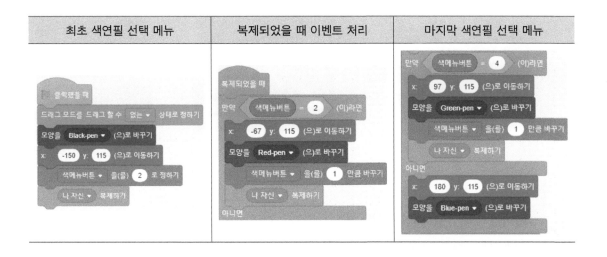

최초 색연필 선택 메뉴	복제되었을 때 이벤트 처리	마지막 색연필 선택 메뉴

그 결과로 발생하는 "복제되었을 때" 이벤트를 처리하는 블록에서, "색메뉴버튼 = 2"인 경우에 두 번째 색연필 선택 메뉴로 빨간색연필인 "Red-pen" 모양과 두 번째 색연필 선택 메뉴판 안에 위치하도록 지정합니다. 그 다음에 세 번째 색연필 선택 메뉴 버튼 또한 해당 모양과 위치를 지정하고 3번째 버튼을 만든다는 것을 지정하도록 "색메뉴버튼을 1만큼 바꾸기"를 통해 색메뉴버튼 변수값을 기존 "2"에서 1을 더한 "3"으로 만들고 "나 자신을 복제하기" 실행합니다. 이와 같은 "복제되었을 때" 이벤트 처리 블록에서 4번째 색연필 선택 버튼을 만드는 "색메뉴버튼 = 4" 조건을 만족할 때까지 진행한 다음에 마지막 5번째 색연필 선택 버튼에 대해서는 더 이상의 복제하기 없이 파란 색연필인 "Blue-pen" 모양과 다섯 번째 색연필 선택 메뉴판 안에 위치하도록 지정하면 됩니다.

이제 색연필 선택 메뉴를 눌렀을 때 실제 캔버스 화면의 색연필 스프라이트를 선택된 색연필에 맞도록 바꾸는 과정을 소개하겠습니다. 색연필 선택 메뉴를 눌렀을 때 발생하는 "이 스프라이트를 클릭했을 때" 이벤트에서 현재 선택된 색연필 메뉴의 순서를 "펜 번호" 전역 변수에 저장한 다음 "색연필 변경 신호 보내기"를 실행합니다. 여기서 "색연필 변경" 메시지는 말 그대로 "색연필" 스프라이트에게 색연필 선택 메뉴가 선택되었으니 해당 색연필로 변경하도록 알리는 사용자 정의 메시지입니다. "색연필" 스프라이트는 "색연필 변경 신호를 받았을 때" 이벤트 처리 블록에서 선택된 색연필 메뉴 순서를 저장한 "펜번호"를 검사해 해당 순서에 맞는 색연필 펜 색깔과 스프라이트 모양을 변경하면 됩니

색연필 선택 메뉴	색연필 스프라이트	
색연필 선택 메뉴 클릭	색연필 변경 이벤트 처리	색연필 변경 예외 처리

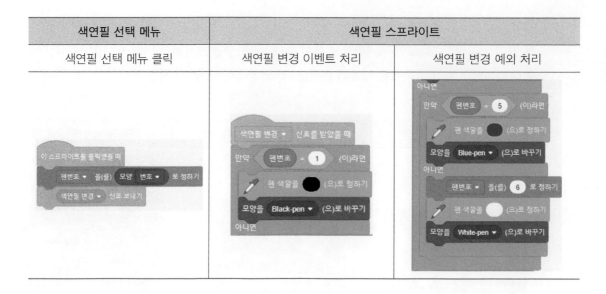

다. 이를 위해서는 "색연필 선택 메뉴" 스프라이트와 "색연필" 스프라이트의 색연필 순서가 동일해야 하는데 우리는 "색연필" 스프라이트의 복사를 통해 "색연필 선택 메뉴" 스프라이트를 만들어 그 모양 순서는 동일합니다. 색연필 선택 메뉴를 선택한 결과로 "펜번호" 변수 값은 1에서 5까지의 정수 값을 갖게 되는데 만일 그 이외의 값을 갖는 경우에는 앞에서 추가로 만들어 둔 흰색 색연필로 지정하고 펜번호를 그 모양 순서인 "6"으로 정해서 예외적인 경우 흰색 색연필로 처리하도록 했습니다.

스크래치 왼쪽 메뉴 작동시키기

다음으로 그림판의 왼쪽 메뉴 버튼 스프라이트를 작동시켜 보도록 하겠습니다. 우선 왼쪽 메뉴 버튼들을 화면에 보여야 하는데 "왼쪽메뉴" 스프라이트의 깃발 클릭 이벤트에서 맨 위의 첫 번째 메뉴를 지정합니다. 왼쪽 메뉴는 항상 고정된 위치에 있기 때문에 "드래그 모드를 드래그 할 수 없는 상태로 정하기"를 합니다. 그리고, 첫 번째 왼쪽 메뉴로 "선굵기시각화" 모양으로 바꾸고 왼쪽 첫 번째 메뉴판 안에 위치하도록 적절한 위치를 지정합니다. 이번에도 하나의 스프라이트로 5개의 메뉴로 보여줄 것이기 때문에 앞에서 소개한 "복제하기" 4번을 실행할 텐데, 그 횟수를 체크하기 위해서 "부가메뉴 버튼"이라는 변수를 정의하고 다음에 복제할 메뉴의 순서인 "2"를 지정한 다음 "나 자신 복제하기"를 실행합니다.

최초 왼쪽 메뉴	복제되었을 때 이벤트 처리	마지막 왼쪽 메뉴

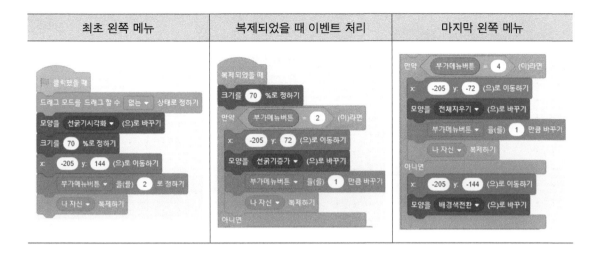

그 결과로 발생하는 "복제되었을 때" 이벤트를 처리하는 블록에서, "부가메뉴버튼 = 2"인 경우에 두 번째 왼쪽 메뉴로 "선굵기증가" 모양과 두 번째 왼쪽 메뉴판 안에 위치하도록 지정합니다. 그 다음에 왼쪽 메뉴 버튼을 만든다는 것을 지정하도록 "부가메뉴버튼을 1만큼 바꾸기"를 통해 부가메뉴버튼 변수값을 기존 "2"에서 1을 더한 "3"으로 만들고, "나 자신을 복제하기" 실행합니다. 이와 같은 "복제되었을 때" 이벤트 처리 블록에서 4번째 왼쪽 버튼을 만드는 "부가메뉴버튼 = 4" 조건을 만족할 때까지 진행한 다음에 마지막 5번째 왼쪽 버튼에 대해서는 더 이상의 복제하기 없이 "배경색전환" 모양과 다섯 번째 왼쪽 메뉴판 안에 위치하도록 지정하면 됩니다.

실행 과정에서는 왼쪽 메뉴 버튼을 눌렀을 때 복제된 버튼들을 포함한 5개 버튼들 중에서 어떤 버튼을 누른 것인지 현재 "모양 번호" 검사가 필요합니다. 만일 "모양 번호 = 2"인 "선굵기증가" 메뉴를 누른 경우에는 "선굵기증가" 신호를 보내고 "모양 번호 = 3"인 "선굵기감소" 메뉴를 누른 경우에는 "선굵기감소" 신호를 보냅니다. 이 때, 왼쪽 메뉴의 첫 번째 모양인 "선굵기시각화"에서는 선굵기 변화 상태를 반영해서 화면에 보여주어야 하므로 "선굵기증가" 신호를 받았을 때, 복제된 버튼들 중에서 현재 "모양 번호 = 1"인 "선굵기시각화" 메뉴에서 선굵기 최대값 이내인 경우에 일정 크기(ex. 12)만큼 증가시키게 됩니다. 마찬가지로 "선굵기감소" 신호를 받았을 때, 복제된 버튼들 중에서 현재 "모양 번호 = 1"인 "선굵기시각화" 메뉴에서 선굵기 최소값 이내인 경우에 일정 크기(ex. 12)만큼 적절하게 감소시키게 됩니다. 우리는 앞에서 상하 화살표 클릭을 통해 색연필의 선굵기를 조정하는 것을 살펴보았는데 그 때 "색연필" 스프라이트에서 사용한 "위쪽 화살표 키를 눌렀을 때"와 "아래쪽 화살표 키를 눌렀을 때" 이벤트 처리 블록을 여기서 그대로 "선굵기 증가신호를 받았을 때"와 "선굵기 감소신호를 받았을 때" 이벤트 처리 블록으로 각각 변경하면 됩니다.

	왼쪽메뉴 스프라이트		색연필 스프라이트
메뉴선택	클릭 이벤트	선굵기시각화 처리	신호 메시지 처리
선굵기 증가	이 스프라이트를 클릭했을 때 만약 〈모양 번호 = 2〉 (이)라면 선굵기증가 신호 보내기 아니면	선굵기증가 신호를 받았을 때 만약 〈모양 번호 = 1〉 (이)라면 만약 〈선굵기 < 28〉 (이)라면 크기를 12 만큼 바꾸기	선굵기증가 신호를 받았을 때 만약 〈선굵기 < 28〉 (이)라면 선굵기 을(를) 2 만큼 바꾸기 펜 굵기를 선굵기 (으)로 정하기
선굵기 감소	만약 〈모양 번호 = 3〉 (이)라면 선굵기감소 신호 보내기 아니면	선굵기감소 신호를 받았을 때 만약 〈모양 번호 = 1〉 (이)라면 만약 〈선굵기 > 2〉 (이)라면 크기를 -12 만큼 바꾸기 아니면 크기를 30 %로 정하기	선굵기감소 신호를 받았을 때 만약 〈선굵기 > 2〉 (이)라면 선굵기 을(를) -2 만큼 바꾸기 펜 굵기를 선굵기 (으)로 정하기

나머지 메뉴를 클릭한 경우에는 각각의 기능에 해당하는 블록을 실행하도록 연결시켜 주면 되는데 만일 "모양 번호 = 4"인 "전체지우기" 메뉴를 누른 경우에는 "모두지우기" 블록을 실행하고, "모양 번호 = 5"인 "배경색전환" 메뉴를 누른 경우에는 "배경을 다음 배경으로 바꾸기" 블록을 실행하면 됩니다.

스크래치 캔버스 영역 내 그리기

앞에서 살펴본 키보드를 이용한 그리기와 여기서의 메뉴판을 이용한 그리기에서 가장 큰 차이점은 그리기 영역이 메뉴판 만큼 줄어들었다는 점입니다. 이것을 반영하지 않고 기존 방식대로 그린다면 메뉴판 영역까지 색연필이 이동하게 되어 그림이 제대로 보이지 않게 됩니다. 이를 해결하기 위해서 색연필이 그릴 수 있는 영역을 그림판 영역 내로 한정하는 과정이 필요합니다. 이를 위해 우리는 그림을 그릴 수 있는 캔버스 영역의 x좌표 최소값을 저장하는 "캔버스x", y좌표 최대값을 저장하는 "캔버스y" 변수를 정의하고 깃발 클릭 이벤트에서 각 변수에 적절한 값, 예를 들어 (-169, 105)로 지정합니다. 실제 그림을 그리는 "색연필그리기 신호를 받았을 때" 이벤트에서 시스템에서 제공하는 "마우스의 x좌표"가 "캔버스x" 값보다 크고, "마우스의 y좌표" 값이 "캔버스y" 값보다 작은 경우에만 계속 그리기를 합니다. 만일 그 범위를 벗어나는 경우라면 그림을 그리지 않고 색연필의 위치를 캔버스 영역 내로 이동시키도록 "펜올리기 – 캔버스 영역 내 이동 – 펜내리기" 과정을 수행하도록 하면 됩니다. 여기서 캔버스 영역 내 이동하는 방법은 "마우스의 x좌표 < (캔버스x+1)"인 경우에는 "마우스의 x좌표 = (캔버스x+1)"로 지정하는데 여기서 "캔버스x+1"은 그림을 그릴 수 있는 캔버스 내 x좌표의 최소값이 됩니다. 비슷한 방식으로 "마우스의 y좌표 > (캔버스y-1)"인 경우에는 "마우스의 y좌표 = (캔버스y-1)"로 지정하는데, 여기서 "캔버스y-1"은 그림을 그릴 수 있는 캔버스 내 y좌표의 최대값이 됩니다.

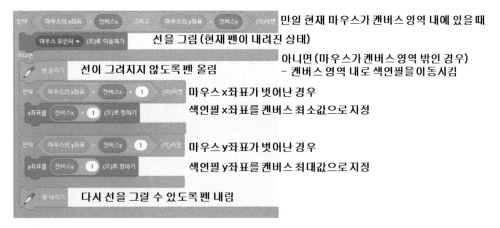

캔버스 영역 내 그림 그리기

이것으로 메뉴판 방식으로 개선된 그림놀이 SW가 완성되었는데 그 스크래치 결과물은 "9-2 그림판 고급" 프로젝트를 통해 공유되어 있으니 코드를 확인하고 직접 실행해 보기 바랍니다.

9장. 생각하기

Q 이번 장에서 학습한 그림판 SW를 여러분 주위의 아이들 대상으로 사용해 보도록 하고 개선 사항을 고민해 보세요.

A 자녀나 조카 등 어린 아이들이 서비스를 사용하기 위해서는 먼저 아이들의 관심을 끌어야 하고 사용하기 쉬워야 하는데 이번 시간의 결과물이 과연 그런지 확인하고 부족한 점이 있다면 어떻게 개선하는 것이 좋을지 고민하는 것이 필요합니다.

현재는 기본적인 그리기 기능을 구현한 것이라 아이들의 관심을 끌고 지속적으로 관심을 유지하는 재미 요소가 부족한데, 어떤 기능들이 추가되면 좋을까요? 엄마나 아빠 등 아이가 좋아하는 사람이나 캐릭터가 등장하고, 음성이나 음악 등 소리가 나온다면 아이들이 좋아할 것입니다.

한편, 우리는 PC나 노트북으로 그림판을 개발했는데 아이들은 태블릿이나 스마트폰을 주로 이용하게 될 것입니다. 우리가 만든 그림판 SW를 태블릿에서 사용하면 어떻게 될까요?

우선 PC에서는 마우스를 한번 클릭한 다음 움직이면서 선을 그렸는데 태블릿이나 스마트폰에서는 터치가 계속되면서 선을 그려야하기 때문에 터치 그리기가 가능하도록 방식을 변경하는 것이 필요하겠습니다.

9장. 퀴즈

1. 다음 보기에 대해 맞으면 O, 틀리면 X를 선택하세요.

> 스크래치에서 펜 내리기-위치이동-펜 올리기 과정으로 이동한 거리에 선을 그릴 수 있습니다. 연속해서 위치를 이동하며 계속 선을 그리는 경우에 펜 내리기 – 위치이동 – 위치이동 – 위치이동 – 펜 올리기와 같이 펜 내리기와 펜 올리기는 시작과 끝 부분에 1회만 실행해도 가능합니다

1) O   2) X

정답 1) O

해설 매번 펜 내리기-위치이동-펜 올리기를 반복하더라도 선을 연속적으로 그릴 수 있지만 그렇게 펜 내리기와 펜 올리기를 반복하는 것은 불필요한 것으로서 시작과 끝부분에 1회만 실행하는 것이 효율적입니다.

2. 스크래치의 "펜 색깔을 (색상)으로 정하기" 코드에서 (색상)을 눌러 설정할 수 있는 것이 아닌 것은 무엇인가요?

1) 투명도

2) 색상

3) 명도

4) 채도

정답 1)

해설 "펜 색깔을 (색상)으로 정하기" 코드에서는 색상, 채도, 명도 설정이 가능하며, 투명도는 "펜 (투명도)를 (값) 만큼 바꾸기/정하기" 코드로 설정 가능합니다.

3. 스크래치 펜 코드 중에서 스프라이트의 모습을 화면에 이미지로 남길 수 있는 방법은 무엇인가요?

정답 도장찍기

해설 도장찍기 코드를 통해 중에서 스프라이트의 고정된 모습을 화면에 이미지로 남길 수 있습니다. 예를 들어 하늘에 별들을 표시할 때 별 스프라이트에서 도장찍기를 활용하면 유용할 것입니다.

9장. 핵심정리

1. 그림놀이 아이디어 구상
   - 색깔 정하기, 도장찍기 등 스크래치 펜 기능 활용
   - 기본 색연필 스프라이트 만들기
   - 색연필 스프라이트로 랜덤 그리기, 직접 그리기

2. 그림놀이 프로토타이핑 및 코딩 기초
   - 다양한 색연필 스프라이트 만들기 (검정, 노랑, 빨강, 초록, 파랑)
   - 상하 방향키로 선굵기 변경하기
   - 좌우 방향키로 색상 변경하기

3. 그림놀이 프로토타이핑 및 코딩 고급
   - 메뉴식 배경 화면 만들기
   - 선굵기 등 부가 메뉴 버튼 구현하기
   - 스케치북 그리기 영역 설정하기
   - 색상 선택용 색연필 메뉴 및 버튼 구현하기
   - 스케치북 배경 변경 버튼 구현하기

CHAPTER 10
우리 아이 그림놀이 SW 고급 아이디어 구현

 우리는 앞에서 스케치북과 색연필로 그림을 그리는 기존 그림놀이를 스타트업 코딩을 활용해 간단한 그림놀이 SW로 만들어 보았습니다. 이 장에서는 그림놀이 SW를 기반으로 우리 아이들이 친숙하고 재미있게 이용할 수 있는 우리 아이 맞춤형 그림놀이 SW를 만들게 됩니다. 그 첫 번째로 우리 아이 맞춤형 그림놀이에 대한 아이디어 구상 및 필요한 추가 기능을 살펴봅니다. 다음으로 아이에게 친숙한 그림놀이 SW를 만들어보고 마지막으로 다양한 확장 기능을 추가한 우리 아이 맞춤형 그림놀이 SW를 완성해 보겠습니다.

01 _ 우리 아이 그림놀이 아이디어 구상

우리 아이를 위한 그림놀이 SW 개선 아이디어

우리는 앞에서 기본적인 그림놀이 SW를 만들어 보았습니다. 현재 상태에서도 기능적으로는 기본적인 그림 그리기는 괜찮지만 정서적인 면에서는 많이 부족하고 추가되면 좋을 기능들도 계속 떠오를 것입니다. 예를 들어, 우리 아이가 좋아하는 엄마, 아빠, 그리고 자신의 얼굴이 포함된 그림놀이 SW라면 더 재미있게 사용할 수 있을 것입니다. 그리고, 필요한 기능 한가지는 스마트기기에서의 이용입니다. 스크래치 프로젝트를 스마트폰이나 태블릿에서 사용할 수 있는데 앞에서의 그림놀이 프로젝트를 스마트기기에서 사용하면 어떻게 될까요? 시작 위치에 마우스 클릭 이후 마우스 커서를 이동하며 그림을 그릴 수 있는데 터치로 작동되는 스마트기기에서는 제대로 그림을 그릴 수가 없게 됩니다. 이와 같이 부족한 점들에 여러분의 아이디어를 발전시켜 직접 그림놀이 SW를 구현해 나간다면 우리 아이를 위한 맞춤형 그림놀이 SW로 보다 재미있으면서도 훨씬 더 큰 의미가 있을 것입니다.

이번 장에서 1차로 추가할 기본적인 그림놀이 SW 개선 아이디어로 시작 화면, 친숙한 캐릭터 색연필, 선택 색상 구분 메뉴, 도형 그리기, 그림 지우개, 그리고 스마트기기를 위한 터치 그리기가 있습니다.

기본 아이디어	내용
시작 화면	관심을 끌 수 있는 시작 화면 도입
친숙한 캐릭터	색연필 선택 버튼과 색연필에 아이에게 친숙한 캐릭터 부착
선택 색상 메뉴 확인	현재 선택된 색상의 색연필 메뉴를 구분 표시
도형 그리기	기본적인 도형을 화면에 그려주기
그림 지우개	그린 그림을 지울 수 있는 지우개 기능 제공
터치 그리기	스마트기기에서 그림 그리기가 가능하도록 터치 그리기 제공

그 이후에 2차로 추가할 보다 고급의 그림놀이 SW 개선 아이디어로는 색칠할 수 있는 바탕그림, 임의의 도형 그리기, 다양한 바탕색을 위한 지우개, 초기화 실행 여부 확인, 그리고, 음성 안내가 있습니다.

고급 아이디어	내용
N각형 도형 그리기	임의의 N각형 도형을 크기 조절하며 그리기
바탕색 지우개	캔버스의 다양한 바탕색에 맞는 지우개 기능
색칠하기 바탕그림	색칠놀이 가능한 테두리 그림을 포함한 바탕 화면 제공
초기화 실행 확인	전체 지우기 실행 전에 최종 실행 여부를 확인
음성 안내	색연필 메뉴 선택 등 작동 상태에 대한 음성 안내

스크래치 그림판 터치 그리기 구현

우리는 9장에서 마우스를 클릭 이후 그리기를 시작해서 마우스를 다시 클릭할 때 그리기를 종료하는 이른바 마우스 이동 그리기 방법을 살펴보았는데, 이 방법은 태블릿 등 터치로 작동하는 스마트기기에서 사용할 수 없다는 한계가 있습니다. 이를 해결하기 위해 터치 상태에서 그리기를 진행하는 이른바 터치 그리기를 구현하는 방법은 마우스 클릭을 유지한 상태에서 그리기를 진행하면 가능합니다. 무대 배경을 터치했을 때 그리기 이벤트 신호를 보내는 것은 동일하며 터치 효과를 내기 위해 "마우스를 클릭했는가" 조건을 만족할 때, 다시 말해 마우스를 계속 클릭한 상태에서 마우스 포인터 지점까지 선을 그리는 과정을 무한 반복하며 마우스 클릭이 끝났을 때 그리기가 종료되는 방식입니다.

마우스 이동 그리기 (9장)		구분	터치 그리기 (10장)	
그리기 처리 블록	처리 방법		처리 방법	그리기 처리 블록
색연필그리기 ▼ 신호를 받았을 때 / 마우스 포인터 ▼ (으)로 이동하기 / 펜 내리기 / 0.1 초 기다리기 / 무한 반복하기 / 만약 마우스를 클릭했는가? (이)라면 / 펜 올리기 / 멈추기 이 스크립트 ▼ / 마우스 포인터 ▼ (으)로 이동하기 (바로 펜올리기 처리 방지을 / 무한루프 탈출!!)	(마우스) 클릭 – 이동 – 클릭	그리기 전체 단계	터치(마우스 클릭 유지) – 끌기 – 떼기	터치그리기 ▼ 신호를 받았을 때 / 마우스 포인터 ▼ (으)로 이동하기 / 펜 내리기 / 무한 반복하기 / 만약 마우스를 클릭했는가? (이)라면 / 마우스 포인터 ▼ (으)로 이동하기 / 아니면 / 펜 올리기 / 멈추기 이 스크립트 ▼
	마우스를 클릭하지 않았을 때	그리기 진행 조건	터치 상태 (마우스를 클릭했을 때)	
	마우스 클릭	종료 조건	터치 떼기 (마우스 클릭 종료)	

여기서 잠깐!

이와 같은 방식으로 구현하면 PC에서 마우스 오른쪽 버튼을 눌렀을 때 정상적으로 선을 그릴 수 있지만, 마우스 왼쪽 버튼을 눌렀을 때는 제대로 그려지지 않는 문제가 발생합니다. 아마도 마우스 왼쪽 버튼 클릭 처리 과정에서 색연필 스프라이트 처리와 충돌이 발생하는 것으로 생각됩니다. 이 문제의 원인을 찾고 해결하기 위한 다양한 방법들을 테스트해 본 결과 터치그리기에서 "펜 내리기" 전에 "숨기기"를 통해 색연필을 화면에서 사라지게 하고, 그리기가 끝났을 때 "펜 올리기" 다음에 "보이기"를 통해 색연필을 보이도록 함으로써, 실제 그리는 동안 색연필 스프라이트가 없는 상태에서는 정상적으로 작동하는 것이 확인되었습니다. 따라서, 처음부터 색연필 스프라이트를 숨긴 상태에서 실행하면 정상적인 터치그리기가 가능하게 됩니다.

여기서 설명한 스크래치 결과물은 공유된 "10-0 무대 터치그리기" 프로젝트를 통해 간단한 코드를 확인할 수 있는데 터치그리기에서 숨기기, 보이기 코드를 삭제했을 때 마우스 왼쪽 버튼 클릭했을 때와 오른쪽 버튼 클릭했을 때 어떤 차이가 있는지 직접 확인해 보기 바랍니다.

색연필 스프라이트를 숨긴 터치그리기	스마트폰에서의 터치그리기 실행 결과
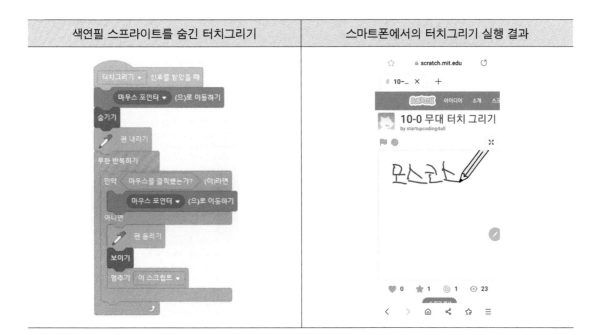	

이제까지 우리 아이 그림놀이 개선 아이디어들과 스크래치에서의 터치 그리기 구현 방법을 살펴보았습니다. 이제부터 본격적으로 우리 아이 맞춤형 그림놀이 SW를 만들어 보겠습니다.

02_우리 아이 그림놀이 프로토타이핑 및 코딩 기초

우리 아이 맞춤형 그림놀이 프로토타이핑 기초

아이가 여러분이 만든 그림놀이 SW를 처음 보는 장면을 상상해 봅시다. 마우스 클릭했을 때 첫 장면으로 어떤 화면이 나오면 가장 즐거워할까요? 바로 그 장면을 도입부로 제작하면 좋을 것입니다. 예를 들어 화면에서 아이 자신이 가장 좋아하는 동물과 함께 서서히 나타난다면 분명 기뻐할 것입니다. Kakao 오븐에서는 이런 효과를 표현하는 방법으로 가장 간단하게는 메모로 설명하는 것을 생각할 수 있는데 전체 제작된 오븐 프로토타입 결과는 QR 코드를 통해 확인할 수 있습니다.

아이의 관심을 끌 수 있는 도입부

보다 사실적으로 보이는 방법으로는 실제 화면이 점점 선명해지는 fade-in 효과 장면을 보여주기 위해 사진을 선택 후 상단 메뉴의 "효과 – 투명도 – 투명도사용"에서 단계별 투명도 값을 변경하면서 보여줄 수도 있습니다.

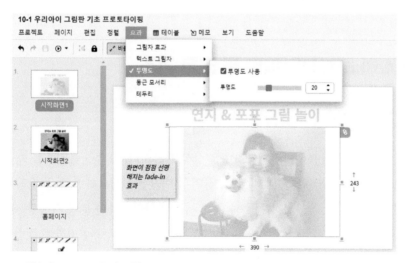
도입부의 fade-in 효과 표현

다음으로 나타나는 그림놀이의 실제 홈페이지 초기화면에서는 각각의 색연필 선택 메뉴에는 엄마, 아빠 등 아이가 좋아하는 사람이나 동물의 얼굴을 함께 보여주는데 그 사람이 좋아하는 색상이나 동물의 색상으로 매칭 시킬 수 있습니다. 메뉴에서 색연필을 선택했을 때 캔버스에 보여지는 색연필에서도 메뉴와 같은 캐릭터를 크게 보이는 방식으로 색과 색연필에 대한 아이의 친근감을 향상시킬 수 있습니다. 이 때, 현재 선택된 색연필 메뉴를 구분하기 위해 선택된 메뉴의 배경색을 변경하는 효과를 제공해 보겠습니다.

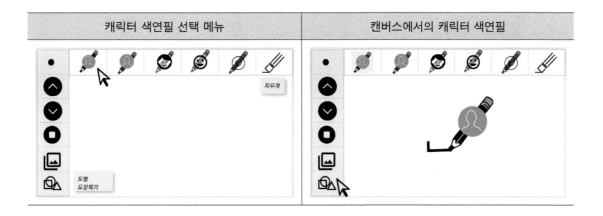

좌측 메뉴판 밑에는 원, 삼각형, 사각형을 그릴 수 있는 도형 도장 찍기 메뉴를 새로 추가했습니다. 한 번 누를 때 마다 그릴 수 있는 도형이 "원 – 삼각형 – 사각형" 순서로 변경되고, 화면에 그리고 싶은 위치에 마우스로 클릭하면 선택된 도형이 그려지는 방식으로 구현될 것입니다.

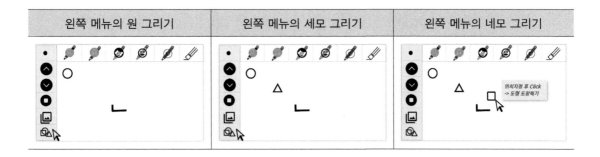

그리고, 상단 메뉴판에는 새로 지우개 펜을 추가했습니다. 지우개 펜을 선택한 다음 캔버스 화면의 특정 부분의 그림을 지울 수 있는데 다른 색연필과 마찬가지로 펜굵기를 통해 지우개 굵기를 조절할 수도 있습니다.

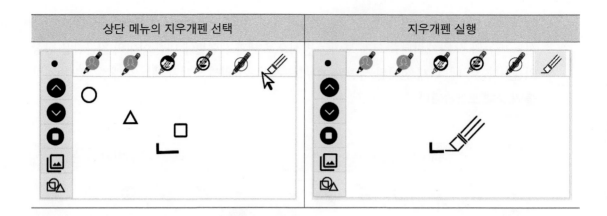

상단 메뉴의 지우개펜 선택	지우개펜 실행

스크래치 우리아이 맞춤형 도입부 만들기

먼저 배경 목록에서 "배경 업로드하기"를 통해 도입부 배경으로 사용할 사진을 스크래치 배경으로 불러옵니다. 사진은 기본으로 비트맵 모드로 지정되므로 작업을 위해 하단에서 "벡터로 바꾸기"를 실행한 다음에 사진 크기를 적절한 크기로 조절하고 화면 중앙에 배치합니다. 왼쪽 도구에서 텍스트 "T"를 선택해 그림놀이 제목을 입력합니다. 여기서는 "연지 & 포포 그림 놀이"로 제목을 입력했습니다.

이렇게 완성된 배경을 "도입배경" 이름으로 지정하고, 다음으로 스크래치에서 보여주는 과정을 살펴보겠습니다. 배경 코드에서 "깃발 클릭했을 때" 이벤트 블록 아래에 화면에 그린 그림을 모두 지우고, "배경을 시작배경으로 바꾸기"를 처리 합니다. 처음에 빈화면을 보여주기 위해 "투명도 효과를 100으로 정하기"하고, 1초 동안 기다리기를 통해 잠시 빈 화면을 보여줍니다. 다음으로 배경을 정상적으로 보여주는 다시 말해 투명도를 0으로 만드는 과정을 "투명도 효과를 -10만큼 바꾸기"를 매 0.3초마다 10회 반복합니다. 이후 나타난 완전한 도입배경을 잠시 1초간 보여준 다음에 그림놀이의 첫 번째 배경인 "메뉴판배경1"로 배경을 바꾸어주면 됩니다. 이 때, 전체지우기 메뉴를 선택했을 때도 동일한 배경 초기화를 수행하기 위해 "그림판초기화" 메시지 신호를 보내고 그 신호를 처리하는 이벤트 블록에서 처리합니다.

도입배경 만들기	도입부 보여주기

스크래치 메뉴판 배경 수정하기

이번 장에서는 상단 메뉴와 왼쪽 메뉴를 각각 1개씩 추가하기 때문에 배경으로 사용되는 메뉴판을 수정해야 합니다. 이 때, 그림을 그릴 수 있는 캔버스 화면의 크기는 그대로 고정하는 것이 좋습니다. 이를 위해 먼저 상단 메뉴의 가장 오른쪽에 상단 메뉴 테두리 사각형을 하나 복사해 붙여줍니다. 다음으로 상단메뉴판 6개를 전체 선택한 다음 좌측으로 크기를 줄여 캔버스 화면 우측에 맞춰주면 됩니다. 이제 왼쪽 메뉴판에 메뉴 사각형을 추가할 차례입니다. 마찬가지로 왼쪽 메뉴 테두리 사각형을 하나 복사해 맨 아래에 붙여줍니다. 다음으로 왼쪽메뉴판 5개를 전체 선택한 다음 위 방향으로 크기를 줄여 캔버스 화면 아래에 맞춰주면 됩니다.

상단 메뉴판		왼쪽 메뉴판	
테두리 사각형 복사	메뉴판 크기 맞추기	테두리 사각형 복사	메뉴판 크기 맞추기

이와 같이 완성된 전체 메뉴판을 Copy&Paste 방식으로 나머지 다른 배경들의 메뉴판에도 교체하면 됩니다.

스크래치 캐릭터 색연필 스프라이트 만들기

이번에는 캐릭터 색연필 스프라이트를 만들어 보겠습니다. 우리는 색연필 중앙에 캐릭터를 포함한 원으로 캐릭터 색연필을 만드는데 이것은 "색연필 – 원 – 캐릭터" 차례로 쌓으면 됩니다. 이를 위해 먼저 스프라이트 고르기에서 "Ball" 스프라이트를 불러옵니다. "Ball" 스프라이트는 5가지 색상의 모양을 갖고 있는데 우리가 사용할 색연필 색상의 원으로 자유롭게 변경할 수 있습니다. 예를 들어, 아빠 캐릭터를 검정 색연필에 사용하는 경우 검정색 바탕의 원이 필요합니다. 이를 위해 사용하지 않는 원을 선택하거나 새로운 원으로 복사한 다음 상단의 채우기 색을 선택해 검정색 바탕에서 색상이 오른쪽으로 흐려지는 효과의 그라데이션(상단 2번째) 버튼을 선택합니다. 그 후에 도형 회전을 통해

Ball 스프라이트 선택	Ball 모양 살펴보기	그라데이션 적용	색연필과 원 결합

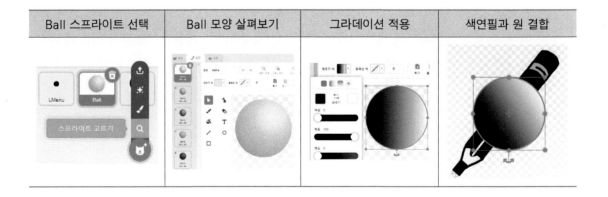

그라데이션 방향을 변경하면 되는데 여기서는 색연필 뒤쪽 방향으로 그라데이션 효과를 줍니다. 이렇게 완성된 색연필 맞춤 색상의 원을 복사해 색연필 중앙 위에 올려둡니다.

이제 얼굴 캐릭터를 만들어 보겠습니다. remove.bg 사이트 등을 이용해 배경을 제거한 사진 이미지를 배경 목록에서 "모양 업로드하기"로 불러옵니다. 이렇게 불러온 이미지는 기본적으로 비트맵 모드인데 이 상태에서 편집화면 왼쪽의 지우개 도구를 선택해 몸통을 지워줍니다. 상단에 지우개 크기를 조절할 수 있는데 몸통은 큰 지우개로 빨리 지우고 얼굴을 다듬을 때에는 작은 크기의 지우개로 지워주면 편리합니다. 이렇게 완성된 얼굴 이미지를 "벡터로 바꾸기" 실행한 다음 선택해서 제작하는 캐릭터 색연필의 원 중앙에 위치시키면 완성됩니다.

| 모양 업로드하기 | 비트맵 지우개 사용 | 작은 지우개로 작업 | 벡터 이미지 합치기 |

이와 같은 방식으로 5명의 가족 캐릭터 색연필 스프라이트를 모두 만들 수 있습니다.

| 아빠 – 검정색 | 나 – 핑크색 | 포포 – 오렌지색 | 동생 – 초록색 | 엄마 – 파란색 |

스크래치 캐릭터 색연필 선택 메뉴 스프라이트 만들기

다음으로 기존의 색연필 선택 메뉴에 대해서도 캐릭터 색연필 스프라이트와 동일한 방식으로 캐릭터 색연필 선택 메뉴 스프라이트로 만들 수 있습니다. 여기서 우리는 색연필이 선택되었을 때 현재 선택된 색연필 메뉴를 메뉴판에서 구분해서 보여주기 위해서 선택 색상을 조금 연하게 채운 사각형 배경의 캐릭터 색연필 모양을 한 벌씩 더 만들어 줍니다. 이 때, 모양의 순서는 상단 메뉴판에 보여지는 캐릭터 색연필 메뉴 모양 순으로 정렬한 다음에, 동일한 순서로 선택된 캐릭터 색연필 메뉴 모양 순으로 정렬합니다. 그 결과로, 6개인 각 색연필 메뉴의 현재 모양 번호에서 +6 값을 갖는 모양 순서가 자신이 선택된 캐릭터 색연필 메뉴 모양을 갖게 됩니다.

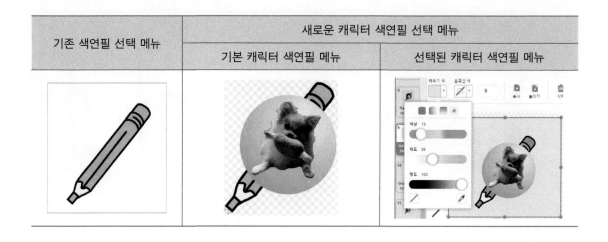

기존 색연필 선택 메뉴	새로운 캐릭터 색연필 선택 메뉴	
	기본 캐릭터 색연필 메뉴	선택된 캐릭터 색연필 메뉴

이렇게 만들어진 캐릭터 색연필 선택 메뉴를 상단 메뉴판에 배치하는 방법을 살펴보겠습니다. 먼저 깃발 클릭 이벤트에서는 최초 실행시 보여지는 도입부에서는 보이지 않도록 숨기기를 지정한 다음에 상단 첫 번째 메뉴를 지정하는데 항상 고정된 위치에 있기 때문에 "드래그 모드를 드래그 할 수 없는 상태로 정하기"를 합니다. 그리고, 첫 번째 색연필 메뉴로 검정 색연필인 "Black-pen" 모양으로 바꾸고 상단 첫 번째 색연필 선택 메뉴판 안에 위치하도록 적절한 위치를 지정합니다. 우리는 하나의 스프라이트로 6개의 메뉴로 보여줄 것이기 때문에 이제는 익숙한 "복제하기"를 5번 실행할 텐데, 그 횟수를 체크하기 위해서 "색메뉴버튼"이라는 변수를 정의하고 다음에 복제할 메뉴의 순서인 "2"를 지정한 다음 "나 자신 복제하기"를 실행합니다. 그 결과로 발생하는 "복제되었을 때" 이벤트를 처리하는 블록에서 처리하는 과정은 앞 장에서 색연필 선택 메뉴 보이기 과정에서 설명한 것과 동일합니다. 여기서 우리는 최초 실행으로 도입부 이후 또는 전체지우기 메뉴 선택으로 초기 화면을 보여줄 때, 3

번째 색연필 메뉴의 선택 상태를 보여주려 합니다. 이를 위해 "그림판초기화 신호를 받았을 때" 이벤트에서 "모양 번호 = 3"인 색연필 메뉴의 모양 번호를 "모양 번호 + 6" 변경(또는 "모양을 Yellow-pen2 로 바꾸기"로 이름 지정)하는 초기 상태 설정 과정이 필요합니다.

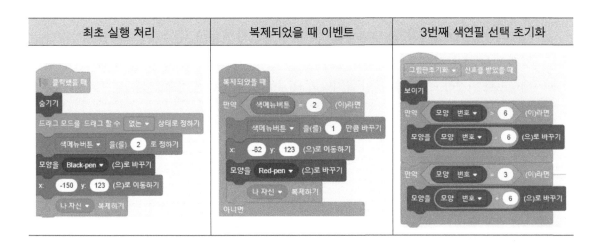

최초 실행 처리	복제되었을 때 이벤트	3번째 색연필 선택 초기화

색연필 메뉴를 선택했을 때, 앞에서 살펴본 것과 같이 색연필 스프라이트와 펜 색상을 변경하는 것을 처리하면 되는데 여기에 기존의 다른 선택된 색연필 메뉴를 선택되지 않은 초기 상태로 변경하는 과정이 앞에 추가됩니다. 이를 위해 여기서는 "색연필 선택해제"라는 메시지를 정의해서 모든 색연필 메뉴 스프라이트가 선택되지 않은 상태로 처리하도록 하고 "색연필 선택해제 신호 보내고 기다리기"를 먼저 수행하게 됩니다. "… 신호 보내고 기다리기"는 모든 스프라이트에서 "… 신호를 받았을 때" 블록을 처리하고 난 후에야 다음 블록을 수행하게 됩니다.

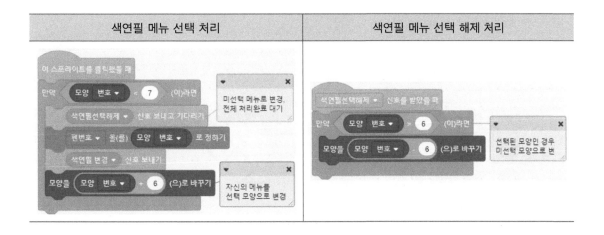

색연필 메뉴 선택 처리	색연필 메뉴 선택 해제 처리

스크래치 지우개 스프라이트 및 선택 메뉴 만들기

다음으로 기존의 흰색 색연필을 활용한 지우개 스프라이트와 지우개 선택 메뉴를 만들어 보겠습니다. "색연필" 스프라이트 모양 편집기에서 "그리기"를 선택한 후 흰색 바탕 사각형에 검정색 선을 이용해 지우개 펜 모양을 그리면 됩니다. 완성된 지우개 펜 모양을 상단 메뉴에서 "그룹화 적용"하고, 메뉴의 바탕 영역을 지정하기 위해 흰색 사각형 배경을 만들어 "맨 뒤로" 순서를 이동하면 됩니다. 이렇게 만든 기존 지우개 메뉴 모양에 마우스 오른쪽 버튼 클릭에서 "복사" 후 흰색 배경을 메뉴 선택 색상으로 변경하고 위치를 제일 마지막의 +6 순서로 이동하는 것으로 선택된 지우개 메뉴 모양이 완성됩니다.

색연필 스프라이트	색연필 메뉴 스프라이트	
지우개 모양 만들기	기본 지우개 메뉴 모양	선택 지우개 메뉴 모양

지우개 메뉴를 선택하고, 지우개 펜을 사용하는 것은 다른 색연필 사용방법과 동일합니다. 지우개는 흰색 색연필을 그대로 사용하는 것으로 실제로는 선을 지우는 것이 아니라 흰색 선을 위에 그려주는 것입니다. 따라서, 흰색 바탕에서는 지우개 효과가 있지만 다른 배경색으로 바꾸어 보면 흰색 선이 그려진 것을 확인할 수 있습니다.

수정 필요한 글씨	지우개로 수정하기	다른 배경색에서 확인

스크래치 도형그리기 스프라이트 및 선택 메뉴 만들기

여기서의 도형그리기에서는 기본적인 도형인 원, 사각형, 삼각형을 화면에 고정된 크기로 그려주는 방식으로 단순하게 구현됩니다. 이를 위해, "색연필" 스프라이트의 모양에 "그리기"를 통해 원, 사각형, 삼각형을 각각 하나의 모양으로 만듭니다. 이 때, 편집 화면의 기준 위치(둥근원 내부 + 표시)에 모양의 중심을 위치시켜야 마우스로 원하는 위치를 지정하기 쉽습니다. 다음으로, "색연필메뉴" 스프라이트에서도 "그리기"를 통해 새로운 모양을 만들어 흰색 바탕에 원, 사각형, 삼각형을 적절히 배치한 메뉴 모양을 만들고, "도형그리기" 이름으로 마지막 모양 위치에 지정하면 됩니다. "왼쪽메뉴" 스프라이트를 화면에 보여주는 방법은 9장에서의 "스크래치 왼쪽 메뉴 작동시키기"에서 소개한 것과 같은 방식인데 1개가 더 추가된 6개 모양으로 보여지기 때문에 총 5번의 복제하기를 진행하고, 적절한 위치에 메뉴를 배치하면 됩니다.

색연필 스프라이트		왼쪽메뉴 스프라이트
원 모양	사각형 모양	도형그리기 모양

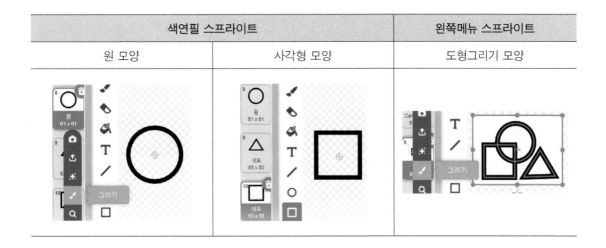

도형그리기 작동 방법은 먼저 선택 메뉴를 눌러 원하는 모양의 도형을 선택합니다. 메뉴를 누를 때마다 "원 – 삼각형 – 사각형" 순서로 모양이 변경되며 현재 선택된 모양이 마우스 커서에 보여 지게 됩니다. 그렇게 원하는 모양의 도형을 선택한 경우에는 마우스를 캔버스 화면 내 원하는 위치로 이동한 후 마우스 클릭하면 해당 도형이 그 위치에 그려지게 되는 방식입니다. 이를 처리하는 방법으로 왼쪽 메뉴 스프라이트에서는 "도형그리기" 모양 메뉴가 선택된 경우를 "이 스프라이트를 클릭했을 때" 이벤트에서 "모양 번호 = 6"인 조건에서 찾을 수 있는데 먼저 기존에 선택된 색연필 메뉴를 미선택 상태로 변경하는 "색연필선택해제" 신호를 보내고 색연필 스프라이트가 도형 그리기를 준비할 수 있는 "도형선택" 신호를 보냅니다.

왼쪽메뉴 스프라이트	색연필 스프라이트
1. 도형그리기 메뉴 선택	2. 도형선택 신호 처리 내 도형 선택 후 무한루프

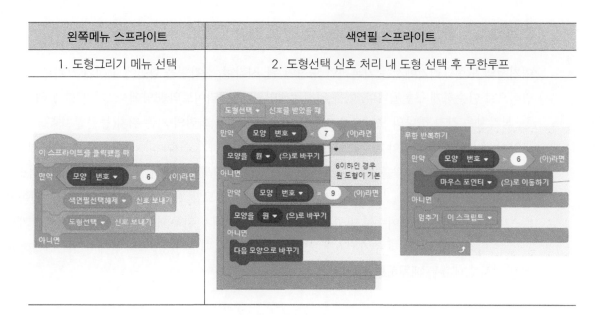

색연필 스프라이트에서는 "도형선택 신호를 받았을 때" 이벤트에서 처음 도형그리기 메뉴를 선택한 경우("모양 번호 < 7"인 경우)에는 원 모양을 지정하고 연속해서 도형그리기 메뉴를 선택하면 그 다음 모양으로 변경하는데 만일 마지막 사각형 모양인 경우("모양번호 = 9"인 경우)에 도형그리기 메뉴를 선택하면 처음의 원 모양으로 변경됩니다. 그렇게 선택된 도형은 마우스 커서에 붙어서 마우스와 함께 이동하게 되는데 이것은 "무한 반복하기" 블록에서 현재 색연필 스프라이트가 "모양 번호 > 6"인 도형 모양인 경우에 "마우스 포인터로 이동하기"를 통해 구현됩니다. 무한반복 도중에 캔버스 화면에 마우스를 클릭하면 그 위치에 현재 도형 모양대로 도장 찍혀 그려지고 만일 상단 색연필 메뉴를 선택했을 때에는 "모양 번호 <= 6"인 경우에 해당되어 "멈추기 이 스크립트"를 통해 무한반복이 종료됩니다.

여기서 무한반복 도중의 도형 도장찍기 과정은 배경에서 "무대를 클릭했을 때" 이벤트 처리 블록에서 "마우스그리기 신호 보내기"를 처리하고, 색연필 스프라이트에서 "마우스그리기 신호를 받았을 때" 이벤트 처리 블록에서 현재 "모양 번호 > 6"인 경우에 현재 마우스 포인터 위치로 이동 후 "도장 찍기"를 수행하는 것으로 처리됩니다.

무대 배경	색연필 스프라이트
3. 무대 클릭 이벤트 처리	4. 모양 도장찍기 처리

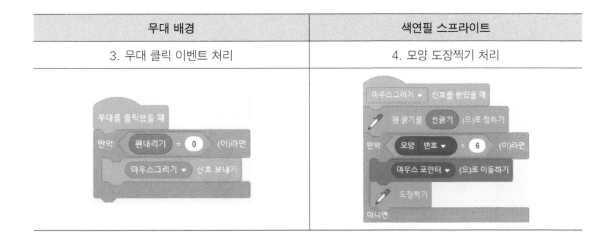

스크래치 터치그리기 모드 변경

이 장의 앞에서 우리는 스마트기기에서 사용할 수 있는 터치그리기를 살펴보았습니다. 이제까지 만든 우리 아이 그림놀이 SW에서도 터치그리기를 추가로 사용할 수 있으면 좋을텐데 어떻게 구현할 수 있을까요? 현재 구현된 메뉴판에서 선택 기능없이 단순히 보여주는 것으로 "선굵기시각화" 메뉴가 있는데 이것을 이용해서 만들어 보겠습니다. 처음 실행했을 때 "마우스그리기" 모드를 기본으로 사용하고 "선굵기시각화" 메뉴를 누르면 "터치그리기" 모드로 전환하고 다시 "선굵기시각화" 메뉴를 누르면 "마우스그리기" 모드를 전환하는 토글(toggle) 방식으로 구현합니다. 현재 모드를 저장하

왼쪽메뉴 스프라이트	무대 배경
선굵기시각화 터치모드 처리	클릭시 터치선택 여부 처리

기 위해 "터치선택"이라는 이름의 글로벌 변수를 만들어, "터치그리기" 모드와 "마우스그리기" 모드를 각각 "1", "0" 값으로 지정합니다. 그런 다음에 무대 배경을 마우스로 클릭했을 때 "터치모드" 값이 "1"이면 "터치그리기", "0"이면 "마우스그리기"를 실행하면 됩니다. 이용자에게 현재 어떤 모드로 그릴 수 있는지 보여주면 편리할텐데 이를 위해 터치그리기 모드에서는 "터치선택" 변수를 보여주도록 했습니다.

이와 같은 작업 결과는 공유된 "10-1 우리아이 그림판 기초" 프로젝트에서 확인할 수 있습니다.

03_우리 아이 그림놀이 프로토타이핑 및 코딩 고급

개선된 우리 아이 맞춤형 그림놀이 프로토타이핑

앞에서 우리는 우리 아이 맞춤형 그림놀이에 대한 고급 아이디어로 임의의 N각형 그리기를 구상했습니다. 원하는 N값과 한변의 길이 X 값을 직접 입력하거나 슬라이드로 그 값을 지정하면 한변의 길이가 X인 정N각형을 그려주는 방식입니다.

임의 도형 그리기 프로토타이핑 (전체 QR 코드)

검정색 테두리의 밑그림에 색칠하는 것은 아이들뿐만 아니라 어른들도 취미로 좋아하는 놀이입니다. 배경 바탕색 변경 버튼을 이용해 바탕색 변경이 끝난 다음에 색칠하기 밑그림 배경을 보여주면 또다른 그림놀이의 즐거움을 제공할 수 있습니다.

배경색 전환에 색칠하기 바탕그림 추가

앞에서 살펴본 지우개 펜은 사실 흰색 펜이기 때문에 흰색 바탕에서만 작동하는 한계가 있습니다. 이를 해결하기 위해 바탕색과 같은 색상의 펜을 지우개 펜으로 사용하는 것이 필요한데 지우개 메뉴를 선택했을 때 현재 바탕색을 확인하고 같은 색의 펜으로 지정하면 됩니다. 그런데, 지우개 펜을 사용하는 도중에 바탕화면을 변경하는 경우가 발생할 수 있는데 그 때는 새로운 바탕색으로 지우개 펜의 색상을 변경하는 것이 필요합니다.

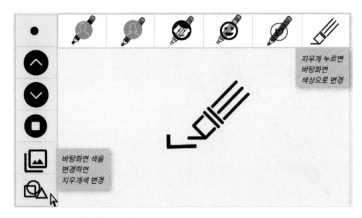

바탕색과 지우개 펜 맞추기

왼쪽의 전체지우기 버튼을 통해 한번에 캔버스 화면을 깨끗하게 비울 수 있는데 실수로 잘못 누르는 경우에는 힘들게 작업한 작품이 사라지게 되는 문제가 있습니다. 이를 방지하기 위해서 전체지우기 버튼을 누르는 경우, 정말 그렇게 모두 지우기를 원하는지 확인하는 과정이 추가되는 것이 바람직합니다.

전체지우기 실행 확인 추가

마지막 아이디어로 선택한 메뉴에 대해서 음성 안내를 추가하는 것을 생각해 보았습니다. 간단하게는 현재 선택한 색연필의 색상을 안내하는 것으로, 예를 들어 검정 색연필을 선택하는 경우 "검정 색연필을 선택했어"로 안내하는 방식입니다. 조금 더 발전시킨다면 보다 감성적인 안내 멘트를 생각할 수 있는데, 예를 들어, "아빠가 좋아하는 검정색이야", "아빠 머리색도 검정색이지"와 같이 감성과 추가적인 정보를 함께 제공할 수도 있을 것입니다. 이와 같은 아이디어들을 Kakao 오븐 프로토타입으로 간단히 작성한 프로젝트를 QR 코드를 통해 확인할 수 있는데 여러분도 직접 우리 아이 맞춤형 그림놀이 SW에 대한 프로토타입을 만들어 보고 발전시켜 나가기 바랍니다.

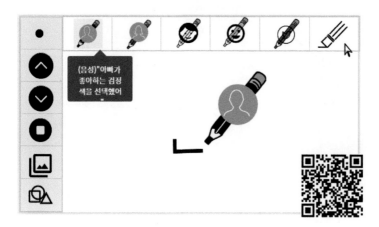

메뉴 선택에 대한 음성 안내 추가

스크래치 임의 정N각형 도형 그리기

앞에서 우리는 원, 삼각형, 사격형을 도장 찍기를 이용해 캔버스에 고정된 모양과 크기로 그리는 것을 살펴보았는데 이번에는 변의 길이와 N각을 지정한 정N각형을 그리는 것을 살펴보겠습니다. 스크래치에서 원을 그리는 방법은 실제 원이 아니라 정60각형을 그려서 마치 원에 가깝게 보이도록 합니다. 원하는 한 변의 길이와 N각을 입력받기 위해서 "변길이"와 "N각형"과 라는 변수를 정의하는데 한정된 크기의 캔버스 화면 내에서 의미있는 정N각형을 보여주기 위해서 한 변의 길이는 최소 10에서 최대 99를 갖도록 한정하고 N각형은 최소값 3에서 최대값 9를 갖도록 하는데 9인 경우에 우리는 원을 보여주는 것으로 약속합니다. 이에 따라 도형그리기 사용방식도 변화가 필요합니다. 여기서는 도형그리기 메뉴를 누르면 "도형옵션그리기" 신호를 발생하는데 한번 누르면 한 변의 길이와 N각형을 지정하도록 하고 마우스로 화면의 위치를 정한 다음, 두번째 도형그리기 메뉴를 눌렀을 때 해당 위치에 지정된 변의 길이를 갖는 정N각형을 그려주도록 합니다. 다시 정리하면 첫 번째 "도형옵션그리기" 신호 처리에서는 도형을 선택하고 마우스 위치를 지정한 다음 두 번째 "도형옵션그리기" 신호 처리에서 지정된 위치에 정N각형을 그려주는 방식입니다.

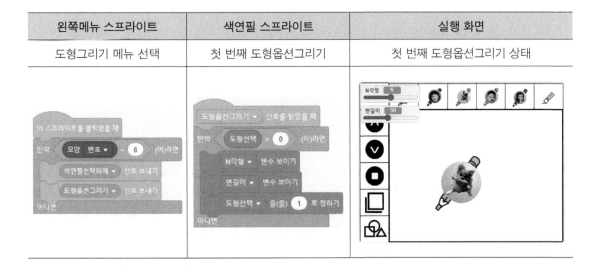

왼쪽메뉴 스프라이트	색연필 스프라이트	실행 화면
도형그리기 메뉴 선택	첫 번째 도형옵션그리기	첫 번째 도형옵션그리기 상태

두 번째 도형그리기 메뉴를 선택했을 때("도형선택 = 1"인 경우), "색연필" 스프라이트가 실제 도형을 그리는 과정을 자세히 살펴보겠습니다. 만일 "N각형 < 9"인 경우, 정N각형을 그리는데 현재 마우스 위치에서 스프라이트 방향으로 지정된 변의 길이만큼 이동한 후 반시계 방향으로 "360도/N" 만큼 회전한 다음 다시 지정된 변의 길이만큼 이동하는 과정을 N번 반복하면 됩니다. 만일 N각형 값이 9

인 경우라면 우리는 원을 그리는 것으로 약속했는데 스크래치에서 원처럼 보이는 정60각형을 그려야 하기 때문에 한변의 길이를 "변길이 / 10 + 1"의 반올림 값으로 적당히 조정하여 정60각형을 그렸습니다. 마지막으로 "도형선택" 변수값을 "0"으로 정하고, "N각형"과 "변길이" 변수를 숨겨 도형그리기 모드가 완료된 상태임을 보여줍니다.

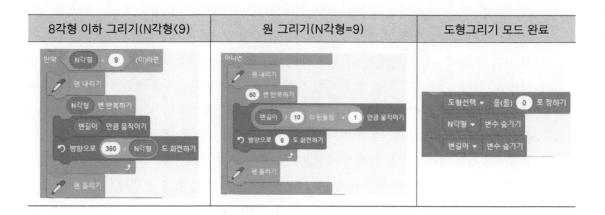

8각형 이하 그리기(N각형<9)	원 그리기(N각형=9)	도형그리기 모드 완료

첫 번째 도형그리기 메뉴를 선택 이후에 색연필 메뉴를 선택한 경우에는 선택한 색연필로 선그리기를 하겠다는 의도로 해석해서 도형그리기 모드 완료를 수행합니다. 따라서, 만일 다른 색상의 색연필로 도형을 그리기를 원한다면 색연필을 먼저 선택한 후에 도형그리기 메뉴를 눌러야 합니다. 이와 같은 방식으로 여러 가지 색상과 다양한 굵기의 임의의 정N각형 도형을 화면에 그릴 수 있게 됩니다.

> **📑 여기서 잠깐!**
>
> 원 그리기 블록이나 도형 그리기 블록의 경우 앞으로 도형 그리기에서 유용하게 활용할 수 있을 것 같은데 매번 다시 작성하는 것이 아니라 이런 블록들을 보다 쉽게 재활용할 수 있는 방법이 없을까요? 스크래치에서는 "내 블록"을 통해 일련의 블록들을 하나의 블록 이름으로 정의할 수 있습니다. 이와 같은 "내 블록"은 입력값을 전달받아 내부에서 활용할 수도 있는데 예를 들어, "도형그리기"라는 내 블록을 정의하고 입력값으로 "N각형", "변길이"를 전달받아 내부에서 N각형을 그리는데 활용할 수 있습니다.

내 블록 정의하기	내 블록 사용하기	실행 결과 확인

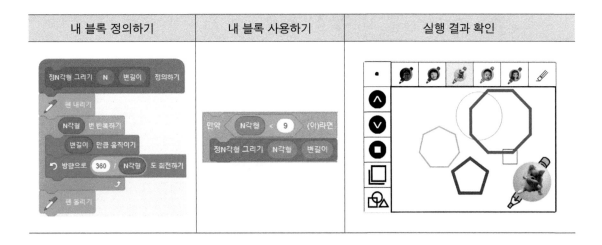

스크래치 색칠하기 바탕화면 추가

색칠할 수 있는 밑그림이 있는 배경 화면을 "배경 업로드하기"를 이용해 추가하고, 왼쪽의 "배경색전환" 메뉴를 눌렀을 때 추가된 색칠하기 바탕화면이 보여줄 수 있도록 지정하면 됩니다. 우리는 도입부에 사용한 시작배경을 제일 마지막 배경 순서에 위치시켰는데 새로 입력된 색칠하기 바탕화면은 도입부 앞의 배경 순서에 위치시키고 배경색전환 버튼 눌렀을 때 마지막 색칠하기 바탕화면인 경우라면 첫 번째 배경으로 바꾸면 됩니다.

색칠하기 바탕화면 배경 추가	색칠하기 바탕화면 놀이

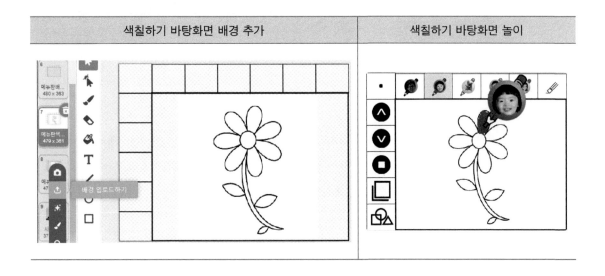

스크래치 배경색과 같은 지우개색 맞추기

이제까지 우리는 흰색 색연필을 이용해 지우개 효과를 보여주었습니다. 그런데, 배경색 변경 기능을 제공하면서 흰색이 아닌 다른 배경색에서는 지우개 기능이 제대로 작동하지 않는 문제가 발생합니다. 이를 해결하기 위해 1) 상단 메뉴에서 지우개 펜을 선택했을 때 현재 배경색과 지우개 펜의 색상을 일치 2) 현재 지우개 펜 사용 중에 배경색을 변경하는 경우가 있을 수 있는데 이 때도 변경된 배경색과 맞는 지우개 펜 색상을 지정하는 것이 필요합니다. 먼저 상단 메뉴에서 지우개 펜을 선택했을 때, "색연필 변경" 신호를 보내게 되는데, "색연필" 스프라이트에서는 그 신호를 받았을 때 지우개 펜에 해당하는 "펜번호 = 6"인 경우에 "지우개 펜 색지정"이라는 메시지 신호를 보냅니다. 색연필 스프라이트에서 "지우개 펜 색지정" 이벤트를 처리하는데 기존과 같이 "배경 번호 = 1" 일 때 펜 색깔을 흰색으로 지정하고 다른 각 배경 번호에 해당하는 배경색과 동일한 펜 색깔을 지정하면 됩니다.

색연필 스프라이트		왼쪽메뉴 스프라이트
지우개 펜 색지정 신호 보내기	지우개 펜 색지정 이벤트 처리	배경색전환 메뉴 내 처리

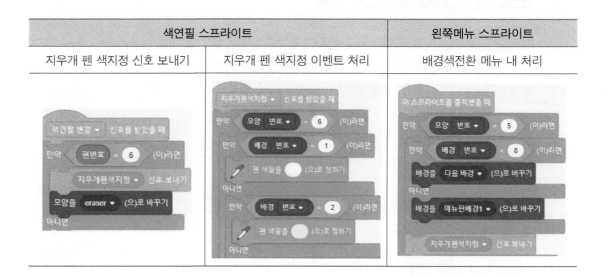

이 때, 배경색과 동일한 펜 색깔을 지정하는 방법은 "펜 색깔을 ... 로 정하기"에서 "..." 색상을 선택했을 때 나타나는 색조절 판 하단의 색스포이드를 이용해서 실행화면에서 원하는 부분의 색을 선택할 수 있는데 여기서 현재 배경색을 선택하면 됩니다.

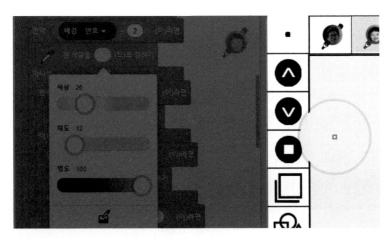

펜 색깔을 색스포이드로 실행화면에서 선택하기

지우개 펜을 사용하는 중에 왼쪽메뉴의 배경색전환 버튼을 눌렀을 때에도 변경된 배경색과 맞는 지 우개 펜의 색상을 지정하기 위해 "지우개 펜 색지정"이라는 메시지 신호를 보내면 됩니다.

스크래치 전체지우기 실행 전 확인

왼쪽 메뉴에서 전체지우기를 선택했을 때, 그림판 초기화를 진행하기 전에 한번 확인하는 과정을 추 가해 보겠습니다. 우리는 3초 동안 생각할 시간을 주기 위해서 "모두 지우고 새로 시작하려면, 다시 한번 눌러주세요."라는 안내문을 3초 동안 말하기를 하고 그 동안에 전체지우기 메뉴를 선택하면 초 기화를 진행하고 그대로 3초가 지나면 그냥 그대로 유지합니다. 이를 위해서 "초기화확인"이라는 변

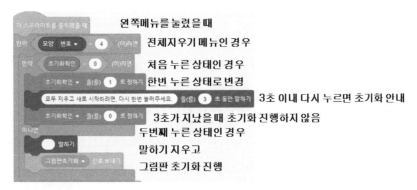

전체지우기 실행 전 최종 확인 처리

수를 생성해서 초기 값을 "0"을 지정합니다. 전체지우기 메뉴를 처음 선택했을 때는 "초기화확인 = 0" 이므로 한번 선택한 상태라는 의미로 "초기화확인 = 1"로 바꾼 후 안내문을 3초 동안 말하고 그대로 3초가 지나는 경우 초기화하지 않는다는 의미로 "초기화확인 = 0"으로 변경합니다. 만일 3초 이내에 다시 한번 더 전체지우기 메뉴를 누르면 현재 "초기화확인 = 1" 이므로 조건문의 "아니면" 블록을 처리하게 되어 "" 말하기로 안내 말풍선을 지우고 그림판 초기화를 진행합니다.

또 다른 확인 구현 방법으로 "... 라고 묻고 기다리기"를 사용해 사용자의 "대답"을 입력받을 수 있습니다. 예를 들어, "정말 지우기를 원하면 네 입력하세요. 라고 묻고 기다리기"를 실행하면 화면 하단에 텍스트 입력 창이 나타나는데 거기에 입력한 텍스트가 "대답"이라는 미리 정의된 변수에 저장됩니다. 그 다음에 "대답 = 네"와 같이 입력되었는지 검사해서 진행하면 되는 것입니다. 이와 같은 묻고 기다리기를 활용해 전체지우기 메뉴를 3초 이내에 두 번 눌렀을 때 다시 한번 더 확인해서 "네"라고 입력한 경우에 초기화를 진행하도록 개선해 보았습니다.

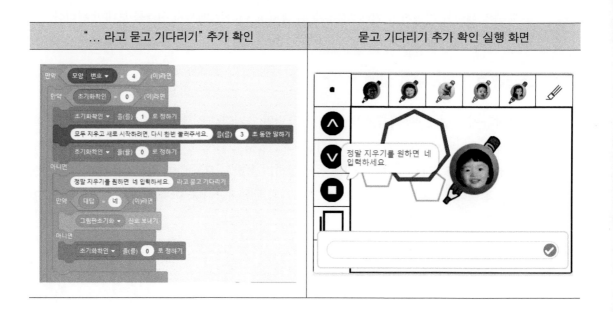

"... 라고 묻고 기다리기" 추가 확인	묻고 기다리기 추가 확인 실행 화면

스크래치 확장기능 TTS 활용한 음성 안내 추가하기

스크래치에서는 코드 블록 하단의 "확장 기능 추가하기"를 통해 텍스트를 음성으로 변환하는 TTS(Text To Speech) 기능을 쉽게 사용할 수 있습니다. 여기서의 TTS 기능은 아마존 웹서비스(Amazon Web Service)를 통해 다양한 언어로 제공되는데 한국어 문장도 자연스러운 음성으로 표현해 줍니다. 사용 방법은 우선 "언어를 한국어로 정하기"를 하고, "음성을 ...로 정하기"를 통해 음성 높낮이를 조절할 수 있는데 "중저음"이 좋습니다. 그 다음에 TTS의 "... 말하기"에 말하려는 텍스트를 넣어주기만 하면 알아서 그 문장을 음성으로 들려줍니다. 여기서는 색연필 선택했을 때 색상에 대한 감성적인 문구를 추가했는데 예를 들어 엄마 캐릭터의 파란 색연필을 선택했을 때 "엄마는 파란 하늘이 너무 좋아"라고 말하는 방식입니다. 이 때, TTS 말하기는 입력된 텍스트를 모두 말하고 난 후에 다음 블록을 처리하기 때문에 함께 수행할 작업들이 있다면 TTS 말하기를 마지막에 위치시켜야 합니다.

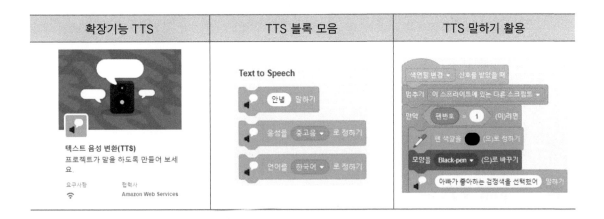

확장기능 TTS	TTS 블록 모음	TTS 말하기 활용

이제까지 우리 아이 맞춤형 그림놀이 SW를 스타트업 코딩을 이용해 단계적으로 개선하며 프로토타입과 실제 코딩으로 만들어 보았습니다. 작업한 스크래치 코드는 "10-2 우리아이 그림판 고급" 프로젝트를 통해 공유되어 있으니 참고하기 바랍니다. 여러분도 리믹스(remix) 과정을 통해 직접 우리 아이 맞춤형 그림놀이 SW를 만들어 재미있게 활용하기를 기대합니다.

10장. 생각하기

Q 여러분 가족과 친척 등의 사진들을 활용해서 우리 아이 그림판 놀이를 직접 제작해 보세요.

A 지난 시간에 학습한 기본적인 기능의 그림판과 이번 시간에 학습한 우리아이 그림판을 통해 다양한 기능과 재미를 함께 제공하는 그림놀이 아이디어를 프로토타이핑하고 스크래치 코딩할 수 있게 되었습니다.

살펴본 우리아이 그림놀이 기초 및 고급 프로토타입과 스크래치 코딩은 모두 공개되어 있기 때문에 여러분이 찬찬히 살펴보고 분석하는 것 뿐만 아니라 여러분의 아이디어와 사진들을 활용해 직접 제작할 수 있습니다.

여러분의 미래 자녀를 생각하면서 여러분의 사진과 주위의 어린 조카 등 유아 사진을 사용해서 여러분만의 우리아이 그림놀이를 직접 제작해 보세요. 그리고, 개발된 그림놀이를 유아들에게 사용해 보도록 보여주고 사용 과정을 살펴보세요. 그 과정에서 미처 생각하지 못했던 문제점들을 발견할 수 있는데 그것을 해결하고 다시 이용해 보도록 하는 과정을 반복하면서 고객이 원하는 제품으로 발전시킬 수 있습니다.

10장. 퀴즈

1. 다음 보기에 대해 맞으면 O, 틀리면 X를 선택하세요.

> 스크래치에서 음성을 녹음해서 소리 코드로 들려줄 수도 있지만, 문자를 음성으로 자동 변환해 주는 확장 코드 기능도 제공하고 있습니다.

1) O   2) X

정답 1) O

해설 Amazon Web Services와 협력해 텍스트를 음성으로 자동 변환하는 TTS(Text-To-Speech) 확장 코드 기능을 제공합니다.

2. 다음 실행 화면은 어떤 코드를 실행한 결과 인가요?

1) (너 이름이 뭐니?) 말하기

2) (너 이름이 뭐니?) 생각하기

3) (너 이름이 뭐니?) 묻고 기다리기

4) (너 이름이 뭐니?)를 10초 동안 말하기

정답 3)

해설 사용자가 텍스트를 입력할 수 있는 입력창이 나타나는 것은 묻고 기다리기 입니다.

3. 다음 스크래치 코드를 실행하면 어떤 도형이 그려질까요?
한 변의 길이가 (A)인 정(B)각형에 맞는 A, B를 적어보세요.

정답 A : 8, B : 5

해설 72도씩 5번 반복하면 360도가 되기 때문에, 5각형이 되며 매번 8만큼 그리기 때문에 한 변의 길이가 8인 정5각형 입니다.

1. **우리 아이 그림놀이 아이디어 구상**
   - 취학 전 유아 대상 쉽고 재미있는 그리기 놀이 아이디어
   - 기존의 그림놀이 SW는 단순한 기능 위주로 구현된 한계
   - 스마트 기기에서 이용 가능한 고객 맞춤형 그림놀이 서비스 제작

2. **우리 아이 그림놀이 프로토타이핑 및 코딩 기초**
   - 가족 색연필 스프라이트와 색 선택 버튼
   - 도형(원, 삼각형, 사각형) 도장 찍기
   - 흰색 지우개
   - 스마트기기를 위한 터치 그리기

3. **우리 아이 그림놀이 프로토타이핑 및 코딩 고급**
   - 바탕색 지우개
   - 도형 임의 그리기
   - 색칠하기 바탕그림
   - 초기화 실행 확인 후 지우기
   - AWS TTS를 활용한 자동 음성 안내

CHAPTER 11
우리 아이 숫자놀이 SW 기초 아이디어 구현

지금까지 우리는 "문자"를 이용하는 "말하기"와 "펜"을 이용한 자유로운 표현 방법인 "그리기"를 다루는 스타트업 코딩에 대해 살펴보았습니다. 이번장과 다음장에 걸쳐 "숫자"를 이용한 "계산하기"와 관련된 스타트업 코딩 방법을 소개하겠습니다. 이번 장에서는 우리 아이가 숫자를 쉽게 다룰 수 있는 숫자놀이에 대한 아이디어와 스크래치의 기본적인 숫자 연산기능을 살펴본 다음에, 아이를 위한 숫자놀이 SW에 대한 아이디어를 구상하여 Kakao 오븐으로 프로토타이핑해 보며 그 결과를 실제 작동되는 SW로 구현하는 스크래치 코딩을 직접 실습하게 됩니다. 점점 복잡해지지만 모든 코드가 공개되어 있기 때문에 찬찬히 따라오면 모두 이해할 수 있을 것입니다. 자 그럼, 이제 출발해 봅시다.

01_숫자놀이 아이디어 구상

아이를 위한 숫자놀이 아이디어

숫자와 산수는 많은 어린이가 어려워하지만 논리성과 문제해결에 핵심적인 기반이 되기 때문에 그 학습은 매우 중요합니다. 우리 아이들이 어떻게 하면 숫자를 재미있게 다루게 할 수 있을지 모든 부모들의 고민일 것입니다. 아이들에게 숫자를 가르치는 과정을 생각해 봅시다. 가장 먼저 0에서 9까지 단위 숫자를 이해한 다음에 10 이상의 2자리 수를 배우게 됩니다. 다음으로 1~9까지의 숫자에 대한 덧셈을 배우고, 뺄셈, 그리고, 곱셈과 나눗셈 순으로 사칙연산도 배우게 될 것입니다. 이런 아이들의 숫자 학습 과정을 어떻게 하면 보다 재미있게 만들 수 있을까요? 이것이 바로 이번장의 출발점으로서 우리가 해결해야 할 문제입니다.

아이가 숫자를 이해하는 단계로 숫자를 눈으로 보고, 귀로 들은 다음, 입으로 말하는 '보기 – 듣기 – 말하기'를 생각할 수 있습니다. 아이가 0에서 9까지의 단위 숫자를 이해하도록 도와주는 첫 번째 아이디어로 아이에게 0에서 9까지의 숫자를 화면에 순서대로 차례로 보여주면서 읽어줌으로써 숫자의 모양을 보고 듣는 것을 도와주는 것인데 이 과정에서 숫자의 순서를 이해할 수 있습니다. 그 다음의 두 번째 아이디어로는 임의로 선택한 숫자를 화면에 보여주면서 들려주는 것을 생각할 수 있습니다. 부모가 직접 선택한 숫자를 화면에 보여주면서 말하거나 아이가 직접 선택한 숫자를 읽어주는 방식으로 이 과정을 통해 임의의 숫자에 대해 보고 듣는데 익숙해질 것입니다. 세 번째 아이디어로는 화면에 하나의 숫자를 보여주고 말하면 아이는 같은 숫자를 선택하도록 하도록 할 수 있습니다. 아이가 직접 숫자를 다루도록 하는 것인데 이 과정이 익숙해지면 아이가 선택한 숫자를 함께 말하도록 하는 방식으로 숫자 말하기로 발전될 수 있습니다.

이와 같이 단위 숫자에 대해 대한 "보기 – 듣기 – 말하기"를 통해 숫자를 이해한다면 다음으로 수 개념에 대한 이해가 필요합니다. 가장 기본으로는 단위 숫자에 대한 덧셈, 뺄셈, 곱셈, 나눗셈의 사칙연산을 다루는 것인데 간단한 사칙연산을 부모가 묻고 아이가 대답하는 것을 생각할 수 있습니다. 만일 아이가 혼자서 사칙연산을 할 수 있다면 자유롭게 이용할 수 있는 사칙연산 계산기 모양의 놀이도 가능할 것입니다. 하지만 대부분의 아이들은 처음 산수를 접했을 때 아주 어려워할 것으로 숫자를 바로 이용한 사칙연산 보다는 다른 사례를 통해서 사칙연산의 개념을 배우는 것이 훨씬 쉬울 것입니다. 예를 들어, 아이가 과자를 좋아한다면, 과자를 예를 들어 과자 1개가 있는데 추가로 과자 1개를 더 받으면 2개가 되는 것을 이해하는 방식입니다.

그럼, 지금부터 이제까지 생각한 숫자놀이 아이디어를 하나씩 만들어보도록 하겠습니다.

스크래치 연산 블록 살펴보기

먼저 스크래치의 다양한 연산 블록들을 살펴보도록 하겠습니다. 우리 아이의 숫자놀이에 사용될 사칙 연산인 덧셈(+), 뺄셈(-), 곱셈(*), 나눗셈(/) 블록을 제공합니다. 여기서 연산자 앞뒤의 값으로는 숫자를 바로 입력하거나 숫자값을 갖는 변수가 포함될 수 있습니다. 여기서, 곱셈 기호로는 입력하기 쉬운 "*"를 사용한다는 것에 주의해 주세요.

덧셈	뺄셈	곱셈	나눗셈
◯ + ◯	◯ - ◯	◯ * ◯	◯ / ◯

다음 연산 블록으로 논리연산 블록을 제공합니다. 두 값 사이의 크다(>), 작다(<), 같다(=) 관계로 참, 거짓을 구분하고, 논리곱(그리고, AND), 논리합(또는, OR), 부정(아니다, NOT)과 같은 논리 연산자를 제공합니다.

연산자	블록 예	해석
〉	값1 > 0	"값1"이 0보다 클 때 참(True)
〈	값1 < 10	"값1"이 10보다 작을 때 참(True)
=	연산자 = +	"연산자"가 "+" 값을 가질 때 참(True)
논리곱	값1 > 0 그리고 값1 < 10	"값1"이 0보다 크고 10보다 작을 때 참(True)
논리합	연산자 = + 또는 연산자 = -	"연산자"가 "+" 또는 "−"일 때 참(True)
부정	결과값 = ◯ 이(가) 아니다	"결과값"이 ""이 아닐 때(임의의 값이 있을 때) 참(True)

그리고, 문자열을 다루는 여러 가지 연산을 제공하는데 가장 대표적으로 (A)와 (B) 문자열을 (AB) 문자열로 합치는 "(A)와 (B) 결합하기" 블록이 있습니다.

스크래치 단위 숫자 스프라이트 만들기

스크래치로 간단한 숫자놀이를 만들기 위해 우선 숫자 스프라이트가 필요합니다. 기본으로 제공하는 "스프라이트 고르기"에서 "Glow-1", "Glow-2" 등의 숫자를 불러옵니다. 이 스프라이트는 각각 해당 숫자 모양 1개씩을 갖는데, 첫 번째 "Glow-1" 스프라이트의 이름을 "숫자"로 수정하고 새로운 모양 그리기 편집 화면을 통해 2부터 순서대로 새로운 모양을 Copy&Paste로 가져옵니다. 모양 순서 1부터 9까지는 보여주는 숫자와 동일하고 마지막 10번째 모양에 숫자 "0"을 가져오는 것으로 숫자 스프라이트는 완성됩니다.

숫자 스프라이트 고르기	숫자 모양 합치기	마지막 10번째 모양은 0

스크래치 숫자놀이 아이디어 만들기

이제부터 숫자놀이 아이디어를 하나씩 만들어 보겠습니다. 먼저 0에서 9까지의 숫자를 화면에 순서대로 차례로 보여주면서 읽어주는데 화면에서 아빠 모습이 보이면서 함께 안내하면 보다 친숙할 것입니다.

숫자 차례로 보여주고 들려주기 : 0	숫자 차례로 보여주고 들려주기 : 9

스크래치 프로젝트 실행을 위해 깃발 클릭했을 때 아빠 스프라이트에서 위치와 텍스트 음성 변환 TTS 설정 이후에 "숫자보이기" 신호를 보냅니다. 아빠 스프라이트에서 "숫자보이기" 신호를 받아 처리하는데 숫자 값 변수를 정의한 후 숫자 "0" 부터 차례로 "숫자화면표시" 신호를 보내 "숫자" 스프라이트에서 화면 우측에 숫자를 보여주도록 하고 그와 함께 "숫자 값 말하기" 후 잠시 기다린 다음 숫자를 1 증가시켜 다음 숫자를 보여줍니다. 이 과정을 "숫자 값"이 "9"가 될 때까지 반복하면 됩니다.

아빠 스프라이트		숫자 스프라이트
초기화 후 신호 보내기	신호 받았을 때 처리	숫자 화면 표시 처리

두 번째 아이디어는 입력한 숫자를 들려주고 화면에 큰 숫자로 보여주는 놀이입니다. 연속 사용할 수 있도록 무한반복으로 진행되는데 "q"를 입력하면 끝내도록 구현했습니다.

숫자 입력 기다리기	입력한 숫자 보여주고 들려주기 : 3 입력 경우

스크래치 프로젝트 실행 깃발 클릭했을 때 아빠 스프라이트에서는 초기화 후 "입력숫자듣기" 신호를 보내고, 아빠 스프라이트에서 그 신호를 바로 처리하는데 무한루프에서 "... 라고 묻고 기다리기"를 이용해 사용 안내 문구를 보여주고 입력을 기다립니다. 만일 "q"를 입력하면 끝내고, 아닌 경우에는 입력된 숫자를 보여주면서 음성으로도 들려줍니다.

초기화 후 신호 발신	신호 받았을 때 : q 끝내기 처리	신호 받았을 때 : 숫자 처리

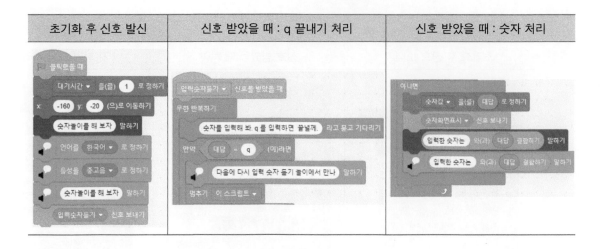

단, 여기서는 입력한 숫자가 제대로 입력되었는지에 대한 확인 부분은 없는데 2자리 이상 숫자를 입력해도 정상적으로 읽어주기 때문에 추후 학습에도 사용할 수 있어 유용한 반면 문자를 입력해도 그 문자를 그대로 읽어준다는 문제는 있습니다. 숫자 확인 조건은 뒤에서 소개하지만, 여러분은 그 전에 어떻게 할 수 있을지 고민해 보기 바랍니다.

세 번째 아이디어는 임의 숫자를 보여주고 큰 숫자로 보여주는 놀이입니다. 마찬가지로 연속으로 사용할 수 있도록 무한반복으로 진행되는데, "q" 입력으로 놀이를 끝내는 방식으로 구현했습니다. 화면에 보여준 숫자와 같은 숫자를 입력할 때까지 계속 반복되며 맞추면 새로운 숫자를 보여주는 방식입니다.

숫자 9 보여주고 같은 숫자 입력 대기	맞춘 경우 : 9 입력	틀린 경우 : 다른 입력

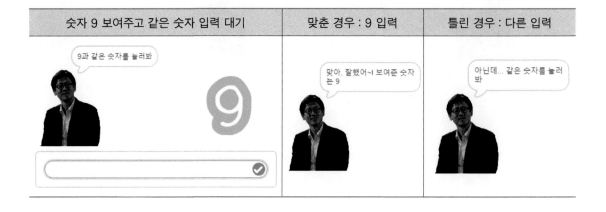

스크래치 프로젝트 실행 깃발 클릭했을 때 아빠 스프라이트에서는 초기화 후 "아무 숫자 맞추기" 신호를 보내고 아빠 스프라이트에서 그 신호를 바로 처리합니다. 무한루프에서 0부터 9사이의 임의 숫자(난수)를 정해 보여주고 그 숫자와 같은 숫자를 누르도록 "... 라고 묻고 기다리기"를 이용해 사용 안내 문구를 보여주고 입력을 기다립니다. 만일 "q"를 입력하면 놀이를 끝내고, 아닌 경우에는 입력된 숫자가 보여준 숫자와 같을 때까지 반복하며 같은 숫자를 입력했을 때에는 다시 새로운 숫자를 보여주는 과정을 반복합니다.

아무숫자맞추기 신호 수신 : q 끝내기 처리	아무숫자맞추기 신호 수신 : 다른 입력 처리

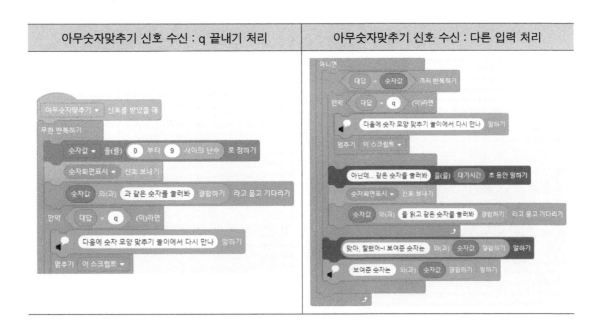

이제까지 간단한 숫자놀이 아이디어 3가지에 대한 구현을 살펴보았습니다. 이와 같은 숫자놀이들을 한번에 이용할 수 있도록 선택 옵션을 제공하면 편리할 텐데 어떻게 제공하면 좋을까요? 앞에서 우리가 살펴본 메뉴 버튼을 통한 선택 방법으로 제공할 수도 있겠지만 간단하게 "... 묻고 기다리기"를 통해 선택한 입력값에 따라 숫자놀이를 선택해 보겠습니다. 스크래치 프로젝트 실행 깃발 클릭했을 때 아빠 스프라이트는 초기화 실행 후 "... 묻고 기다리기"를 통해 원하는 숫자놀이를 "숫자보이기 놀이 1, 입력숫자듣기 놀이 2, 아무숫자 맞추기 놀이 3" 중에서 선택하도록 합니다. 만일 1, 2, 3이 입력된 경우라면 해당 숫자놀이를 실행한 다음 다시 입력을 기다리고 q를 입력하는 경우에는 전체 숫자놀이를 끝내도록 하며 나머지 입력인 경우에도 "... 묻고 기다리기" 실행을 반복합니다.

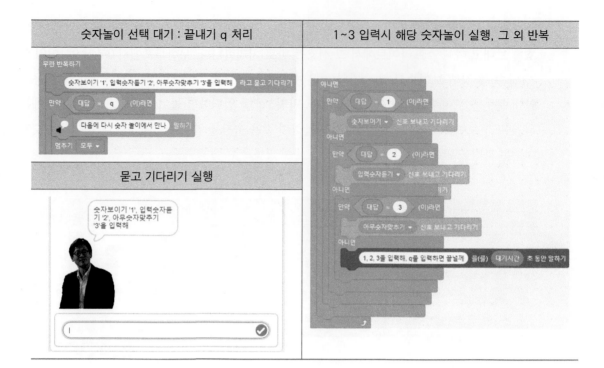

숫자놀이 선택 대기 : 끝내기 q 처리	1~3 입력시 해당 숫자놀이 실행, 그 외 반복

이와 같이 완성된 스크래치 프로젝트는 "11-0 숫자놀이 아이디어"로 공유되어 있으니 직접 확인해 보고 여러분만의 숫자놀이로 개선시켜 보기 바랍니다.

스크래치 사칙연산 숫자놀이 아이디어 만들기

이번에는 입력한 사칙연산식을 계산해 보도록 하겠습니다. 예를 들어, "1+2" 사칙연산식을 입력했을 때 "3"이라는 결과값을 계산하도록 하는 것입니다. 이를 위해서는 피연산자 "1", 연산자 "+", 그리고 피연산자 "2"를 차례로 입력받으면 컴퓨터는 그것을 "1+2"로 계산한 결과값을 보여주면 됩니다. 그 것을 구현하는 간단한 방법은 먼저 "첫번째 값을 입력해 라고 묻고 기다리기"를 통해 사용자가 입력한 첫 번째 피연산자값 "1"을 스크래치에서 미리 정의된 "대답" 변수로부터 읽어 사용자가 정의한 "값1" 변수에 저장합니다. 다음으로 "+ - * / 연산자를 입력해 라고 묻고 기다리기"를 통해 사용자가 입력한 "+" 연산자를 "대답" 변수를 통해 사용자가 정의한 "연산자" 변수에 저장합니다. 마찬가지로 "두번째 값을 입력해 라고 묻고 기다리기"를 통해 사용자가 입력한 두 번째 피연산자값 "2"를 "대답" 변수를 통해 사용자가 정의한 "값2" 변수에 저장합니다. 그런 다음에 연산자가 "+"를 만족하는 경우 "값1변수값 + 값2변수값"을 계산해 사용자가 정의한 "결과값" 변수에 저장하면 되는 것입니다. 만일 연산자로 "-"를 입력한 경우에는 "값1변수값 – 값2변수값" 같은 방식으로 연산자가 곱하기인"*", 나누기인 "/"인 경우에는 각각 "값1변수값 * 값2변수값", "값1변수값 / 값2변수값"로 계산합니다.

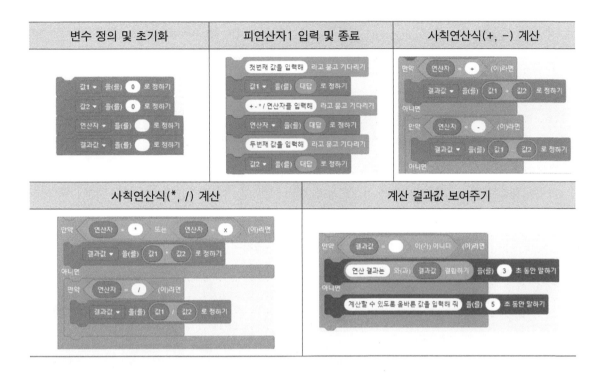

이와 같이 구현된 간단한 사칙연산식을 실행해 보면 1~9 사이의 숫자뿐만 아니라 임의 숫자에 대한 사칙연산식도 정상적으로 작동하는 것을 확인할 수 있습니다.

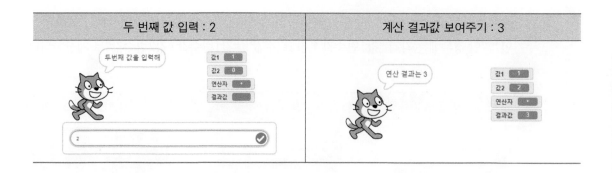

두 번째 값 입력 : 2	계산 결과값 보여주기 : 3

그런데, 여기서 첫 번째나 두 번째 값으로 숫자가 아닌 값을 입력하거나 연산자로 다른 문자를 입력하면 어떻게 될까요? 잘못된 계산식이 입력되었으니 당연히 제대로 처리하지 못할 것입니다. 이런 문제를 해결하기 위해서 우리는 "값1"과 "값2"의 입력값이 0보다 크고, 10보다 작은 경우에만 저장하도록 하고 연산자 또한 사칙연산자인 경우에만 입력받도록 검사하는 과정을 추가했습니다. "(조건을 만족할 때)까지 반복하기"를 통해 올바른 형식의 문자가 입력되었을 때 다음 과정으로 넘어가는 것입니다.

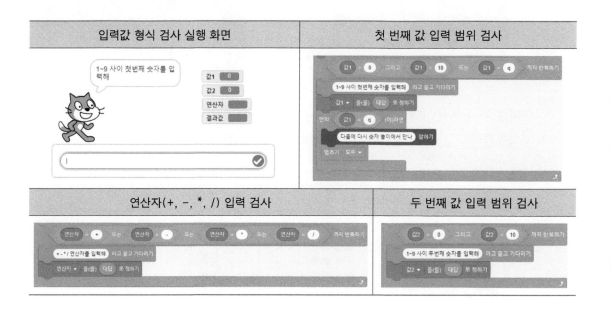

입력값 형식 검사 실행 화면	첫 번째 값 입력 범위 검사
연산자(+, −, *, /) 입력 검사	두 번째 값 입력 범위 검사

이제까지 살펴본 스크래치 결과물은 "11-0 기본 연산" 프로젝트로 공유되어 있으므로 여러분이 직접 확인하고 개선시켜 볼 수 있습니다. 여러분의 다양한 아이디어로 간단한 숫자놀이를 만들어 보기를 기대합니다.

02_숫자놀이 프로토타이핑 및 코딩 기초

숫자놀이 기반이 되는 계산기 프로토타이핑 기초

우리는 평소에 숫자 계산할 때 스마트폰의 계산기 앱을 주로 사용하는데 그 구성을 살펴보면 다음과 같습니다. 이와 같은 계산기 앱과 비슷한 구성으로 아이들이 쉽게 사용할 수 있는 숫자놀이용 계산기를 구상해 보도록 하겠습니다.

스마트폰 계산기 앱 화면	주요 기능	버튼
	숫자키	0 ~ 9 까지의 숫자
	사칙연산키	+, -, ×, / 연산자
	계산키	=
	초기화키	C (CLR)
	디스플레이	입력 버튼 및 결과 표시

앞에서 살펴본 0~9 사이의 단위 숫자에 대한 사칙연산 계산기로서 기존의 스마트폰 계산기 앱에서 숫자키 배열은 동일하게 하고, 그 우측에 사칙연산키를 배열하고, 하단의 숫자 "0" 키 왼쪽에 "CLR" 키, 우측에 "=" 키를 배치합니다.

계산기 프로토타이핑 기초

버튼 입력값 및 결과값을 보여주는 디스플레이 부분을 실제 계산기에서와 같이 보여주는 것은 복잡하기 때문에 일단 여기서는 앞에서 살펴본 것과 같이 값1, 연산자, 값2, 결과값의 변수이름과 그 값을 보여주는 것으로 구현합니다. 그리고, 모든 버튼이 작동되도록 구현한 것이 아니기 때문에 현재 페이지에서 작동할 수 있는 버튼에 에 대해서 마우스 커서를 의미하는 화살표로 표시해 두었습니다. 그 구현 결과는 QR 코드를 통해서 확인할 수 있는데 여기서는 간단하게 "9 + 1 = 10"을 계산하는 과정을 프로토타이핑한 것으로서 여러분도 여러분만의 계산기를 프로토타입으로 만들어보고 그 기반으로 스크래치 계산기를 만들어보기 바랍니다.

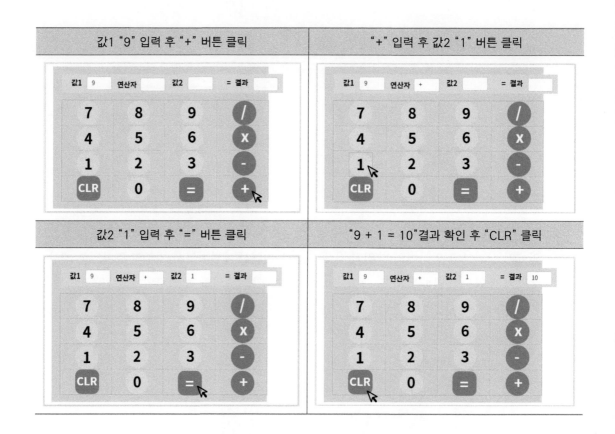

스크래치 계산기 배경 및 버튼 만들기

스크래치 계산기의 배경으로는 프로토타입에서 구상한 것과 같이 크게 나누면 버튼 영역과 그 상단의 디스플레이 영역으로 구성되는데 "값1 연산자 값2 = 결과값"으로 보여질 디스플레이 영역에서 "="은 텍스트로 적절한 위치에 입력하면 됩니다.

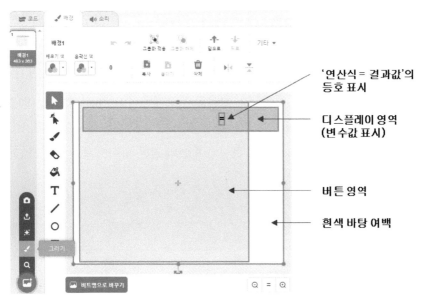

'연산식 = 결과값'의
등호 표시

디스플레이 영역
(변수값 표시)

버튼 영역

흰색 바탕 여백

계산기 배경 만들기

다음으로 숫자 버튼을 만들어 보겠습니다. 앞에서 1에서 9까지, 그리고 0을 포함한 "숫자" 스프라이트를 만들었는데 이번에는 버튼 스프라이트 위에 텍스트 숫자를 입력하는 방식으로 숫자 버튼 스프라이트를 만들어 보겠습니다. 스프라이트 고르기에서 "Button1" 스프라이트를 선택한 후 모양 편집 화면에서 텍스트 "T" 선택 후 밝은 색상의 숫자 "1"을 중앙에 입력하고 마우스로 우측 하단의 점을 선택해 숫자 크기를 조절하면 됩니다. 그 모양을 마우스 우측 버튼으로 누른 후 복사를 실행해 새로

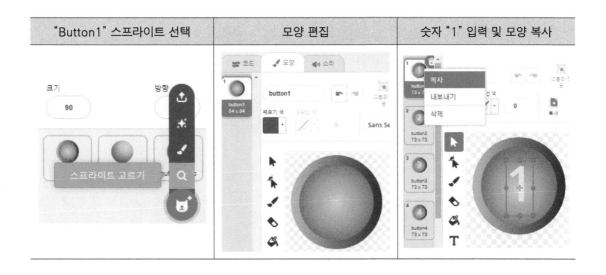

| "Button1" 스프라이트 선택 | 모양 편집 | 숫자 "1" 입력 및 모양 복사 |

운 모양을 만든 다음에, 숫자 "1"을 "2"로 바꾸면 숫자 "2" 버튼이 만들어 집니다. 이와 같은 과정을 숫자 "9" 까지 반복한 다음 마지막 10번째 버튼 모양으로 숫자 "0" 버튼을 만듭니다.

다음으로 사칙연산자 버튼을 만들어 보겠습니다. 스프라이트 고르기에서 "Ball" 스프라이트를 고른 다음, 모양 편집에서 "ball-b" 모양만 남기고 나머지 모양들은 삭제합니다. "ball-b" 모양의 중앙에 밝은 색의 "+" 기호를 입력해 "+" 연산자 버튼 모양을 완성합니다. 그 모양을 복사한 다음 "+" 기호를 "-" 기호로 변경함으로써 "-" 연산자 버튼 모양도 완성되며 이와 같은 방식으로 "×", "/" 연산자 버튼 모양도 차례로 완성합니다.

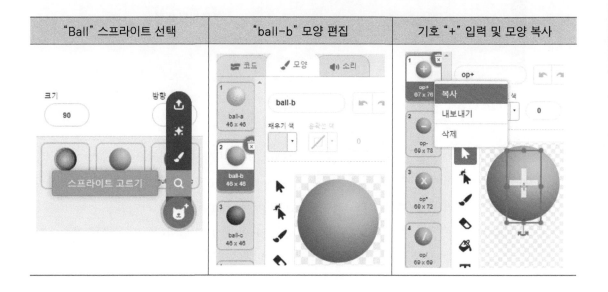

"Ball" 스프라이트 선택	"ball-b" 모양 편집	기호 "+" 입력 및 모양 복사

다음으로 연산식의 결과를 계산하도록 하는 등호(=) 계산 버튼을 만들어 보겠습니다. 스프라이트 고르기에서 "Button2" 스프라이트를 고르고 "계산버튼"으로 이름을 정한 다음, 모양 편집에서 "Button2-a" 모양을 전체 선택 후 그룹화 적용합니다. 다음으로 오른쪽 가운데의 조절점을 마우스로 선택해 왼쪽으로 이동시켜 가로 폭을 줄여 줍니다. 다음으로 텍스트 "T"를 선택해 밝은 색의 "="를 입력 후 마우스로 숫자 크기 및 위치를 조절하면 완성됩니다.

"Button2" 스프라이트 선택	그룹화 후 가로 폭 줄임	기호 "=" 입력
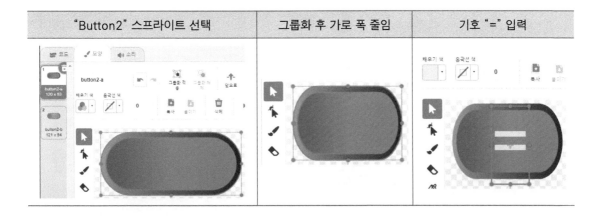		

계산기에서 수행 결과를 모두 지우는 "CLR" 버튼도 별도의 스프라이트로 만드는데 우측 스프라이트 목록에서 "계산버튼" 스프라이트를 복사한 후 "지움버튼"으로 이름을 정한 다음, 모양 편집에서 "=" 대신 "CLR"을 입력하면 됩니다.

"계산버튼" 복사	모양 편집 내 문자 "CLR" 입력	"지움버튼" 모양 완성

스크래치 계산기 버튼 배열하기

이제 앞에서 만든 계산기 배경에 버튼들을 배치해 보겠습니다. 먼저 디스플레이 영역 배치를 위해서 "숫자버튼" 스프라이트에서 "값1", "연산자", "값2", "결과" 변수를 정의하고 깃발 클릭했을 때 모두 초기값 지정 및 "변수 보이기"합니다. 그런 다음 실제 깃발 실행하기 한 다음에 화면에 보이는 각 변수들을 마우스 클릭으로 선택한 다음 계산기 배경의 디스플레이 영역 내 적절한 위치로 배치하면 됩니다.

스크래치 계산기 전체 실행 화면	계산식과 결과값 보이기와 초기화
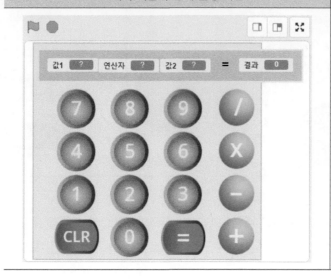	

다음으로 숫자 버튼들, 연산자 버튼, 지움 버튼과 계산 버튼을 배치해 보겠습니다. 버튼들을 가로 세로 4x4 매트릭스에 줄을 맞춰 배치하는데 각 버튼의 적절한 좌표값을 (x, y)로 지정해야 합니다. 이때, 정확하게 계산해서 각 버튼의 (x, y)값을 일일이 입력했는데 알고 보니 계산에 오류가 있어 수정해야 하는 상황이 발생할 수 있습니다. 또는 계산기 배경이 수정되면서 버튼 간격이 조정되어야 하는 경우에는 각 버튼의 (x, y) 좌표값을 다시 일일이 수정해야 할텐데 아주 귀찮고 힘든 작업이 될 것입니다. 이를 해결하기 위한 방법으로 하나의 버튼을 기준점으로 정하고, x축과 y축 방향으로 고정된 길이만큼 이동해 버튼들을 배치한다면 추후 간격을 조정해야할 필요가 있을 때 고정된 길이만 수정하면 한꺼번에 처리할 수 있습니다. 우리는 숫자 1 버튼 위치를 기준점 (xpos, ypos)로 정하고 오른쪽 다음 버튼(숫자 2 버튼)까지의 x축 거리를 gridx, 바로 위의 버튼(숫자 4 버튼)까지의 y축 거리를 gridy로 지정합니다. 이 기준에 따라 각 버튼은 숫자 1 버튼으로부터 x축 방향으로 m*gridx, y축 방향으로 n*gridy 만큼 떨어져 있는 것으로 지정하고 그 거리를 (m, n)으로 표현할 수 있습니다. 예를 들어, 숫자 6 버튼은 숫자 1 버튼으로부터 x축으로 2*gridx, y축으로 1*gridy 만큼 떨어져 있으므로 (2, 1) 로 표현됩니다.

계산기 버튼 배치 간격 숫자 "1" 버튼이 기준점 (xpos, ypos)			버튼		
			기준점과의 (m*gridx, n*gridy) 거리		
			7	8	9	/
			(0, 2)	(1, 2)	(2, 2)	(3, 2)
			4	5	6	*
			(0, 1)	(1, 1)	(2, 1)	(3, 1)
			1	2	3	−
			(0, 0)	(1, 0)	(2, 0)	(3, 0)
			CLR	0	=	+
			(0, −1)	(1, −1)	(2, −1)	(3, −1)

이제 숫자 버튼을 배경에 위치시키는 과정을 살펴보겠습니다. 숫자 1에서 숫자 9까지의 (m, n)을 살펴보면 숫자값 A와 (m, n) 사이의 일정한 규칙을 찾을 수 있습니다. 바로 (A-1)을 3으로 나눈 나머지 값이 m 그 몫이 n이 됩니다. 우리는 각 버튼의 위치를 직접 지정할 수도 있겠지만 적용 규칙을 찾아 한번에 처리하는 것이 좋은 코드를 작성하는 방법입니다. 만일 입력해야 할 숫자 버튼이 많은 경우를 상상하면 쉽게 이해가 될 것입니다. 우리는 숫자 1 버튼의 위치인 기준점 (xpos, ypos)를 (-150, -70)으로 정하고 다음 버튼과의 x축, y축 방향의 거리인 gridx, gridy를 각각 90, 70으로 정했습니다. 깃발 클릭했을 때 "숫자버튼" 스프라이트는 기준 숫자인 1 버튼의 모양과 위치, 크기를 지정한 다음, 숫자 2 버튼에 대해 처리하기 위해 복제하기를 실행합니다. 이 때, 현재 복제되는 숫자를 구분하기 위해 "현재숫자" 변수를 사용하는데 그 값은 깃발 실행에서 1로 지정되고 복제하기를 실행할 때 1 증가시켜 현재 처리하는 숫자값과 맞추고 "다음 모양으로 바꾸기"를 통해 "현재숫자" 값의 모양으로 맞춰줍니다. 현재 숫자가 10보다 작은 경우 다시 말해 2부터 9인 경우에는 "(현재숫자값 − 1) / 3"의 나머지를 "m값", 버림을 통해 정수로 계산되는 몫을 "n값"으로 지정해서 해당 버튼의 위치 (x, y)를 (xpos + (gridx*m값), ypos + (gridy*n값))으로 지정하고 다음 숫자 버튼 처리를 위해 "복제하기"를 실행합니다. 만일 "현재숫자" 값이 10인 경우에는 마지막인 숫자 0 버튼의 경우로서 그 위치를 (xpos + (gridx*1), ypos + (gridy*-1))로 지정하고 복제가 중단됩니다.

깃발 클릭했을 때(숫자 1)	복제되었을 때 (숫자 2 ~ 숫자 9, 숫자 0)
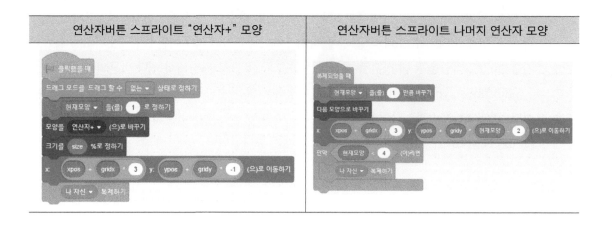	

다음으로 연산자 버튼들을 화면에 배치해 보겠습니다. "연산자버튼" 스프라이트의 모양은 +, -, *, / 순서로 화면의 맨 우측 아래에서 위로 올라가면서 배치되므로, x좌표의 값은 "xpos + gridx*3"으로 동일하며 y좌표의 값은 "ypos + gridy*n"에서 n이 −1에서 2까지 차례로 증가하는 값을 갖게 됩니다. 이 과정을 처리하는 방법은 깃발 클릭했을 때 "연산자버튼" 스프라이트는 첫 번째 순서 모양인 "연산자+" 버튼으로 위치, 크기를 지정한 다음, 다음 모양의 "연산자-" 버튼에 대해 처리하기 위해 복제하기를 실행합니다. 이 때, 현재 복제되는 숫자를 구분하기 위해 "현재모양" 변수를 사용하는데 그 값은 깃발 실행에서 1로 지정되고 복제하기를 실행할 때 1 증가시켜 현재 처리하는 모양 순서를 지정하고 그 값이 3일 때까지 복제하기를 진행해서 마지막 4번째 모양인 "연산자/"를 처리한 다음 복제가 중단

연산자버튼 스프라이트 "연산자+" 모양	연산자버튼 스프라이트 나머지 연산자 모양

됩니다.

마지막으로 남은 버튼들을 처리하는데 "지움버튼" 스프라이트는 깃발 클릭했을 때 (x, y) 좌표 값을 (xpos, ypos-gridy)로 "계산버튼" 스프라이트는 깃발 클릭했을 때 (x, y) 좌표 값을 (xpos + gridx*2, ypos-gridy)로 지정합니다.

스크래치 계산기 입력 처리하기

이제 계산기 버튼들의 배치가 모두 완료되었는데 실제 버튼을 눌러 계산하도록 만들 차례입니다. 먼저 숫자 버튼을 눌렀을 때 어떻게 그 값을 알아낼 수 있을까요? 그것은 바로 버튼의 숫자와 스프라이트의 모양 이름을 같게 만들고 버튼을 눌렀을 때 그 이름 값을 이용하는 것입니다. 예를 들어, 숫자버튼의 첫 번째 모양이 "1"일 때 그 이름도 똑같이 "1"로 지정하고, 숫자 1 버튼을 눌렀을 때 그 값으로 모양의 이름 "1"을 지정하는 방식입니다. 이 때, 마지막 10번째의 숫자 0 버튼의 모양 이름은 "0"으로 지정하면 됩니다. 다음으로 한자릿수 계산식 "값1 연산자 값2" 경우를 생각해보죠. 예를 들어 "1 + 2 ="를 처리하기 위해 계산기에서 1, +, 2, = 버튼을 차례로 눌렀을 때 값1과 값2를 어떻게 구분할 수 있을까요? 앞에서의 숫자놀이에서는 값1 입력, 값2 입력을 각각 따로 지정해서 처리했지만 지금 계산기에서는 버튼을 연속으로 눌러 입력하기 때문에 내부적으로 값1과 값2을 구분하는 작업이 필요합니다. 우리가 알고 있는 것처럼 연산자 앞의 숫자가 값1, 연산자 뒤의 숫자가 값2 이므로 연산자 입력 여부를 검사해서 값1과 값2을 구분하면 되는 것입니다. 그 방법으로 연산자값을 "?"로 초기화한 후, 연산자 버튼을 눌렀을 때 해당 연산자값이 입력됩니다. 따라서, 숫자 버튼을 눌렀을 때 "연산자값 = ?"을 확인해서 참인 경우 연산자 입력 전이므로 값1로 지정하고 거짓인 경우 값2로 지정하면 됩니다.

계산기 작동을 위해서 해결해야 할 또 하나의 문제가 남아있는데, 2자리수 이상의 숫자를 계산하는 경우에 발생하는 고려 사항이 있습니다. 예를 들어, "123 + 45 ="를 계산하는 경우를 생각해 보겠습니다. 우리는 "값1 = 123", "연산자 = +", "값2 = 45"라는 것을 이해하고 있지만 컴퓨터에 입력되는 값들은 이것과는 차이가 있습니다. 처음에 숫자 1 버튼을 눌렀을 때 변수 "값1"에 "1" 값을 저장하는 것까지는 전혀 문제가 없지만 다음 숫자 2 버튼을 눌렀을 때 입력된 "2" 값을 값1에 어떻게 추가해야 할까요? 여기서 약간의 작업이 필요합니다. 현재 "값1"이 있을 때 새로운 값이 입력되면 기존 "값1"은 한자리수가 올라가야하기 때문에 먼저 "*10"을 처리한 다음에 입력한 숫자를 더해야 합니다. 이를 위해 temp라는 임시 변수를 이용해 처리 후 값1에 반영합니다. 이런 과정을 "연산자버튼"을 누를 때까지 처리하고 다음 숫자가 입력될 때에는 "값2"에 같은 방식으로 처리해 입력하고, "계산버튼"을 누르면 "값1 연산자 값2" 수식을 계산해 결과값을 보여주게 됩니다.

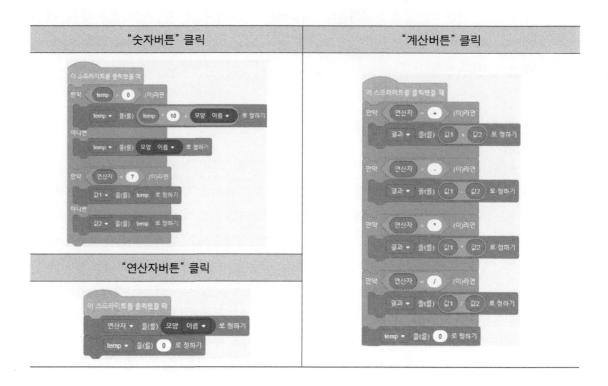

	"숫자버튼" 클릭	"계산버튼" 클릭
	"연산자버튼" 클릭	

이와 같은 처리 과정이 다소 복잡할 수 있는데 "123 + 45 = 168" 계산식을 예로 들어 버튼 선택에 따라 각 변수값의 변화를 정리한 표를 따라가면 보다 쉽게 이해할 수 있습니다.

선택 버튼	temp	값1	연산자	값2	결과	스크래치 계산기 실행 결과
1	1	1	?	?	?	
2	12	12	?	?	?	
3	123	123	?	?	?	
+	0	123	+	?	?	
4	4	123	+	4	?	
5	45	123	+	45	?	
=	0	123	+	45	168	

마지막으로 "지움버튼"을 눌렀을 때는 변수 초기화 과정을 실행하여, 다시 새로운 계산식을 입력할 수 있도록 합니다. 이것으로 기초적인 계산기를 마무리 하도록 하겠습니다. 아직 많이 부족한 상황으로 개선하고 싶은 점들이 많을 것입니다. 이제까지의 작업 결과는 "11-1 계산기 기초 개선" 프로젝트를 통해 공유되어 있으니 여러분이 직접 확인하고 활용해보고 보다 많은 기능의 계산기로 발전시켜 나가길 기대합니다.

03_숫자놀이 프로토타이핑 및 코딩 고급

개선된 스크래치 계산기 프로토타이핑

앞에서 우리가 만든 스크래치 계산기를 어떻게 개선하면 좋을까요? 먼저 일반 계산기와 같은 방식의 디스플레이를 구현하는 것이 필요합니다. 그리고, 아이들이 친숙하게 이용할 수 있도록 부모가 등장하고 음성으로 안내하면 좋을 것입니다. 추가적으로 퀴즈 방식으로 계산식 문제를 내고 정답을 맞추도록 하는 것도 좋겠습니다.

개선 분야	개선 아이디어 내용
디스플레이	일반 계산기와 유사한 계산기 상단의 디스플레이 창
이용 가이드	친숙한 캐릭터를 통한 이용 안내
안내 방식	음성과 문자를 통한 안내
이용 방식	보다 재미있게 이용할 수 있도록 계산식 퀴즈 방식 추가

이와 같은 아이디어에 대해 Kakao 오븐으로 프로토타입을 제작해 보았습니다. 계산기 상단의 디스플레이 창을 추가하고 버튼으로 입력한 계산식을 그대로 보여줍니다. 계산식을 입력한 상태에서 "=" 버튼을 누르면 계산 결과를 디스플레이 창에서 확인할 수 있습니다. 그리고, 계산식 입력 상태에서 아빠 캐릭터를 누르면 계산 결과를 입력해 맞추는 퀴즈 방식으로 진행됩니다. 틀린 답을 입력한 경우에는 다시 시도하도록 안내해서 새로운 계산 결과 입력을 기다리고, 정답을 맞춘 경우에는 디스플레이 창에 정답을 보여주며 아빠 캐릭터는 응원 메시지를 보여주는 방식입니다. "CLR" 지움 버튼을 누르면 디스플레이 창이 비워지면서 새로운 계산식 입력을 기다리게 됩니다.

계산식 입력 후 진행 모드 선택	아빠 캐릭터 선택 시 결과 맞추기 퀴즈

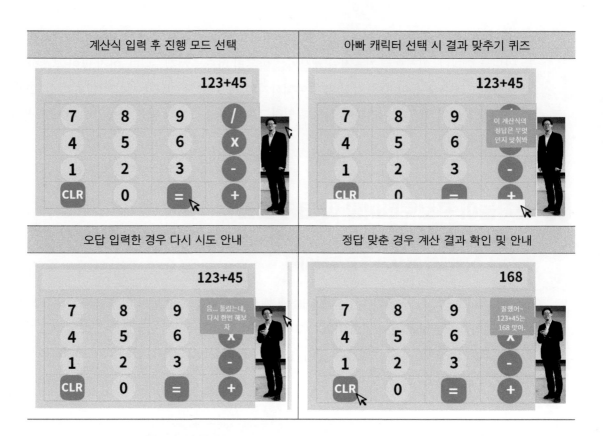

이와 같이 개선된 계산기에 대한 오븐 프로토타이핑 결과 프로젝트는 QR 코드를 통해 확인할 수 있는데 여러분만의 계산기 아이디어 프로토타입 제작을 기대합니다.

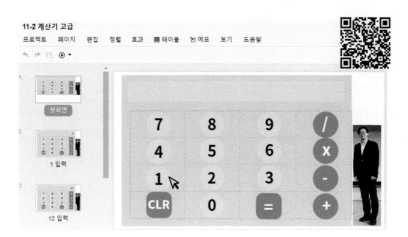

개선된 계산기 프로토타이핑

개선된 스크래치 계산기 무대와 스프라이트 만들기

먼저 계산기 배경 상단에서 우측 캐릭터 표시 영역을 모두 사용하기 위해 디스플레이 영역의 가로 폭을 줄이고 중간에 있던 "=" 문자를 삭제합니다. 다음으로 디스플레이 창에 보여줄 숫자와 연산자를 위한 "표시" 스프라이트를 제작합니다. 모양 편집 창에서 "그리기"를 통해 빈 화면에 문자 입력 "T"를 활용해 숫자 "1"을 화면 중앙에 표시한 모양을 만듭니다. "1" 모양을 복사한 두 번째 모양에 기존 숫자 "1"을 "2"로 수정한 다음 다시 복사하는 과정을 "9" 모양과 마지막 "0" 모양을 만들 때까지 반복하면 됩니다. 마찬가지로 사칙연산자 "+", "-", "×", "/"와 "="에 대한 모양도 숫자 모양 다음에 차례로 만들어 줍니다.

계산기 무대 배경 수정	디스플레이용 "표시" 스프라이트 제작	
	숫자 모양 만들기	연산자 모양 만들기

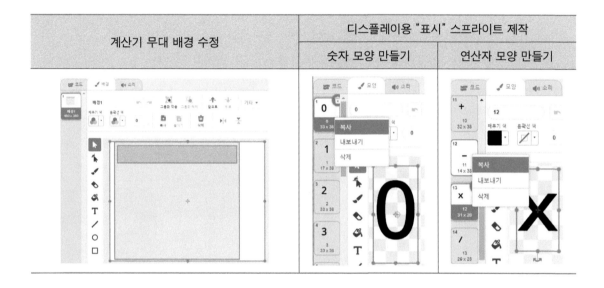

개선된 스크래치 계산기 디스플레이 창 보여주기

이제 계산기의 숫자와 연산자 버튼을 눌렀을 때 디스플레이 창에 입력값으로 보여주는 방법을 살펴보겠습니다. 계속해서 "값1 + 값2" 형식의 "123 + 45"를 입력하는 경우를 예를 들어 생각해 봅시다. 먼저 버튼 "1"을 눌러 1을 입력했을 때 디스플레이 제일 오른쪽에 "1"을 보여주면 됩니다. 그런데, 다음에 2를 입력했을 때는 "12"를 보여줘야 하는데 이미 보여진 "1"이 있는 상태에서 어떻게 처리해야 할까요? 간단하게는 "1"을 지우고 디스플레이 창의 오른쪽 끝에서부터 보여줄 숫자의 1의 자리부터 역순으로 "2", "1"을 차례로 보여주면 됩니다. 다시 말해서, 계산기 버튼을 누를 때 마다 기존의 화면 내용을 지우고 입력된 값 순서의 반대 순서로 디스플레이 창의 오른쪽 끝에서부터 보여주면 되는 것입니다.

선택 버튼	디스플레이 창	버튼 값 저장 변수	처리 방법
1	1	입력값1_1	버튼 누른 순서대로 입력값1_m 변수에 그 값을 저장 (m=1, 2, 3) 입력값1_3 값부터 역순(3, 2, 1)으로 화면의 오른쪽 끝에서 왼쪽으로 표시
2	12	입력값1_2	
3	123	입력값1_3	
+	123+	연산자	+ 출력 후 입력값1을 역순으로 출력
4	123+4	입력값2_1	입력값2 역순으로 출력 후, + 출력, 그 다음에 다시 입력값1 역순으로 출력
5	123+45	입력값2_2	
=	168	결과값	결과값도 1의 자리부터 역순으로 출력

"표시" 스프라이트를 활용해 디스플레이 창에 계산식과 결과를 출력하는 방식을 소개합니다. 먼저 디스프레이 창의 가장 오른쪽에 기준점 위치를 (xposR, yposR)로 지정하고 1개의 문자가 들어가는 일정한 칸 간격으로 가상의 자리를 지정하며 가장 오른쪽부터 왼쪽으로 1, 2, 3 의 순서로 자리 번호를 부여합니다. 우리는 기준점을 (138, 138) 칸 간격을 18로 지정했습니다.

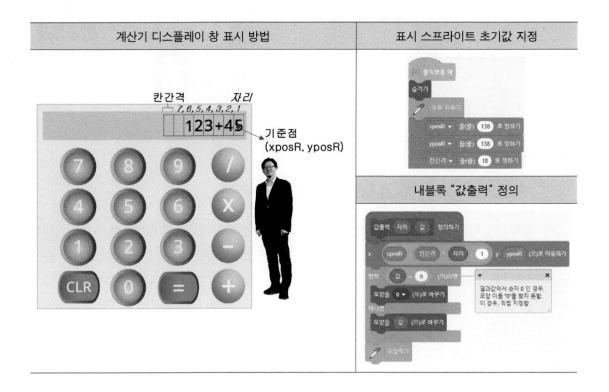

그런 다음에 특정 자리에 버튼 입력값을 출력하기 위해 "자리"와 "값"을 전달받아 지정된 자리에 표시하는 "값출력 (자리, 값)"이라는 내블록을 정의했습니다. 디스플레이 창에서 출력 위치는 y좌표는 항상 yposR로 고정되며 x좌표는 기준점 xposR에서 칸 간격의 (자리-1)배수만큼 왼쪽으로 이동(뺄셈) 처리한 후 입력된 "값"의 이름을 갖는 모양으로 "도장 찍기"를 실행합니다. 우리는 "표시" 스프라이트에서 각 버튼의 모양과 이름을 동일하게 지정했는데 예를 들어 숫자 1 버튼의 모양 이름을 "1", 연산자 + 버튼의 모양 이름을 "+"과 같이 지정했습니다. 이 때, 숫자 0의 경우는 이름인 문자 0과 다르게 처리되기 때문에 별도로 "값 = 0"인 경우에 "모양을 0으로 바꾸기"로 처리했고 나머지 경우는 "모양을 (값)으로 바꾸기"로 정상 처리됩니다. 이와 같은 "값출력" 내블록을 사용하면 디스플레이 창에 쉽게 수식을 표현할 수 있는데 예를 들어 "+45"를 출력하기 위해서는 "값출력 (3, +)", "값출력 (2, 4)", "값출력 (1, 5)"를 차례로 실행하면 되는데 실제로는 오른쪽부터 역순으로 실행하는 것이 보다 효율적입니다.

효율적인 입력값 처리를 위한 "리스트" 블록 이해하기

앞에서 살펴본 바와 같이 하나의 피연산자 입력값을 처리하기 위해 각 자리수별로 변수가 필요한 상황으로 숫자가 커질수록 필요한 변수들의 수는 점점 늘어나고 처리하기도 복잡해질 것입니다. 이런 문제를 해결하기 위해 스크래치에서는 비슷한 변수들을 묶은 "리스트(list)" 블록을 제공하고 있습니다. 예를 들어 값1에 해당한 입력 숫자들은 "list값1"라는 리스트 블록에 차례로 저장하고 화면에 보여줄 때에는 "list값1"의 마지막 입력 숫자부터 보여주면 됩니다. 마찬가지로 값2에 대해서도 "list값2"라는 리스트 블록에 입력 순서대로 차례로 저장하면 됩니다. 또한, 연산식의 결과값도 리스트를 이용하면 편리한데 "list값"이라는 리스트 블록을 활용합니다. 특정 값을 리스트에 저장하는 방법은 말그대로 "(값)을 (리스트 변수)에 추가하기" 블록을 실행하면 되며 그 값은 "(리스트 변수) 리스트의 (N)번째 항목"으로 알아낼 수 있습니다. 또한, 리스트가 포함하고 있는 항목 개수는 "(리스트 변수)의 길이"로 알 수 있으며 "(리스트 변수)의 항목을 모두 삭제하기"를 통해 리스트에 저장된 값들을 한꺼번에 모두 비울 수도 있습니다.

선택 버튼	디스플레이 창	버튼값 저장 변수	버튼값 입력 처리 결과
1	1	list값1의 항목 1	
2	12	list값1의 항목 2	
3	123	list값1의 항목 3	
+	123+	연산자	연산자 = "+"
4	123+4	list값2의 항목 1	
5	123+45	list값2의 항목 2	
=	168	list결과	1의 자리부터 리스트 채우기 처리

이제부터 이와 같이 리스트 블록을 이용한 피연산자 값1, 값2를 처리하고 화면에 보여주는 방법을 살펴보도록 하겠습니다.

계산기 버튼을 눌러 디스플레이 창에 보여주기

계산기에서 숫자 버튼을 입력했을 때 그 값은 "모양 이름"으로 바로 알 수 있는데 "현재숫자" 변수에 그 값을 저장합니다. 입력된 값을 저장하기 위한 임시 변수로 "temp"를 정의해 초기 값으로 "0"을 지정합니다. 예를 들어, "123+45"를 차례로 입력할 때, 처음에 "1" 버튼을 누르면 temp에 "1"을 저장합니다. 그 다음에 "2" 버튼을 누르면 기존의 temp 값의 자리수를 하나 올리는 *10을 처리하고 거기에 입력된 값을 더해서 "12"를 만들어 줍니다. 이와 같이 temp값을 처리한 다음에, 현재 연산자 입력이 없는 경우 즉 연산자의 초기값인 "?"를 유지하고 있는 경우에는 "값1" 변수에 "temp" 값을 저장하고, 디스플레이 창 표시를 위해 "list값1" 리스트 변수에 입력된 "현재숫자" 값을 추가합니다. 여기서 "값1" 변수는 실제 계산하는데 사용되고 "list값1" 변수는 디스플레이 창 표시를 위해 필요한 것으로 서로 다른 용도로 사용되므로 둘 다 최신 값을 유지해야 합니다.

매번 계산기 버튼을 누를 때마다 디스플레이 창에 반영되어야 하는데 우선 "모두 지우기" 처리 이후에 "값1표시" 신호를 보내 처리합니다. 만일 연산자가 입력되어 있는 상태라면 현재 입력 중인 숫자

는 값2에 해당하는 것이므로 입력된 "현재숫자" 값을 "list값2" 리스트 변수에 추가하고 마찬가지로
디스플레이 창에 반영하기 위해 우선 "모두 지우기" 처리 이후에 "값2표시" 신호를 보내 처리합니다.

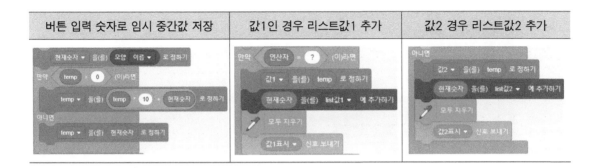

버튼 입력 숫자로 임시 중간값 저장	값1인 경우 리스트값1 추가	값2 경우 리스트값2 추가

이 때, "값2표시" 신호를 처리하는 블록에서는 당연히 함께 있어야 하는 연산자와 값1도 보여주도록
하는데 입력되는 값 순서대로 "값1표시" 신호와 "값2표시" 신호를 처리하는 과정에 대해 차례로 살
펴보도록 하겠습니다. 먼저 값1 "123"이 입력된 경우를 살펴보면 "list값1" 변수는 차례로 "1, 2, 3"이
저장된 길이 3의 리스트입니다. 디스플레이 창의 가장 오른쪽 기준점에는 "3", 그 왼쪽의 2번째 자리
에 "2", 3번째 자리에 "1"이 입력되어야 합니다. "값1표시" 신호를 받았을 때 그것을 처리하는 방법
으로는 "list값1" 리스트의 마지막 항목 값 "3"을 자리1에 표시하는 내블록 "값출력 (1, 3)"을 수행하
고 다음으로 "값출력 (2, 2)", "값출력 (3, 1)"을 처리하도록 하면 됩니다. 이것을 구현하면 "idx"라는
변수를 1부터 시작해서 자리를 지정하고 값출력 내블록에 전달될 값으로는 "(list값1) 리스트의 (list
값1길이 - idx - 1)번째 항목"을 통해 "list값1"의 마지막 항목부터 읽어오는데 그 과정을 idx를 1씩 증
가시켜 리스트 내 항목 수까지 반복하면 됩니다.

중간 수식 입력 과정에서 "123+"와 같이 연산자 버튼을 눌렀을 때에는 연산자 버튼 스프라이트에서
"연산자" 변수에 "모양 이름"을 통해 "+"를 값을 정하고 중간 임시값 temp를 0으로 정하며 디스플레
이 창을 "모두 지우기" 한 다음에 가장 오른쪽에 "연산자표시"를 그 왼쪽에 "값1표시"하도록 신호를
보내면 됩니다.

표시 스프라이트에서 "값1표시" 신호 처리	"연산자 버튼" 클릭 수행
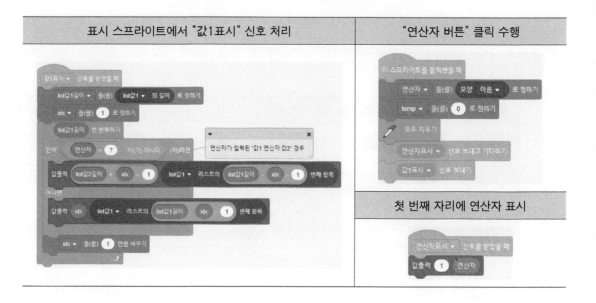	
	첫 번째 자리에 연산자 표시

다음으로 "값2표시" 신호를 받았을 때 처리하는 과정을 소개합니다. 예를 들어 "123+45" 수식이 입력되었을 때, "list값1" 리스트에 "1, 2, 3"이 저장되고, "연산자" 변수에 "+", 그리고, "list값2" 리스트에 "4, 5"가 저장되어 있는데 list값2의 입력 숫자부터 역순으로 화면 오른쪽에 표시하면 됩니다. 이를 위해, "값2표시" 신호 처리 블록에서는 "list값2길이" 값을 찾고, "idx"라는 변수를 통해 1부터 자리 순서를 지정해 "값출력 (idx, list값2 입력 역순의 항목값)"을 idx가 "list값2길이" 값만큼 될 때까지 1씩 증가해 반복합니다. 이 과정이 끝나면 연산자 "+"를 표시하고 다음으로 "값1표시" 신호를 보내면 됩니다.

표시 스프라이트의 "값2표시" 신호 처리	개선된 계산기 실행 화면
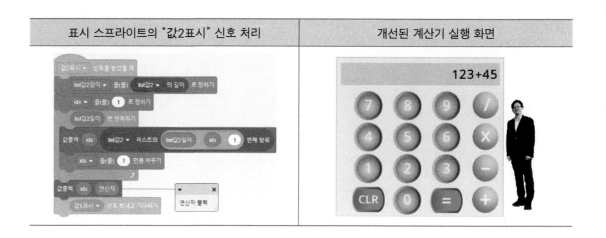	

계산하기 버튼 누른 결과값을 디스플레이 창에 보여주기

이제 "=" 계산버튼을 눌렀을 때 계산 결과값을 디스플레이 창에 보여주는 과정을 살펴보겠습니다. 예를 들어 "123+45=" 수식에 대한 계산을 처리할 때 이제까지 소개한 처리과정을 통해 "값1" 변수에 "123", "연산자" 변수에 "+", "값2" 변수에 "45"가 저장되어 있습니다. 우리는 앞에서 "계산버튼"을 클릭했을 때 "(값1 연산자 값2)" 연산 결과를 "결과" 변수에 저장하는 "계산하기" 신호 처리 과정을 살펴보았는데 여기서는 "=" 계산버튼을 눌렀을 때 "계산신호"를 보내고 그 결과값을 디스플레이 창에 보여주는 "결과출력" 신호를 추가하면 됩니다. "결과출력" 신호를 받았을 때는 숫자 버튼으로 입력된 값들을 리스트에 저장한 것처럼 결과값도 "list결과"라는 리스트 변수에 저장해서 처리하면 되

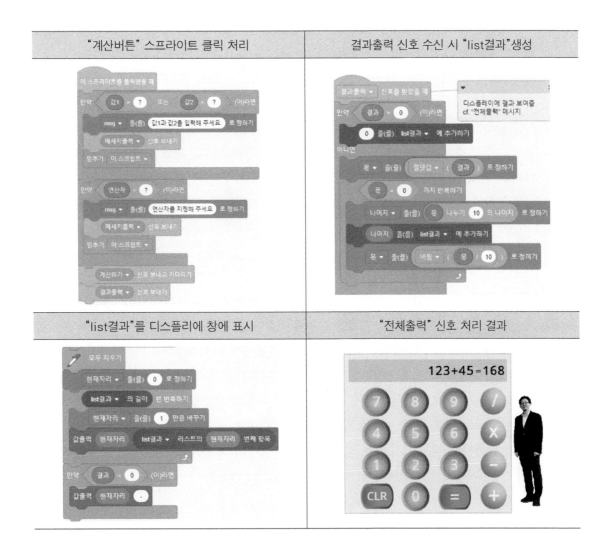

는데 문제는 결과값의 각 단위숫자들을 어떻게 분리해서 리스트에 넣을 것인가 입니다. 예를 들어, "123+45=168"에서 "1, 6, 8"을 분리해야 하는데 그 방법은 10으로 나눈 나머지를 리스트에 추가하고 그 몫을 다시 10으로 나누는 과정을 반복하면 됩니다. 이 때, 몫이 "0"이 될 때까지 반복하는데 이를 위해 "몫 / 10" 값이 정수가 되도록 소숫점 이하 자리를 무시하도록 "버림 (몫 / 10)"으로 지정해야 합니다. 이렇게 생성된 결과값을 디스플레이 창의 가장 오른쪽 첫 번째 자리부터 일의 자리수인 리스트의 첫 번째 항목부터 역순으로 왼쪽으로 표시하면 됩니다. 이 때, 만일 결과값이 음수인 경우 예를 들어 45-123인 경우를 처리하기 위해 처음에 결과값을 "절대값 (결과)"로 일단 양수로 만들어 주고 마지막에는 음수를 표시하는 "-"를 표시하면 됩니다.

그런데, 만일 "값1" 또는 "값2"가 입력되지 않거나 "연산자"가 입력되지 않은 상태에서 "계산하기 (=)" 버튼을 누르면 어떻게 될까요? 우리는 "값1 연산자 값2 =" 순서대로 입력되는 것을 가정하고 처리했기 때문에 그런 경우에는 제대로 처리되지 않을 것입니다. 이런 잘못된 입력 경우를 확인하는 것도 필요한데 "계산하기" 버튼을 눌렀을 때, 값1, 값2, 연산자에 제대로 입력되었을 때 정상적으로 "계산하기"와 "결과출력"을 처리하도록 하고 그렇지 않은 경우에는 적절한 안내 메시지를 보내고 실행을 중단하도록 합니다. 결과값을 보여주는 방식으로 일반 계산기에서와 같이 최종 계산된 결과값만을 보여주는 방식을 "표시" 스프라이트 내의 "결과출력 신호를 받았을 때" 블록에서 처리했습니다. 그리고, 현재 입력된 전체 수식까지 함께 보여주도록 처리한 "전체출력 신호를 받았을 때" 블록을 추가로 구현해 두었으니 그 구현 방식을 "11-2 계산기 고급 개선"에서 확인해 보기 바랍니다.

아빠 스프라이트에서 메시지 안내 및 퀴즈 진행하기

이제 캐릭터 스프라이트를 활용한 메시지 안내 및 숫자놀이 퀴즈를 구현해 보도록 하겠습니다. 먼저 계산식 처리 과정에서 안내가 필요한 경우에 적절한 안내 문구를 만들어 우리가 정의한 "msg" 전역 변수에 저장하고, "메시지출력" 메시지 신호를 보냅니다. 캐릭터로 사용하는 "아빠" 스프라이트에서는 깃발 클릭했을 때 문자를 음성으로 변환하는 TTS 확장 기능을 이용해 언어를 한국어로 음성을 듣기 편안한 중고음으로 설정한 다음, "메시지출력 신호를 받았을 때" 이벤트 처리 블록에서 모양을 바꾸면서 "(msg) 말하기"로 지정된 안내 문구를 들려주면 됩니다. 예를 들어, "계산하기" 블록을 눌렀을 때 "연산자"가 입력되지 않은 경우에 "연산자를 지정해 주세요" 안내 문구를 msg 변수에 저장한 다음 "메시지출력 신호 보내기"를 통해 안내 문구를 말하도록 하는 것입니다.

메시지 음성 출력	"아빠" 스프라이트 눌렀을 때 숫자놀이 퀴즈 처리

다음으로 아빠 스프라이트를 눌렀을 때 입력한 계산식에 대해 정답을 맞추는 숫자놀이로 만들어 보겠습니다. 계산식을 제대로 입력한 경우에 정답을 맞추는 숫자놀이 퀴즈를 진행하도록 하고 그렇지 않은 경우에는 "계산식을 먼저 입력해 봐" 안내 문구를 보여주고 말하도록 "메세지출력" 신호를 보내줍니다. 제대로 입력한 계산식에 대해서는 먼저 "계산하기 신호 보내기"를 통해 "결과" 변수에 계산식의 결과를 저장합니다. 다음으로 "... 묻고 기다리기"를 통해 아이가 결과값을 입력하도록 하고 입력한 "대답" 값이 "결과" 변수의 값과 같은지, 다시 말해 정답 여부를 안내하고, 정답을 맞출 때까지 그 과정을 반복합니다.

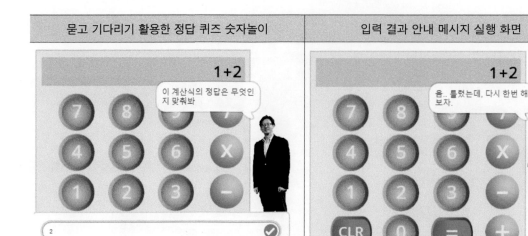

묻고 기다리기 활용한 정답 퀴즈 숫자놀이	입력 결과 안내 메시지 실행 화면

이것으로 고급 계산기에 대한 아이디어에 대한 오븐 프로토타이핑과 스크래치 코딩을 모두 살펴보았습니다. 여기서 살펴본 스크래치 프로젝트는 "11-2 계산기 고급 개선"을 통해 공유되고 있는데, 2019년도에 처음 만들어 공유한 "11-2 계산기 고급" 프로젝트를 이해하기 쉽도록 많이 개선했습니다. 이와 같이 외부적으로는 똑같은 결과를 보여주지만 내부적으로는 구현하는 방법과 표현 방식에는 큰 차이가 있으니 여러분도 직접 만들어보면서 보다 효율적으로 개선해 보기 바랍니다.

🔆 11장. 생각하기

Q 이번 장에서 학습한 계산기 SW에서 우리 아이를 위한 숫자 놀이를 위해 개선 사항을 고민해 보세요.

A 앞에서 살펴본 기본적인 그림놀이와 같이 자녀나 조카 등 어린 아이들이 서비스를 사용하기 위해서는 먼저 아이들의 관심을 끌어야 하고, 사용하기 쉬워야 하는데 이번 장에서의 결과물이 과연 그런지 확인하고 부족한 점이 있다면 어떻게 개선하는 것이 좋을지 고민하는 것이 필요합니다.

현재는 기본적인 계산기 기능을 구현한 것이라 아이들의 관심을 끌고 지속적으로 관심을 유지하는 재미요소가 부족한데, 어떤 기능들이 추가되면 좋을까요? 엄마나 아빠 등 아이가 좋아하는 사람이나 캐릭터가 등장하고 음성이나 음악 등 소리가 나온다면 아이들이 좋아할 것입니다.

특히 숫자에 대해서 관심없는 아이들을 위해서 평소 관심 있는 생활 분야에서의 연산 퀴즈를 통해 자연스럽게 산수 개념을 알 수 있도록 도와주면 좋을 것입니다. 예를 들어, 과자를 좋아하는 아이에게는 전체 과자에서 몇 개를 먹었을 때 몇 개가 남는지 물어보는 방식입니다.

이런 생활 속 연산 퀴즈 사례를 고민해 보고 다음 장에서 직접 적용해 보기 바랍니다.

🧩 11장. 퀴즈

1. 다음 보기에 대해 맞으면 O, 틀리면 X를 선택하세요.

> 스프라이트에서는 나만의 블록 코드를 이용해서 원하는 기능을 수행하는 "내블록"을 만들 수 있는데 이 때, 특정 스프라이트에서 만든 "내블록"을 다른 스프라이트에서도 수행할 수도 있다.

1) O   2) X

정답 2) X

해설 나만의 블록은 코드를 만든 스프라이트에서만 사용 가능합니다. 참고로 변수를 만들 때에는 생성한 스프라이트에서만 사용할지 아니면 모든 스프라이트에서 사용할지 선택할 수 있습니다.

2. 이번 장에서 제작한 계산기를 실행하여 숫자키를 눌러 값을 입력할때 다음과 같은 코드가 실행됩니다. 만일 연산식으로 "123x456" 까지 입력한 경우 리스트 "list값2"의 1, 2, 3번째 항목의 값은 각각 무엇인가요?

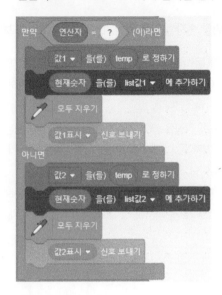

1) 1, 2, 3

2) 3, 2, 1

3) 4, 5, 6

4) 6, 5, 4

정답 3)

해설 연산자 입력 후 2번째 값을 입력하므로, 조건문에서 "아니면" 블록 부분이 실행되며, "list값2"에는 입력하는 값 순서대로 4, 5, 6이 입력됩니다. "리스트 블록"은 가장 처음 입력된 것이 첫 번째 항목입니다.

3. "... 묻고 기다리기" 코드를 사용해서 사용자로부터 텍스트를 입력받을 수 있는데 이 때 사용자 입력 텍스트는 어떤 시스템 변수에 저장되나요?

정답 대답

해설 묻고 기다리기 코드에서 사용자가 입력한 텍스트는 스크래치에서 기본으로 제공하는 "대답" 변수에 저장됩니다.

11장. 핵심정리

1. **숫자놀이 아이디어 구상**
   - 단계별 간단한 숫자놀이 아이디어 구상
   - +, −, *, / 사칙 연산
   - 조건문을 위한 논리 연산
   - 이용자 대화를 위한 텍스트 연산
   - 변수 활용, 묻고 기다리기, 입력값 유효성 검사

2. **숫자놀이 프로토타이핑 및 코딩 기초**
   - 기존 계산기 모양의 계산기 SW 구상
   - 사칙연산, 초기화(CLR) 기능 제공하는 계산기 구현
   - 변수 값 보이기를 통한 입력값과 결과값 표시

3. **숫자놀이 프로토타이핑 및 코딩 고급**
   - 디스플레이 창을 만들고 입력값과 결과값 표시
   - 내블록을 활용한 디스플레이 창에 문자 표시
   - 안내 스프라이트 만들고 텍스트 및 음성 안내
   - 묻고 기다리기로 연산 결과 입력받아 정답 확인하는 퀴즈

CHAPTER 12

우리 아이 숫자놀이 SW 고급 아이디어 구현

 지난 장에서는 우리 아이가 숫자를 쉽게 다룰 수 있는 "보기 – 듣기 – 말하기" 숫자놀이와 간단한 사칙연산식 계산기에 대한 기초적인 아이디어를 구상해 보고 오븐 프로토타이핑과 스크래치 코딩을 함께 살펴보았습니다. 이제 우리 아이 숫자놀이 SW를 완성할 차례입니다. 여러분의 조카 등 아이들이 재미있게 가지고 놀 수 있는 산수 학습 놀이로 개선하는 아이디어들을 고민해 봤나요? 이번 시간에는 먼저 산수를 어려워하는 아이를 위해 생활 속 연산 퀴즈를 활용해 산수를 자연스럽게 배우는 아이디어를 구상한 다음, 그것들을 기초 기능들과 고급 기능들로 분류하는 것으로 시작합니다. 다음으로 기초 기능들을 우리 아이 산수 놀이 프로토타입과 코딩 기초로 구현하고 나머지 고급 기능들을 우리 아이 산수놀이 프로토타입과 코딩 고급으로 구현하는 것으로 마무리 합니다. 아이들이 재미있어 할 숫자놀이 SW가 어떻게 만들어질지 기대되지 않나요? 자, 그럼 이제부터 시작해 봅시다.

01_우리 아이 숫자놀이 아이디어 구상

아이를 위한 숫자놀이 아이디어

산수 문제를 어려워하는 초등학교 아이 때문에 고민이 많은 엄마가 있었습니다. 엄마는 아이를 옆에 앉혀놓고 직접 산수를 가르쳐 보려 하지만, 도무지 이해하지 못하는 아이 때문에 고민이 늘어만 갑니다. 그러던 어느 날 아이는 좋아하는 우유가 점점 사라지는 것을 발견하고 화를 내는데 엄마는 아이에게 그 사실을 어떻게 발견했는지 물어보았습니다. "우유병에 눈금을 그려놓고 먹는데, 7번째 칸에 남아있던 우유가 3번째 칸 밖에 안 남았어. 그럼 누군가 4칸만큼 먹은 거잖아"라고 자연스럽게 이야기하는 것이었습니다. 여기서 아이디어를 얻은 엄마는 아이가 좋아하는 음식을 예로 들어 아이가 산수를 쉽게 이해하도록 가르쳤고 결국 아이는 산수 시험에서 우수한 성적을 거둘 수 있었다고 합니다. 이 이야기는 TV 드라마에서 재미있게 다룬 한 장면을 간단히 소개한 것인데, "[오분순삭] 해리에게 신애가 필요한 이유"란 제목의 5분 분량 YouTube 동영상으로 시청할 수 있으니 재미있게 감상해 보세요.

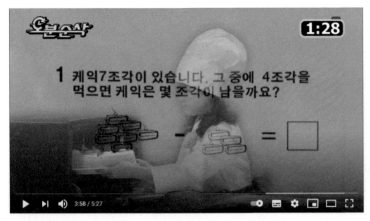

출처: YouTube – [오분순삭] 해리에게 신애가 필요한 이유

이번 장에서 기본적인 숫자놀이 SW 개선 아이디어로 먼저 친숙한 캐릭터가 등장해서 임의 사칙연산식을 만들어 풀이 과정을 안내합니다. 실생활에서 연산이 필요한 상황을 활용해 덧셈, 뺄셈, 곱셈, 나눗셈의 사칙연산식을 소개하는데 예를 들어 아이들이 좋아하는 도넛을 이용해 추가로 도넛을 만드는 덧셈, 도넛을 먹었을 때 뺄셈, 친한 친구들에게 도넛을 박스에 담아 선물하는 곱셈, 그 친구들에게 같은 숫자의 도넛을 선물하는 나눗셈을 다루는 방식입니다. 마지막으로 이와 같은 생활 속 연산 과정을 도넛 그림을 활용해 보여줍니다.

기본 아이디어	내용
친숙한 캐릭터 진행	아빠 캐릭터가 등장해 생활 속 연산식과 그 풀이 과정을 소개
생활 속 덧셈 활용	현재 도넛이 A개가 있는데, B개를 새로 만들면 모두 몇 개?
생활 속 뺄셈 활용	현재 도넛이 A개가 있는데, B개를 먹으면 남은 건 몇 개?
생활 속 곱셈 활용	N명의 친구들에게 각각 도넛 B개를 선물하려면 모두 몇 개 필요?
생활 속 나눗셈 활용	현재 A개의 도넛을 N명의 친구들에게 똑같이 선물하는 경우, 1명이 받는 도넛은 몇 개?
숫자 퀴즈 그림 확인	사칙연산 숫자 퀴즈 안내 및 그 계산 과정을 도넛 그림을 이용해서 표현하고 설명

그 이후에 추가할 보다 고급의 숫자놀이 SW 개선 아이디어로는 숫자놀이 계산기와 생활 속 연산 퀴즈를 연계합니다. 먼저 계산기로 입력한 사칙연산 퀴즈에 대해 정답을 맞추도록 하고 정답을 못 맞춘 경우에 생활 속 연산 퀴즈로 넘어가도록 합니다. 정답을 입력할 수 있는 시간을 제한하는 카운트다운

을 추가하는데 현재 실력 수준에 맞도록 카운트다운 시간을 조절하도록 합니다. 그리고, 현재 맞춘 점수와 틀린 점수를 보여주는 기능도 추가하는 방식으로 숫자놀이 게임 요소를 강화해 보겠습니다.

고급 아이디어	내용
계산기로 연산 입력	기존의 캐릭터가 소개하는 임의 사칙연산 퀴즈를 계산기를 활용한 직접 사칙연산식 입력 퀴즈로 변경
틀리면 생활 속 퀴즈	사칙연산식 퀴즈에 틀린 경우 생활 속 연산을 활용한 퀴즈로 다시 도전
정답입력 타이머	결과값 입력할 때 까지의 시간을 카운트다운하는 타이머 추가
맞춤형 타이머	정답을 잘 맞추는 경우 카운트다운 시간을 줄이고, 정답을 틀리는 경우 카운트다운 시간을 늘려주는 맞춤형 타이머로 개선
현재 점수 확인 기능	현재까지의 정답과 오답 점수를 보여줌

여기서 소개한 생활 속 연산 아이디어를 잘 구현한 프로젝트 하나를 소개하겠습니다. "12-0 우리아이 산수놀이 (2018-2 이승수)" 프로젝트로 공유되어 있는데 2018년 2학기에 담당한 "컴퓨팅적사고" 교과목에서 계산기와 생활 속 연산 아이디어 구현 과제를 훌륭하게 구현한 학생의 작품입니다. 제시한 가이드를 단순히 구현한 것이 아니라 많은 시간과 정성을 들여 자신의 다양한 아이디어를 반영해서 재미있는 작품을 완성했습니다. 이번 장에서 어떤 프로젝트를 수행하게 될지 미리 확인하는 차원에서도 한번 살펴보기를 추천하며 여러분도 이번 학습을 끝낸 후에 직접 여러분만의 우리 아이 맞춤형 숫자놀이 SW를 만들 수 있게 될 것으로 기대합니다.

생활 속 연산 퀴즈 활용 프로젝트 사례

02_우리 아이 숫자놀이 프로토타이핑 및 코딩 기초

생활 속 연산을 활용한 숫자놀이 프로토타이핑 기초

이번 장에서는 사칙연산을 생활 속 연산 사례로 바꾸어 계산 풀이 과정을 설명하는 아이디어를 구체적으로 소개하겠습니다. 먼저 덧셈에서 예를 들면, 계산식 "6+2"를 아빠 캐릭터가 "6에서 2을 더하면 얼마일까? 재미있는 생활 속 연산 퀴즈로 살펴보자."로 안내를 시작합니다. 그런 다음 아빠는 "초코 도넛 6개가 있어. 거기에 화이트초코 도넛 2개를 만들면 전체 도넛은 몇 개가 될까?"로 안내하면서 첫 번째 줄과 두 번째 줄에 실제 도넛 그림을 각각 6개와 2개를 보여주면서 전체 개수를 안내하는 방식입니다. 이 때, 도넛 그림은 하나씩 차례로 보여주면 보다 효과적일 것입니다.

생활 속 연산 퀴즈 덧셈 안내	생활 속 연산 퀴즈 덧셈 그림 풀이

다음으로 뺄셈을 예로 들면 계산식 "8-3"을 아빠 캐릭터가 "8에서 3을 빼면 얼마일까? 재미있는 생활 속 연산 퀴즈로 살펴보자. 초코 도넛 8개가 있어. 아빠가 초코 도넛 3개를 먹으면 도넛 몇 개가 남을

생활 속 연산 퀴즈 뺄셈 그림 풀이 1단계	생활 속 연산 퀴즈 뺄셈 그림 풀이 2단계

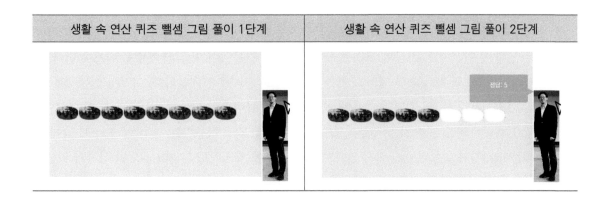

까?"로 차례로 안내합니다. 먼저 현재 있는 8개의 도넛을 보여준 다음, 3개의 도넛을 먹은 효과를 나타내기 위해 도넛 지우개를 이용해 뒤에서 하나씩 사라지게 하면 됩니다.

이와 같은 뺄셈 표현 방식에서는 마지막에 결과값만 보이는 한계가 있는데 전체 표현식을 보여주기 위해 다른 식으로 표현할 수 있습니다. 첫 번째 줄에 도넛 8개를 보여주고 두 번째 줄에 도넛 지우개 3개를 보여줌으로써 계산식을 먼저 표현한 다음에 세 번째 줄에 전체 도넛을 먼저 보여준 다음 도넛 지우개로 지우는 방식도 가능합니다.

다음으로 곱셈을 예로 들면, 계산식 "6*3"을 아빠 캐릭터가 "6에서 3을 곱하면 얼마일까? 재미있는 생활 속 연산 퀴즈로 살펴보자. 초코 도넛 6개를 선물 상자에 담았어. 이런 도넛 선물 상자를 3명에게 주려면 도넛은 모두 몇 개가 필요할까?"로 차례로 안내합니다. 여기서 선물상자를 어떻게 표현하면 좋을까요? 우리는 9이하의 단위 숫자에 대한 사칙연산을 하기 때문에 선물상자의 개수는 최대 9개입니다. 이것을 간단히 표현하기 위해 3x3의 격자로 구분해 9개의 칸을 만들고 각 칸을 하나의 선물상자로 처리하고 하나의 선물상자 안에 담는 도넛은 피라미드 쌓기 방식으로 효율적으로 보여줍니다.

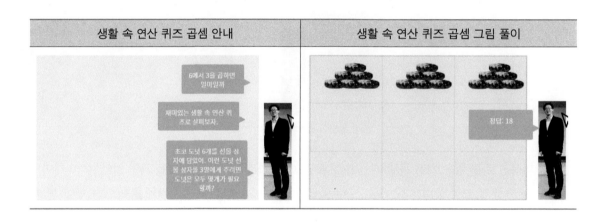

| 생활 속 연산 퀴즈 곱셈 안내 | 생활 속 연산 퀴즈 곱셈 그림 풀이 |

마지막으로 나눗셈을 예로 들면, 계산식 "7/2"를 아빠 캐릭터가 "7에서 2를 나누면 얼마일까? 재미있는 생활 속 연산 퀴즈로 살펴보자. 초코 도넛 7개를 만들었어. 똑같은 갯수를 박스에 담아 2명에게 선물하려면 1개의 박스에 몇 개의 도넛을 담을까?"로 차례로 안내합니다. 여기서 선물상자는 곱셈에서와 마찬가지로 3x3의 격자를 이용해 9개로 간단히 보여주면 되는데 나머지는 어떻게 보여주면 좋을까요? 9이하의 단위 숫자 나눗셈이므로 선물상자를 모두 이용하는 경우는 "9/1=9" 밖에 없지만, 이때는 나머지가 없으니 해당되지 않으며 다른 경우에는 적어도 1개 이상의 빈 상자가 있을 것입니다. 따라서, 우리는 제일 마지막 상자를 나머지 도넛을 보여주는 공간으로 활용하도록 합니다.

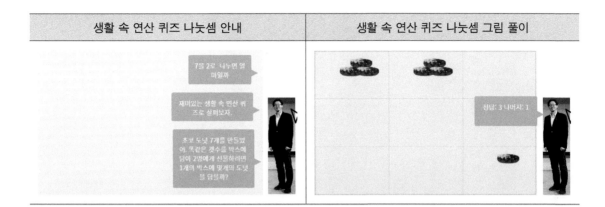

생활 속 연산 퀴즈 나눗셈 안내	생활 속 연산 퀴즈 나눗셈 그림 풀이

이와 같이 Kakao 오븐으로 프로토타이핑한 결과 프로젝트를 QR 코드를 통해 확인할 수 있습니다. 여러분도 우리 아이가 좋아하는 대상을 찾고 그것으로 사칙연산을 표현하는 방법을 고민해 보세요. 그리고 직접 프로토타입을 다양하게 만들고 개선시켜 보세요. 이렇게 여러분의 아이디어를 형상화한 프로토타입이 정리되었다면 이제 스크래치 코딩을 시작할 차례입니다.

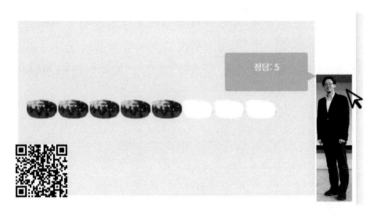

오븐 프로토타이핑 결과 QR 코드

스크래치 숫자놀이 배경과 도넛 스프라이트 만들기

필요한 무대 배경을 만드는 것으로 스크래치 코딩을 시작합니다. 덧셈과 뺄셈에 사용될 기본 배경은 화면 전체를 흰색 사각형으로 만든 다음, 도넛들이 위치할 사각형을 위에 올려놓은 것으로 간단히 만들 수 있습니다. 다음으로 곱셈과 나눗셈에 사용될 3x3 선물상자를 포함하는 것은 여기서와 같이 적당한 크기의 사각형 9개로 구성하거나 가로 2개, 세로 2개의 선으로 구분할 수도 있습니다.

기본 배경 만들기	3x3 선물상자 배경 만들기
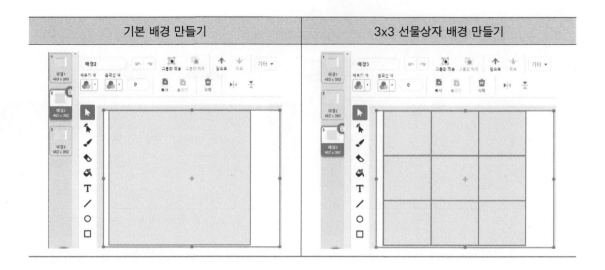	

아이가 좋아하는 대상으로 여기서는 도넛을 이용합니다. 먼저 스프라이트 고르기를 이용해 "Donut"을 선택하면 기본으로 초코렛이 올려진 도넛 모양 하나가 있습니다. 덧셈에서 화이트 초코렛이 올려진 추가 모양의 도넛을 보여주기 위해서 기존 모양을 복사한 다음, 상단의 "채우기 색" 메뉴에서 "흰색"을 선택한 후 왼쪽의 "채우기" 도구를 이용해 도넛 위의 초코렛을 선택해 흰색으로 변경합니다. 마지막으로 도넛 지우개 제작을 위해서는 또다른 3번째 모양으로 복사한 다음 마찬가지로 상단 메뉴의 "채우기 색"과 "윤곽선 선"을 흰색으로 지정한 다음, 왼쪽의 "채우기" 도구를 통해 도넛 전체를 흰색으로 변경하면 완성됩니다.

Donut 스프라이트 고르기	초코 도넛 모양 복사하기
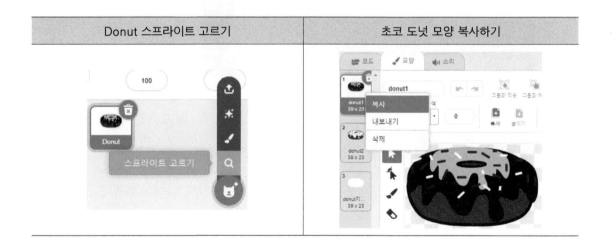	

화이트 초코 도넛 모양 만들기	도넛 지우개 모양 만들기

스크래치 캐릭터 스프라이트 연산 안내 만들기

아빠 스프라이트에서 임의의 사칙연산을 차례로 만드는 과정을 살펴보겠습니다. 아빠 스프라이트를 누를 때마다 현재 연산자를 확인해서 다음 연산을 생성하는데 덧셈, 뺄셈, 곱셈, 나눗셈의 순서로 9이

임의의 덧셈 계산식 만들기	임의의 뺄셈 계산식 만들기
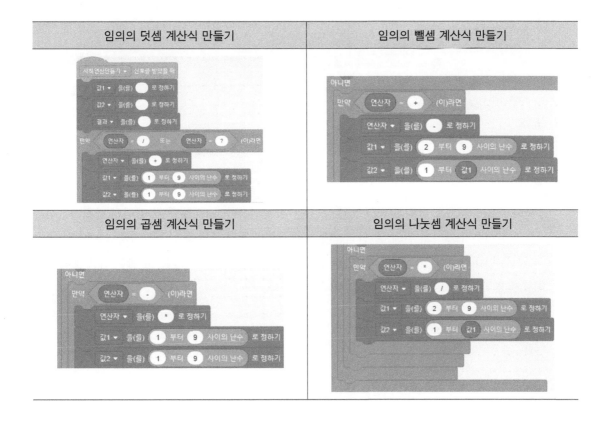	
임의의 곱셈 계산식 만들기	임의의 나눗셈 계산식 만들기

하의 임의 숫자로 구성된 계산식을 차례로 생성합니다. 이 과정은 아빠 스프라이트에서 "사칙연산만들기" 신호를 받아서 처리합니다.

최초 실행 경우인 "연산자 = ?" 또는 현재 "연산자 = /"라면 덧셈 연산식을 생성하는 경우로서, 연산자 변수 값을 "+", 1에서 9사이의 임의의 숫자로 값1과 값2를 생성합니다. 다음 뺄셈 연산식을 생성하는 경우에는 음수 결과값이 나오지 않도록 값1은 2부터 9사이의 임의 숫자로 지정하고 값2는 1부터 값1 사이의 임의 숫자를 지정합니다. 나눗셈의 경우에도 몫이 1이상이 나오도록 하기 위해 뺄셈의 경우에 같은 조건으로 값1, 값2를 생성합니다.

이와 같이 값1, 연산자, 값2의 값이 결정된 다음에는 연산자에 따라 계산식 안내문구는 쉽게 만들 수 있습니다. 예를 들어 "값1=6, 연산자=+, 값2=2"인 덧셈 계산식 "6+2"인 경우 "(값1)6에서 (값2)2을 (연산자)더하면 얼마일까?"로 만들면 되는데 아빠 스프라이트에서 "연산식안내문만들기" 신호를 받아서 처리합니다.

연산식 안내 문구 만들기 : 덧셈, 뺄셈	(이어서) 곱셈, 나눗셈
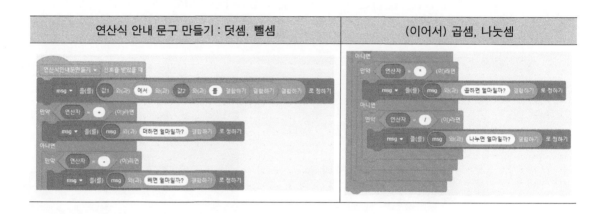	

아빠 스프라이트를 클릭하면 앞에서 살펴본 "사칙연산만들기"를 통해 임의의 사칙연산식을 만들고, 그 연산식을 소개하기 위해 "연산식안내문만들기"를 실행한 다음 말풍선(또는 음성말하기)를 통해 연산식을 안내합니다. 이어서 "재미있는 생활 속 연산 퀴즈로 살펴보자."고 말한 다음에 각 숫자 연산식을 생활 속 연산식으로 바꾸는 신호를 보내게 됩니다.

아빠 스프라이트 클릭 처리 : 메시지 출력	생활 속 연산 퀴즈 처리하기
 이 스프라이트를 클릭했을 때 멈추기 이 스프라이트에 있는 다른 스크립트 ▾ 모두 지우기 배경을 배경2 ▾ (으)로 바꾸기 사칙연산만들기 ▾ 신호 보내고 기다리기 연산식안내문만들기 ▾ 신호 보내고 기다리기 메세지출력 ▾ 신호 보내고 기다리기 msg ▾ 을(를) 재미있는 생활 속 연산 퀴즈로 살펴보자. 로 정하기 메세지출력 ▾ 신호 보내고 기다리기 계산하기 ▾ 신호 보내기	

스크래치 생활 속 덧셈 연산 보이기

아빠 스프라이트에서 "생활속덧셈보이기" 신호를 받았을 때 처리하는 과정을 살펴보겠습니다. 예를 들어 계산식이 "6+2"인 경우라면 msg 변수에 "초코 도넛 6개가 있어. 거기에 화이트초코 도넛 2개를 만들면 전체 도넛은 몇 개가 될까?"로 생활속 덧셈 연산 안내문을 만들어 말하기를 한 다음, 값1 표시를 위한 "도넛1보이기"와 값2 표시를 위한 "도넛2보이기"를 차례로 실행합니다. "도넛1보이기"에서는 "Donut" 스프라이트의 첫 번째 모양인 "donut1" 초코 도넛으로 바꾸고, 지정된 시작 위치부터 오른쪽으로 같은 모양으로 "도장 찍기"를 "값1"번 반복합니다. 이 때, 도넛이 움직이는 효과를 주기 위해 "sec" 변수 값만큼 초를 기다리고, x좌표를 40 증가시켜 도장 찍는 위치를 오른쪽으로 이동합니다. 비슷한 방식으로 "도넛2보이기"에서는 "Donut" 스프라이트의 두번째 모양인 "donut2" 화이트초코 도넛으로 바꾸고, 첫 번째 도넛 모양의 시작 위치 아래로 시작 위치를 지정해 오른쪽으로 같은 모양으로 "도장 찍기"를 "값2"번 반복합니다.

아빠 스프라이트의 "생활속 덧셈보이기" 신호 처리	Donut 스프라이트
	값1 표시 위한 "도넛1보이기"

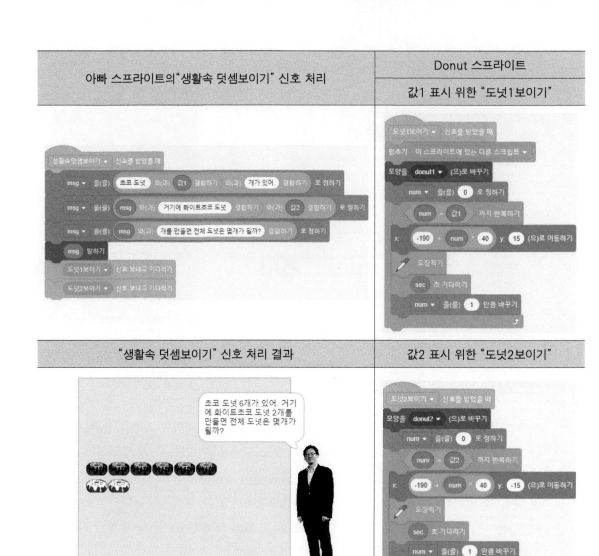

"생활속 덧셈보이기" 신호 처리 결과	값2 표시 위한 "도넛2보이기"

스크래치 생활 속 뺄셈 연산 보이기

다음으로 아빠 스프라이트에서 "생활속뺄셈보이기" 신호를 받았을 때 처리하는 과정을 살펴보겠습니다. 예를 들어 계산식이 "8-3"인 경우라면, msg 변수에 "초코 도넛 8개가 있어. 아빠가 도넛 3개를 먹으면 도넛 몇 개가 남을까?"로 생활속 뺄셈 연산 안내문을 만들어 말하기를 한 다음 덧셈에서와 마찬가지로 값1 표시를 위한 "도넛1보이기"를 실행합니다. 그런 다음 이번에는 값2 만큼 마지막에 만든 도넛부터 사라지는 표시를 위해 "도넛1지우기"를 실행하는데 "도넛1지우기"에서는 "Donut" 스프라이트의 세번째 모양인 도넛 지우개로 바꾸고, 마지막 도넛 위치부터 반대방향으로 값2 개수 만큼 도넛 지우개 모양을 도장찍는 과정을 반복합니다.

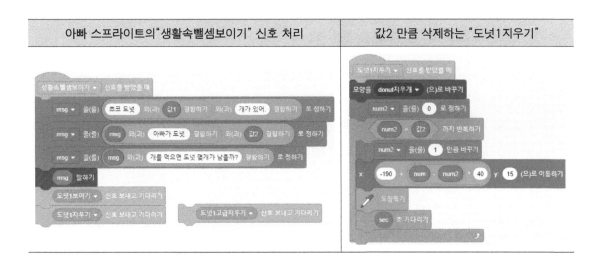

이와 같은 실행 결과로 값1 개수 만큼의 도넛을 왼쪽부터 보여주고 값2 개수 만큼의 도넛을 오른쪽 끝에서부터 역으로 지워 남는 도넛 개수를 보여주게 됩니다. 추가로 이런 뺄셈을 풀어서 보여주는 과정을 소개합니다. 값1 개수 만큼의 도넛을 보여준 다음 그 아래에 도넛2보이기 과정을 도넛지우개 모양으로 실행하면 전체 도넛과 지워질 도넛 수를 한번에 볼 수 있게 됩니다. 그런 다음, 뺄셈 처리 과정을 보여주는데 이번에는 왼쪽부터 지워주면 보다 이해하기 쉽게 됩니다. 이와 같은 과정을 "도넛1보

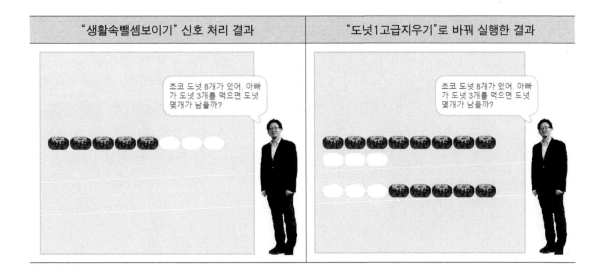

이기" 다음에 "도넛1고급지우기" 실행으로 구현했는데 공유된 스크래치 "12-1 우리아이 산수놀이 기초" 프로젝트 내 "Donut" 스프라이트에서 코드를 확인할 수 있습니다.

스크래치 생활 속 곱셈 연산 보이기

다음으로 아빠 스프라이트에서 "생활속곱셈보이기" 신호를 받았을 때 처리하는 과정을 살펴보겠습니다. 예를 들어 계산식이 "6*3"인 경우라면, msg 변수에 "초코 도넛 6개를 선물 상자에 담았어. 이런 도넛 선물 상자를 3명에게 주려면 도넛은 모두 몇 개가 필요 할까?"로 생활속 곱셈 연산 안내문을 만들어 말하기를 한 다음, 값1의 도넛 6개가 든 값2의 선물상자를 표시하는 "도넛곱셈보이기"를 실행합니다.

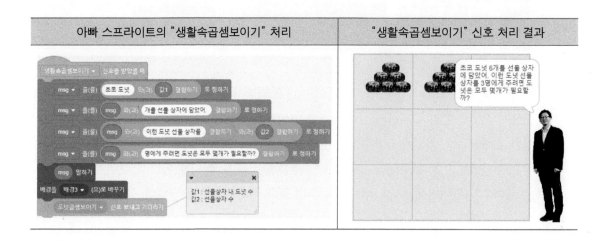

아빠 스프라이트의 "생활속곱셈보이기" 처리	"생활속곱셈보이기" 신호 처리 결과

상자 안에 값1 개의 도넛을 담는 과정을 값2 개의 상자만큼 차례로 수행하면 되는데, 다시 말해, 하나의 상자 안에 도넛을 담는 과정을 상자 위치를 바꾸면서 반복하면 됩니다. 이를 위해 상자 안에 도넛들을 담는 방법을 먼저 살펴보겠습니다. 상자 안에 도넛은 최대 9개까지 담을 수 있는데 우리는 3x3 형식으로 선물상자들을 보여주기 때문에 덧셈처럼 일렬로 도넛을 담을 수는 없습니다. 대신 보기 좋도록 피라미드 형태로 쌓는데 조금은 복잡할 수 있지만 문제를 해결하는 재미있는 알고리즘으로 찬찬히 배워보도록 합시다.

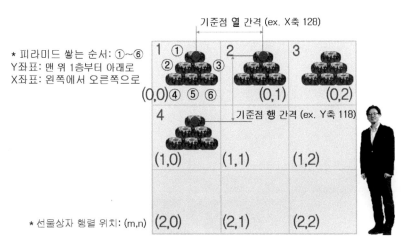

기준점 열 간격 (ex. X축 128)

* 피라미드 쌓는 순서: ①~⑥
Y좌표: 맨 위 1층부터 아래로
X좌표: 왼쪽에서 오른쪽으로

기준점 행 간격 (ex. Y축 118)

* 선물상자 행렬 위치: (m,n)

값2개의 선물상자에 값1개의 도넛 묶음 담기

하나의 선물상자 안에 도넛을 피라미드로 쌓는 순서를 살펴보면 맨 위의 1층에 1개의 도넛, 그 아래 2층에는 2개의 도넛, 3층에는 3개의 도넛을 쌓고 있습니다. 그리고, 각 층이 늘어날 때마다 아래로 y축의 시작 위치를 고정적으로 이동시키고 x축의 시작 위치를 층수에 비례해 왼쪽으로 이동시킨 다음, 도넛을 오른쪽으로 차례로 담으면 됩니다.

순서(N)	층 수	층내 순서	층 수 증가 규칙	층 내 보여주기 규칙
1	1	1		
2	2	1		
3	2	2	1층에 도넛 1개,	층 증가할 때 시작 좌표를 x축으로
4	3	1	2층에 도넛 2개,	는 왼쪽으로 층수만큼 비례해 이동
5	3	2	3층에 도넛 3개,	(−18*층수), y축으로는 아래쪽으
6	3	3	4층에 나머지 도넛(3개).	로 고정값만큼 이동(−20)
7	4	1	* 각 층에는 층수 만큼의 도넛을 보여	
8	4	2	준 다음에 층 증가	
9	4	3		

이것을 내블록 "도넛묶음보이기"로 구현했는데 피라미드를 쌓는 시작 위치인 "시작x, 시작y"와 상자에 담을 "도넛 수"를 입력값으로 받습니다. 층 수 증가 규칙은 반복 횟수 만큼 도넛을 쌓는 것으로 처리하면 되는데 최초 1번째 반복 때에는 1개 도넛, 2번째 반복에는 2개의 도넛, 3번째 방문에서는 3개의 도넛을 쌓는 방식이 되므로 외부 반복문 안에 내부 반복문이 존재하는, 이른바 중첩 반복문 구조로 구현할 수 있습니다.

"도넛묶음보이기" 내블록	선물상자 내 도넛수 만큼 피라미드 쌓기 중첩 반복
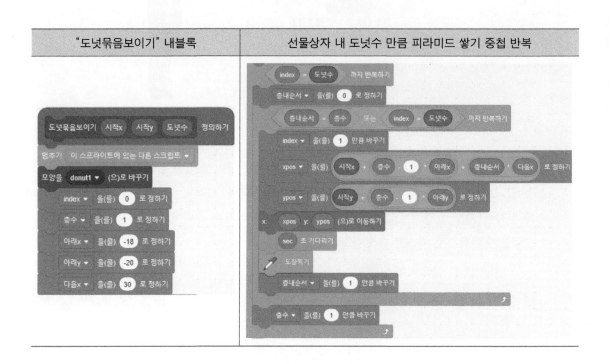	

아빠 스프라이트의 "생활속곱셈보이기"가 보낸 "도넛곱셈보이기" 신호를 처리하는 방법을 살펴보겠습니다. 값2가 필요한 선물상자의 개수가 되는데 선물상자는 3x3 격자로 구성되기 때문에, 한 줄에 3개씩 보여 지게 됩니다. 이 때, 행렬의 좌표는 맨위 좌측 (0,0)부터 맨아래 우측 (2,2)까지 차례로 지정됩니다. 각 선물상자의 행렬 위치를 계산하는 방법은 ((값2-1) / 3) 결과에서 그 몫의 정수 값이 행 순서이며, 그 나머지 값이 열 순서가 됩니다. 우리는 y축의 행 간격을 118, x축의 열 간격을 128로 정했는데 각 선물상자의 행열 위치 (m, n)에 따라 상자내부의 첫 번째 도넛이 위치할 기준점 (시작x, 시작y) 좌표 값을 선물상자 차례대로 계산할 수 있습니다.

"도넛곱셈보이기" 신호 처리	값2	행렬 위치	선물상자 선택 규칙
	1	(0, 0)	
	2	(0, 1)	
	3	(0, 2)	
	4	(1, 0)	3x3 선물상자 격자에서 N번째 선물 상자 위치 (m, n) 선택 규칙으로,
	5	(1, 1)	m : ((값2−1) / 3)의 나머지
	6	(1, 2)	n : ((값2−1) / 3)의 몫 정수값
	7	(2, 0)	
	8	(2, 1)	
	9	(2, 2)	

스크래치 생활 속 나눗셈 연산 보이기

다음으로 아빠 스프라이트에서 "생활속나눗셈보이기" 신호를 받았을 때 처리하는 과정을 살펴보겠습니다. 예를 들어 계산식이 "7/2"인 경우라면 msg 변수에 "초코 도넛 7개를 만들었어. 똑같은 갯수를 박스에 담아 2명에게 선물하려면 1개의 박스에 몇 개의 도넛을 담을까?"로 생활속 나눗셈 연산 안내문을 만들어 말하기를 한 다음, 값2 개수 만큼의 선물상자에 값1 개수의 도넛을 골고루 나눠 담는

아빠 스프라이트의 "생활속나눗셈보이기" 처리	"생활속나눗셈보이기" 신호 처리 결과
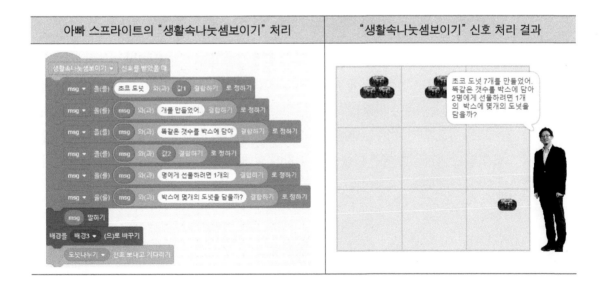	

과정을 표시하는 "도넛나눗셈보이기"를 실행합니다.

나눗셈에서는 도넛을 어떤 방식으로 보여주면 좋을까요? 앞에서 설명한 곱셈에서는 각 선물상자에 담을 도넛묶음을 모두 보여준 뒤에 다음 선물상자로 넘어가는 방식으로 보여줬습니다. 반면 나눗셈에서는 골고루 나누는 것을 설명하기 위해서 준비된 모든 상자에 도넛을 하나씩 담고, 다음 도넛을 담을 수 있는 경우에 다시 준비된 모든 상자에 하나씩 담는 과정을 반복하는 것이 좋습니다. 결국 나눗셈의 몫 개수 만큼의 도넛을 값2 개수의 각 상자에 담게 되는데, 우리는 "계산하기"를 통해 미리 "몫"과 "나머지" 값을 알 수 있습니다. 그 다음에 값2 개수의 상자에 1개의 도넛을 담는 과정을 몫 값 만큼 반복한 다음, 나머지 개수의 도넛을 선물상자 행렬의 마지막 (2,2) 좌표칸에 피라미드 쌓는 방식으로 보여주면 됩니다.

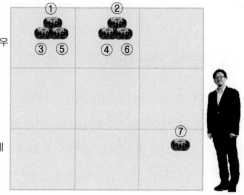

모든 상자에 도넛을 하나씩
상자 내 같은 위치에 넣은 다음,
모든 상자에 도넛을 넣을 수 있는 경우
피라미드 형태로 다음 위치에 넣음

나머지는 행열의 (2, 2) 위치에
피라미드 형태로 쌓음

값2개의 선물상자에 같은 수의 도넛 나누기

"Donut 스프라이트"의 "도넛나누기"에서는 첫 번째 상자 내부의 도넛 위치 기준점 (시작x, 시작y) 좌표 값 위치를 기준으로 선물상자에 담을 도넛 개수(몫 값)만큼 반복하면서 피라미드 쌓기를 반복합니다. 이 때 도넛을 보여주는 과정을 처리하는 "도넛낱개보이기"를 통해 상자 내의 정해진 위치에 도넛을 담는 것을 필요한 선물상자 개수(값2) 만큼 반복합니다. 이와 같이 필요한 모든 선물상자에 똑같이 도넛을 담은 과정을 보여준 다음에, 나머지에 대해서는 선물상자 행렬 (2, 2) 위치에 나머지 개수 만큼의 도넛들을 "도넛묶음보이기" 내블록을 통해 피라미드 쌓기로 보여주면 됩니다.

Donut 스프라이트의 "도넛나누기" 처리	모든 선물상자에 도넛 하나씩 보이기

이와 같은 생활 속 연산을 활용한 숫자놀이 스크래치 코딩 결과를 여러분이 확인하고 활용할 수 있도록 "12-1 우리아이 산수놀이 기초" 프로젝트에서 공유합니다. 여러분의 아이가 좋아하는 재미있는 생활 속 연산 아이디어를 구상해서 우리 아이 맞춤형 숫자놀이를 직접 만들어 보기 바랍니다.

03_ 우리 아이 숫자놀이 프로토타이핑 및 코딩 고급

생활 속 연산을 활용한 숫자놀이 프로토타이핑 고급

이제 드디어 우리 아이 맞춤형 숫자놀이의 마지막 단계입니다. 이번에는 앞 장에서 만든 계산기를 이용한 숫자놀이와 이번 장에서의 생활 속 연산 퀴즈를 이용한 숫자놀이를 하나로 합치고, 점수와 카운트다운의 게임 요소를 추가하는 아이디어를 스타트업 코딩으로 구현하겠습니다. 이를 위해 먼저 Kakao 오븐 프로토타이핑을 통해 전체적인 아이디어를 형상화합니다. 먼저 계산기를 통해 임의의 사칙연산식을 입력할 수 있습니다. 만일 계산버튼(=)을 누르는 경우 계산값을 디스플레이 창에 보여주고 캐릭터를 누르는 경우 정답을 맞추는 퀴즈 모드로 들어가 계산식을 묻고 정답 입력을 기다리게 됩니다.

계산기를 이용한 수식 입력	캐릭터 클릭을 통한 계산식 퀴즈
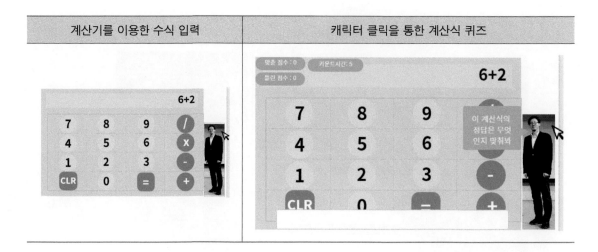	

이 때, 정답 입력을 기다리는 카운트다운을 시작하는데, 맞춘 점수와 틀린 점수를 보여주는 것으로 퀴즈 게임 요소를 추가합니다. 만일 제한 시간 내에 입력을 못한 경우라면 틀린 점수가 1 증가되고 다른 새로운 문제로 넘어가도록 합니다.

정답 입력 카운트다운	제한시간 내 입력하지 못한 경우 처리
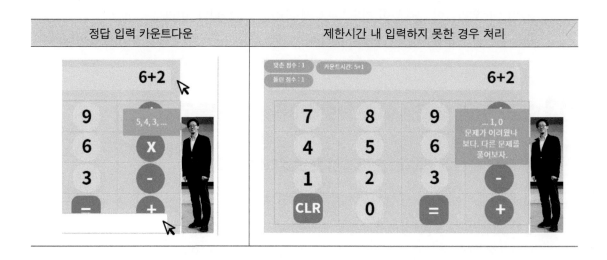	

카운트다운 제한시간 내에 정답을 입력한 경우에는 맞춘 점수가 1 증가되며 새로운 계산식 입력을 기다립니다. 만일 오답을 입력한 경우라면, 틀린 점수가 1 증가되며, 보다 이해하기 쉽도록 생활 속 연산 퀴즈 모드로 전환되는데 같은 문제를 쉽게 풀어서 안내합니다. 이와 같이 캐릭터를 이용한 퀴즈 모드에서 입력한 답이 틀린 경우에 생활 속 연산 퀴즈로 진행하기 위해서는 처음에 입력한 계산식 퀴즈가 1~9사이의 단위 숫자를 이용한 것으로 제한되어야 하기 때문에 계산식 검사 과정이 추가되어야

합니다. 이와 같이 이번 장에서 구현할 아이디어를 형상화한 오븐 프로토타입은 QR 코드를 통해 확인할 수 있습니다.

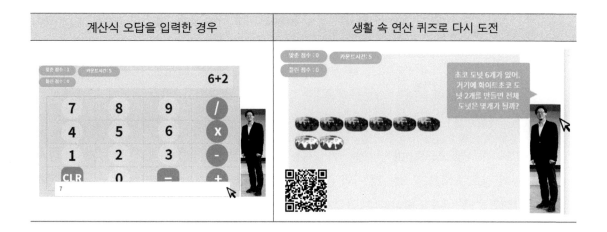

계산식 오답을 입력한 경우	생활 속 연산 퀴즈로 다시 도전

스크래치 캐릭터의 답변 기다리기 처리

아빠 스프라이트를 클릭했을 때, 먼저 "값1 연산자 값2"가 정상적으로 입력된 경우를 확인하는데 만일 그렇지 않은 경우에는 "계산식을 먼저 입력해 봐" 안내 후 바로 종료합니다. 정상적인 연산식이 입력된 경우라면 "답변기다리기" 신호를 보내고, 아빠 스프라이트에서 "답변기다리기 신호를 받았을 때"를 처리합니다. "답변기다리기" 신호 처리에서는 앞에서 계속 소개했던 "계산하기"를 통해 연산식을 계산하고, "정답입력카운트" 신호를 보내 보여진 연산식에 대한 계산값 입력 제한시간을 카운트다운 시작하는데 그 과정에 대해서는 조금 뒤에 소개하기로 하고 "답변기다리기"의 전체 처리 과정을 먼저 설명합니다. 답변 입력 카운트다운이 진행되는 동안 "... 묻고 기다리기"를 통해 "대답" 입력을 기다리는데 카운트다운이 끝나기 전에 대답 입력되는 경우에 카운트다운을 중지 처리하기 위해서 "멈추기 이 스프라이트에 있는 다른 스크립트"를 실행합니다.

이제 연산식의 실제 계산값과 이용자가 입력한 대답을 비교하는 과정입니다. 만일 연산자가 나눗셈(/)인 경우, 정수인 몫값이 입력된 "대답"과 같은지 비교하고, 다른 연산자인 경우에는 계산한 "결과" 값과 입력한 "대답" 값이 같은지 비교해서 정답 여부를 "정답" 변수에 지정합니다. 그 결과로 정답인 경우 "정답" 변수는 "1", 오답인 경우 "0" 값을 갖는데, 만일 정답인 경우라면 그동안 맞춘 점수를 보여주는 "맞춘 문제" 변수 값을 1 증가시키고, "... 묻고 기다리기"에서 답변 입력 제한시간인 카운트다운 시간을 1 감소시켜 다음 새로운 연산식 퀴즈 단계에서는 그 만큼 더 빠른 답변 입력을 요구합니다. 만일 오답을 입력한 경우라면 그동안 틀린 점수를 보여주는 "틀린 문제" 변수 값을 1 증가시키고, "... 묻고 기다리기"에서 답변 입력 제한시간인 카운트다운 시간을 1 증가시켜 다음 퀴즈에서의 답변 입력 시간을 그만큼 늘려 줍니다. 그런 다음 숫자 연산식 계산에 어려움이 있는 아이를 위해 입력된 연산식을 앞에서 만든 생활 속 연산 퀴즈를 통해 보여주고, 새로운 "답변기다리기" 신호 보내기를 통해 답변 입력을 기다리게 됩니다. 이와 같은 방식으로 맞춘 점수와 틀린 점수를 반영해 입력 제한 시간을 조절함으로써 이용자의 실력 수준에 따른 맞춤형 카운트다운을 제공할 수 있습니다. 여기서, "맞춘 문제", "틀린 문제", "카운트다운"은 모두 변수로 정의되고 "변수 보이기"로 화면에 그 값을 간단히 보여줍니다.

한 가지 주목할 코드로, 마지막에 "답변기다리기 신호를 받았을 때" 처리 블록 내에서 다시 "답변기다리기 신호 보내기"를 했는데 이와 같이 처리 과정 내에서 다시 자신의 처리 블록을 호출하는 경우를 "재귀 호출"이라고 합니다. 재귀 호출을 사용해서 효율적인 코드를 작성할 수 있는 반면 무한 반복 블록과 마찬가지로 반드시 빠져나오는 경우를 제공해야 하는데 여기서는 정답을 맞히면 종료되도록 구현되어 있습니다.

아빠 스프라이트 클릭 시 "답변기다리기" 신호	"답변기다리기" 처리 시작

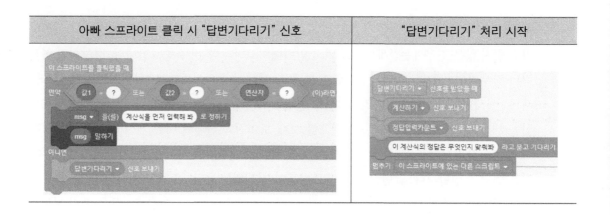

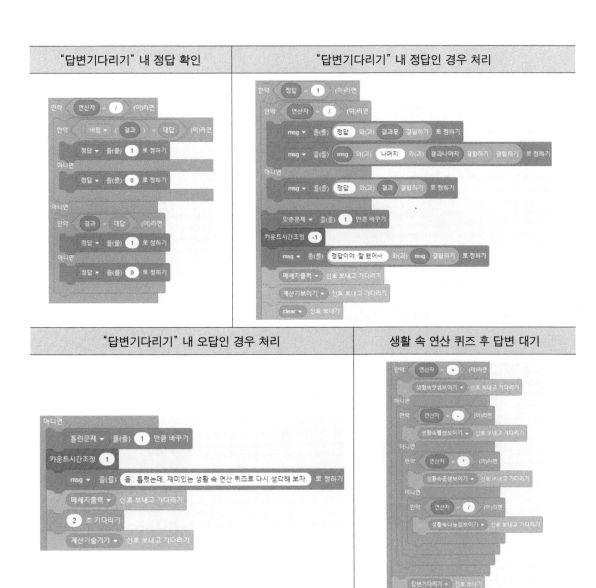

"답변기다리기" 내 정답 확인	"답변기다리기" 내 정답인 경우 처리

"답변기다리기" 내 오답인 경우 처리	생활 속 연산 퀴즈 후 답변 대기

스크래치 캐릭터의 입력시간 제한 카운트다운 처리

"답변기다리기" 신호를 받아 처리하는 앞부분에서 잠시 미뤄뒀던 "정답입력카운트 신호 보내기"에 대해 설명하겠습니다. 최초의 기본 카운트다운 시간은 "카운트타임"에 지정하는데 여기서는 5초로 시작합니다. "카운트다운" 변수를 "카운트타임" 값으로 지정한 다음 화면에 "변수 보이기"하고, "카운트다운" 변수 값을 1씩 감소시키면서 "1초 동안 말하기"로 카운트 숫자를 보여줍니다. 만일 "카운트다운" 변수 값이 "0"이 될 때까지 이용자의 대답 입력이 없는 경우라면 "틀린 문제" 점수를 1 증가시키고, "카운트시간조정" 내블록을 통해서 답변 입력 제한 시간을 늘려줍니다. 이렇게 카운트다운이 끝날 때까지 대답 입력을 못한 경우에는 문제가 어려워 풀이를 포기한 것으로 간주하고 "clear" 신호 보내기로 전체지우기 후 새로운 문제로 넘어갑니다. 이 때, 기존 "답변기다리기" 처리에서 "... 라고 묻고 기다리기" 대기 상태를 중단시키기 위해 마지막에 "멈추기 이 스프라이트에 있는 다른 스크립트"를 실행해 줍니다.

이 때, "카운트시간조정" 내블록에서는 카운트다운 최대값과 최소값을 처리하는 것이 필요합니다. 점수가 낮다고 입력 대기시간을 무한정 늘리는 것은 비효율적이며 아무리 잘 맞추더라도 최소한의 필요한 입력 시간은 있어야 할 것이기 때문입니다. 이를 위해 "카운트시간조정" 내블록은 "증감" 입력값을 갖는데, 그 값이 "1"인 경우 "카운트타임"을 1씩 증가하는데 그 최대값은 15로 합니다. 반대로 그 값이 "-1"인 경우에는 "카운트타임"을 1씩 감소시키는데 그 최소값은 2로 합니다.

"정답입력카운트" 신호 수신 처리	"카운트시간조정" 내블록 처리

실제 구현된 결과물의 실행 화면으로 "답변기다리기" 신호 처리 과정에서의 "정답입력카운트" 실행 화면과 답변 결과가 오답일 때 생활 속 연산 퀴즈 연계 장면을 소개합니다.

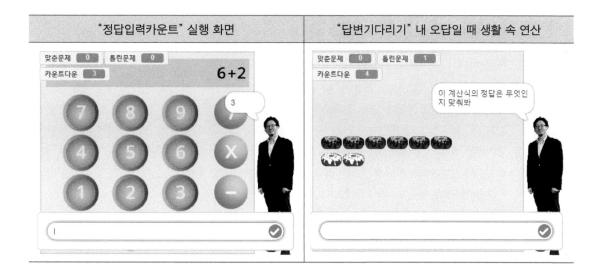

"정답입력카운트" 실행 화면	"답변기다리기" 내 오답일 때 생활 속 연산

이와 같은 방식으로 사칙연산 계산기와 생활 속 연산 퀴즈를 연계하고 맞춤문제 점수판, 틀린문제 점수판, 카운트다운 표시 등의 퀴즈 게임 요소를 추가해 보다 재미있는 우리 아이 맞춤형 숫자놀이 SW를 완성했습니다. 작업 결과는 "12-2 우리아이 숫자놀이 고급 개선" 프로젝트로 공유되어 있는데 기존의 "12-2 우리아이 숫자놀이 고급" 프로젝트를 보다 효율적으로 개선한 것인데 앞으로 여러분이 더욱 발전시켜 공유하기를 기대합니다.

12장. 생각하기

Q 이번 장에서 학습한 우리 아이 맞춤형 숫자 놀이 SW에서 추가적인 개선 사항을 고민해 보세요.

A 여러분의 조카 등 아이들이 보다 재미있게 이용할 수 있는 다양한 개선 사항이 있을 수 있습니다.

예를 들어, 안내 스프라이트를 통한 계산식 정답 확인에서 10 이상의 숫자 입력 및 계산 결과 확인이 가능하도록 개선할 수 있고 생활 속 연산 퀴즈 이용도 개선할 수 있을 것입니다. 또한, 아이의 스프라이트를 참여시켜 답변하도록 한다면 보다 몰입해 이용할 수 있을 것입니다. 그리고, 아이들의 관심 분야에 따라 도넛 대신 아이가 좋아하는 생활 속 소재를 활용해 생활 속 연산 퀴즈를 만들 수도 있을 것입니다.

여러분의 스프라이트와 타겟 고객인 어린 아이의 스프라이트를 등장시켜 보다 재미있고 몰입감 있는 우리 아이 산수 놀이 SW로 발전되기를 기대합니다.

 ## 12장. 퀴즈

1. 다음 보기에 대해 맞으면 O, 틀리면 X를 선택하세요.

> 스크래치에서 묻고 기다리기 코드를 실행하여 사용자가 입력한 값은 대답 변수에 저장됩니다. 첫 번째 묻고 기다리기를 실행한 다음, 두 번째 묻고 기다리기를 실행해 대답 입력을 기다리는 과정에서 대답 변수에는 첫 번째 묻고 기다리기에서 사용자가 입력한 값이 그대로 저장되어 있습니다.

1) O   2) X

정답 1) O

해설 대답 변수는 다음번의 묻고 기다리기 하는 과정에서 초기화 되지 않기 때문에 이전 입력값이 그대로 저장되어 있습니다. 또한, 사용자가 직접 초기화할 수도 없습니다. 따라서, 반복적으로 사용되는 묻고 기다리기에서는 "대답" 변수 값의 유무를 이용해서 사용자가 입력한 것을 구분할 수는 없습니다. 참고로 앞에서 우리는 "... 묻고 기다리기" 블록 앞에서 "정답입력카운트" 신호를 보내서 그 블록을 끝까지 진행하는 경우 입력이 없는 것으로 처리하고, "멈추기 이 스프라이트에 있는 다른 스크립트"를 실행해 "... 묻고 기다리기"를 종료하도록 처리했습니다.

2. 최초 카운트타임이 5인 경우에, 다음 코드가 계속해서 실행될 때 카운트타임이 가질 수 있는 최소값과 최대값 각각 얼마인가요?

정답 2, 15

해설 "카운트타임 〉 2" 일 때 −1 만큼 바꾸므로 최소값은 2가 되며, "카운트타임 〈 15" 일 때 +1 증가되므로 최대값은 15가 됩니다.

3. 위 2번과 같은 코드에서 최초 카운트타임이 5에서 시작해서 종료할 때까지 "카운트시간조정 (−1)" 블록을 3회 실행하고 "카운트시간조정 (1)" 블록을 5회 실행했다면 최종적으로 카운트타임은 얼마로 변경되어 있을까요?

1) 3   2) 5

3) 7   4) 8

정답 3)

해설 최초 5에서 −1을 3회 실행하면 5 − 3 = 2가 되며, 다음으로 1을 5회 실행하면 2 + 5 가 되어 최종적으로 7이 됩니다. 여기서는 최소값, 최대값 조건에 해당되지 않지만 만일 현재 카운트타임이 3에서 시작한다고 했을 때는, 3 − 3 = 0 이 아닌, 최소값 2로 유지되고 그 이후 + 5이므로 이 경우에도 최종적으로 7이 됩니다.

12장. 핵심정리

1. **숫자놀이 아이디어 구상**
   - 생활 속 연산 사례를 찾아 산수 학습에 활용
   - 우리 아이가 좋아하는 것들 활용, 예를 들어, 음식, 인형, 옷 등

2. **숫자놀이 프로토타이핑 및 코딩 기초**
   - 친숙한 캐릭터의 진행으로 1~9 숫자를 활용한 임의 사칙연산 만들기
   - 생활 속 관심 아이템 활용
   - 생활 속 사칙연산 퀴즈 사례

3. **숫자놀이 프로토타이핑 및 코딩 고급**
   - 계산기와 생활 속 연산 퀴즈 연동
   - 정답 입력 카운트다운 구현
   - 맞춘 문제, 틀린 문제 점수판 구현
   - 맞춤형 카운트다운 시간 조절

PART IV
스타트업 코딩 관리

이제까지 Part II 의 말하기에 대한 스타트업 코딩 기초, Part III 의 그림놀이와 산수놀이에 대한 스타트업 코딩 심화 과정을 살펴보았습니다. 이를 통해 여러분은 아이디어를 형상화하는 프로토타이핑 과정과 실제 작동되도록 구현하는 코딩 과정을 배웠으므로 이제 여러분의 아이디어를 직접 SW로 표현하고 발전시켜 나갈 수 있을 것입니다. 그 결과물이 바로 여러분의 스타트업 활동 결과인 포트폴리오로 될수 있는데, Part IV 에서는 여러분의 작업 결과인 포트폴리오를 웹 사이트에서 효율적으로 저장하고 관리하는 방법을 소개합니다. 먼저 13장에서는 온라인에서 정보 채널 허브 역할을 하는 웹 사이트에 대한 기본적인 지식을 쌓고, 웹 사이트를 쉽게 만들 수 있는 서비스를 제공하는 국내 스타트업 크리에이터링크 서비스와 그 활용 사례들을 살펴봅니다. 다음으로 14장에서는 그동안의 활동 결과들을 정리하기 위해 My Portfolio 홈페이지에 대한 아이디어를 구상하고 초기화면과 나를 소개하는 프로필, 그리고, 작업 결과인 포트폴리오 페이지를 프로토타이핑하고 실제 웹 사이트로 제작합니다. 15장에서는 이렇게 만들어진 My Portfolio 홈페이지를 보다 유용하게 활용할 수 있는 정보 관리와 시간 관리 방법을 소개합니다. 마지막으로 그동안의 작업 결과를 여러분이 직접 종합적으로 정리할 수 있도록 My Portfolio 홈페이지 제작 가이드와 그것을 소개하는 동영상 제작 및 YouTube 채널 제작 가이드를 제공합니다.

CHAPTER 13
웹 사이트 제작 SW - 크리에이터링크

 구슬이 서말이라도 꿰어야 보배라는 속담에서와 같이 여러분이 살아온 이제까지의 많은 소중한 활동들을 잘 꿰어 빛나게 하는 것이 필요합니다. 우리는 이제까지 작업한 결과물들을 온라인상의 포트폴리오 웹 사이트로 꿰어 볼텐데, 우선 이번 장에서는 그 기반이 되는 웹(WWW : World Wide Web) 서비스 및 웹 콘텐츠 제작 기술을 소개합니다. 다음으로 실제 웹 사이트를 쉽게 만들 수 있도록 도와주는 웹 빌더(Builer)로서 국내 스타트업 크리에이터링크의 서비스 기능과 함께 그 활용 사례들을 살펴보겠습니다.

01_웹 사이트 개요

웹 사이트 구축 필요성

이제까지 우리는 스토리, 그림놀이, 숫자놀이의 3종류 총 5가지 아이디어를 기초, 고급으로 나눠서 오븐 프로토타입을 만들고 스크래치 코딩을 진행하는 과정을 모두 수행했습니다. 그 결과로 Kakao 오븐 사이트와 MIT 스크래치 사이트에는 많은 프로젝트 결과들이 만들어져 있는데 전체적으로 흩어져 있는데다 같은 아이디어라 하더라도 오븐 프로토타입과 스크래치 코딩 결과물이 따로 분리되어 있기 때문에 한번에 살펴보기가 불편합니다. 예를 들어, 이제까지의 스크래치 코딩 프로젝트 결과물들은 "Startup Coding – 모두의 스타트업코딩"이라는 스튜디오에서 모두 볼 수 있지만 각 프로젝트에 대응되는 오븐 프로토타입은 오븐 사이트에서 다시 찾아봐야 하는 것입니다.

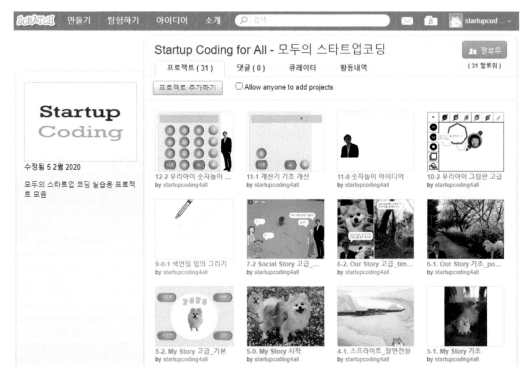

스크래치 작업 프로젝트를 공유한 스튜디오

이렇게 온라인상에서 흩어져 있는 다양한 정보들을 한곳에 모아서 한번에 보여줄 수 있는 것이 바로 인터넷 웹 사이트입니다. 이와 같은 웹 사이트를 통해서 여러분은 자신의 정보를 모아서 관리할 수 있고 현재 진행하고 있는 일이나 앞으로의 일정 계획도 정리하는 시간 관리 용도로도 활용할 수 있으며 회원 관리와 게시판 기능을 활용하면 다양한 온라인 커뮤니티 공간으로서 인맥 등 사람 관리도 가능합니다. 이와 같이 웹 사이트는 그 안에서 다양한 정보와 시간 계획, 그리고 사람을 쉽게 관리할 수 있는 온라인 상의 유용한 종합 관리 도구입니다. 또한, 웹 사이트의 가장 큰 특징은 바로 다른 웹 사이트로 이동할 수 있는 하이퍼링크(Hyperlink)입니다. 여러분은 다양한 웹 사이트들을 활용하고 있을 텐데 자신이 개설해서 운영하는 YouTube 채널 및 동영상을 연결해 두거나 또는 외부의 다른 유용한 YouTube 채널 및 동영상을 연결할 수도 있습니다. 같은 방식으로 자신의 Facebook, Instagram 등 SNS 페이지, 블로그를 연결하고 가입한 인터넷 카페 등을 모아두고 쉽게 이동할 수 있도록 보여줄 수도 있습니다. 그리고, 스마트폰이나 태블릿의 앱(App) 서비스에 대한 온라인 소개 페이지로서 웹 사이트를 활용하는 등 웹 사이트는 온라인의 다른 서비스로 이동할 수 있는 일종의 허브(Hub) 역할을 담당할 수 있습니다.

웹(Web)과 앱(App) 비교

여기서 우리는 웹 사이트에 대해 본격적으로 살펴보기에 앞서 웹과 앱에 대해 간단히 구분해 보도록 하겠습니다. 웹은 WWW(World Wide Web)의 약어로서 PC/노트북, 스마트폰, 태블릿 등 단말 구분 없이 웹브라우저를 이용하면 어디서나 똑같이 이용할 수 있는 표준 콘텐츠 제공 기술로 이해할 수 있습니다. 반면에 앱은 응용 프로그램을 의미하는 Application의 약어로서 스마트폰이나 태블릿 등 특정 단말에 맞는 전용 프로그램으로 구분할 수 있습니다. 이와 같은 웹과 앱을 간단히 비교하면 다음 표와 같이 정리할 수 있습니다.

구분	웹(Web)	앱(App)
단말 지원	단말 독립적 (표준)	단말 의존적 (비표준)
개발 난이도	상대적으로 낮음	높음
운영 비용	상대적으로 저렴	비쌈
실행 속도	상대적으로 느림	빠른 작동 가능
HW 제어	어려움	유연한 제어 가능
이용 방법	인터넷 주소(URL) 접속	앱 스토어 다운로드 설치
장점	신속한 수정 및 배포	제한없는 UI/UX

이와 같이 웹과 앱의 장단점이 서로 다르면서 상호 보완적으로 활용될 수 있기 때문에, 웹과 앱을 함께 제공하는 경우가 많습니다. 예를 들어, 네이버의 경우 웹브라우저를 통해 뉴스, 카페, 블로그 등을 제공하면서 네이버 앱을 통해서도 이용할 수 있으며, YouTube, Facebook 등 많은 서비스가 웹과 앱을 동시에 제공하고 있습니다. 웹과 앱을 함께 활용하는 또다른 방법으로는 실제 서비스는 앱으로 이용하면서 회사 및 서비스에 대한 소개, 고객 지원 등은 웹을 고객 채널로 이용하는 경우도 많은데 모바일 게임을 생각하면 이해될 것입니다.

그러면, 이렇게 상호보완적인 웹과 앱의 장점을 한꺼번에 활용하는 방법은 없을까요? 바로 하이브리드 앱(Hybrid App)을 통해 그것이 가능합니다. 실제 콘텐츠는 웹

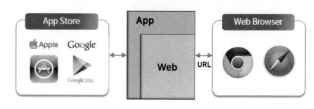

앱과 웹을 장점을 합친 하이브리드 앱

사이트로 구성되어 있지만, 그 외부를 앱으로 포장해서 구글이나 애플의 앱스토어를 통해 배포되도록 하는 것입니다. 따라서, 앱 모양을 가지면서 앱스토어의 유료화 정책을 활용할 수 있는 장점과 함께 웹 방식으로 서비스를 제공하기 때문에 콘텐츠 내용을 쉽게 변경하고 바로 적용할 수 있다는 장점도 함께 갖게 됩니다.

웹 서비스 기술 이해

우리는 웹브라우저에서 검색이나 포털을 통해 웹 사이트를 자유롭게 이용하고 있는데 마우스 클릭 한번으로 새로운 내용의 페이지를 볼 수 있습니다. 예를 들어, 웹브라우저에서 상단의 주소창에 "http://startupcoding.kr" 주소를 입력하면 모두의 스타트업 코딩 웹 사이트를 볼 수 있습니다. 여기서 "About"을 마우스로 누르면 사이트 소개 페이지를 볼 수 있고, "Profile"을 누르면 운영자의 프로필 을 볼 수 있습니다. 지금 우리가 인터넷 웹 서비스를 아주 자연스럽게 이용하고 있지만 생각해보면 매우 놀라운 이 기술은 도대체 어떻게 구현되는 것일까요? 이제부터 웹 서비스 기술에 대해 간단히 살펴보겠습니다.

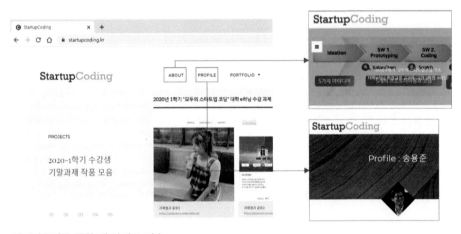

웹브라우저를 통한 웹 사이트 접속

먼저 웹브라우저의 주소창에 입력하는 "http://startupcoding.kr" 문자열을 URL(Uniform Resource Locator)이라고 하는데 인터넷 상에서 유일한 페이지 위치를 지정하는 것으로서 흔히 웹 주소라고 합니다. URL은 "http://"로 시작하는 규칙이 있는데 기본적으로 필요한 것이기 때문에 생략해도 웹브라우저에서는 알아서 붙여 처리해 줍니다. 여기서 http는 "HyperText Transfer Protocol"의 약자로서, 인터넷상의 웹 서비스를 제공하기 위한 표준 규약입니다. 다음으로 "startupcoding.kr"은 웹 사이트를 구분하는 도메인 이름인데 우리 인간이 기억하기 쉽도록 문자열로 웹 주소를 지정한 것입니다. 하지만 실제 인터넷상에서는 컴퓨터가 처리할 수 있도록 숫자로만 구성된 IP(Internet Protocol) 주소로 웹 사이트를 찾아가는데 인간을 위한 도메인 이름을 컴퓨터를 위한 IP 주소로 바꿔주는 작업이 필요하게 됩니다. 이 작업을 처리하는 것이 바로 도메인 네임 서버(DNS : Domain Name Server)로서, 웹브라우저에서는 입력된 URL에서 도메인 이름을 분리해 DNS에게 확인해 그것에 해당하는 IP 주소 값을 받아오게 됩니다. 다음으로 웹브라우저는 확인한 인터넷상의 IP 주소로 URL을 보내게 되는데 상대방인 IP 주소에서는 웹서버로서 해당 URL에 대한 웹 페이지 콘텐츠를 미리 준비하고 있다가 URL을 수신했을 때 해당 웹 페이지를 웹브라우저에게 보내주게 됩니다. 이 때, 웹 페이지는 기본적으로 약속된 HTML(HyperText Markup Language) 표준 포맷으로 작성되어 있어서 HTML 파일을 수신한 웹브라우저는 약속된 방식으로 보여주는 것입니다.

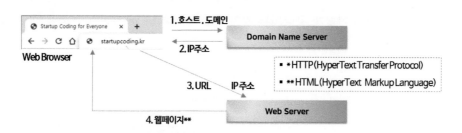

웹 사이트 접속 프로세스

여기서 웹 주소 URL에 대해 조금 더 살펴보겠습니다. 우리가 만든 스크래치 공유 프로젝트가 저장된 스튜디오는 URL "http://scratch.mit.edu/studios/21007137" 주소로 접속할 수 있는데 이 주소는 scratch 호스트 이름, mit.edu 도메인 이름, 그리고 나머지의 경로로 구성됩니다. 여기서 도메인 이름은 별도의 관리 기관에 신청해서 이용 권한을 확보해야 하고 나머저 호스트 이름과 경로는 도메인 이름의 소유자가 자유롭게 설정할 수 있습니다.

http://	scratch	mit.edu	studios/21007137
프로토콜 이름	호스트 이름	도메인 이름	경로

이와 같은 도메인 이름 체계는 "국제 인터넷 주소 관리 기구(ICANN)"에서 총괄 관리하는 것으로, 한국에서는 한국인터넷진흥원의 한국인터넷정보센터에서 ICANN과 협력해 국가 도메인(.kr)을 관리하고 있고, 다시 도메인 이름 등록 대행을 담당하는 가비아, 후이즈 등의 업체를 통해서 여러분이 도메인 이름을 신청할 수 있습니다. 다시 말해, 도메인 이름 체계에서 아직 등록되지 않은 희망 문자열이 있다면 누구나 나만의 도메인 이름으로 신청할 수 있습니다.

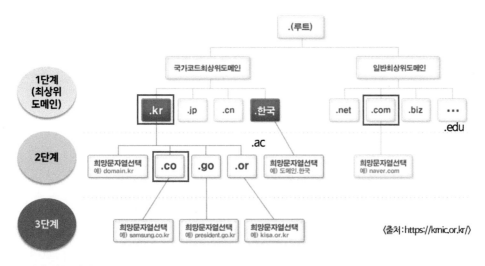

도메인 이름 체계

예를 들어, 모두의 스타트업 코딩에서는 ".kr"과 ".co.kr"에 "startupcoding" 문자열을 붙여 "startup-coding.kr"과 "startupcoding.co.kr" 도메인 이름을 등록 대행사인 가비아를 통해 신청했습니다. 등록된 도메인 이름을 유지하기 위해서 도메인당 연간 22,000원 수준의 비용이 필요하며 도메인 이름 등록 대행사에서 도메인 네임 서버(DNS)를 운영하고 있어 거기에 도메인 이름을 관리할 DNS의 IP 주소를 지정하고 필요한 (원하는 호스트 이름, 웹서버의 IP 주소)를 등록하면 됩니다. 그리고, 하나의 웹 사이트에 둘 이상의 도메인 이름으로 사용할 수도 있지만, 보통은 하나의 대표 도메인 이름을 정하고, 나머지 도메인 이름들에 대해서는 대표 도메인 이름으로 사용할 수 있도록 포워딩(forwarding)을 이용하는데 이와 같은 포워딩 또한 대부분의 도메인 이름 등록 대행사에서 무료로 제공하고 있습니다. 예를 들어, 모두의 스타트업 코딩 웹 사이트에 접속하기 위해 웹브라우저 주소창에서 URL "startupcoding.co.kr"을 입력하면 대표 도메인 이름인 "startupcoding.kr"로 포워딩되어 처리되어 있음을 확인할 수 있습니다.

다음으로 실제 웹 사이트의 파일을 저장하는 웹서버의 IP 주소는 어떻게 확보할 수 있을까요? 웹서버의

IP 주소는 고정된 값을 갖고 있어야 하는데 가정에서 일반적으로 사용하는 저렴한 인터넷은 가변적인 동적 IP 주소를 사용하기 때문에 가정에서 웹서버를 운영하는 것은 쉽지가 않습니다. 많은 경우 KT 등 인터넷 서비스 제공사에서 운영하는 인터넷 데이터 센터(IDC : Internet Data Center)에서 웹서버를 임대해 사용하거나 보유 웹서버를 IDC에 설치해서 사용하고 있으며 최근에는 가상의 컴퓨팅 자원을 필요한 만큼 빌려 사용하는 클라우드(Cloud) 서비스 이용도 점점 증가하고 있습니다. 그리고, 일정 규모 이상의 회사에서는 회사 내부에 전산실을 구축해서 고가의 고정 IP 주소로 인터넷을 연결해 웹서버를 직접 운영하기도 합니다. 그렇다면 여러분과 같이 간단한 웹 사이트를 만들고 운영해 보려면 어떤 방법이 있을까요? 자체 웹서버가 없더라도 웹 사이트를 쉽게 만들 수 있는 웹 빌더 서비스를 이용하면 되는데 전세계적으로 워드프레스(Wordpress.com)가 대표적이며, 국내에서는 Creatorlink.net 등의 서비스가 있습니다.

웹 페이지 기술 이해

이제까지 우리는 웹브라우저 주소창에 웹 주소 URL을 입력했을 때 웹서버로부터 웹 페이지를 가져와 보여주는 기술에 대해 간단히 살펴보았습니다. 이번에는 원하는 콘텐츠를 웹 페이지로 작성하는 방법에 대해 간단히 살펴보겠습니다. 간단히 설명하면 웹 페이지는 문서 편집기로 HTML 문법에 따라 내용을 작성해서 .html 확장자를 갖도록 저장하면 됩니다. HTML 문법은 시작 부분의 <***>과 끝 부분의 </***>의 쌍으로 구성된 HTML 구문 안에 내용이 포함되는데 그 내용에 HTML 구문(들)이 중첩해서 포함될 수 있습니다. < >에 포함되는 것을 HTML 태그라고 하는데 기본적인 구문 태그로는 <html>, <head>, <body> 가 있습니다.

html 태그	소개
〈html〉	html 문서의 시작과 끝 표시 구문으로, 그 내부에 내용이 포함됨
〈head〉	〈html〉 태그 내의 첫 번째 구문으로, 기본적인 정보와 형식을 지정
〈body〉	〈html〉 태그 내의 두 번째 구문으로, 실제 내용을 포함함
〈!-- --〉	참고용 주석 구문으로, 〈!-- --〉 내부 내용 보여지지 않고 무시됨

가장 간단한 HTML 예제로 "Hello World" 를 출력하는 "13_1_hello.html" 파일을 메모장 프로그램으로 작성해 보았습니다. C 드라이브에 파일을 저장한 다음, 웹브라우저에 그 파일을 Drag&Drop으

로 처리 결과를 확인할 수 있습니다. 여기서 <head> 태그 내의 <title> 태그는 웹브라우저 탭창에서 보여주는 html 문서의 제목이며 body 내의
은 줄바꿈 표시, <p> 태그는 문단(paragraph)을 표시하는 것으로서 각 <p> 태그들 사이는 문단으로 구분되도록 처리됩니다. 이와 같은 html 문서에서 html 태그에 대한 줄바꾸기, 들여쓰기는 우리가 보고 이해하기 쉽도록 하는 것으로서 한줄에 모두 붙여 사용해도 똑같이 처리됩니다.

hello.html 문서 파일 편집	웹 브라우저에서 hello.html 오픈 결과

<pre>📄 13_1_hello.html - Windows 메모장
파일(F) 편집(E) 서식(O) 보기(V) 도움말(H)
<html>
  <head>
    <title>Hello</title>
  </head>
  <body>
    <!-- 기본 HTML 테스트 -->
    Startup Coding for All
 	
    <p>Hello World</p>
  </body>
</html></pre>
	<pre>🌐 Hello × +
	← → C ⌂ ① 파일 | C:/13_1_hello.html
	
	Startup Coding for All
	
	Hello World</pre>

<body> 태그 내에서 내용으로 보여지는 각 html 구문에서는 글자 크기, 색상 등의 스타일을 지정할 수 있습니다. 예를 들어 "Hello World"와 같이 붉은색 글씨로 보여주기 위해서 <p style="color : red">와 같은 방식으로 각 <p> 구문에 폰트 스타일을 지정할 수 있습니다. 그런데, 이와 같이 내용과 디자인 스타일을 하나의 구문에 함께 작성하는 것은 비효율적입니다. 만일 많은 구문으로 구성된 html 파일에서 스타일을 다양하게 변경하려면 매우 번거로운 작업이 필요할 것입니다. 이와 같은 문제를 해결하기 위해서 HTML 구문에서는 <head> 태그 내에 별도의 <style> 태그를 정의해서 구문의 디자인 스타일을 한꺼번에 정의할 수 있습니다. 다음은 <style> 태그에서 <p> 태그 구문에 대해 폰트

〈head〉 내 〈style〉 추가	동일한 〈body〉 구문	실행 결과

<pre><head>
  <title>Hello</title>
  <style>
    p{
        font-size: 150%;
        color: red;
        font-family: sans-serif;
    }
  </style>
</head></pre>
	<pre><body>
	  <!-- 기본 HTML 테스트 -->
	  Startup Coding for All
	
	  <p>Hello World</p>
	</body></pre>
		<pre>🌐 Hello
		← → C ⌂ ① 파일 |
		
		Startup Coding for All
		
		Hello World</pre>

크기를 150%, 색상을 붉은색 등으로 변경한 예를 보여줍니다.

웹 사이트 빌더(Builder) 서비스 활용

이렇게 해서 우리는 웹 서비스에 대한 기본적인 기술과 웹 사이트 콘텐츠를 제작할 수 있는 기술까지 간단히 살펴보았습니다. 조금 어려울 수도 있지만 웹 코딩을 배운다고 할 때 기초적인 정보를 소개한 것이니 이해해 두면 좋을 상식으로서 추천합니다. 사실 우리는 이런 기술 내용을 전혀 몰라도 매일 웹 사이트를 편하게 이용하고 있습니다. 이와 마찬가지로 요즘에는 이런 기술을 몰라도 웹 사이트를 간단하게 만들 수 있는 웹 빌더 서비스들을 이용해 나만의 웹 사이트를 쉽게 만들어 운영할 수 있습니다. 그것도 웬만한 기능들을 무료로 이용 가능합니다.

대표적인 웹 사이트 빌더 서비스로는 해외의 Wordpress, Wix, 국내의 아임웹, 크리에이터링크 등이 있습니다. Wordpress는 기본적인 블로그 디자인을 기반으로 다양한 디자인의 웹 사이트 구축이 가능하지만 조금 난이도가 있는 편입니다. Wix는 다양한 디자인 템플릿을 제공해서 쉽게 웹 사이트 구축이 가능하지만 해외 서비스인 만큼 아무래도 결제 등 국내 서비스에는 다소 불편함이 있습니다. 아임웹의 경우 다양한 디자인 템플릿을 활용한 쇼핑몰과 챗봇과의 연동이 우수하지만 무료 기능의 제약이 많은 편입니다. 우리가 사용할 웹 빌더인 크리에이터링크 또한 일부 유료 기능들이 있긴 하지만, 무료 기능만으로도 여러분에게 필요한 기본적인 웹 사이트를 충분히 만들 수 있을 것으로 추천합니다.

구분	웹 사이트 빌더 서비스	
	Wordpress	Wix
해외	https://ko.wordpress.com 세계 최대의 서비스 오픈 소스 기반 블로그 방식 준전문가용	https://ko.wix.com 다양한 무료 템플릿 간단한 사용법 페이팔 결제로 불편 속도 다소 느림
	아임웹	크리에이터링크
국내	https://imweb.me 스타트업 아임웹 제공 쇼핑몰과 챗봇과의 연동 우수 무료로 이용 가능한 기능의 제약	https://creatorlink.net 스타트업 크리에이터링크 제공 블록 쌓기 개념으로 매우 쉬움 이용자의 직접 기능 추가 작업 어려움

02_크리에이터링크 기능 살펴보기

크리에이터링크를 활용한 웹 사이트 홈페이지 제작 5단계

크리에이터링크(https://creatorlink.net)를 이용하면 다양한 단말 화면에 자동으로 맞는 반응형 홈페이지를 쉽게 만들 수 있는데 먼저 회사에서 제공하는 단계별 1분 내외의 동영상에서 소개하는 홈페이지 제작 5단계를 통해 간단히 소개하겠습니다.

1단계 : 주소(URL) 만들기. 크리에이터링크에서 무료로 제공하는 도메인으로 나만의 도메인을 만들어보세요.(https://youtu.be/TR2soDaa7Bo)

2단계 : 템플릿 선택하기. 깔끔한 디자인의 템플릿들 중에서 나만의 템플릿을 선택해보세요. (https://youtu.be/SgYjyEpe70k) 팁 하나! 템플릿에 사용된 요소들은 블럭단위로 구성되어 있어요. 그래서 얼마든지 다른 유형의 블럭들을 추가하거나 빼서 나만의 템플릿을 만들 수 있어요! 팁 둘! 모든 템플릿이 반응형으로 제작되어 있어요. 템플릿 미리보기로 PC, 태블릿, 모바일 화면을 확인할 수 있어요!

3단계 : 메뉴 만들기. 홈페이지의 네비게이션인 메뉴를 간편하게 만들어 보세요. (https://youtu.be/Lf4KcWno0zw)

4단계 : 페이지 만들기. 다양한 유형의 블럭들을 추가하거나 빼면서 나만의 페이지들을 만들어 보세요.(https://youtu.be/UIkuladiBRk) 편집도 간단하게 텍스트와 이미지 등을 내가 원하는 걸로 바꾸어 주면 돼요!

5단계 : 게시하기. 마지막으로 사이트를 게시하여 사이트에 접속해 보세요. (https://youtu.be/5T_i5YpJISw)

1단계 : 주소(URL) 만들기 (0 : 39)	2단계 : 템플릿 선택하기 (0 : 58)
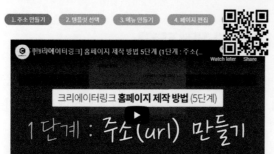	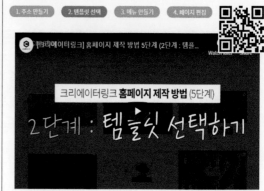
3단계 : 메뉴 만들기 (0 : 54)	4단계 : 페이지 만들기 (1 : 47)

5단계 : 게시하기 (0 : 39)	1시간 풀버전 소개 동영상 (1 : 01 : 45)

	[크리에이터링크] 1시간 만에 직접 홈페이지 만들기!

크리에이터링크에서는 추가적으로 1시간 분량의 "1시간 만에 직접 홈페이지 만들기!" 동영상을 통해 보다 자세히 소개하고 있으니 먼저 살펴보기 바랍니다.(https://youtu.be/rbclnKw2FjU)

크리에이터링크의 주요 기본 기능

크리에이터링크에서 회원 누구나 무료로 이용할 수 있는 주요 기본 기능들을 소개합니다.

제공 기능	기능 소개
기본 편집	홈페이지 제작에 필요한 대부분의 템플릿과 블럭들이 무료로 제공되고 있으며, 기본적인 편집 기능들을 이용하여 자유롭게 홈페이지를 만들 수 있습니다.
모바일 자동 최적화	PC에서 만든 홈페이지는 모바일과 태블릿 등에서 자동으로 최적화되어 보여지기 때문에 별도로 모바일 화면을 편집할 필요가 없습니다. 편집 시 브라우저 크기를 줄여 보면, 다른 해상도에서 어떻게 보여지는지 바로 확인할 수 있습니다.
무료 템플릿	전문 웹디자이너가 만든 멋진 디자인의 템플릿들이 무료로 제공되고 있으며, 매 달 최신 트랜드의 템플릿 디자인이 업데이트됩니다.
무료 이미지	50만 장 이상의 고퀄리티 이미지가 무료로 제공되고 있습니다. 상업적인 목적의 홈페이지 제작 시에도 자유롭게 사용할 수 있으며, 이미지만 별도로 다운로드 후 수정해서 사용할 수도 있습니다.
무료 도메인	홈페이지 제작 시 크리에이터링크 도메인이 무료로 제공됩니다. (별도의 소유 도메인이 있는 경우, 요금제로 업그레이드하면 연결하여 사용할 수 있습니다.)
무제한 트래픽	일반적인 웹 호스팅 서비스의 경우, 구입한 호스팅 용량 초과시 홈페이지 접속이 차단되지만, 크리에이터링크에서 만든 홈페이지는 방문자가 많아도 접속이 차단되지 않습니다.
무료 보안인증서 (https)	고객의 정보를 수집/처리하는 홈페이지의 경우 보안 인증서 설치가 의무이며, 보안 인증서가 설치되지 않은 홈페이지는 주소창에 "주의 요함" 경고가 뜹니다. 반면, 크리에이터링크에서 만든 사이트는 무료로 보안 인증서가 적용되기 때문에 걱정 없이 홈페이지를 운영하실 수 있습니다.
최신 트랜드의 갤러리	최신 디자인과 롤오버 효과가 적용된 갤러리를 활용하여 멋진 포트폴리오 사이트를 만들어 보세요. 사진, 동영상 등 다양한 형식의 콘텐츠들을 쉽게 업로드하고 관리할 수 있으며, 매달 최신 트랜드의 갤러리 디자인이 업데이트됩니다.
다양한 디자인의 게시판	일반 게시판, FAQ 게시판 등 다양한 디자인의 게시판을 쉽게 추가해서 사용할 수 있으며, 제목, 작성자, 날짜 등의 항목을 원하는대로 설정할 수 있습니다. 사용중인 게시판을 새로 업데이트된 최신 트랜드의 디자인으로 쉽게 변경할 수도 있습니다.
저작권 걱정 없는 무료 폰트	크리에이터링크에서 제공되는 모든 폰트는 저작권 걱정 없이 상업적으로 이용할 수 있으며, 한국어, 영어, 일본어, 중국어 등 100가지 이상의 다양한 폰트가 제공되고 있습니다.

제공 기능	기능 소개
전문가를 위한 HTML/CSS 수정 기능	블럭마다 HTML/CSS를 직접 수정할 수 있기 때문에, 코딩이 가능한 분은 좀 더 전문적으로 홈페이지를 제작할 수 있습니다.
배경음악	홈페이지에 mp3 배경 음악을 삽입할 수 있습니다. 여러 곡의 음악을 삽입하여 순서대로 재생되게 설정할 수 있으며, 홈페이지 방문자가 음악을 컨트롤할 수 있는 기능이 자동으로 생성됩니다.
배경 동영상	페이지 배경에 이미지 대신 동영상을 사용할 수 있습니다. 동영상을 사용하여 좀 더 감각적인 홈페이지를 제작해 보세요.
슬라이드 이미지	쇼케이스 블럭을 사용하면 여러 장의 이미지가 순차적으로 슬라이드되어 보여지게 만들 수 있습니다. 쇼케이스 블럭으로 인트로 페이지를 멋지게 꾸며보세요.
원페이지 사이트	스타트업의 랜딩 페이지처럼 콘텐츠가 많지 않은 홈페이지는 원페이지 구조로 제작해보세요. 멀티 페이지형 홈페이지도 클릭 한 번이면 원페이지로 전환할 수 있습니다. (단, 콘텐츠가 많은 사이트의 경우 로딩이 오래 걸릴 수 있음)
이메일 알림	홈페이지 게시판이나 폼에 새 글이 등록되면 관리자 페이지에서 알림이 표시되며, 등록된 이메일 주소로도 알림 메일이 전송됩니다. 또한, 이메일 주소를 추가하여 여러 명에게 알림 메일이 전송되게 할 수 있습니다.
신청 양식 (폼)	폼 블럭을 사용하면 신청 양식이나 설문조사를 쉽게 생성할 수 있습니다. 단문형, 선택형 등 다양한 형식의 항목을 자유롭게 추가할 수 있으며, 방문자가 입력한 정보는 엑셀 파일로 다운로드할 수 있습니다.
홈페이지 다중 관리	하나의 계정으로 여러 개의 홈페이지를 만들고 관리할 수 있습니다. 무료 홈페이지는 10개까지 만들 수 있으며, 유료로 업그레이드된 홈페이지는 무제한으로 만들 수 있습니다.

크리에이터링크 회원 가입 및 이메일 인증

크리에이터링크를 사용하기 위해서는 먼저 회원가입을 해야 합니다. 홈페이지 우측 상단의 "무료 회원가입" 버튼을 통해 회원가입 페이지로 이동합니다. 회원가입에 필요한 정보는 사용할 이름(닉네임), 이메일, 그리고, 비밀번호로 간단히 신청할 수 있습니다. 이 때, 회원가입 완료를 위해서는 입력한 이메일을 통한 인증 확인이 필요하므로 실제 사용가능한 이메일 주소를 입력해야 합니다. 이용약관 동의와 로봇이 아니라는 체크 후 회원가입 버튼을 누르면 회원가입 확인 페이지로 넘어가는 동시에 입력한 이메일 주소로 회원가입 인증 이메일이 발송됩니다. 여러분은 회원가입에 사용한 이메일 계정에 들어가 크리에이터링크가 보낸 회원가입 인증 이메일을 확인해서 하단의 "계정 활성화" 버튼을 누르면 됩니다. 이제부터 기본 서비스에 대한 무료 이용이 가능해 집니다. 웹 사이트 제작을 위해

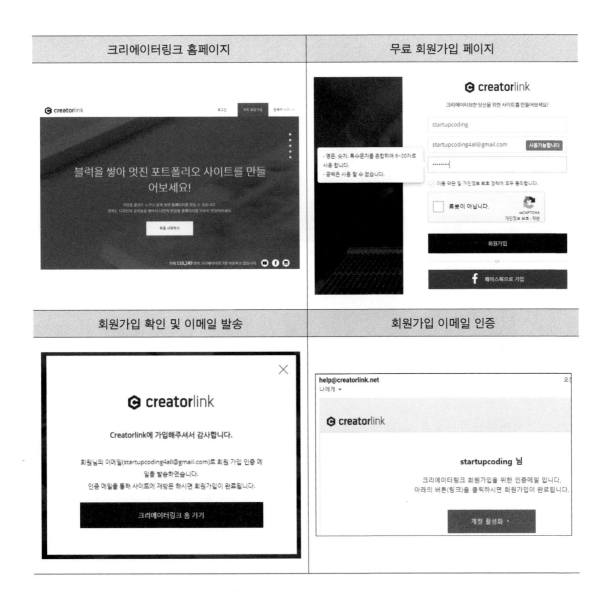

크리에이터링크 홈페이지	무료 회원가입 페이지
회원가입 확인 및 이메일 발송	회원가입 이메일 인증

서 이미지 등 자료 업로드가 필요한데 기본 서비스에서는 200MB 저장 용량을 제공하고 있습니다. 무료로 추가 용량제공 이벤트도 진행합니다. 블로그, SNS에 이용후기를 올리면 무료 저장용량을 2배로 제공하는데 간단히 참여만 하면 400MB까지 저장 용량 사용할 수 있어 왠만한 홈페이지 만드는 데는 문제가 없을 것으로 생각됩니다.

크리에이터링크 사이트 주소 및 템플릿 선택하기

회원 로그인 후 웹 사이트를 만들 수 있는데 처음 만드는 경우라면 "+ 사이트 만들기" 버튼을 바로 볼수 있습니다. 만일 이미 만든 사이트가 있는 경우 대시보드 화면에서 사이트 목록 콤보박스를 선택해"+ 사이트 추가하기"를 선택하면 됩니다.

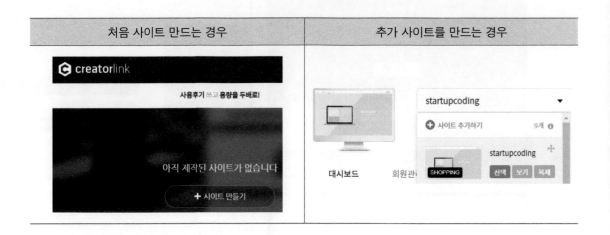

처음 사이트 만드는 경우	추가 사이트를 만드는 경우

사이트 만들기 버튼을 누르면 생성할 사이트의 주소(URL)를 설정하는 화면이 나오는데 기본 도메인"creatorlink.net" 앞에 붙을 원하는 호스트 이름을 입력 후 하단의 "생성" 버튼을 누르면 됩니다.URL은 최초 설정 이후 변경이 불가능하기 때문에 신중하게 입력해야 하는데 만일 이미 사용되고 있는 호스트 이름이라면 다른 이름을 입력하도록 안내됩니다. 참고로 유료 계정으로 업그레이드한다면사이트 생성 후 이용자의 도메인(.com 등)으로 변경할 수 있습니다.

정상적으로 사이트 주소를 생성한 경우에는 사이트를 쉽게 제작할 수 있는 디자인 템플릿 선택화면으로 넘어갑니다. 현재 30여개의 템플릿들을 제공하고 있는데 새로운 템플릿이 계속 추가되고 있습니다. 각 템플릿은 20여 개 블럭들의 조합으로 구성되어 있습니다. 원하는 스타일의 템플릿을 선택하신 후, 필요 없는 블럭들은 삭제하고 다른 디자인의 블럭들을 추가하면서 자신만의 개성 있는 사이트를 만들 수 있습니다. 여러분이 각 블럭들을 자유롭게 사용할 수 있는 수준이 되면 템플릿 목록 마지막의 "빈 페이지에서 시작하기" 옵션을 사용할 수도 있지만 템플릿을 하나씩 살펴보고 마음에 드는것을 선택해서 사용하는 것이 훨씬 간단합니다.

사이트 제작을 위한 템플릿 선택하기

각 템플릿을 선택하면 해당 템플릿의 전체 페이지 구성을 미리 살펴볼 수 있는 화면을 보여줍니다. 초기화면의 전체 구성을 살펴보고, 상단의 각 메뉴를 눌러 세부 페이지 구성을 살펴볼 수 있습니다. 그리고, 상단 중앙의 DESKTOP, TABLET, MOBILE 버튼을 누르면 각 단말 화면에 맞도록 자동으로 크기를 변경해서 보여주는데 이와 같은 웹 사이트 구성 방식을 반응형 웹 사이트라고 합니다. 사이트의 메뉴 및 내부 페이지 구성은 자유롭게 변경가능하기 때문에 여러분은 마음에 드는 디자인 위주로 템플릿을 선택하면 됩니다. 사용할 템플릿을 결정한 경우 상단 우측의 "템플릿 사용하기"를 누르면 선택한 템플릿으로 사이트 제작을 시작할 것인지를 최종 확인을 거친 후 편집모드로 이동하게 됩니다. 이 때, 한번 결정한 템플릿은 변경할 수 없어 신중하게 결정하는 것이 필요하지만 실제 웹 사이트 제작은 다음 장에서 시작할 것이며 이번 장에서는 크리에이터링크의 전체적인 기능을 살펴보기 때문에 시험삼아 부담 없이 템플릿을 선택하면 됩니다.

템플릿 선택해 살펴보기

크리에이터링크 템플릿으로 사이트 편집

이제 선택한 템플릿으로 사이트를 편집하는 기능을 살펴보겠습니다. 먼저 상단에는 사이트 관련 메뉴 영역인데 사이트의 메뉴를 관리하는 "메뉴 설정", 사이트의 전체적인 스타일을 관리하는 "사이트 설정", 작업한 결과를 이전 상태로 "되돌리기", 현재 제작한 사이트를 웹브라우저에서 "미리보기", 제작한 사이트를 외부에서 공개하는 "게시" 그리고 사이트 편집을 종료하고 사이트 대시보드로 돌아가는 "끝내기" 메뉴가 있습니다. 다음으로 메뉴 영역 아래에 블록 영역이 있는데 크리에이터링크가

선택한 템플릿으로 사이트 편집

제공하는 다양한 블록들 중에서 선택한 블록을 하나씩 쌓는 것으로 웹 사이트 구조가 만들어 집니다. 각 블록의 우측 상단에 마우스 커서를 위치시키면 톱니바퀴 모양의 설정 메뉴가 나타나, 해당 블록에 해당하는 다양한 속성을 설정할 수 있습니다. 블록과 블록 사이에 마우스를 위치시키면 파란색 선 중앙에 "+" 원 모양이 보여지는데 그 원을 누르면 새로운 블록을 추가할 수 있도록 좌측에 블록 모음이 나타나고 원하는 블록을 선택하면 그 위치에 선택한 블록이 추가됩니다.

그럼 각 메뉴의 주요 기능에 대해 보다 구체적으로 소개하겠습니다. "메뉴 설정"을 누르면 사이트 우측 상단의 메뉴들이 보이고 각 메뉴에 이름 변경하는 "수정", "복제", "삭제", 이동할 웹 페이지를 연결하는 "링크", "숨김", "비공개"를 지정할 수 있습니다. 또한, 하단의 "+ 메뉴 추가"로 새로운 메뉴를 추가할 수 있으며 각 메뉴를 마우스로 선택해 메뉴들 사이의 적절한 위치로 이동할 수 있습니다. 현재 1단계 메뉴를 보여주고 있는데 메뉴를 마우스로 이동할 때 1단계 메뉴의 우측에 위치시키면 아래 방향 열림을 표시하는 작은 역삼각형이 나타나면서 2단계의 서브메뉴로 옮길 수도 있습니다. 이와 같은 "메뉴 설정"의 작업 결과는 메뉴 블록의 우측 메뉴에 바로 반영되어 확인할 수 있습니다.

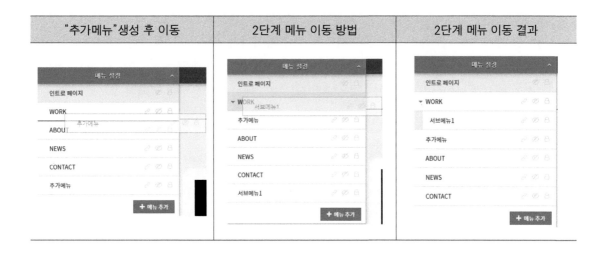

"사이트 설정" 메뉴에서는 전체 웹 페이지들을 하나의 세로 페이지로 보여주는 원페이지 스타일 여부를 지정할 수 있는데 흔히 제공하는 정보량이 적고 디자인을 중시하는 사이트에 원페이지 스타일이 적합한 반면 포트폴리오와 같이 정보 제공을 목적으로 하는 웹 사이트에서는 메뉴를 눌렀을 때 새로운 페이지로 보여질 수 있도록 "OFF"로 설정하는 것이 좋습니다. 그리고, 배경색, 기본 폰트, 배경음악 등 사이트 전체적인 속성을 변경할 수 있습니다. 또한, 스마트기기에서 두손가락으로 화면 크기를 조절할 수 있는 모바일 확대/축소 가능 여부를 지정할 수도 있습니다.

메뉴 설정 결과 확인 및 사이트 설정 메뉴창

크리에이터링크의 편집 화면 동안에 작업한 결과는 자동으로 반영되기 때문에 따로 저장하는 과정이 없습니다. 대신 "되돌리기" 메뉴에 각 수행한 작업 히스토리를 시간 순으로 저장 관리하고 있는데 만일 잘못 수행한 작업이 있는 경우 "되돌리기" 메뉴를 통해 그 전 상태로 돌아갈 수 있습니다. 우리는 편집 사이트에 URL 주소를 지정했는데 외부에서 그 URL로 접속했을 때 보여지는 웹 사이트는 "사이트 게시" 메뉴를 눌러 공개했을 때의 작업 결과입니다. 따라서 일정 수준 이상으로 사이트를 완성한 후에 "사이트 게시" 메뉴를 누르는 것이 바람직하며 그 전에 웹브라우저에서 현재 작업 중인 사이트가 어떻게 보이는지 확인하는 경우에 "미리보기" 메뉴를 활용하면 됩니다.

크리에이터링크 웹 페이지 블록 설정

메뉴 블록의 우측 상단에 마우스를 위치시키면 나타나는 설정 아이콘을 눌러 "메뉴 블록설정" 창을 띄워봅니다. 현재 메뉴블록 좌측의 로고 유형은 이미지로 되어있는데 설정 창의 "로고 유형" 아래의 "이미지" 로고를 눌러 새로운 로고 이미지로 변경할 수 있습니다. 또는 "로고 유형"에서 텍스트를 눌러 원하는 텍스트 문구로 로고를 수정할 수도 있습니다. 그리고, 로고 블록의 설정창에서 메뉴 디자인 변경을 누르면 가로형, 세로형 메뉴 블록 각각의 다양한 디자인들로 쉽게 변경할 수 있습니다. 그리고, 블록설정 창의 제일 아래에는 블록 위치를 옮길 수 있는 "블록 이동", 똑같은 내용의 블록을 새로 만드는 "블록 복제", 블록을 표현한 HTML 및 CSS 구문을 직접 확인하고 수정할 수 있는 "HTML/CSS", 블록을 제거할 수 있는 "블록삭제" 메뉴가 위치합니다. 여기서 살펴본 "메뉴 블록"은 특별한 블록이기 때문에 하단의 메뉴가 비활성화되어 있지만 대부분의 다른 일반 블록 설정 창에는 활성화되어 해당 블록에 대해 작업할 수 있습니다.

메뉴 블록 설정

이와 같이 블록 영역의 각 층을 구성하는 블록에서 우측 상단의 설정 아이콘을 눌러 해당 블록에 수정 가능한 다양한 설정 옵션들을 제공하고 있으며 추가적인 블록 수정을 원하는 경우 "HTML/CSS" 메뉴를 통해 작업할 수도 있습니다.

크리에이터링크 웹 페이지 블록 추가

크리에이터링크에서는 블록 영역에 새로운 블록을 세로로 계속 쌓을 수 있는데 이제부터 크리에이터링크가 제공하는 다양한 블록들을 살펴보도록 하겠습니다. 비어있는 웹 페이지에서는 하나의 블록을

블록 추가

추가하는 것으로 시작하고 블록이 있는 웹 페이지에서는 특정 블록의 아래 또는 위에 마우스를 위치하면 생기는 "+" 원 표시를 눌러 나타나는 좌측의 블록 카테고리 모음 도구에서 원하는 블록을 찾아서 선택한 다음 "사용하기"로 추가하면 됩니다.

이와 같은 방식으로 사용할 수 있는 블록들을 크리에이터링크에서는 다양한 용도에 따라 14개 카테고리로 분류하고 그 카테고리 내에 다양한 디자인의 블록들을 제공하고 있습니다.

카테고리	소개
쇼케이스	대형 이미지 배너들을 순환식으로 차례로 보여주는 전시 블록
타이틀	웹 페이지의 제목을 보여주는데 사용할 수 있는 문자열 블록
콘텐츠	주요 내용을 이미지와 텍스트로 보여주는 블록으로, 다양한 개수 지정
갤러리/쇼핑	주로 이미지 중심의 전시관이나 상품 쇼핑몰에 사용되는 블록으로서, 각 아이템을 선택했을 때 세부 내용 또는 확대 이미지를 보여줌
텍스트	내용 설명이나 목록에 사용되는 문자열 블록
이미지	다양한 구성의 이미지들을 단순히 보여주거나 다른 페이지로의 링크로 활용되는 블록
동영상	YouTube 동영상 링크를 보여줄 수 있는 블록으로서, 설명 텍스트와 한번에 표시하는 동영상 화면 개수를 다양하게 지정할 수 있음
구분선	블록들을 구분할 수 있는 다양한 선을 보여주는 블록
컨택트	연락처 표시와 함께 웹 페이지에서 바로 이메일을 보낼 수 있는 블록
게시판	블로그 게시물 목록 또는 게시판 형태로 게시물을 보여주는 블록
최근게시물	게시판에 등록된 최근의 게시물들을 보여주는 블록
소셜	기존의 페이스북, 트위터, 인스타그램 등 SNS 아이콘 목록을 보여주는 블록에 추가하여, 트위터와 인스타그램의 경우 최근 피드 표시 가능
폼	주문, 회사 정보, 설문조사 등 다양한 용도의 폼 블록
기타	날짜와 시간 카운트다운 블록

크리에이터링크 웹 사이트 대시보드

웹 사이트 편집 화면에서 상단 오른쪽의 "편집 끝내기"를 누르면 편집이 종료되고 편집한 웹 사이트에 대한 통계 정보를 볼 수 있는 대시보드 화면을 보여줍니다. 대시보드에서는 웹 페이지로의 방문자 통계, 트래픽 통계, 그리고 게시판, 컨택트 등의 콘텐츠 통계를 한눈에 볼 수 있습니다. 우측의 상세 설정 페이지에서는 외부에서 사이트 주소로 접속해서 작업한 웹 사이트를 확인할 수 있는 "게시" 상태를 ON/OFF 지정할 수 있으며 제일 아래에서는 작업한 웹 사이트를 삭제 처리할 수도 있습니다. 단, 웹 사이트를 한번 삭제하면 복구할 수 없기 때문에 더 이상 필요없을 때 삭제하도록 신중하게 결정해야 합니다.

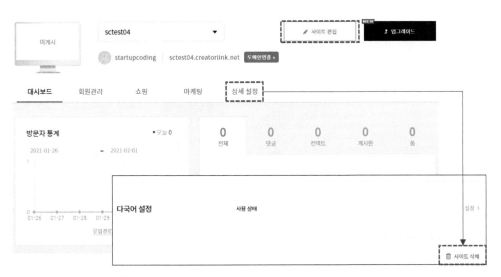

웹 사이트 대시보드 및 웹 사이트 삭제

참고로 유료 기능으로 업그레이드를 하면 웹 사이트에 최소 10GB 이상의 저장 용량 확장 뿐만 아니라 개인 도메인 연결, 웹 사이트 복제, 회원 관리, 쇼핑 등 요금제에 따라 다양한 고급 기능들을 활용할 수 있습니다. 이 경우에는 웹 사이트 삭제 없이 사이트 복제를 통해 똑같은 웹 사이트를 만들어 새로운 URL 웹 주소로 접속할 수 있도록 만들어 수정할 수 있게 됩니다.

03_크리에이터링크 활용 사례

크리에이터링크로 제작된 홈페이지 사례

2021년 2월 현재 크리에이터링크로 22만개 이상의 홈페이지가 제작되었는데 내부 심의를 거쳐 일부 우수한 홈페이지들을 크리에이터링크 사이트에서 포트폴리오, 비즈니스, 그리고 쇼핑 카테고리로 나

뉘서 전시하고 있습니다. 다른 홈페이지들을 살펴보다 보면 여러분의 사이트를 제작하는데 활용할 수 있는 아이디어가 떠오를 수 있고 크리에이터링크로 구현할 수 있는 기능들을 발견할 수 있는 좋은 기회이니 다양하게 살펴보기를 추천합니다.

여러분이 만든 웹 사이트도 이와 같이 등록되도록 웹 사이트 대시보드 하단에서 신청 가능한데 내부 심의를 거쳐 선정되는 경우 추가 혜택도 제공한다고 합니다.

모두의 스타트업 코딩 홈페이지 및 수강생 작품들

2019년 여름 "모두의 스타트업 코딩" 교과목 강의 자료를 제작하면서 크리에이터링크를 활용해서 "모두의 스타트업 코딩" 웹 사이트(https://startupcoding.kr)를 직접 제작해서 교과목 홈페이지로 오픈했습니다. 여기에는 교과목 소개와 5개의 스타트업 코딩 아이디어 및 그 결과물들을 소개하고 있으며 추가적으로 스타트업 관련 특강이나 활동 정보도 함께 관리하고 있습니다.

매 학기의 교과목 수강생들은 오븐과 스크래치로 작업한 스타트업 코딩 실습 결과물로 크리에이터링크를 통해 자신만의 포트폴리오 웹 사이트로 만들어 기말과제로 제출하는데 그 중 일부 작품들을 '홈페이지-SHARE(https://startupcoding.kr/SHARE)'에서 공유하고 있습니다. 다음장에서는 여러분과 함께 My Portfolio 웹 사이트 제작 과정을 살펴보도록 할텐데 그 전에 미리 수강 학생들의 작품들을 살펴보면 그 내용을 이해하는데 보다 도움이 될 것입니다.

2019년2학기 "모두의 스타트업 코딩" 대학 e러닝 수강 과제 결과 공유

2019년 2학기 수강생 과제 결과 공유

2019년 동계 계절학기 "모두의 스타트업 코딩" 대학 e러닝 수강 과제 결과 공유

2019년 동계학기 수강생 과제 결과 공유

2020년 1학기 수강생 과제 결과 공유

13장. 생각하기

Q 웹 사이트 제작을 위한 웹 프로그래밍을 어떻게 배울 수 있을까요?

A 웹 사이트 제작을 위한 웹 프로그래밍은 C, Java 등 고급 프로그래밍 언어에 비해서 배우기가 쉽기 때문에 도서나 온라인 강의를 통해 혼자서도 충분히 배울 수 있습니다. 인터넷에서 검색하면 많은 온라인 교육 정보를 찾을 수 있는데 몇 가지를 추천하면 다음과 같습니다.

[국내]
- KOCW : http://www.kocw.net
- 생활코딩 : https://opentutorials.org
- 인프런 : https://www.inflearn.com

[해외]
- 칸아카데미 : https://ko.khanacademy.org
- COURSERA : https://www.coursera.org/
- edX : https://www.edx.org/
- UDACITY : https://www.udacity.com/

그리고, 오프라인에서의 프로그래밍 교육 활동에서 시작해 온라인 강의로까지 확장된 "멋쟁이 사자처럼"에 지원해서 몇 개월간 보다 체계적인 교육과 활동 과정에 참여하는 것도 추천합니다. (https://likelion.net 참고)

13장. 퀴즈

1. 다음 보기에 대해 맞으면 O, 틀리면 X를 선택하세요.

> PC 홈페이지와 모바일용 홈페이지는 사용 단말의 해상도가 다르기 때문에 각각 따로 제작해야만 한다.

1) O   2) X

정답 2) X

해설 하나의 웹 사이트가 사용 단말의 해상도에 따라 자동으로 사이즈를 조절하여 보여주는 반응형 웹 사이트로도 제작할 수 있는데 크리에이터링크에서는 반응형 웹 사이트로 제작됩니다.

2. 다음 중 홈페이지를 쉽게 제작할 수 있는 서비스가 아닌 것은 무엇인가요?

    1) adwords   2) wordpress

    3) wix   4) creatorlink

정답 1)

해설 adwords(애드워즈)는 구글에서 제작한 셀프서비스 광고 프로그램으로서, 광고주는 애드워즈에 가입함으로써 구글 애드센스에 가입한 웹 사이트들에 광고를 넣을 수 있습니다.

3. 웹 페이지 내용을 표현하는 기본적인 언어는 무엇인가요?

정답 HTML (HyperText Markup Language)

해설 하이퍼텍스트(hypertext)는 한 문서에서 다른 문서로 즉시 접근할 수 있는 텍스트인데, 인터넷 웹페이지에서 하이퍼텍스트를 표현하기 위한 기본적인 언어가 바로 HTML입니다.

📍 13장. 핵심정리

1. 웹 사이트 개요

- 웹 사이트는 정보, 시간, 사람을 종합 관리하는 채널로 사용
- 앱과 웹은 서로 장단점이 있기 때문에 상호 보완적으로 사용됨
- 웹 사이트는 앱, 소셜미디어, 소셜네트워크를 서로 연결하는 온라인 허브로 활용
- 대표적인 홈페이지 서비스로 해외의 wordpress와 wix, 국내의 imweb과 Creatorlink가 있음
- 국내 스타트업에서 개발한 Creatorlink는 사용이 매우 간단하면서도 필요한 기능들을 무료로 사용할 수 있어 스타트업 코딩에서 활용함

2. 크리에이터링크 기능 살펴보기

- 홈페이지 제작 5단계 간편 동영상 및 1시간 분량 동영상 풀버전 제공
- 주소 만들기 – 템플릿 선택 – 메뉴 만들기 – 페이지 편집 – 사이트 게시
- 대시보드에서 제작한 전체 사이트들을 관리할 수 있고, 방문자, 트래픽, 콘텐츠 통계를 확인할 수 있음

3. 크리에이터링크 활용 사례
   - 포트폴리오, 비즈니스, 쇼핑 카테고리에서 수많은 사이트 제작에 활용
   - 모두의 스타트업 코딩 홈페이지도 크리에이터링크로 제작됨
   - 모두의 스타트업 코딩 수강 학생들은 실습한 스타트업 코딩을 크리에이터링크로 포트폴리오로 정리해 제출하고 그 중 일부는 모두의 스타트업 코딩 홈페이지에서 공유됨
   - 크리에이터링크는 기본적인 무료 기능만으로도 일반 이용자들은 충분히 활용 가능하고 회원 가입, 쇼핑몰 제작 등의 고급 기능은 소정의 월 정액제로 이용 가능

CHAPTER 14
My Portfolio 홈페이지 아이디어 구현

 이번 장에서는 앞에서 살펴본 크리에이터링크 웹빌더 서비스를 이용해서 그동안의 스타트업 코딩 활동 결과를 정리하는 My Portfolio 홈페이지를 만들어볼 차례입니다. 먼저 온라인 상에서의 나의 정보와 활동 허브로서 My Portfolio 홈페이지를 구상하고 연결할 대표적인 SNS인 YouTube와 Facebook 이용방법을 간략히 소개합니다. 다음으로 My Portfolio 홈페이지의 전체 구조와 초기화면, 프로필 등 기본 페이지에 대해 오븐 프로토타이핑 후 크리에이터링크로 직접 만들어 봅니다. 마지막으로 그동안의 활동 결과를 하나씩 포트폴리오 페이지로 제작하고 그 목록들을 보여주는 방법을 살펴보겠습니다.

01_My Portfolio 홈페이지 아이디어 구상

인터넷 상에서의 My 서비스 연결 필요성

여러분은 현재 주로 사용하는 인터넷 서비스들이 몇 개 있을 텐데, 이런 서비스들에서의 활동과 정보가 모여 나를 표현할 수 있습니다. 그 정보는 온라인에서의 활동 기록 뿐만 아니라 실생활인 오프라인에서의 기록도 포함할 것입니다. 또한 과거를 생각해보면 당시 사용하던 또다른 서비스들이 있을 수 있고 앞으로도 애용할 새로운 서비스들이 나타날 것입니다. 이와 같이 온라인에서 흩어져 있는 나를 하나로 연결할 수 있는 허브 역할의 온라인 서비스가 필요한데 그것이 바로 우리가 만들게 될 웹사이트인 My Portfolio 홈페이지의 역할입니다. My Portfolio 홈페이지는 기본적으로 나의 프로필을 소개하고 이제까지 작업한 각 아이디어별 오븐 프로타입과 스크래치 코딩을 하나의 프로토타입으로 묶어서 관리하며 방문자들과 소통할 수 있는 연락처로 구성됩니다. 각 프로토타입은 동영상으로 소개할 수 있는데 YouTube 채널을 통해 온라인으로 접근 가능하게 하고, 페이스북과 같은 SNS를 통해 인터넷 친구들에게 알릴 수 있습니다. 또한 그동안 사용했던 나의 온라인 서비스들을 소개하고 링크들을 모아서 보여주는 허브 페이지를 포함합니다.

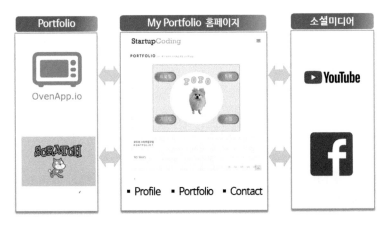

기본적인 개인 홈페이지 활용

우리는 My Portfolio 홈페이지를 간단히 초
기화면과 함께 Profile, Portfolio, Contact 메
뉴 페이지들로 구성하겠습니다.

홈 초기화면에서는 홈페이지 내 대표적인 내
용을 소개하는데 각 포트폴리오의 대표 이미
지를 보여주면 좋겠습니다. 그리고 각 메뉴

My Portfolio 홈페이지 메뉴 구조

페이지의 기본적인 내용을 다음과 같이 정리할 수 있습니다.

메뉴	내용
Profile	자기 소개, 주요 활동/경력/학력, 주요 수상/자격증/기고문, SNS 링크
Portfolio	My Story, Our Story, Social Story, 그림놀이, 숫자놀이, 그 외 활동
Contact	연락처, 위치 지도, 이메일 웹 발송, 기타 입력 폼, SNS 링크

Profile 페이지에서는 자신을 소개하는 내용을 담는데 앞으로 살아가면서 이력서에 한 줄 추가하는
것처럼 그 내용을 계속 늘려나가는 재미가 있습니다. Portfolio 페이지에서는 각 아이디어 구현 내용
을 하나의 포트폴리오로 정리하고 전체 아이디어들을 포트폴리오 목록으로 묶어서 보여주는 것이 효
율적입니다. 이를 위해 포트폴리오 목록 페이지로 먼저 보여준 다음, 각 포트폴리오를 서브메뉴 페
이지로 구성하는 것이 좋습니다. Contact에서는 여러분의 포트폴리오 활동 결과에 대해 관심있는 경

우, 문의하거나 필요한 작업을 의뢰할 수 있는 공간인데 추후에 그렇게 되도록 열심히 성장해 나가는 다짐 공간으로 활용할 수도 있습니다. 여기서 페이스북과 같은 SNS 페이지 링크는 Profile 페이지와 Contact 페이지에 중복해서 포함했는데, 가능한 많은 노출이 필요하다면 이렇게 여러 페이지에 노출하는 것도 괜찮습니다. 그 외에도 여러분의 홈페이지 성격에 맞도록 새로운 메뉴를 추가할 수 있습니다. 예를 들어 모두의 스타트업 코딩 홈페이지에서는 개설 교과목에 대해 소개하는 "About" 메뉴 페이지를 추가하는 방식입니다.

크리에이터링크 웹 빌더를 이용해 My Portfolio 홈페이지를 만드는 과정을 자세히 살펴보기에 앞서, 우리가 만들 홈페이지와 연계해 시너지 효과를 만들 수 있는 소셜미디어 채널로서 YouTube와 Facebook 서비스에 대해 먼저 간략히 설명하겠습니다.

YouTube 동영상 채널 만들기

현재 가장 대표적인 동영상 서비스가 바로 Google에서 제공하는 YouTube입니다. 여러분도 YouTube를 자주 사용할 것으로 생각되는데 여기서는 여러분이 직접 동영상을 만들어서 YouTube에 올리는 방법에 대해 간단히 소개합니다. YouTube에서 동영상을 보는 것은 비회원도 가능하지만, 동영상을 직접 게시하고 채널을 운영하기 위해서는 회원 가입이 필요한데, YouTube 계정이 별도로 있는 것이 아니라 Google 계정을 만들면 YouTube 뿐만 아니라 Gmail, Drive 등 다양한 Google 서비스들을 사

YouTube 로그인 상태에서의 동영상 업로드 및 내 계정 설정

용할 수 있습니다. 여러분이 YouTube에서 계정 로그인을 하면 Google에서는 추천 동영상들로 첫화면을 보여주는데 매번 방문할 때마다 그 내용은 변경됩니다. 로그인 상태에서 상단의 비디오 카메라 모양 아이콘을 누르면 동영상을 YouTube에 업로드할 수 있는 창이 뜨는데 설명하는 대로 따라하면 동영상을 쉽게 올릴 수 있기 때문에 여기서는 별도의 설명을 생략합니다. 이를 통해 업로드한 동영상들을 "내 채널" 페이지에서 관리할 수 있는데 상단 맨 우측의 내 계정 아이콘을 눌러 나타나는 설정 창에서 내 채널로 접속할 수 있습니다.

YouTube의 "내 채널"에서는 업로드한 동영상들을 관리할 수 있을 뿐만 아니라 관심있는 외부 동영상들까지 포함해서 재생목록으로 만들어 둘 수 있습니다. 이와 같은 YouTube의 내 채널은 외부에서 접속해서 볼 수 있는 화면인데 그 안의 동영상이나 재생목록에 대해 각각 공개/비공개 설정할 수 있습니다. 내 채널에서 보여지는 로고나 계정 이름은 그 우측의 "채널 맞춤설정" 버튼을 통해 변경할 수 있으며 채널에 업로드한 동영상들은 "동영상 관리" 버튼을 통해 내용 변경, 삭제 등의 관리를 할 수 있습니다.

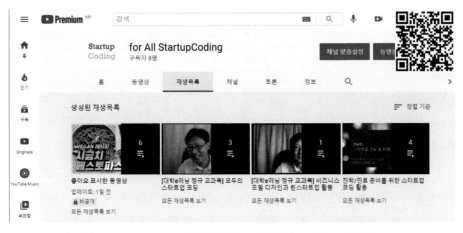

YouTube 내 채널 – StartupCoding 구독 및 좋아요 눌러주세요 (QR 코드 참고)

여기서의 "채널 맞춤설정", "동영상 관리"와 같이 내 채널을 설정하고 효율적으로 관리할 수 있는 페이지가 계정 설정 창으로 접속할 수 있는 "YouTube 스튜디오"입니다. YouTube 스튜디오에서는 내 채널의 방문자 통계, 게시된 동영상, 최신 댓글 등을 한 눈에 파악할 수 있는 "채널 대시보드"를 제공하며 앞에서의 "동영상 관리" 버튼을 눌러 볼 수 있는 동영상 목록 페이지를 "콘텐츠" 메뉴로 접속할 수 있습니다. 또한 "내 채널"에서 보여지는 "재생목록"을 관리하고 세부 통계 분석, 댓글 등 다양한 채널 이용 정보를 확인할 수 있습니다.

YouTube 스튜디오

마지막으로 YouTube 스튜디오의 채널 "맞춤설정"을 조금 더 설명하도록 하겠습니다. 먼저 "레이아웃" 탭에서는 시청자가 내 채널 홈페이지를 방문하면 채널 예고편, 추천 동영상, 추천 섹션이 표시되도록 채널 레이아웃을 맞춤 설정할 수 있습니다. 다음으로 "브랜딩" 탭에서는 동영상 및 댓글 옆과 같이 YouTube에서 채널을 나타내는 위치에 표시되는 프로필 사진을 설정할 수 있는데 여기에서 변경하면 다른 Google 서비스에도 반영됩니다. 또한 채널 상단에 표시되는 배너 이미지와 동영상 플레이어의 오른쪽 모서리 부분에 표시되는 동영상 워터마크를 설정할 수도 있습니다. 마지막으로 "기본 정보" 탭에서는 채널 이름과 설명을 등록하고 채널의 표준 웹 주소 URL이 보여지는데 여기서 기본 URL은 직접 입력하기 매우 어렵게 설정되어 있습니다. 만일 채널 개설 후 최소 30일이 경과하고 구독자 수 100명 이상 등의 일정 조건을 만족하면 사용자 맞춤형 URL을 설정할 수 있다는 알림이 표시되면서 사용자 이름, 연결된 웹 사이트 이름 등을 이용해 맞춤 URL을 만들 수 있습니다. StartupCoding YouTube 채널도 맞춤형 URL을 등록할 수 있도록, StartupCoding 채널 또는 동영상 콘텐츠 우측의 "구독" 버튼을 눌러주기 바랍니다. 그 결과로 앞으로 지속적으로 추가될 특강 영상들을 쉽게 볼 수 있을 것입니다.

채널 맞춤설정 – 브랜딩	채널 맞춤설정 – 기본정보

온라인 서비스 동영상 제작하기

우리가 만든 오븐 프로토타입 또는 스크래치 코딩 프로젝트 실행 화면을 동영상으로 어떻게 제작할 수 있을까요? 간단하게는 스마트폰의 카메라를 활용해 모니터의 실행 화면을 동영상으로 촬영할 수 있지만 아무래도 깨끗한 동영상을 만들기가 쉽지가 않습니다. 이럴 때 모니터의 특정 영역 화면을 동영상으로 저장하는 반디캠 등 전용 프로그램을 활용할 수 있는데 인터넷에서 "화면 동영상 캡처 프로그램"으로 검색하면 다양한 정보를 얻을 수 있습니다. 만일 최신 Microsoft PowerPoint가 설치되어 있다면 "녹화 – 화면 녹화" 기능을 이용해 쉽게 화면 동영상을 제작할 수 있습니다. 만일 "녹화" 메뉴가 보이지 않는다면, "파일 – 옵션 – 리본 사용자 지정"에서 "녹화"를 찾아 추가 후 사용 체크하면 됩니다.

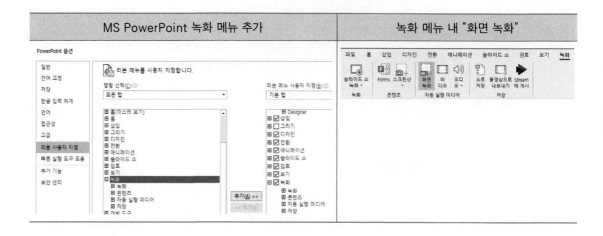

MS PowerPoint 녹화 메뉴 추가	녹화 메뉴 내 "화면 녹화"

Facebook 페이지 만들기

지금 현재 전 세계에서 가장 널리 사용되는 대표적인 SNS 서비스가 바로 facebook입니다. facebook은 개인 1인에 대해 1계정이 원칙인데 페이지 기능을 활용하면 특정 비즈니스, 단체, 브랜드 또는 제품을 대표하도록 facebook을 활용할 수 있습니다. 우리는 2019년 여름에 "StartupCoding4All"이라는 이름의 페이지를 만들어 운영 중으로 https://www.facebook.com/startupcoding4all 주소로 접속해 확인할 수 있습니다. 그 이후로 facebook 서비스가 개선되면서 페이지 제작 방법이 일부 변경되었는데 여기서는 새로운 facebook PC 서비스 상에서 "모두의 스타트업 코딩"이라는 이름의 교육 페이지를 샘플로 만드는 과정을 소개하겠습니다.

먼저 페이지 메뉴에서 "+ 새페이지 만들기" 버튼을 누르면 필수 정보로 "페이지 이름"과 "카테고리"를 입력 후 하단의 "페이지 만들기" 버튼을 눌러 페이지를 생성할 수 있습니다. 여기서 페이지 이름은 비즈니스, 브랜드, 단체의 이름을 사용하거나 페이지를 설명하는 이름으로서 여기서는 "모두의 스타트업 코딩"으로 입력했습니다. 그리고 카테고리는 페이지가 나타내는 비즈니스, 단체 또는 주제의 유형을 설명하는 것으로서 최대 3개까지 선택할 수 있는데 여기서는 "학교", "교육" 키워드를 각각 입력 후 나타나는 카테고리 목록에서 적합한 카테고리를 선택했습니다. 이와 같이 페이지 이름과 카테고리를 선택하면 오른쪽의 미리보기 창을 통해 입력한 결과가 실제로 보여지는 모습을 미리 볼 수 있으며 추가적으로 페이지를 소개하는 "설명" 문구를 선택적으로 작성해 입력할 수도 있습니다.

facebook 페이지 만들기

이렇게 페이지를 만든 후에는 프로필 사진 이미지, 페이지 커버 사진, 연락처 정보 및 기타 상세 정보를 추가할 수 있으며 왼쪽 하단의 "저장" 버튼을 누르면 페이지가 외부에 오픈됩니다.

facebook 페이지 설정하기

이렇게 오픈된 페이지는 facebook 페이지 메뉴 내 관리 중인 페이지 목록에 보이게 되고 그 페이지를 선택하면 "페이지 관리하기" 관리자 페이지로 들어가 페이지 정보 설정, 페이지 이용 통계 확인, 광고 센터 등 다양한 정보 확인 및 설정이 가능합니다. 여기서 우리는 각 facebook 페이지를 바로 접속할 수 있는 웹 주소 URL을 지정할 수 있습니다. 예를 들어, 기존에 만들어 운영 중인 "모두의 스타트업 코딩" facebook 페이지를 URL 웹주소 https://www.facebook.com/startupcoding4all 로 접속할 수 있습니다. 이와 같이 새로 만든 facebook 페이지도 URL을 만들 수 있는데 페이지 관리하기 상단의 "@사용자 이름 만들기"를 누르면 나타나는 "페이지 사용자 이름 만들기" 창에서 아직 사용되지 않은 사용자 이름을 입력 후 저장하면 됩니다. 이 때, 한글이나 공백은 허용되지 않고 5자 이상의 영어와 숫자를 활용할 수 있는데 여기서 새로 만든 테스트 페이지 이름을 "StartupCodingS"로 저장해 https://www.facebook.com/startupcodings 이름으로 접속할 수 있습니다. 이렇게 저장된 페이지 사용자 이름은 "페이지 정보 수정"에서 다른 주소로 수정할 수도 있습니다.

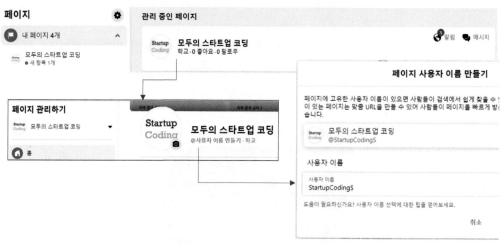

facebook 페이지 관리하기 및 사용자 이름 만들기

02_홈페이지 프로토타이핑 및 웹 페이지 제작

My Portfolio 홈페이지 아이디어 오븐 프로토타이핑

앞에서 우리는 초기화면과 함께 Profile, Portfolio, Contact 메뉴 페이지들로 구성된 My Portfolio 홈페이지 아이디어를 구상해 보았습니다. 여기서는 우선 전체 페이지를 구상하고, 초기화면과 Profile 및 Contact 메뉴 페이지에 대해 Kakao 오븐으로 프로토타이핑해 보겠습니다. Portfolio 메뉴 페이지는 세부 페이지가 필요한 조금 더 복잡한 구조로서 뒤에서 따로 소개합니다.

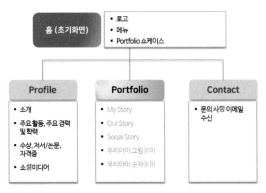

My Portfolio 홈페이지 구조

홈페이지 상단은 전체 페이지에서 항상 보여지는 메뉴 영역으로서 좌측에는 "StartupCoding" 로고, 우측에는 1단계 메뉴를 보여줍니다. 그 아래 5개의 포트폴리오들을 슬라이드 방식으로 보여주는 쇼케이스를 배치하는데 각 포트폴리오로 바로 이동할 수 있도록 번호 버튼을 추가합니다. 그리고, 홈페이지 하단은 전체 페이지에서 항상 보여지는 푸터(footer) 영역으로서 홈페이지 이름, 이메일, 페이스북 계정을 보여주도록 구성했습니다. 이 때 각 페이지에 공통으로 보여지는 상단 메뉴 영역과 하단의 푸터 영역은 템플릿 복사 후 붙여넣기로 추가해서 앞으로 관리하기 편리하도록 준비해 둡니다.

Profile 페이지는 개인에 대해 전체적으로 소개하는 것으로서 상단에는 Profile 타이틀 블록을 보여줍니다. 그 아래에는 삶의 목적과 목표 블록을 추가했는데 살아가면서 세상에 어떤 가치를 만들려고 하는 것인지 삶의 목적과 함께 그것을 달성하기 위한 주요 활동 목표를 2단으로 정리합니다. 다음으로 자신의 모습을 보여주는 사진과 함께 최근의 주요 활동 내역들을 최근 순으로 정리해 보여줍니다. 우측의 슬라이드를 내려 보이는 하단 부분에는 개인의 이력에 관한 내용들로 구성해 보았는데 먼저 주

요 경력 및 학력을 최근 순으로 보여준 다음에, 주요 수상 이력, 저서 및 논문, 자격증을 3단으로 소개했습니다. 마지막으로 인터넷 활동의 허브로서 facebook, YouTube, Blog 등 외부 SNS 링크를 추가하여 인터넷에서의 나의 다른 활동 모습들을 쉽게 확인할 수 있도록 했습니다.

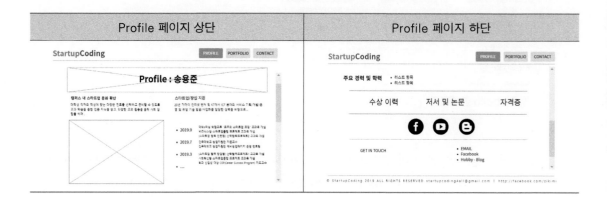

Profile 페이지 상단	Profile 페이지 하단

Contact 페이지에서는 모두의 스타트업 코딩 등 홈페이지 내용에 관심 있는 방문자들이 쉽게 연락할 수 있도록 메시지를 메일로 보낼 수 있도록 추가했습니다. 이와 같이 형상화된 오븐 프로토타이핑 프로젝트 결과는 QR 코드를 통해 직접 확인할 수 있습니다.

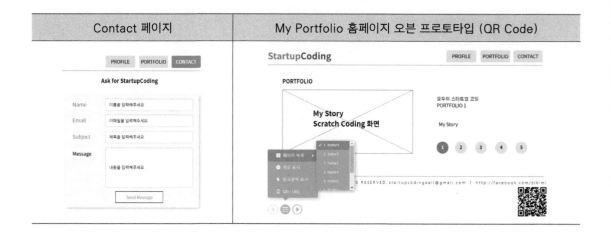

Contact 페이지	My Portfolio 홈페이지 오븐 프로토타입 (QR Code)

My Portfolio 홈페이지 초기화면 크리에이터링크 제작

My Portfolio 홈페이지 오븐 프로토타이핑 결과를 기반으로 크리에이터링크에서 웹 사이트로 만드는 과정을 살펴보겠습니다. 13장에서 살펴본 것과 같이 크리에이터링크의 대시보드에서 "+ 사이트 추가하기"를 통해 생성할 사이트의 주소 URL을 설정한 다음 원하는 디자인의 템플릿을 결정하고 "템플릿 사용하기" 버튼을 누르면, 그 디자인 템플릿의 홈페이지 구조에서 설정한 URL 주소의 웹 사이트 제작을 시작할 수 있습니다.

+ 사이트 추가하기 실행	"GRAYSONI" 템플릿 선택

여기서는 "http://startupcoding.creatorlink.net" 웹 주소로 "GRAYSONI" 템플릿을 선택해서 실제로 StartupCoding 홈페이지를 제작한 과정을 소개합니다. 현재 디자인 템플릿에서는 4개의 메뉴가 있는데, 상단의 "메뉴 설정"에서 2번째 메뉴를 삭제하고, 3번째 메뉴를 PORTFOLIO로 이름을 변경합니다. 다음에 "사이트 설정"에서는 전체 페이지들을 하나로 표시하는 대신 각 페이지별 표시를 위해 원페이지 스타일을 "OFF"로 변경합니다.

메뉴 설정	사이트 설정 "원페이지 스타일 OFF"

다음으로 상단의 사이트 메뉴 영역 좌측의 로고를 변경해 보겠습니다. 우선 간단하게 텍스트 로고로 변경할 수 있는데 영역 우측에 마우스 커서를 위치하면 나타나는 설정 아이콘을 누르면 메뉴블록 설정 창이 보여집니다. 여기서 "로고 유형"을 텍스트로 선택한 다음, 텍스트 박스에 "StartupCoding"으로 입력하고 로고 컬러와 (텍스트)로고 크기 및 행간을 지정한 다음 "저장" 버튼을 누르면 지정한 폰트 색상의 텍스트 로고가 좌측에 보여 집니다. 또는 이미지로 로고를 지정할 수도 있는데 로고 이미지 파일을 준비한 다음 "로고 유형"을 이미지로 선택합니다. 그 아래의 현재 로고 이미지를 클릭하면 컴퓨터의 이미지 파일을 업로드해서 지정할 수 있으며 로고 크기도 자유롭게 변경할 수 있습니다. 여기서의 이미지 파일은 파워포인트 등의 편집 SW에서 로고 디자인 후 이미지로 저장하면 간단히 만들 수 있습니다.

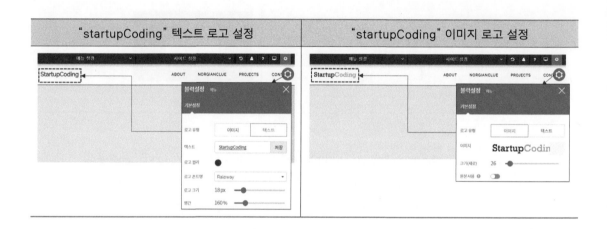

다음으로 초기화면에 타이틀 블록을 추가해 보겠습니다. 상단 메뉴 영역 아래 중간에 마우스 커서를 위치시키면 "+" 원 표시가 나타나는데 그 표시를 누르면 좌측에 추가 가능한 블록 카테고리 모음 도구를 볼 수 있습니다. 여기서 "타이틀" 카테고리를 선택하고 보여지는 다양한 타이틀 블록에서 원하는 블록을 선택하고 "사용하기" 버튼을 누르면 화면에서 그 블록이 추가됩니다. 타이틀 블록에서 텍스트를 마우스로 선택하면 편집 가능한 상태가 되어 원하는 "P O R T F O L I O" 등 타이틀 텍스트 문구를 입력하면 됩니다. 이제 타이틀 블록 아래에 쇼케이스 블록을 추가해 보겠습니다. 마찬가지로 위치하려는 블록들 사이 중앙에 "+" 원 표시를 누른 다음, "쇼케이스" 카테고리를 선택 후 목록에서 원하는 블록을 선택하면 간단히 추가할 수 있습니다.

타이틀 블록 "PORTFOLIO" 추가	쇼케이스 블록 추가

쇼케이스 이미지 등 콘텐츠를 변경하는 방법을 살펴보겠습니다. 블록 상단 우측의 설정 아이콘을 선택하면 블록설정 창이 보이는데 현재 3개의 이미지 리스트에서 이미지를 선택하면 "PC에서 가져오기" 또는 기존에 가져온 이미지 보관함의 이미지로 변경할 수 있습니다. 이미지 리스트에서 마우스 Drag&Drop으로 순서를 바꿀 수 있으며 이미지 우측의 휴지통 모양을 눌러 삭제하거나 하단의 "+추가"를 통해 새로운 이미지를 목록에 추가할 수도 있습니다. 추가한 이미지의 오른쪽의 텍스트 영역에서 원하는 문자열을 입력할 수 있는데 입력한 문자열을 마우스로 선택하면 폰트 크기, 색상 등 다양한 속성을 변경할 수 있습니다. 이 때 다른 사이트로 이동하는 URL 링크를 지정한 상태에서는 문자열 선택이 쉽지 않기 때문에 이와 같은 문자열 편집을 끝낸 후에 URL 링크를 추가하는 것이 좋습니다.

쇼케이스 블록 설정	쇼케이스 이미지 추가 및 텍스트 편집

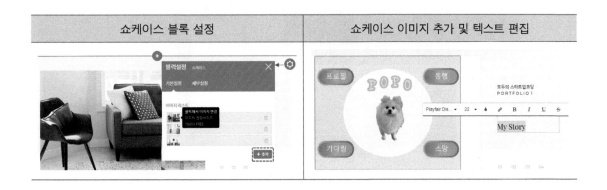

초기화면의 홈페이지 제작의 마지막 단계로 전체 사이트 하단에 공통으로 추가되는 푸터(footer) 영역을 설정해 보겠습니다. 푸터 블록의 설정 아이콘을 누르면 보이는 설정 창에서 "푸터 디자인 변경"을 선택해 봅니다. 다양한 푸터 블록 디자인들을 볼 수 있는데 원하는 디자인의 푸터를 선택해 "사용하기"를 누르면 바로 적용됩니다. 여기서는 2단 디자인의 푸터 블록을 선택했으며 각 텍스트 영역에

원하는 문구를 입력하면 됩니다.

푸터 블록 설정 내 디자인 변경	2단 푸터 블록 선택 후 문구 편집

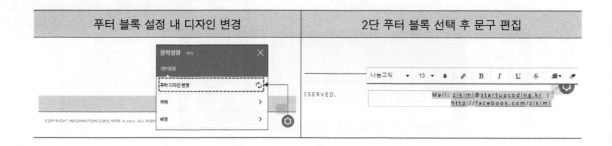

My Portfolio Profile 페이지 크리에이터링크 제작

이제 My Portfolio 홈페이지 내 Profile 페이지를 만들어 보겠습니다. 먼저 "콘텐츠" 블록에서 Profile 타이틀로 사용할 블록을 선택한 다음, 적절한 제목 문구와 사진으로 변경합니다. 그 아래 진짜 '나'를 소개하는 삶의 목적과 목표를 추가하기 위해 "텍스트" 블록에서 2단 텍스트 블록을 선택한 다음 내용을 입력하면 됩니다.

Profile 타이틀 콘텐츠 블록 쌓기	Profile 삶의 목적과 목표 텍스트 블록 쌓기

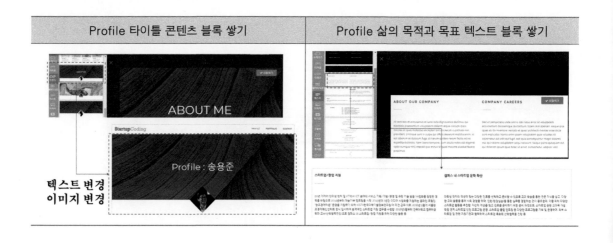

주요 활동 내역으로는 왼쪽에 사진과 오른쪽에 연월별 주요 활동을 추가할 수 있도록 "콘텐츠" 블록에서 적절한 2단 콘텐츠 블록을 선택 후 이미지와 내용을 추가하면 됩니다. 여기서는 블록 설정창을 띄우지 않고도 블록 영역에서 이미지와 텍스트 문구를 바로 지정할 수 있습니다. 단, 새로운 텍스트 칸이 필요한 경우에는 설정 창에서 "+추가"해야 합니다.

Profile 주요 활동 콘텐츠 블록 쌓기	Profile 주요 활동 콘텐츠 내용 작성

그 아래의 주요 경력 및 학력 블록은 이미지 없이 문자열로만 간단히 구성하기 위해서 "텍스트" 블록 카테고리에서 "BIOGRAPHY" 블록을 선택하고 문구를 적절하게 수정합니다. 만일 기존 텍스트 행을 삭제하거나 새로운 텍스트 행을 추가하는 경우 설정 창을 이용합니다.

Profile 주요 경력 및 학력 텍스트 블록 쌓기	Profile 주요 경력 및 학력 콘텐츠 내용 작성

다음으로 주요 수상, 저술, 자격증 등 대외적으로 인증 받은 경력을 추가합니다. 이를 위해서는 "콘텐츠" 카테고리 블록에서 트로피 등 3칸의 아이콘 이미지와 텍스트가 함께 포함된 블록을 선택하고 해당 문구를 적절하게 수정했습니다.

Profile 주요 수상 등 콘텐츠 블록 쌓기	Profile 주요 수상 등 콘텐츠 내용 작성

Profile 페이지에 여러분이 주로 사용하는 SNS 페이지를 연결하는 것은 온라인 세상에서 여러분의 활동을 소개하는 것과 함께 새로운 인맥을 확장하는 좋은 기회가 될 것입니다. 이를 위해 "SNS" 카테고리 블록들 중에서 여러분이 소개할 SNS 계정들과 비슷한 구성의 블록을 선택한 다음, 블록 영역에서의 SNS 서비스 아이콘에 마우스를 위치하면 생기는 링크를 눌러 외부의 "URL 직접 입력" 및 "새 창으로 열기"를 체크하면 됩니다. 만일 SNS 채널 구성 변경이 필요한 경우에는 블록 우측 상단의 "설정" 창을 이용합니다.

Profile SNS 블록 쌓기	Profile SNS 블록 설정

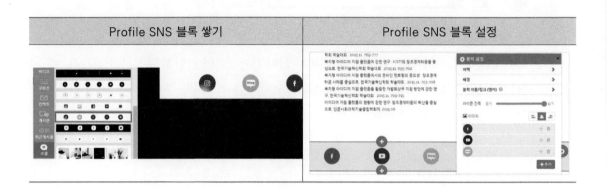

Profile 페이지의 마지막 블록으로 추가적인 연락처를 소개하기 위한 블록을 쌓았습니다. 활동 분야에 따른 여러 개의 이메일을 사용하거나 취미로 운영하는 사이트 등 추가적인 연락처 정보를 제공할 수 있는데, "텍스트" 카테고리 블록에서 "GET IN TOUCH" 블록을 선택한 다음 개인 연락처 문구로 수정했습니다. 이 때, 일반적인 웹 사이트의 경우 해당 URL 텍스트를 선택 후 링크를 추가하면 되며, 이메일 주소인 경우에는 설정 창 하단의 "HTML/CSS" 메뉴를 눌러 템플릿 수정에서 이메일 텍스트, 예를 들어 입력한 startupcoding4all@gmail.com를 찾아서 마우스 클릭시 MS Outlook 등 연결된 이메일 발송 프로그램을 실행해 주는 HTML 문 "<a href='mailto:startupcoding4all@gmail.com'> startupcoding4all@gmail.com</a>"으로 이메일 링크를 지정하며 좋습니다.

Profile 추가 연락처 블록 쌓기	Profile 추가 연락처 블록 설정

My Portfolio Contact 페이지 크리에이터링크 제작

다음으로 My Portfolio 홈페이지 내 Contact 페이지를 만들어 보겠습니다. 먼저 Contact 제목 블록을 만들기 위해 "타이틀" 카테고리 블록에서 적당한 제목 블록을 추가한 다음, 블록 영역에서 텍스트를 선택해 "Ask for StartupCoding"이라는 문구를 추가 후 폰트 크기를 크게 하는 등 블록 편집 작업을 진행합니다.

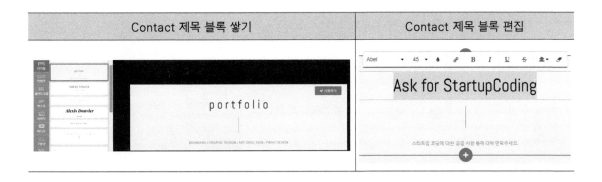

Contact 제목 블록 쌓기	Contact 제목 블록 편집

다음으로 웹 페이지에서 바로 이메일을 보낼 수 있도록 "Contact" 카테고리 블록에서 적당한 블록을 선택해 사용합니다. 이 때, 이 페이지에서 보낸 메일을 받을 주소로 크리에이터링크의 아이디인 이메일이 기본으로 사용되는데 다른 이메일로 변경하거나 2개 이상의 이메일들을 추가할 수도 있습니다. 한편, 컨택트 블록에서 지도를 보여주면 좋겠지만 아쉽게 구글 지도를 보여주는 블록은 현재 유료 기능으로 변경되어 무료 계정으로는 사용하기는 어렵습니다.

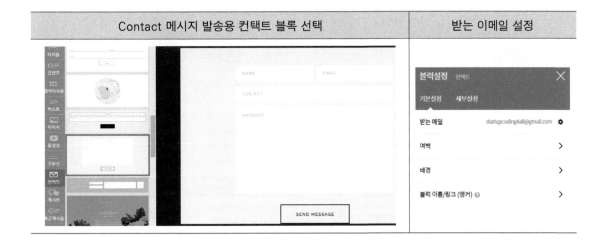

Contact 메시지 발송용 컨택트 블록 선택	받는 이메일 설정

Contact 페이지에는 다양한 연락 정보를 제공하기 위해 앞의 **Profile** 페이지에서 만든 추가 연락처 블록을 함께 사용하면 좋을 것입니다. 이런 경우, 다시 새로운 블록을 만드는 것 대신 기존 블록을 활용할 수 있는데 복제하려는 블록의 설정 창 하단에서 "블록복제"를 누르면 아래에 동일한 블록이 하나 더 만들어 집니다. 새로 만들어진 블록의 우측 상단에 마우스 커서를 옮겨 설정 창을 열고 하단의 블록이동 버튼을 누르면 "블럭 이동. 블럭을 드래그하여 위치를 변경 하세요" 설명문과 함께 각 페이지별 블록 구조를 포함한 새로운 창이 열리게 됩니다. 여기서 새로 복제된 블록을 마우스 Drag&Drop으로 원하는 페이지의 원하는 블록 위치로 이동시키면 됩니다. 여기서는 Contact 메뉴 페이지의 3번째 블록으로 이동시키면 됩니다.

Profile 추가 연락처 블록 복제 후 블록 이동	Contact 페이지로 블록 이동 수행

이렇게 완성된 Contact 페이지의 정상적인 작동을 확인하기 위해서 먼저 사이트를 게시하면 완성된 홈페이지를 보여줍니다. 그 다음에 Contact 메뉴 페이지에서 내용 입력 후 "Send Message" 버튼으로 발송하면 해당 이메일 계정 및 크리에이터링크 대시보드에서 수신한 메일을 확인할 수 있습니다.

홈페이지 사이트 게시하기	크리에이터링크 대시보드 이메일 메시지 확인

03_Portfolio 프로토타이핑 및 웹 페이지 제작

Portfolio 메뉴 페이지 아이디어 오븐 프로토타이핑

My Portfolio 홈페이지에서 남겨둔 Portfolio 메뉴 페이지에 대한 아이디어를 구상해 볼 차례입니다. 앞에서 우리는 "MyStory, OurStory, SocialStory, 우리아이 그림놀이, 우리아이 숫자 놀이" 아이디어에 대한 기초적인 오븐 프로토타이핑 및 스크래치 코딩 이후 다시 고급의 오븐 프로토타이핑 및 스크래치 코딩으로 발전시켰습니다. 이 모든 결과를 한페이지에 포함하기는 방대한 내용이므로 Portfolio 메뉴를 눌렀을 때 5개의 아이디어에 대한 포트폴리오 목록 페이지를 만들고 각 포트폴리오를 선택했을 때 해당 포트폴리오에 대한 세부 내용을 보여주도록 "홈페이지 – Portfolio 목록 – Portfolio 상세 페이지"의 3단계로 구성하는 것이 효율적입니다.

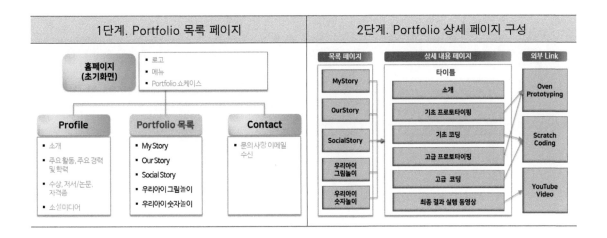

먼저 앞에서 Kakao 오븐으로 만들었던 My Portfolio 홈페이지 프로토타입에서 새로운 페이지를 추가해서 목록 페이지를 만드는데 기존 메뉴 영역은 템플릿 기능을 이용해 복사 후 붙여넣기로 추가합니다. 그 아래에 타이틀 부분과 그 아래에 전체 목록에 대한 간단한 설명을 추가한 다음, 각 포트폴리오의 대표 사진으로 스크래치 실행 화면을 이용해 5개의 포트폴리오 목록 화면을 구성합니다. 이렇게 만들어진 Portfolio 목록 페이지를 메뉴 영역의 "PORTFOLIO" 버튼에 연결하는데 이미 우리는 메뉴 영역을 템플릿으로 만들었기 때문에 이와 같은 메뉴 링크 연결 작업을 "연결된 템플릿 동기화"를 통해 전체 페이지들의 메뉴 영역에 한꺼번에 반영할 수 있습니다.

Portfolio 목록 페이지 프로토타이핑	Portfolio 메뉴와 목록 페이지 연결

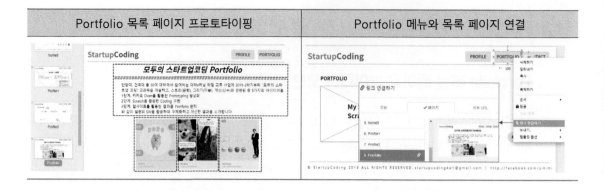

다음으로 Portfolio 목록 페이지에서 각 포트폴리오를 눌렀을 때 보여지는 Portfolio 상세 페이지를 오븐으로 프로토타이핑 하겠습니다. 상세 페이지의 내용이 많아서 3페이지로 구성되는데 첫 번째 페이지에서는 위에서부터 상세 페이지 타이틀 블록, 아이디어에 대한 세부 설명 블록, "I. 기초 프로토타이핑 & 코딩" 타이틀 블록과 그 아래에 오븐 기초 프로토타이핑 소개 및 프로젝트 결과 블록 그리고

Portfolio 상세 페이지 상단 프로토타이핑	Portfolio 상세 페이지 중간 프로토타이핑
Portfolio 상세 페이지 하단 프로토타이핑	**Portfolio 메뉴 오븐 프로토타이핑 (QR 코드)**

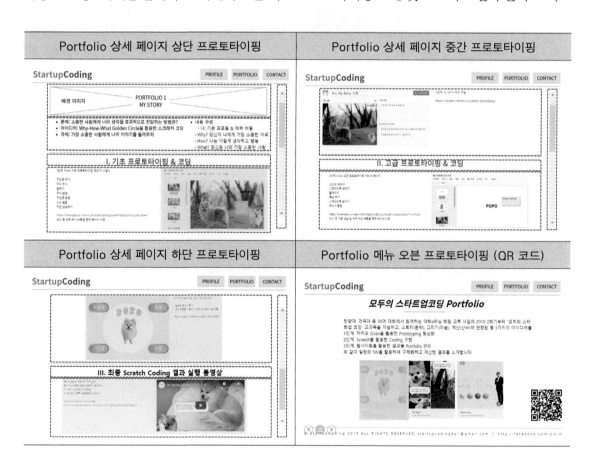

우측에 스크롤바 블록을 추가합니다. 2번째 페이지에는 상세 페이지 중간 부분으로서 기초 프로토타이핑에 대한 스크래치 코딩 블록 "II. 고급 프로토타이핑 & 코딩" 타이틀 블록과 그 아래에 오븐 고급 프로토타이핑 소개 및 프로젝트 결과 블록, 그리고 우측에 스크롤바 블록을 추가합니다. Portfolio 상세 페이지의 마지막 3번째 페이지에는 고급 프로토타이핑에 대한 스크래치 코딩 블록을 보여주고 다음에 "III. 최종 Scratch Coding 결과 실행 동영상" 타이틀 블록과 그 아래에 스크래치 코딩 고급 프로젝트를 실행한 동영상을 등록한 YouTube 소개 및 링크 블록을 추가합니다. 이렇게 제작한 Portfolio 메뉴에 대한 오븐 프로토타이핑 결과는 QR 코드를 통해 확인할 수 있습니다.

My Portfolio 홈페이지 Portfolio 목록 크리에이터링크 제작

My Portfolio 홈페이지의 PORTFOLIO 메뉴 페이지에 대한 오븐 프로토타이핑 결과를 기반으로 크리에이터링크에서 해당 웹 페이지를 만들어 보겠습니다. PORTFOLIO 메뉴를 누르면 선택한 템플릿에서 기본적으로 제공하는 갤러리 목록 페이지가 보이는데 첫 번째 타이틀 블록과 두 번째의 텍스트 블록을 적절한 타이틀과 목록 소개 내용으로 수정해 사용합니다.

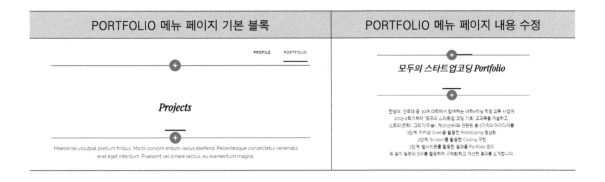

디자인 템플릿에서 기본적으로 제공하는 갤러리 목록 블록의 설정 창에서 갤러리 디자인을 변경할 수 있는데 여기서는 대표 사진 아래 제목과 소개글을 보여주는 디자인의 갤러리로 수정했습니다. 다음으로 갤러리 블록 설정 창을 통해 이미지를 추가할 수 있는데 우리는 이미지를 선택했을 때 세부 내용을 보여줄 수 있도록 "상세 페이지형"을 선택하고 "콘텐츠 관리"를 통해 각 아이디어에 대한 최종 스크래치 실행 화면의 이미지 화일들을 PC에서 불러와 추가합니다.

페이지 하단 기본 갤러리 디자인 변경	갤러리 내 이미지 콘텐츠 관리

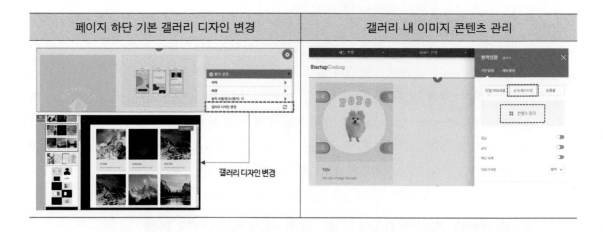

설정 창의 "콘텐츠 관리"를 통해 갤러리에 이미지를 추가하고 관련 문구를 편집할 수 있고 갤러리 블록의 이미지에서도 바로 문구를 편집하거나 새로운 이미지를 추가할 수 있습니다. 갤러리 블록의 이미지에 마우스 커서를 올리면 보이는 하단 우측의 펜 모양의 "EDIT(편집)" 버튼으로 접속한 썸네일 설정 창에서 제목과 내용 문구 편집 뿐만 아니라 링크 페이지 설정 및 사진 변경도 가능합니다. 특히, 갤러리의 첫 번째 이미지의 경우에는 "+" 모양의 "ADD(추가)" 버튼으로 접속한 썸네일 설정 창에서 갤러리의 첫 번째로 위치하는 이미지를 추가할 수도 있습니다.

썸네일 설정을 통한 이미지 문구 수정	썸네일 설정을 통한 갤러리 이미지 추가

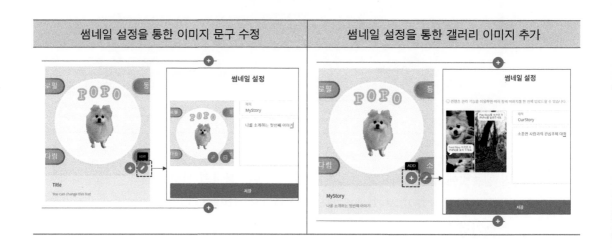

My Portfolio 홈페이지 Portfolio 상세 페이지 크리에이터링크 제작

우리는 갤러리 디자인 블록의 속성에서 "상세 페이지형"을 선택했는데 이 경우 갤러리 이미지를 누르면 상세 내용을 추가할 수 있는 기본 페이지가 제공됩니다. 상단에는 타이틀 영역 블록이 있는데 텍스트를 선택 후 폰트 크기 등 속성을 조절할 수 있으며 우측 상단의 설정 아이콘을 통해 배경 이미지를 변경할 수 있습니다. 이와 같은 이미지로 직접 보유한 파일을 사용하거나 크리에이터링크에서 무료로 제공하는 공개 이미지들을 사용할 수도 있습니다.

갤러리 기본 상세 페이지 블록 설정	이미지 보관함의 무료 이미지 활용

기본 상세 페이지에서는 추가할 수 있는 블록이 "텍스트", "구분선", "이미지", "동영상"의 4가지로 제한되고, 제한 없이 사용할 수 있는 "일반블럭 사용"은 유료기능으로 제공되지만 무료로 사용가능한 4가지 블록만으로도 대부분의 페이지는 충분히 제작 가능합니다. 먼저 텍스트 블록을 추가한 다

상세 페이지 텍스트 블록 선택	텍스트 블록과 구분선 블록 추가

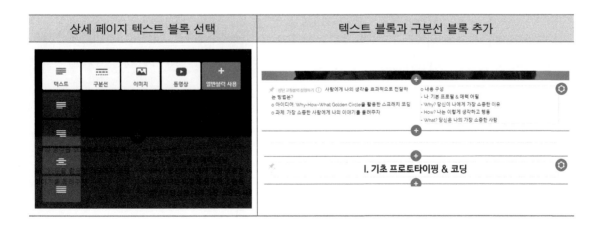

음 속성에서 2단으로 변경해서 준비한 문구를 넣어줍니다. 그 아래 구분선 블록을 추가한 다음, 다시 텍스트 블록으로 소제목 "I. 기초 프로토타이핑 & 코딩"을 추가해 줍니다.

다음으로 오븐 프로토타이핑 소개 및 결과 프로젝트 이미지는 "이미지" 블록에서 선택하고 준비한 문구 및 이미지 파일을 지정한 다음, 이미지에 대해서는 오븐 프로토타입 프로젝트 실행 URL 주소를 새창으로 띄우도록 연결합니다. 비슷한 방식으로 스크래치 코딩 결과에 대해서도 이미지 블록을 추가하면 되는데 오븐 결과는 텍스트 + 이미지의 2단 구조인 반면 스크래치 결과는 이미지 + 텍스트의 2단 구조로 서로 구분되도록 엇갈리게 배치했습니다. 마찬가지로 스크래치 결과 이미지에 대해서는 스크래치 프로젝트 실행 URL 주소를 새창으로 띄우도록 연결합니다. 이 때, 오븐 프로토타입과 스크래치 프로젝트는 모두 외부에 공개되어 있어야 정상적으로 확인할 수 있습니다. 그 아래의 "II. 고급 프로토타이핑 & 코딩" 부분에 대해서도 같은 방식으로 작업하면 됩니다.

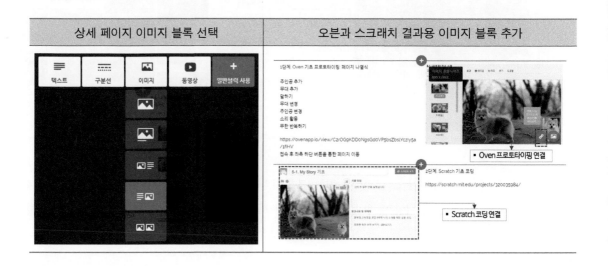

상세 페이지 이미지 블록 선택	오븐과 스크래치 결과용 이미지 블록 추가

Portfolio 상세 페이지의 마지막 블록으로 최종 스크래치 결과 프로젝트를 실행하고 직접 소개하는 영상을 촬영해서 YouTube 채널에 등록하고 그 동영상 주소를 포함하는 동영상 블록을 추가했습니다.

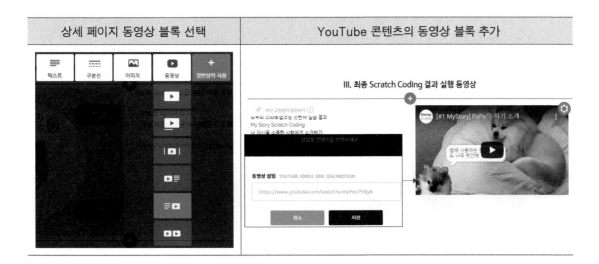

상세 페이지 동영상 블록 선택	YouTube 콘텐츠의 동영상 블록 추가

이와 같은 방식으로 Portfolio 메뉴 페이지의 갤러리 디자인 블록에서 각 아이디어에 대한 포트폴리오 상세 페이지를 하나씩 모두 제작할 수 있습니다.

My Portfolio 홈페이지와 Portfolio 상세 페이지 연결

우리는 "PORTFOLIO" 메뉴를 통해서 Portfolio 목록 갤러리 페이지로 들어가, 각 갤러리 디자인을 누르면 해당 Portfolio의 상세 페이지로 들어가는 것까지 완성했습니다. 이제 홈페이지 초기화면에서 만든 쇼케이스의 각 Portfolio 장면에서도 해당 상세 페이지로 바로 이동하는 방법을 추가하는 것이 필요합니다. 또한, 상단의 메뉴 영역에서도 "PORTFOLIO" 메뉴 아래에 "portfolio1", "portfolio2" 등의 서브 메뉴로 해당 Porfolio 상세 페이지로 바로 이동할 수 있는 방법을 추가하면 편리할 것입니다. 이를 위해서는 각 Portfolio 상세 페이지의 URL 주소를 찾아서 연결해야 하는데 크리에이터링크에서는 각 블록에 이름을 부여하고 해당 블록으로의 링크를 추가하는 방식으로 구현할 수 있습니다. 그런데, 크리에이터링크에서 기본으로 부여하는 블록의 이름은 임의로 지정되어 우리가 구분하기 어렵기 때문에 해당 페이지와 관련된 이름으로 변경하는 것이 좋습니다. 예를 들어, 첫 번째 포트폴리오인 MyStory의 상세 페이지의 상단 배경 블록의 이름을 "portfolio1"으로 지정하고 초기화면 쇼케이스의 MyStory 장면에서 속성 창을 열어 링크를 "portfolio1" 블록으로 연결하는 방식입니다.

MyStory 상세 페이지 상단 블록 이름 지정	쇼케이스 MyStory 링크 설정

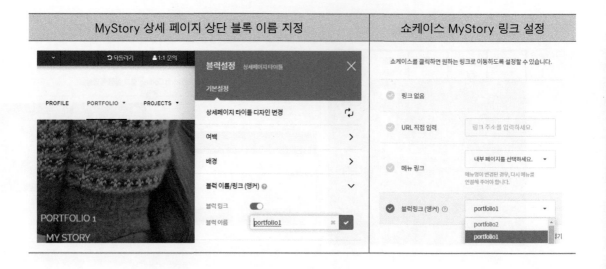

상단의 "메뉴 설정" 탭에서 "+메뉴 추가"를 통해 "portfolio1" 메뉴를 생성한 다음, Drag&Drop을 통해 PORTFOLIO 메뉴의 오른쪽 아래에 위치시키는 방식으로 서브 메뉴를 만들 수 있습니다. 같은 방식으로 5개의 portfolio 서브 메뉴들을 만들고 각 서브 메뉴를 눌렀을 때 이동하는 페이지로는 앞에서 지정한 각 portfolio의 상세 페이지 상단 배경의 블록 이름으로 연결하면 됩니다.

PORTFOLIO 서브 메뉴 추가	PORTFOLIO 서브 메뉴와 상세 페이지 연결

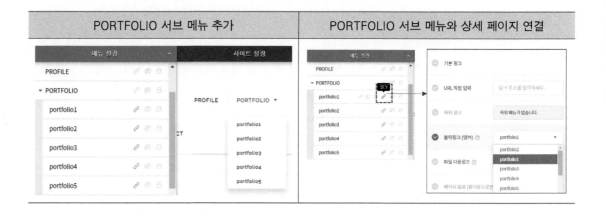

이것으로 기본적인 My Portfolio 홈페이지가 완성되었습니다. 이 과정을 참고하면 여러분만의 My Portfolio 홈페이지 또한 쉽게 만들 수 있을 것입니다. 다음 장에서는 이렇게 만든 홈페이지를 보다 효율적으로 활용하는 방법에 대해 살펴보겠습니다.

14장. 생각하기

🔲 이번 장에서 살펴본 방식으로 여러분을 소개하고 여러분이 이제까지 만든 결과물을 포트폴리오로 관리하는 My Portfolio 홈페이지를 크리에이터링크로 제작해 보세요.

🔲 만일 여러분이 MyStory, OurStory와 같은 2개의 포트폴리오를 만들었다면, My Portfolio 홈페이지는 초기화면, Profile 페이지, Portfolio 목록 페이지, Portfolio1 상세 페이지, Portfolio2 상세 페이지, 그리고, Contact 페이지로 구성됩니다.

홈페이지를 처음 방문 때 보여지는 시작 페이지인 초기화면은 여러분의 아이디어로 자유롭게 제작해 보세요.

Profile 페이지는 여러분을 공개적으로 소개하는 페이지로 기본적인 이력과 자기 소개 내용을 포함하면서 자유로운 구성으로 표현해 보세요.

Portfolio 목록 페이지는 Portfolio1인 MyStory, Portfolio2인 OurStory를 함께 간단히 보여주는 페이지로서 각 과제에 대한 세부 페이지로 넘어가기 위한 전단계 페이지 입니다.

과제별 Portfolio 상세 페이지는 과제에 대한 간단한 아이디어 소개, 과제를 구현한 오븐 프로토타입과 스크래치 코딩을 보여주고 각각의 실제 구현한 결과 페이지로 링크를 연결해서 바로 그 결과를 살펴볼 수 있도록 구성하세요. 그리고 마지막으로 스크래치 코딩 결과를 동영상으로 제작해 YouTube에 올리고 그 동영상을 보여주세요.

Contact 페이지에서는 웹 사이트 방문자가 문의 메일을 보낼 수 있는 웹 페이지로서, 크리에이터링크의 대시보드 및 아이디로 사용한 여러분의 이메일 계정에서 그 내용을 확인할 수 있습니다.

 14장. 퀴즈

1. 다음 보기에 대해 맞으면 O, 틀리면 X를 선택하세요.

    > 크리에이터링크에서는 웹 사이트의 로고를 반드시 이미지로 등록할 필요없이 텍스트로도 등록할 수 있다.

    1) O   2) X

    정답 1) O
    해설 크리에이터링크에서는 로고 타입으로 텍스트 또는 이미지를 선택 사용할 수 있습니다.

2. 다음 중 "YouTube.com/맞춤이름" URL을 신청하기 위해 필요한 채널 구독자 수는 몇 명인가요?

   1) 10명   2) 50명
   3) 100명   4) 200명

   정답 정답) 3)

   해설 "YouTube.com/맞춤이름" URL을 신청할 수 있는 구독자 수 조건은 100명 이상이 되어야 합니다.

3. 웹 사이트에서 페이지 하단에 공통으로 포함되는 영역을 무엇이라고 하는가?

   정답 footer (푸터)

   해설 웹 사이트 하단의 공통 영역을 footer(푸터)라 합니다. 일반적으로 푸터에서는 영리목적의 홈페이지인 경우 이용약관이 포함되고, 개인 정보를 처리하는 홈페이지의 경우 개인정보처리방침이 포함되는 등 웹 사이트 전체에 걸쳐 공통으로 보여질 내용을 포함하고 있습니다.

14장. 핵심정리

1. **My Portfolio 홈페이지 아이디어 구상**
   - 간단한 웹 사이트 구조를 설계하고 구성 요소를 정의함
   - YouTube 채널을 생성하고 관리함
   - Facebook 페이지를 만들고 관리함

2. **홈페이지 프로토타이핑 및 웹 페이지 제작**
   - 로고, 메뉴, 쇼케이스, footer 등을 포함하는 초기화면을 프로토타이핑하고 구현함
   - 개인을 소개하는 Profile 페이지를 프로토타이핑하고 구현함
   - 문의 사항을 등록할 수 있는 Contact 페이지를 프로토타이핑하고 구현하며,
   - 대시보드를 통해 입력된 문의 사항을 확인함

3. **Portfolio 프로토타이핑 및 웹 페이지 제작**
   - 포트폴리오 목록 페이지를 프로토타이핑하고 구현함
   - 각 포트폴리오에 대한 상세 페이지를 프로토타이핑하고 구현함
   - 상세 페이지와 관련된 외부의 공개된 오븐, 스크래치, YouTube 동영상 페이지를 연결함
   - 포트폴리오 목록, 쇼케이스, 서브메뉴에서의 각 포트폴리오와 관련된 상세 페이지를 서로 연결함

CHAPTER 15
스타트업 코딩 활용

드디어 마지막 장입니다. 이번 장에서는 이제까지 만든 My Portfolio 웹 사이트를 앞으로 다양하게 활용할 수 있는 방안에 대해 살펴보겠습니다. 우리의 목적과 목표를 달성하기 위한 구체적인 방법을 프로젝트라고 할 때 그 프로젝트에 대한 정보를 관리하는데 활용할 수 있습니다. 또한, 그 프로젝트를 수행하는 시간을 관리하는데 사용할 수 있는데 과거에 완료한 프로젝트, 현재 진행 중인 프로젝트, 그리고 앞으로 추진할 프로젝트로 구분할 수 있습니다. 마지막으로 이제까지의 학습 결과들을 여러분의 것으로 만들 수 있는 정리 과제 가이드를 소개하는 것으로 마무리하겠습니다.

01_정보 관리를 위한 스타트업 코딩

꿈을 이루어주는 세 개의 열쇠

우리가 이제까지 배운 스타트업 코딩은 문제를 해결하고 검증하는 일련의 과정인 스타트업 활동에 유용하게 활용할 수 있고 그 결과들을 My Portfolio 웹 사이트를 통해 온라인에서 관리하며 소개할 수 있습니다. 이와 같은 스타트업 코딩을 또 어떻게 활용할 수 있을까요? 우리가 살아가는 동안에도 유용하게 활용할 수 있는데 그 방법에 대해 소개하겠습니다. 2010년 초 당시 제가 근무하던 회사에서는 직원들의 퇴직 후 제2의 인생 등 경력 코칭 프로그램을 운영했는데, 그 때 정연식 커리어 코치를 만나 몇 번에 걸쳐 이야기를 나누며 많은 도움을 받았습니다. 정연식 코치는 "꿈을 이루어주는 세 개의 열쇠"라는 책의 저자로서, 삶의 목적인 Mission, 삶의 목표인 Vision, 그리고, 그것을 달성하기 위한 계획인 Project, 이른바 M.V.P로 성공의 법칙을 소개합니다. 매주 정기적으로 1시간씩 5~6회 정도 만나면서 나의 Mission, Vision, Project를 정리하도록 도와주었는데 10년이 훌쩍 지난 지금도 그 때 자료를 보면 당시의 고민과 생각이 떠오르며 당시와 현재의 큰 변화에 감회가 새롭습니다. 물론 당시 세웠던 계획대로 100% 진행되지는 않았지만 미래를 계획하고 실천하며 관리해야 하는 필요성을 다시 정리한 것만으로 큰 의미가 있었습니다.

정연식 코치의 커리어 코칭 자료	30년 후 미래 일기 작성
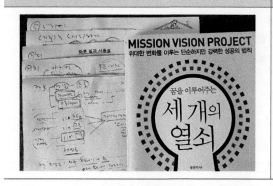	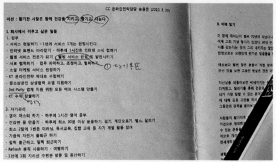

그 때 정연식 코치로부터 배운 M.V.P 개념을 그 이후 다양한 경험을 쌓으며 제 나름대로 발전시켜 보았습니다. 먼저 Mission은 보람 있는 삶의 목적으로서, 나, 너, 우리와 같이 개인에서 사회로 단계적 확장하는 개념으로 "(내가 열정 있는 핵심감정의) A 분야에서 (상대방인 인생고객에게 의미있는) B 가치를 만들어 (우리 사회가) C 하도록 기여한다"로 정의했습니다. 다시 말해, 보람 있는 Mission을 나, 너, 우리에 대한 A-B-C로 정리하는 것입니다. 예를 들어, 저는 정신적으로나 육체적으로 건강하고 활기찬 것에 열정이 있는데 대학교 캠퍼스도 그렇게 되기를 바라는 마음에서 A를 "내가 열정 있는 활기찬 캠퍼스에서"로 정리했습니다. 다음으로 현재의 인생고객은 앞으로 삶의 진로에 대해 고민하는 대학생인데 진짜 자신이 원하는 바람직한 삶의 방향을 찾기를 바라며 "방황하는 대학생에게 건강한 삶의 방향" 가치를 만들고자 합니다. 이를 위해 B로는 고민하는 대학생 대상으로 상담하고 함께 찾으며 도와주는 것을 통해 "건강한 우리 사회를 만들 수 있도록" C 기여하고자 합니다.

Mission 정리 공식 A-B-C	나의 Mission 정리 예
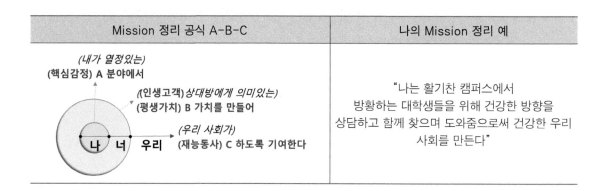	"나는 활기찬 캠퍼스에서 방황하는 대학생들을 위해 건강한 방향을 상담하고 함께 찾으며 도와줌으로써 건강한 우리 사회를 만든다"

다음으로 Vision은 행복한 삶의 목표로서, 보람 있는 Mission을 실현할 수 있도록 "(내가 열정 있는) A 분야에서 (상대방에게 의미 있는 B가치를 만들 수 있는) D 역량을 가진 전문가"로 정의했습니다. 다시 말해, 행복한 Vision을 보람 있는 Mission을 실현할 수 있는 A-D로 정리하는 것입니다. 예를 들어, 저는 캠퍼스의 대학생들이 진짜 자기가 원하는 삶의 방향을 찾기 위해서 다양한 분야에서의 문제 해결에 도전하는 스타트업 활동에 적극적으로 참여하는 것이 필요하다고 생각합니다. 여기서의 스타트업 활동이란 창업을 위한 것이 아니라 관심 있는 다양한 분야에서의 문제 해결을 위한 프로젝트 팀 활동으로서 관련된 스타트업/기업/기관들과 사람들을 만나며, 직접 많은 고민과 활동 경험을 통해 자신의 적성과 재능을 찾아 역량있는 전문가로 성장하기 위한 활동입니다. 이를 지원하기 위해 저는 캠퍼스 내에서 스타트업 문화를 확산하기 위한 교육, 상담, 동아리지도, 자문 등 다양한 활동을 하고 있는 이른바 "캠퍼스 스타트업 (문화 확산) 전문가" 목표를 갖고 활동하고 있습니다.

Vision 정리 공식 A-D	나의 Vision 정리 예
(보람있는 삶의 목적을 실현할 수 있도록) (내가 열정있는) A 분야의 (의미있는 B가치를 만들 수 있는) D 역량을 갖춘 전문가	"나는 활기찬 캠퍼스에서 (방황하는 대학생들을 위해 건강한 방향을 상담하고 함께 찾으며 도와줄 수 있는) 스타트업 문화를 확산하는 전문가"

마지막으로 Project는 Vision을 달성하기 위한 전략과 실행 방법입니다. 정연식 코치는 Project에 정보, 시간, 사람 관리가 필요하다며 그 방법을 소개하는데 저는 Project가 바로 관심 분야의 문제 해결에 도전하는 프로젝트 팀 활동인 스타트업 활동이라고 정의합니다. 그 과정에서의 정보와 시간 관리를 우리가 만든 My Portfolio 홈페이지를 허브로 활용하고 나머지인 사람관리는 페이스북 등 기존 SNS를 활용해서 홈페이지와 연계하기를 추천합니다.

목표 달성을 위한 PROJECT 정보관리 아이디어 구상

회사에서 목표 달성을 위한 방법을 구상하고 작성하는 과정을 흔히 전략 기획이라고 합니다. 그 결과로 사업계획서가 만들어지는데 거기에는 추진 배경, 목적/목표 설정, 추진 방향 및 전략, 실행 방안, 세부 실행 계획, 기대 효과, 조직 구성, 소요 예산 등이 포함됩니다. 이 작업에는 많은 인원과 시간, 비용이 필요할 뿐만 아니라 그럼에도 정확하게 계획을 수립하기가 거의 불가능하기 때문에 스타트업에서는 간단한 비즈니스 모델 디자인으로 표현하고 타겟 고객 대상으로 검증하면서 지속적으로 개선해 나가는 방법을 사용하는 것이 일반적입니다. 이 과정만으로도 한 권의 책으로 정리될 수 있는 방대한 내용인데 여기서는 간단히 목표 달성을 위해 전략과 실행 방안이 정리되어 있다는 가정 하에 그것들을 스타트업 코딩을 통해 정리하고 관리하는 방법에 대해 소개하겠습니다. 앞에서 나의 Vision 예로 든 "캠퍼스 스타트업 전문가"를 달성하기 위한 실행 방안인 Project를 카테고리별로 구분해 간단히 정리해 보았습니다. 각 실행 방안에 대해서는 아직 실행 전인 경우에는 기본적인 계획을 포함하고 현재 실행 중인 경우에는 주요 활동 내용을 포함하며 실행이 완료된 경우에는 최종 결과 자료가 만들어질텐데, 이와 같은 일련의 정보를 My Portfolio 홈페이지를 통해 관리할 수 있습니다.

카테고리	실행 방안 Project
스타트업 강의 (교과목)	모두의 스타트업 코딩
	비즈니스 모델 디자인과 린스타트업 활동
	스타트업 협력 프로젝트
	CSP(Career Success Program) 진로탐색
스타트업 상담	대학생 저학년 대상 진로 설계 상담
	대학생 고학년 대상 취창업 상담
	스타트업 클럽(동아리) 지도
스타트업 활동	스타트업 인턴(현장실습) 프로그램 운영
	스타트업 인턴 장학생 프로그램 운영
	스타트업 활동 관련 특강, 세미나, 워크샵 등
	스타트업 활동 관련 자문

정리한 실행 방안 Project들을 "스타트업 강의", "스타트업 상담", "스타트업 활동"의 3개 카테고리로 구분했는데 My Portfolio 홈페이지에서 "PROJECTS" 메뉴를 추가하고 그 서브 메뉴로 각 카테고리를 추가했습니다. 다음으로 각 카테고리별로 포함하는 Project들을 목록 페이지로 구성하고 각 목록 항목에 대해서 세부 페이지를 보여주도록 했습니다. 정리하면 "홈페이지 – 구성 카테고리 – 카테고리별 Project 목록 – Project 세부 페이지"의 4단 구조로 구성한 것입니다. 이것은 바로 우리가 앞에서 구현해본 "홈페이지 – Portfolio 목록 – Portfolio 상세 페이지" 3단 구조를 1단계 확장해 구상한 것으로 이해하면 쉽습니다.

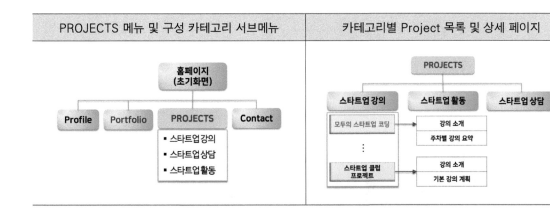

PROJECTS 메뉴 및 구성 카테고리 서브메뉴	카테고리별 Project 목록 및 상세 페이지

My Portfolio 홈페이지 PROJECT 메뉴 크리에이터링크 제작

기존 My Portfolio 홈페이지에서 PORTFOLIO 메뉴 및 서브 메뉴를 추가한 것과 같은 방식으로 상단의 "메뉴 설정" 메뉴를 통해 PROJECTS 메뉴 및 카테고리 서브 메뉴를 간단히 추가할 수 있습니다. 그 결과로 PROJECTS 메뉴를 눌렀을 때 만들어지는 빈 페이지에서 타이틀 블록을 추가해서 정보 관리에 관한 타이틀 문구 및 간단한 소개 내용을 작성합니다. 그 아래에 Project 카테고리 목록을 추가하기 위해 갤러리 블록을 추가하고 카테고리별 적당한 이미지와 문구를 추가합니다.

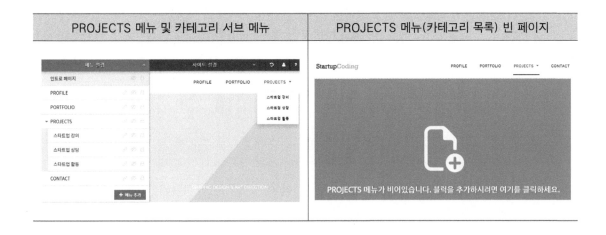

PROJECTS 메뉴 및 카테고리 서브 메뉴	PROJECTS 메뉴(카테고리 목록) 빈 페이지

PROJECTS 메뉴 페이지 타이틀 블록 작성	PROJECTS 메뉴 페이지 갤러리 블록 작성

다음으로 각 카테고리의 Project 목록 페이지를 구현하는데 여기서 2가지의 구현 방법이 있습니다. 첫 번째는 PROJECTS 메뉴를 눌렀을 때 보여지는 Project 카테고리 목록에서 시작해 각 카테고리를 눌렀을 때의 빈 페이지에서 그 카테고리의 Project 목록을 만든 다음에 그 페이지를 PROJECTS 서브 메뉴에 연결하는 것으로서 앞 장에서 Portfolio 서브 메뉴에 연결한 방법입니다. 두 번째 방법은 PROJECTS 메뉴의 카테고리 서브 메뉴를 눌렀을 때 나타나는 빈 페이지에서 그 카테고리의 Project 목록을 만든 다음에 그 페이지를 Project 카테고리 목록의 해당 갤러리와 연결하는 방법인데, 이번에는 두 번째 방법으로 구현해 보겠습니다. 예를 들어, PROJECTS 메뉴 아래의 "스타트업 강의" 서브 메뉴를 눌렀을 때 보여지는 빈 페이지에서 그 카테고리의 Project에 해당하는 "모두의 스타트업 코딩", "비즈니스 모델 디자인과 린스타트업 활동", "스타트업 협력 프로젝트" 등의 정규 교과목 목록을 보여주는 페이지를 만드는 것입니다. 이제 여러분은 이와 같은 카테고리 서브 메뉴를 눌렀을 때 카테고리별 Project 목록 페이지를 구현하는 것은 쉽게 할 수 있을 것입니다. 먼저 상단에는 타이틀 블록을 추가한 다음 적절한 배경 이미지를 선택하고 타이틀 문구를 입력하면 됩니다. 그 아래에는 적절한 갤러리 블록을 선택한 다음 해당하는 Project 목록들에 대한 갤러리를 만들면 됩니다. 그런 다음 PROJECTS 메뉴를 눌렀을 때 보여지는 각 Project 카테고리 갤러리의 "EDIT" 설정에서 갤러리 링크로 "메뉴 링크"를 선택해 페이지를 만든 카테고리 서브메뉴를 선택하면 됩니다. 예를 들어, PROJECTS 메뉴 페이지의 "스타트업 강의" 카테고리에 대한 링크 설정 아이콘 클릭을 통해 페이지를 만든 "스타트업 강의" 서브 메뉴를 선택하는 것입니다.

PROJECTS 서브 메뉴 페이지 작성	PROJECTS 메뉴 페이지와 서브 메뉴 링크 설정

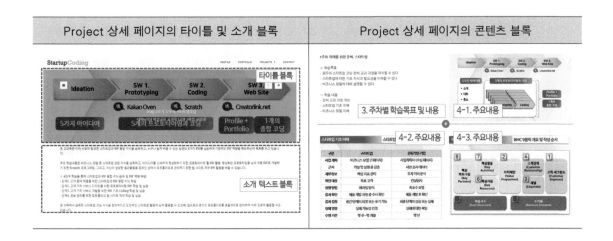

이렇게 PROJECTS 서브 메뉴 페이지로 카테고리별 Project 목록 페이지를 만들었는데 마지막으로 각 Project의 세부 페이지를 만들어 연결하는 방법을 설명하겠습니다. 여기서 카테고리별 Project 목록을 3단계 메뉴로 보여주는 것도 생각해 볼 수 있겠지만 메뉴창이 복잡해져서 보기 불편할 뿐만 아니라 현재 크리에이터링크에서도 2단계인 서브 메뉴까지만 지원하고 있는 현실적인 제한이 있습니다. 따라서 카테고리별 Project 목록 페이지에서 각 Project 갤러리를 눌렀을 때 기본으로 보여지는 빈 페이지에서 해당 Project 실행 방안에 대한 상세 페이지를 작성하면 됩니다. 이와 같은 Project 상세 페이지 제작 또한 상단부터 타이틀 블록, 소개 텍스트 블록, 내용 콘텐츠 블록을 차례로 추가해서 쉽게 만들 수 있을 것입니다. 예를 들어, PROJECTS 메뉴의 "스타트업 강의" 서브 메뉴를 눌렀을 때 그 Project 목록 중에 "모두의 스타트업 코딩"이라는 교과목이 있고 그 교과목 갤러리를 선택했을 때 그 상세 페이지에서 교과목 타이틀과 교과목 소개, 그리고 각 주차별 학습 목표와 주요 내용 등을 소개

Project 상세 페이지의 타이틀 및 소개 블록	Project 상세 페이지의 콘텐츠 블록

하는 것입니다.

그 구현 결과 예는 모두의 스타트업 코딩 홈페이지에서 확인할 수 있는데 이와 같은 방식으로 여러분도 Mission 실현과 Vision 달성을 위한 구체적인 Projects 계획을 세우고 그 실행 내용을 My Portfolio 홈페이지에서 정보로서 하나씩 추가하며 관리할 수 있습니다.

02_ 시간 관리를 위한 스타트업 코딩

목표 달성을 위한 PROJECT 시간관리 아이디어 구상

우리는 앞에서 목표 달성을 위한 실행 방안으로서 다양한 Project들을 구상하고 그 정보를 My Portfolio 홈페이지에서 관리하는 방법을 살펴보았습니다. 여기서 한가지 아쉬운 것은 목표 달성 위해 어떻게 할 것인지, 또는 어떻게 했는지 HOW에 대해서만 1차원적으로 다룬 것입니다. 이번에는 목표 달성 방안에 시간 개념을 포함해서 언제 어떻게 할 것인지 또는 어떻게 언제 어떻게 했는지 WHEN과 HOW를 함께 고려해 2차원적으로 관리하는 방법을 살펴보겠습니다. 흔히 시간을 x축에 두는데 달성하고자 하는 최종 목표가 있을 때 시간의 흐름에 따라 달성할 세부 목표들을 설정하고, 단계적으로 달성해 나감으로써 최종 목표를 달성하는 것으로 계획을 수립합니다. 이와 같은 방식으로 목표 달성을 위해 분할한 작업 단위를 여기서는 Project 실행 방안으로 소개하고 있는데, Project들 간의 전후 상관관계와 병행 실행 가능성 등을 고려해서 x축에는 시간을, y축에는 Project를 배치한 2차원의 일정 관리로 표현할 수 있습니다. 여기서의 x축과 y축 단위로는 다양하게 구분할 수 있을 텐

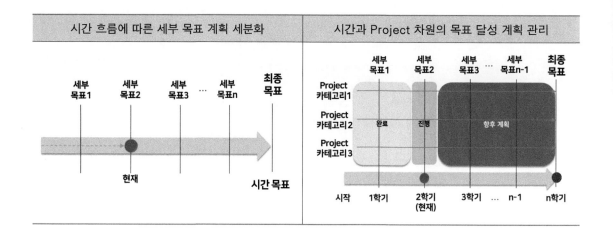

데 우리는 x축의 시간은 학생들의 학기에 맞춰서 구분하고 y축의 Project는 Project 카테고리에 따라 구분해서 학기별로 Project 카테고리의 구성 Project들을 관리하도록 구성합니다.

이와 같은 목표 달성을 위한 Project 시간 관리를 My Portfolio 홈페이지에서 어떻게 구현하면 좋을까요? 우리는 앞에서 Project 정보 관리 방법을 살펴봤는데 시간 관리를 한꺼번에 적용하면 복잡하니까 여기서는 간단하게 시간 관리 방법을 따로 분리해 표현하고 정보 관리 방법과 연결하는 것으로 소개하겠습니다. 먼저 목표 달성을 위해 각 학기별로 달성할 세부 Project들을 Project 카테고리별로 정리하는데 현재 학기를 기준으로 과거 학기에 완료한 Project들, 현재 진행 중인 Project들, 그리고 앞으로의 학기에 진행할 향후 계획 Project들로 나눌 수 있습니다. 다음으로 My Portfolio 홈페이지에서 이와 같은 시간 관리를 표현하기 위해 "TIMELINE" 메뉴를 추가하고 "완료", "현재 진행", "향후 계획"의 서브 메뉴로 해당 Project들을 보여주도록 구상할 수 있습니다. 예를 들어, 현재 20년 1학기라고 할 때, Project1-1, Project2-1, Project3-1을 진행하고 있고 그 이후 학기들의 Project들은 향후 계획에 포함될 것이며, 아직 완료된 Project들은 없는 상태입니다. 여기서 우리는 학기별로 Project들을 관리하고 있기 때문에 향후 계획 및 완료 Project들을 학기 단위로 묶어서 보여주고 그 다음 단계의 페이지에서 학기별 포함 Project들을 보여주는 것이 좋습니다.

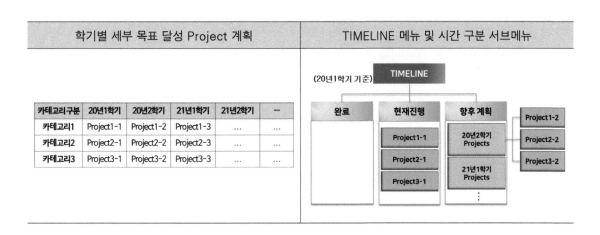

이렇게 만든 시간 관리에서의 각 Project에 대한 세부 정보는 어떻게 정리하면 좋을까요? 우리는 앞에서 정보 관리에서 Project 세부 페이지를 만들었기 때문에 따로 만들 필요없이 그 정보를 그대로 활용하는데 이것은 PROJECTS 메뉴에서의 해당 Project 상세 페이지로 링크 연결하면 됩니다. 이렇게 학기별로 Project들을 관리하고 있는데 시간이 흘러 정상적으로 Project들을 완료하고 새로운 학기가 시작되는 경우에는 어떻게 변경되어야 할까요? 기존의 학기를 하나의 그룹으로 묶어 "완료" 서브 메

뉴로 이동하고, "향후 계획" 서브 메뉴에 구상한 현재 학기의 Project들을 "현재 진행" 서브 메뉴로 이동하면 됩니다. 예를 들어 현재 20년 2학기가 되었다면, 20년 1학기 당시 "현재" 서브 메뉴에 있던 Project들을 "20년 1학기" 그룹으로 묶어 "완료" 서브 메뉴로 이동시키고 "향후 계획" 서브 메뉴의 "20년 2학기" 그룹 내의 Project들을 "현재" 서브 메뉴로 가져오는 방식입니다.

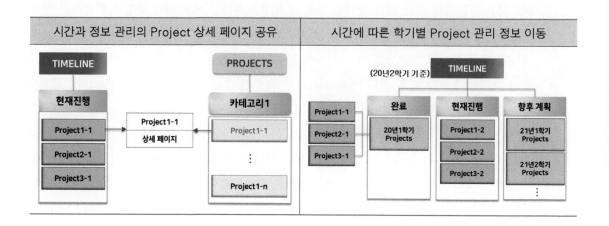

My Portfolio 홈페이지 TIMELINE 메뉴 제작 및 현재 시간 관리

앞에서 살펴본 My Portfolio 홈페이지에서 PROJECTS 메뉴 및 서브 메뉴를 추가한 것과 같은 방식으로 상단의 "메뉴 설정" 메뉴를 통해 TIMELINE 메뉴 및 카테고리 서브 메뉴를 간단히 추가할 수 있으며 위치는 PROJECTS 메뉴 다음에 놓습니다. 생성한 TIMELINE 메뉴를 눌렀을 때 보여지는 빈 페이지에서 타이틀 블록을 추가해서 시간 관리에 대한 타이틀 문구 및 간단한 소개 내용을 작성합니

다. 그 아래에 현재, 과거, 미래의 시간 카테고리 목록을 추가하기 위해 갤러리 블록을 추가하고 카테고리별 적당한 이미지와 문구를 추가합니다. 다음으로 각 시간 서브 메뉴 및 카테고리별 페이지를 제작해야 하는데 어디서 만들어 나머지에 연결할 것인지를 결정해야 합니다. 앞에서의 PROJECTS 경우에서와 같이 서브 메뉴를 눌러 페이지를 만들고 TIMELINE 메뉴 페이지의 해당 갤러리에 링크 연결하는 것이 보다 간단합니다.

예를 들어, TIMELINE 메뉴의 "현재 진행" 서브 메뉴를 눌러 보이는 빈 페이지에서 현재 진행되고 있는 Project들의 목록을 보여주는 페이지를 만들어 보겠습니다. 먼저 상단에 타이틀 블록을 선택해 "현재 진행 중 프로젝트" 제목을 입력한 다음, 그 아래에 새로운 타이틀 블록을 추가해 현재 학기 제목을 보여줍니다. 그 아래에 갤러리 블록을 추가해 이번 학기에 진행하고 있는 주요 Project들 목록을 정리합니다. 여기서의 각 갤러리에 대한 세부 내용은 앞에서 작성한 Project 정보 관리 페이지의 관련 상세 페이지를 링크로 연결함으로써 시간과 정보 관리의 Project 상세 페이지를 공유하게 됩니다. 다음으로 TIMELINE 메뉴를 눌렀을 때의 현재, 과거, 미래 갤러리 페이지에서 "현재 진행" 갤러리의 링크를 "현재 진행" 메뉴 링크로 연결하면 됩니다.

My Portfolio 홈페이지 내 미래와 과거 시간 관리

먼저 TIMELINE 메뉴의 "향후 계획" 서브 메뉴 페이지에서는 경우 각 학기별로 Project들 계획을 그룹화하는 것이 필요한데 각 학기별로 하나의 블록으로 구분하기 위해서 "쇼케이스" 블록을 이용해 정리하면 편리합니다. "현재 진행" 서브 메뉴에서와 같은 방식으로 "향후 계획" 서브 메뉴를 눌렀을 때 보여지는 빈 페이지에서 상단에 타이틀 블록을 이용해 "향후 계획 프로젝트" 제목을 입력하고 그 아래에 쇼케이스 블록을 추가해 계획한 Project들을 하나씩 리스트에 추가하면 됩니다. 예를 들어, 현재 20년 1학기라면 20년 2학기에 계획한 Project들을 "향후 계획" 서브 메뉴 페이지에서 하나의 쇼케이스 블록으로 만드는 것입니다. 블록 설정 창에서 각 Project 리스트에 링크를 추가할 수 있는데 앞에서의 PROJECTS 정보 관리에서 준비한 Project 상세 페이지 블록 링크를 연결하면 됩니다. 시간이 흘러 향후 계획의 학기가 되었을 때 그 학기의 Projects 목록들을 "현재 진행" 서브 메뉴 페이지로 옮겨야 합니다. 예를 들어, 20년 2학기가 되었을 때 "향후 계획"의 20년 2학기 블록에 있던 Project들을 "현재 진행" 페이지로 옮기는 것입니다. 이 과정은 앞에서의 설명한 "현재 진행" 서브 메뉴 페이지 제작 과정과 동일하게 갤러리 블록을 이용해 Project 목록을 만드는 과정으로 진행하면 됩니다. 그리고, 기존 "향후 계획" 페이지에 있는 해당 학기의 블록을 사라지게 해야 하는데 일단은 설정 창 하단의 "숨기기"를 눌러 현재는 보이지 않도록 합니다.

TIMELINE "향후 계획" 서브 메뉴 페이지	"향후 계획" 서브 메뉴 페이지 설정 창

또다시 시간이 흘러 21년 1학기가 되면 어떻게 처리해야 할까요? 현재 진행 상태에 있는 Project들이 정상적으로 진행되었다고 할 때 완료 상태로 변경해야 할 것입니다. 이 과정은 기존 "향후 계획"에서 숨기기로 처리했던 현재 학기의 쇼케이스 블록을 "블록 숨김 해제"해서 보이도록 한 다음, 그 블록을 "완료" 페이지의 제일 위 시간 블록으로 이동시키면 됩니다. 그리고, 향후 계획에 미리 준비해 둔 21년 1학기에 계획한 Project들을 현재 상태로 옮기는 과정을 진행하면 됩니다.

블록 숨김 해제	"향후 계획"의 블록을 "완료" 페이지로 이동
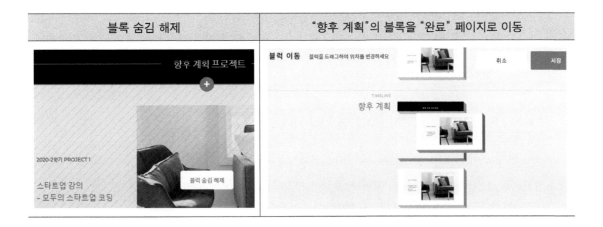	

03_마무리 정리 과제 소개

My Portfolio 홈페이지 제작 개요

여러분의 다양한 학습과 활동 경험은 여러분의 소중한 포트폴리오로 사용되어야 하는데 이를 위해 여러분만의 포트폴리오 웹 사이트를 쉽게 만들고 포트폴리오들을 효율적으로 정리하고 활용하면 좋을 것입니다. 우리는 앞에서 웹 사이트 빌더 서비스인 Creatorlink를 활용해 My Portfolio 홈페이지를 쉽게 제작하고 관리할 수 있다는 것을 배웠습니다. 이제 여러분의 포트폴리오 홈페이지를 직접 만들

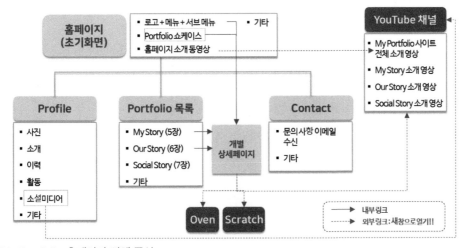

My Portfolio 홈페이지 전체 구성

차례입니다. 이제까지 소개한 내용을 여러분이 직접 따라하면서 홈페이지를 만들었다면 좋지만 그렇지 않은 경우에 참고할 정리 가이드를 간단히 소개하겠습니다. 먼저 전체적인 My Portfolio 홈페이지 구조는 다음과 같습니다.

■ My Portfolio 홈페이지 초기화면 제작 가이드

- 전체 홈페이지에 공통으로 포함되는 메뉴 영역에는 상단 좌측에 홈페이지 로고(이미지 또는 텍스트), 우측에는 Profile, Portfolio 목록, Contact의 3개 메뉴로 구성되며, Portfolio 목록 메뉴 아래에 서브 메뉴들을 포함하도록 구현합니다.
- 그 아래에 각 포트폴리오 대표 이미지와 설명을 슬라이드 방식으로 순차적으로 보여주며 해당 포트폴리오 상세 페이지로 바로 접속할 수 있는 Portfolio 쇼케이스를 먼저 보여줍니다.
- 그 아래에 전체 홈페이지에 대한 소개 동영상을 포함하는 YouTube 블록을 포함합니다.
- 마지막으로 홈페이지 공통으로 포함되는 푸터 영역에 Copyright 등 공통 소개 정보를 포함합니다.

■ My Portfolio 프로필 페이지 제작 가이드

- 프로필에는 기본적으로 자신을 소개하는 사진을 포함해 주세요.
- 소개에는 관심 분야, 진로 목적/목표, 계획 등을 알려 주세요. 아직 확정되지 않더라도 현재 상태에서의 내용을 작성한 다음 지속적으로 수정하기 바랍니다.
- 여러분의 강점과 특징을 잘 나타낼 수 있는 활동들을 보여주면 좋습니다.
- 소셜미디어 링크를 통해 여러분의 온라인 활동과 인맥 관리를 보여주는데 이를 위해 SNS 활동에도 관심을 갖고 적극적으로 참여하는 것이 필요합니다.

■ My Portfolio Contact 페이지 제작 가이드

- 휴대폰 등 개인 정보는 노출하지 않는 것이 좋습니다.
- 대신, 웹 페이지에서 바로 이메일을 보낼 수 있는 폼을 활용하면 됩니다.

My Portfolio 웹 사이트 포트폴리오 목록 및 상세 페이지 제작 가이드

상단의 메뉴 영역에서 Portfolio 목록 메뉴를 눌렀을 때 Portfolio 목록 페이지를 보여주고 그 아래의 각 Portfolio 서브 메뉴를 누르면 해당 Portfolio의 상세 페이지를 보여주는 구조로 구현합니다. 이 때, Portfolio 목록 페이지에서도 각 Portfolio 상세 페이지로 접속할 수 있도록 이중 연결 구조를 갖습니다.

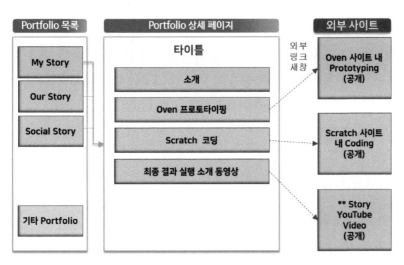

Portfolio 목록 페이지 및 Portfolio 상세 페이지 구성

■ Portfolio 목록 페이지 제작 가이드

- 각 포트폴리오의 대표 이미지를 갤러리로 보여줍니다.
- 각 포트폴리오 갤러리를 통해 그것의 상세 페이지로 이동하는 링크를 연결합니다.
- 여기서의 작업 결과 뿐만 아니라 그동안 다양한 활동 결과들을 추가로 정리해 보세요.
- 앞으로 작업할 포트폴리오 계획도 함께 포함하면 좋습니다.

■ Portfolio 상세 페이지 제작 가이드

- Portfolio 목록 페이지의 갤러리 및 상단 메뉴바의 Portfolio 서브 메뉴를 통해 접속할 수 있습니다.
- 포트폴리오를 왜 시작하게 되었고 어떻게 진행되었으며, 최종 결과가 무엇인지 "Why-How-What" 을 간단히 소개하면 좋습니다.

- 포트폴리오 제작 과정에서의 중간 결과 및 최종 결과를 소개합니다. 오븐 프로토타입 및 스크래치 코딩 프로젝트와 같이 외부 서비스를 이용하는 경우 공개된 링크를 연결합니다.
- 직접 시연 장면을 음성으로 설명하는 동영상을 제작하여 YouTube에 등록하고, 해당 링크를 포함하는 동영상 블록을 추가합니다.

YouTube 동영상 제작 가이드

작업 결과 시연 영상 제작은 MS PowerPoint, 반디캠 등 화면 동영상 캡처, 또는 스마트폰 등을 활용해 직접 동영상 촬영도 가능합니다. 제작된 동영상을 자신의 YouTube 채널에 올린 다음 크리에이터 링크의 동영상 블록에 YouTube 동영상 URL 웹주소를 등록하면 되는데 먼저 각 Portfolio 상세 페이지 소개 동영상을 먼저 제작해 등록한 다음, 홈페이지 전체 소개 동영상을 제작해 등록합니다.

■ Portfolio 상세 페이지 소개 동영상 제작 가이드

- 자신의 음성으로 Portfolio 상세 페이지를 5분 내외 시간으로 소개합니다.
- 소개하려는 Portfolio 상세 페이지의 처음부터 시작해서 소개합니다.
- 오븐 프로토타입 작업 과정에 대해 소개한 다음, 해당 링크를 눌러 오븐 프로토타입이 정상적으로 작동되는 것을 보여주며 소개합니다. 이 때, 오븐 프로토타입이 공개되어 있는 것을 확인하기 위해 기존 오븐 서비스 계정이 로그아웃되어 있는 상태에서 이용하세요.
- 같은 방식으로 스크래치 코딩 작업 과정에 대해 소개한 다음, 해당 링크를 눌러 스크래치 프로젝트가 정상적으로 작동되는 것을 보여주며 소개합니다. 이 때, 스크래치 프로젝트가 공개되어 있는 것을 확인하기 위해 기존 스크래치 서비스 계정이 로그아웃되어 있는 상태에서 이용하세요.
- YouTube에 동영상 업로드 후 해당 Portfolio 상세 페이지 하단에서 YouTube 링크를 연결합니다.

■ My Portfolio 홈페이지 소개 동영상 제작 가이드

- 자신의 음성으로 My Portfolio 홈페이지 전체를 5분 내외 시간으로 소개합니다.
- My Portfolio 홈페이지 초기화면에서 동영상 녹화를 시작합니다.
- 먼저 Profile 메뉴를 눌러 이동 후 페이지를 보여주며 간단히 자신을 소개합니다.
- 초기화면으로 돌아와 쇼케이스를 차례로 보여주며 포트폴리오 목록을 소개합니다.

- 쇼케이스에서 각 포트폴리오를 눌러 해당 상세 페이지로 이동합니다.
- 포트폴리오 상세 페이지를 스크롤하며 전체 제작 페이지를 보여줍니다.
- 초기화면으로 돌아가 쇼케이스에서 다음 포트폴리오를 누르는 과정을 반복합니다.
- 쇼케이스에서 전체 포트폴리오 상세 페이지를 보여준 다음에는 메뉴 영역의 Portfolio 목록 메뉴를 눌러, 포트폴리오 목록 페이지로 이동합니다.
- 포트폴리오 목록 페이지에서 각 포트폴리오를 차례로 선택해 그 포트폴리오의 상세 페이지로 정상적으로 이동하는 것을 보여줍니다.
- 각 Portfolio 상세 페이지에서 기본 소개 및 오븐 프로토타입, 스크래치 코딩, 동영상을 페이지 내에서 간단히 소개합니다.
- 제작한 동영상을 YouTube 업로드 후 홈페이지 초기화면 하단에 비디오 블록으로 추가합니다.

15장. 생각하기

Q 여러분이 만든 My Portfolio 홈페이지를 앞으로 어떻게 활용할 수 있을까요?

A My Portfolio 홈페이지는 정보와 시간을 관리하는 종합적인 관리 채널로 활용할 수 있고 YouTube, Facebook, Blog 등 소셜미디어와 연결된 온라인 허브로 활용할 수 있습니다.

간단하게는 여러분이 학교에서 수강한 교과목의 학습 내용과 실습 결과를 매주 기록해 나가는 것으로 시작할 수 있습니다. 여기서 학습한 "스타트업 코딩"을 통해 다른 교과목이나 비교과 활동에서 아이디어를 구체화하고, 오븐으로 프로토타이핑하고 스크래치 코딩으로 구현하는 과정을 기록해 보세요.

더 나아가 여러분의 진로 목표에 따라 시간별 계획을 세우고 그 결과를 웹 사이트에서 관리해 나간다면 향후에 여러분 만의 차별화된 경쟁력이 될 것입니다. 실제로 대학교 재학 중 인턴십(현장실습) 지원할 때 뿐만 아니라, 졸업 후 입사 지원에서도 스타트업 활동 포트폴리오로 유용하게 활용할 수 있을 것입니다.

15장. 퀴즈

1. 다음 보기에 대해 맞으면 O, 틀리면 X를 선택하세요.

> 크리에이터링크에서는 사이트 편집 중간에 사이트 게시를 하지 않고도 외부에 보여지는 웹 페이지 모습을 볼 수 있다.

1) O   2) X

정답 1) O

해설 크리에이터링크에서는 상단에 "미리보기" 메뉴를 통해 사이트 게시 전에도 실제 작동되는 웹 페이지를 확인할 수 있습니다. 다만 미리보기를 통해서는 회원 자신만 볼 수 있으며, 외부에 공개하기 위해서는 "사이트 게시"가 필요합니다.

2. 다음 중 크리에이터링크에서 제공하는 이미지에 대한 링크 선택 방법이 아닌 것은?

1) URL 직접 입력   2) 메뉴 링크
3) 사이트 내 위치 링크   4) 블록으로 링크

크리에이터링크에서는 이미지에 대해 URL 직접 입력, 메뉴 링크, 블록으로 링크 방법을 제공합니다.

3. 크리에이터링크에서 사이트를 편집한 결과를 외부 접속으로 확인하기 위해서 필요한 과정을 무엇인가?

정답 사이트 게시 (Publish)

해설 크리에이터링크에서 사이트 편집 결과는 편집자 본인만 볼 수 있는 상태로서 외부 사이트에서 보기 위해서는 사이트 게시 과정이 필요합니다. 또한, 사이트 게시 이후에 사이트 편집 결과를 외부에서 확인하기 위해서는 다시 사이트 게시가 필요합니다. 다시 말해서, 사이트 편집 내용은 사이트 게시 전에까지는 외부에 공개되지 않기 때문에 일정 기간 동안 다양한 수정 작업이 가능하며 계획된 수정 작업을 모두 끝낸 이후에 게시함으로써 한 번에 외부 공개할 수 있습니다.

15장. 핵심정리

1. ## 정보 관리를 위한 스타트업 코딩
   - 각자 미션과 비전을 정의하고 그것을 달성하기 위한 전략 및 실행 방안을 수립함
   - Project 실행 방안을 카테고리별로 수립하고 웹 사이트에서 관리함
   - Project 실행 과정에서 생성되는 정보를 웹 사이트에서 관리함
   - HOW에 대한 1차원적인 관리 방법

2. ## 시간 관리를 위한 스타트업 코딩
   - WHEN과 HOW를 함께 고려해 2차원적으로 관리하는 방법
   - Project 실행 방안을 "현재 진행", "완성", "향후 계획"과 같이 현재, 과거, 미래 시기별로 구분하여 관리함
   - 일정 기간이 지난 이후에 처리된 "현재 진행" Project들을 "완성"으로, 진행 시작할 "향후 계획"의 Project들을 "현재 진행"으로 시간 상태를 변경하여 관리함

3. ## 마무리 정리 과제 소개
   - My Portfolio 홈페이지 제작 개요에서 홈페이지 초기화면 페이지, Profile 페이지, Contact 페이지에 대한 제작 가이드 소개
   - My Portfolio 웹 사이트 포트폴리오 목록과 각 포트폴리오의 상세 페이지 제작 가이드를 소개
   - YouTube 동영상 제작 가이드에서 Portfolio 상세 페이지를 소개하는 동영상 제작 가이드와 My Portfolio 홈페이지 전체를 소개하는 동영상 제작 가이드를 소개

맺음말 모두의 스타트업 코딩 학습 마무리

본 내용은 2019년 2학기부터 건국대학교, 광운대학교, 세종대학교, 한양대학교 등 여러 대학교 학생들이 e-러닝을 통해 수강하고 있는 정규 교과목의 강의 자료 및 운영 결과를 기반으로 정리되었습니다. 이와 같이 책으로 소개할 수 있도록 많은 피드백을 준 그동안의 수강 학생들에게 감사하게 생각하고 교과목을 개설할 기회를 준 한양대학교의 대학e러닝 기반 학점인정 컨소시엄에도 감사드립니다.

제가 준비한 "Start! 모두의 스타트업 코딩" 과정을 모두 소개했습니다. 하지만 여러분에게 지금은 끝이 아니라, 제목의 "Start!"에서와 같이 이제 시작일 뿐입니다. 스타트업 코딩 학습 과정을 통해서 여러분이 다양한 스타트업 활동에서 활용할 수 있는 유용한 SW 도구들과 활용 방법을 배운 것입니다. 앞으로 그것을 누가 언제 어떻게 사용하고 실제로 관리해 나가느냐에 따라 그 효과는 큰 차이를 보일 것입니다.

우선은 여러분이 여기서 학습한 결과들을 여러분만의 My Portfolio 홈페이지를 만들어 Portfolio로 관리해 보기 바랍니다. 그리고 이제까지의 주요 활동들의 결과들을 하나씩 홈페이지에 Portfolio로 등록하고, 앞으로의 Project 계획들도 등록해 관리해 나가기를 추천합니다. 다시 말해, 여러분의 Mission과 Vision을 달성하기 위한 Project에 대한 정보와 시간 관리를 위한 기반으로 스타트업 코딩을 활용할 수 있습니다.

추가로 여러분은 스타트업 코딩이라는 도구를 이용해 스타트업 활동에 적극적으로 참여하기 바랍니다. 그리고 스타트업 코딩에서 배운 SW 활용 능력을 기반으로 자신감을 갖고 필요한 새로운 SW를 학습하고 활용할 수도 있습니다. 관심을 갖고 찾아보면 필요한 SW를 쉽게 사용할 수 있는 방법이 있거나 또는 조만간 분명히 나타날 것입니다.

본 도서인 제목 "Start!, 모두의 스타트업 코딩"을 두문으로 읽으면 "스모스코"로 무의미하지만, 거꾸로 읽으면 "코스모스"가 됩니다. 여러분에게 전하는 마지막 당부로는 여러분 모두 칼 세이건의 "코스모스(COSMOS)"에서 소개하는 끝없는 우주와 같은 큰 꿈을 품고 지속적으로 도전해 나가기를 기대하며, 응원합니다!

"스타트업 문화 확산 전문가" 송용준

송용준
- 현. 건국대학교 컴퓨터공학부 교수
- 현. 런다이어리(RunDiary.kr) 1인 기획/개발/운영
- 전. 서울창조경제혁신센터 창업육성팀장
- 전. KISTI 창조경제확산실장
- 전. KT 서비스연구소 책임연구원
- 전. (주)런너스클럽 이사
- 전. 코리아인터넷닷컴 CTO
- http://facebook.com/zikimi
- http://startupcoding.kr

SW 리터러시 기초 Start! 모두의 스타트업 코딩

1판 1쇄 인쇄 2021년 05월 06일
1판 1쇄 발행 2021년 05월 15일
저   자 송용준
발 행 인 이범만
발 행 처 **21세기사** (제406-00015호)
　　　　　경기도 파주시 산남로 72-16 (10882)
　　　　　Tel. 031-942-7861　　　Fax. 031-942-7864
　　　　　E-mail : 21cbook@naver.com
　　　　　Home-page : www.21cbook.co.kr
　　　　　ISBN 978-89-8468-987-9

정가 32,000원